中国公共管理学科前沿报告

总主编：赵景华

经济管理学科前沿研究报告系列丛书

THE FRONTIER RESEARCH REPORT ON
DISCIPLINE OF
PUBLIC CRISIS MANAGEMENT

于 鹏 范世炜 祝 哲 主 编

公共危机管理学学科前沿研究报告

经济管理出版社
ECONOMY & MANAGEMENT PUBLISHING HOUSE

图书在版编目（CIP）数据

公共危机管理学学科前沿研究报告 2013/于鹏，范世炜，祝哲主编. —北京：经济管理出版社，2019. 2
ISBN 978 - 7 - 5096 - 6366 - 0

Ⅰ. ①公… Ⅱ. ①于… ②范… ③祝… Ⅲ. ①突发事件—公共管理—研究报告—中国—2013
Ⅳ. ①D035. 29

中国版本图书馆 CIP 数据核字(2019)第 020473 号

责任编辑：范美琴
责任印制：黄章平
责任校对：陈　颖

出版发行：经济管理出版社
（北京市海淀区北蜂窝 8 号中雅大厦 A 座 11 层　100038）
网　　址：www. E - mp. com. cn
电　　话：（010）51915602
印　　刷：北京晨旭印刷厂
经　　销：新华书店
开　　本：787mm × 1092mm/16
印　　张：21. 25
字　　数：478 千字
版　　次：2019 年 11 月第 1 版　　2019 年 11 月第 1 次印刷
书　　号：ISBN 978 - 7 - 5096 - 6366 - 0
定　　价：89. 00 元

《中国公共管理学科前沿报告》
专家委员会

编辑委员会

总 主 编： 赵景华

主编助理： 崔　晶　李宇环　张　剑

编写人员（按姓氏笔画排列）：

于　鹏　王　伟　白云真　邢　华　刘庆乐　李　丹　李海明　杨燕绥
何艳玲　宋魏巍　张　剑　范世炜　罗海元　侯卫真　施青军　赵景华
祝　哲　崔　晶　谭善勇

总　序

公共管理学科以公共事务及其管理为对象，研究公共部门特别是政府组织的体制、结构、运行、功能和过程及其环节，注重如何应用各种科学知识及方法来解决公共事务问题，目的是促进公共组织更有效地提供公共物品或公共服务，从而促进公共价值的实现。公共管理学科经历了"传统公共行政""新公共行政""新公共管理"以及后新公共管理时代的新治理、网络治理和公共价值等范式的竞争与更迭。例如，韦伯官僚制理想类型模型提供了工业化时代各国政府组织的基本形式，新公共管理理论则为20世纪70年代末期以来的"新公共管理运动"和"重塑政府"运动提供了坚实的理论基础和实践指南。

中国历史上曾经创造了丰富的物质文明，也创造了举世公认的政治文明和政府管理文明，根植于儒家文化中的科举制、内阁制等制度对西方政府制度的设计有着举足轻重的作用。中华人民共和国成立后，中国走上了一条探索具有中国特色的政府管理模式的漫长道路。改革开放40年以来，中国的道路、理论、制度、文化在全球的影响力不断扩大和加深，为解决人类问题贡献了中国智慧和中国方案。中国公共管理学科在学者们辛勤的耕耘中成长，也在学者们不断的反思中壮大，当今中国的发展已日益呈现出国际化、本土化、跨域性等特征，回应与解决了一些重大的理论与现实问题。

新时代，中国公共管理学科迎来了前所未有的历史性机遇。党的十九大吹响了决胜全面建成小康社会、夺取新时代中国特色社会主义伟大胜利的号角，明确了中国特色社会主义新的历史方位、总任务和总体布局，提出了新时代我国社会主要矛盾发生转变的重要论断，制定了全面深化改革的战略目标和实施方案。新时代全面深化改革和社会主义现代化建设产生了大量亟待公共管理学科解决的重大理论与实践问题。植根于其土壤的西方公共管理理论无法真正解释和解决我国公共管理的实践问题。因此，中国公共管理学科必须回应新时代国家重大需求，顺应当代哲学社会科学及管理科学的发展趋势，加强话语、理论和学科建构，提升学科影响力，为国家和地方创新发展提供强有力的智力支持。

为此，我们组织编写了《中国公共管理学科前沿报告》。这套丛书集研究性、资料性、权威性、前沿性和代表性为一体，以年度中国公共管理改革与发展为主线，力图系统、全面地反映公共管理最新理论前沿和重大实践成果，图景式地勾勒中国公共管理理论成长足迹和实践创新经验，为理论工作者提供一份视野宽广、脉络清晰的思想"沙盘"；为实务工作者提供一份实用有效、生动活泼的经验总结；为学习研究者提供一份简明清晰、取舍得当的选题指南。丛书共10本，分别针对公共部门战略管理、公共政策、行政管理、政治学、政府绩效管理、城市管理学、电子政务、公共经济学、社会保障、公共危机管理等重点领域，客观记录年度最新理论前沿和重大实践成果，并展望学科领域未来发展趋势。

这套丛书的主编和作者均是相关领域的专家，也是我国新时代改革发展的见证者。这套丛书集结了他们长期对公共管理学科的跟踪和研究，特别是对年度研究热点的深入思考和把握。经济管理出版社对这套丛书的出版给予了全力支持；作为以推进学科发展、直谏政府改革为己任的战略智库，中国管理现代化研究会政府战略与公共政策研究专业委员会为此书的策划、出版做出了重要贡献。作为丛书的总主编，我对付出艰辛努力的各位编委会成员、作者，对出版社的领导、编辑表示由衷的感谢！

这套丛书力图客观反映公共管理领域的重大进展、理论创新和代表性成果，聚焦我国公共管理理论的重点、热点与焦点问题，展现中国政府改革的时代轨迹，意义重大且任务艰巨，难免有不足之处，欢迎读者批评指正。

赵景华

2018 年 10 月

目 录

第一章　公共危机管理学科 2013 年国内外研究综述

第一节　国内研究综述

本书综合梳理分析了 2013 年度中国公共危机管理领域的学术文献资料，以下将从公共危机特征与危机生命周期、公共危机管理的过程视角、制度视角、决策视角和治理视角五大方面分析与总结 2013 年度中国公共危机管理研究的主要进展和趋势。

一、公共危机特征及危机生命周期

危机是一种结构极其不良的决策情境，因此了解与掌握公共危机的基本特征及其生命周期是进行公共危机科学应对与处置的前提。以往关于中国危机特征和危机生命周期的研究多集中在“一致性危机”类型，但近年来“冲突性危机”的特征及其演化也受到了关注，特别是涉及环境污染的群体性突发事件尤其受到重视。

刘德海（2013）从信息传播和利益博弈协同演化的视角，解构了环境污染群体性事件的演化过程。该研究考虑了在信息匮乏、信息过程和虚假信息的情况下环境污染群体性事件的演化规律，指出在协商谈判的权利博弈结构下，周边群众的高估赔偿值将导致抗议行动的长期化，地方政府和污染企业信息匮乏将延缓事态妥善处置的过程；在暗箱操作的权利博弈结构下，随着地方政府出台舆情引导措施，环境污染群体性突发事件发生的周期逐渐延长，而且均衡状态下参加抗议人数的比例也逐渐下降。刘细良等（2013）认为，政府公信力是分析环境群体性事件诱因的重要视角，其认为治理群体性事件应着力提高政府公信力，即树立正确政绩观以切实转变经济增长方式，畅通利益诉求渠道以保障公民参与，加强环境执法监督以完善法律体系，规范政府行为方式以提高相关人员素质。汤志伟（2013）等综合国内外有关群体性事件演化轨迹的研究成果，基于定性模拟技术理论，对群体性事件演化轨迹进行了定性模拟，结果表明：诱因事件引起的群体性突发事件爆发会导致次生事件的发生，政府对网络传播互动、谣言或不实信息产生与传播的控制和舆论引导能有效干预群体性事件的恶性发展。

群体性事件的演化过程具有很大的不确定性，因此群体性事件的升级过程也是学者关注的重点。许尧（2013）在对一些事件参与者和管理者进行深度访谈及总结相关案例的基础上，尝试对群体性事件中人们的主观心理及其对冲突升级的影响作出分析。依照对抗性强弱的标准，群体性事件可分为和平抗议、有限阻碍、暴力对抗三个阶段。在冲突升级过程中，由认知、情绪、意志和价值构成的人们的主观心理呈现出不同的结构和状态。认知、价值、情绪在三阶段中依次占主导地位，价值和意志在从和平抗议到有限阻碍的过渡过程中作用显著；情绪在由有限阻碍到暴力对抗的过渡中作用显著；公共冲突管理者应依据不同阶段主观因素的结构和特点有针对性地加以应对。

二、公共危机管理的过程视角

公共危机管理的过程视角是以时间序列为依据，将公共危机管理的过程分为预防与准备、监测与预警、处置与救援、恢复与重建及反馈与评估五个阶段。

（一）公共危机管理的预防与准备

在危机管理中，对危机提早进行预防的重要性已经成为共识。危机的预防与准备既包括减小危机发生的可能性，增强组织和社会应对风险、灾害或危机的“鲁棒性”，也包括相应的技术、资源和制度的储备。张小明（2013）提出，成功有效的公共危机管理是先发式（proactive）的而非反应式（reactive）的。作者基于“脆弱性”视角提出完整的公共危机预防体系应包括五个方面的主要内容：强化脆弱性定期分析评估制度；设立危机管理团队；制定危机管理计划；重视危机管理科普宣教培训与演练；加强“防灾型社区”的危机管理文化建设，构建组织隐性危机防范系统。其中，脆弱性分析或隐患排查是危机预防的基础，构建组织隐性危机防范系统是公共危机预防体系的前提和基础。李湖生（2013）提出，对于重特大突发事件，特别是前兆不明确、具有明显复杂特性和潜在次生衍生危害、破坏性严重、采用常规管理方式难以有效处置的非常规突发事件，应着重加强应急准备体系的构建。作者从应急准备战略规划理论与方法、应急准备系统组成与体系结构、应急通用任务与目标能力、应急准备评估理论与方法、应急准备文化的内涵与特征五个方面系统研究了应急准备体系的核心科学问题，并提出了以提升能力为目标导向的应急准备规划理论框架。基于此框架，进一步提出了非常规突发事件情境的构建方法、应急通用任务清单和非常规突发事件典型情境应对的目标能力清单，并提出了以定性评估指标为主、定量评估指标为辅，综合考虑基础风险差异的区域应急准备能力评估体系及其归一化的综合评分方法。

（二）公共危机管理的监测与预警

公共危机管理的监测与预警是对可能发生的危机的“事前”探测，目的是及时发现危机发生的端倪并做好快速反应的准备。刘希林（2013）在综述现有自然灾害风险分类的基础上，提出了以灾害风险管理需求为先导、以自然灾害种类为实体、以灾害风险后果为特征的自然灾害风险综合分类体系。他从自然灾害风险管理需求角度，将风险分为可接受风险、可忍受风险、不可接受风险，主要列出我国常见的 16 种自然灾害；从灾害风险后果角度将灾害分为生命风险、经济风险、生态环境风险、社会安全风险。刘志朋等（2013）提出，对民众负面情绪进行监控预警以及平复是突发事件应急管理的关键环节，作者基于 Aging theory 模型，以预警为目的，设计了面向突发事件的微博民众负面情绪生命周期模型，并在此基础上，结合微博主题检测与跟踪技术以及微博情感分析技术，构建了基于微博的民众负面情绪实时监控预警框架。

（三）公共危机管理的处置与救援

公共危机管理的处置与救援是对公共危机的“事中”管理，反应的及时性、处置的合理性、救援的有效性是降低损失的重要前提。金太军、徐婷婷（2013）认为，在应对公共突发事件时，政府应急能力发挥着重要的作用，包括政府制度协调能力、政府人员协调能力、政府信息协调能力、政府物资协调能力和政府资金协调能力。作者指出，目前中国政府协调能力主要存在应急管理主体间的协调缺乏完善的制度框架、机构与人员整合有待加强、信息采集与辨识能力较弱、应急物资多种储备方式间整合不足、调度效率不高以及风险和成本分担机制不健全等问题。佘廉和贺璇（2013）从指挥主体、指挥客体、指挥环境三个核心要素解构了现场应急指挥体系，构建了现场应急指挥体系分析模型。在此基础上，依据现场应急指挥主体、客体、环境的内在属性梳理出三个子系统可靠性的因子集合，指出应从提升主体应急指挥能力、增强对客体的控制以及完善应急指挥体制机制、加强子系统间耦合等方面，提高现场应急指挥体系的整体可靠性。另外，佘廉和娄天峰（2013）剖析了高速公路突发事件应急救援能力的内涵和当前我国高速公路应急救援的现状，指出我国高速公路突发事件应急救援能力亟待增强。作者分析了提升高速公路突发事件应急救援能力的三条路径，以及“软件”提升、“硬件”提升和“软硬”兼施的提升办法，他建议基于 ITS 框架来提升应急救援能力最适合我国国情。

公共危机应急救援力量管理逐渐形成了集权式、授权式、代理式和协同式等模式，这些管理模式大多具有较强的临时性，其协调管理力度受到很大的制约。葛晓霞、郭其云和董希琳（2013）结合我国应急救援工作的开展情况，剖析了制约应急救援工作发展的瓶颈问题，他们提出了“政府主导，消防主力；统一指挥，协同有序；平战结合，资源优化”的构建应急救援力量管理模式的基本原则。在此原则的指导下，设计了一种新的应急救援力量管理模式，提出设立应急管理委员会的构想，并从必要性和可行性、构建、特点等方面进行了详细说明。

在重大突发事件应急处置中，应急通信机制是否健全直接决定了事件现场处置能力。张雅丽和王慧（2013）从应急通信的基本特点及国内外应急通信响应机制的发展现状出发，剖析国内外突发事件处置的应急通信响应机制间的差距，以国内外典型突发事件的应急通信处置为例，研究了应急通信响应机制中互联互通、优先通信和国家通信保障应急工作机制等问题，并结合我国突发事件处置的应急通信响应机制的现状，提出适合国情的应急通信处置策略。

（四）公共危机管理的恢复与重建

公共危机管理的恢复与重建是危机事件的“事后”管理，既包括物理和生理层面的恢复，也包括心理和制度层面的重建，具体涉及需求评估、规划选址、工程实施、技术保障、城乡住房、基础设施、公共服务设施、产业、生态环境、组织系统、社会关系、心理援助等工作。张小明（2013）提到与国外灾后重建相比，我国的灾后恢复重建工作具有自身的特点，突出表现为三个“兼顾”：一是“紧急”恢复性重建与长远发展性重建兼顾；二是快速度重建与高质量重建兼顾；三是“复原性”重建与“升级性”重建兼顾。他详细分析了公共危机事后恢复与重建的内容与措施，主要包括：停止应急处置措施、进行损失评估、制订恢复重建计划、支援恢复重建工作、恢复正常社会秩序和公共设施、制定优惠政策、开展救助、补偿、抚慰、抚恤、安置、心理干预等工作、进行事后调查与总结报告等。

（五）公共危机管理的反馈与评估

公共危机管理的反馈与评估是实现危机管理闭环路径的必要步骤，通过反馈与评估以实现组织学习与危机应对机制的改进。钟开斌（2013）从社会文化与公民意识视角提出，要在全社会营造一种灾难文化，从吉祥文化变为风险文化；建立独立调查评估机制，从自我评估变为独立评估；建立专业权威的调查队伍，从权力主导变为技术主导；客观公正开展调查，从总结成绩变为汲取教训；强化灾难学习制度建设，从政治问责变为改进提高，在历史灾难中实现历史进步。黄辉庆等（2013）立足于中国城市应急管理信息化的具体实践，运用基于期望值的模糊多属性决策方法，采用定量指标和定性指标相结合的区间型评价矩阵，建立了城市应急管理信息化绩效评价指标体系。

三、公共危机管理的制度视角

“一案三制”即应急管理预案以及体制、机制和法制，是中国公共突发事件应急管理的基本制度架构。

（一）预案管理

应急预案是世界各个国家在危机管理中普遍采取的政策工具，是突发事件应急响应的基本依据，因此，提升应急预案的质量、适应性与操作性是应急管理研究的重要主题。在《公共突发事件应对法》实施之后，各地各部门积极开展了预案建设与管理，预案体系中的一些问题受到了学者们的关注。钟开斌（2013）认为，从全国的实践情况来看，应急预案在功能定位、编制路径、管理方法、演练导向方面存在四个误区，制约着我国应急预案体系建设的进一步发展。这四个误区是：预案功能的法律化、预案编制的模板化、预案管理的内部化和预案演练的过场化。尽快实现预案从“有”到“优”、从“优”到“精”的转化，提高预案的针对性、操作性和实用性，让预案在关键时刻能派上用场，才是当前亟待研究解决的问题。张海波（2013）以结构—功能分析方法指出，由于中国的应急预案体系在“立法滞后、预案优先”和“横向到边、纵向到底”的形成过程中，受到了“一案三制”综合应急管理体系和应急预案体系内部结构的制约，使得应急预案体系虽然具有加强预防与准备的正功能，也不可避免地具有保持应急行动灵活性、成为应急管理的免责工具的潜功能、反功能。因此作者建议要以依法行政和属地管理来破解预案管理中的结构约束。另外，王宏伟（2013）也认为，在中国的应急管理实践中，应急预案工作存在着六大误区，包括神话应急预案的功能；重预案，轻规划；以致灾因子为导向；应急规划各自为战；过度强调指挥—控制；价值取向出现偏差。通过反思，应当进行有针对性的改革，使预案工作更加适应新形势下突发事件的情境特征及应急管理工作的实际需要。

如何提高应急预案的有效性是目前应急预案体系建设面临的最大挑战。基于单件预案生命周期内的关键环节，预案之间的衔接与预案体系设计优化以及预案管理环境三个方面，唐玮、姜传胜和佘廉（2013）剖析了与预案有效性密切相关的几个关键问题，提出系统提高预案有效性的现实路径，即完善预案管理机制以明确预案体系层级定位及其他管理要求，建立健全预案编制、预案评估、预案演练等相关法规标准并在实践中检验发展，加大预案管理工作考核力度。

（二）应急管理的体制、机制与法制

中国应急管理现行体系的构建主要肇始于 2003 年“非典”应对，随着国内外形势的变化，非常规突发事件的应对成为中国应急管理需要面对的主要挑战。因此，薛澜和刘冰（2013）从现有应急管理体系面临的新挑战出发，强调必须尽快加强自上而下的顶层设计，构建新一代具有中国特色的应急管理体系。他们提出了应急管理体系顶层设计的四个关键问题：一是理念问题，强调政府、市场和社会的定位及互动关系；二是体制问题，强调应急管理组织体系中的横向关系和纵向关系；三是机制问题，强调应急管理体系的运行效率；四是工具问题，强调应急管理的政策工具选择。

在历次重大灾害事故中，社会力量在应急救援和减灾救灾中扮演了重要的角色，同时也出现了一些参与过程无序和效率效力低下的情况。薛澜和陶鹏（2013）针对 2013 年“4·20 芦山地震”应对过程中的社会动员与政府应急管理体系协调问题，指出当前社会动员模式存在“重动员、轻协调”现象，他们认为应急管理社会参与存在体制与机制性缺失，提出建立政府与社会力量应急合作网络所需的基本管理理念与制度框架。最后建议通过牢固树立灾害社会动员协调规制理念、强化日常应急管理社会参与制度建设与能力培育、建构政府与社会应急合作网络运作机制、培育社会理性以统筹协调政府与社会灾害响应程度这四个方面来完善我国灾害社会动员协调的基本对策。

随着转型期社会利益调整的不断深化，中国已经进入了社会矛盾和冲突的多发期。常健和田岚洁（2013）指出，我国现行体系中有许多制度具有公共冲突管理的功能，但存在着制度供给不足、制度间衔接存在缝隙、制度执行力弱和制度内容的压抑性导向问题。因此，要在充分发挥现有制度冲突管理作用的基础上，逐步扩展制度的功能空间，提升社会信任度，建立完善、协调、纵横交织的公共领域冲突管理制度体系。

四、公共危机管理的决策视角

危机具有突发性、紧急性、不确定性的基本特征，因此危机是结构不良的决策问题。对于危机状态，就是要在有限信息、有限资源、有限时间的条件下寻求满意的处理方案。

（一）决策信息、主体与危机决策

作为应急管理的核心，应急决策是一个多主体、多阶段、多层次的适应性动态演化过程，信息不对称是突发事件情景下决策者通常所面临的重大挑战。钟开斌（2013）研究构建了一个“信息源—信息渠道”的解释框架，将信息源和信息渠道看作是两个相互独立的变量，共同决定应急决策行为。只有信息源清晰、信息渠道畅通并且两者恰当匹配时，决策者才能快速高效地进行决策，迅捷有序地采取有效的应急措施。

突发事件应急决策是一种分布式组织决策，应急决策组织中个体的决策行为及个体间的交互方式是决定应急决策质量和效率的关键。为了评价应急决策的效率，刘丹等（2013）提出基于多主体建模应急决策组织的方法，通过扩展 Tropos 方法建立应急决策组织的主体组织模型模拟应急决策交互过程，基于信念—愿望—意图（BDI）结构建模应急决策组织成员模拟个体决策行为，并采用 JACK 平台模拟了三峡水库防洪调度中的多部门洪水会商的应急决策过程，实现对应急决策过程的模拟。研究表明，组织配置和协调机制是影响应急决策效率的主要因素。

（二）情境复杂性与危机决策

在危机决策中，非常规突发事件爆发突然、破坏巨大，存在许多不可控因素，因此非常规突发事件对危机决策的有效性带来巨大的挑战。刘长石和寇纲（2013）针对非常规突发事件应对任务完成时间的紧迫性与其工序的不确定性，设计了基于应对任务工序模糊完成工期的关键路线确定方法，构建了应急资源数量限制条件下的关键工序工期优化模型。近年来，随着大型工程项目的不断涌现，项目的复杂性和动态性开始逐渐加大，工程项目突发事件频发。王长峰和满颖（2013）基于动态博弈理论，分析了工程项目应急管理特点，构建了系统内部网络组织实体动态博弈模型，为应急管理的动态决策提供了一定的参考依据。

（三）信息传播与危机决策

近年来，随着信息技术的发展与普及，危机管理中的信息传播已经成为危机管理的重要课题。武澎等（2013）针对这一问题提出，全面、合理地判定出突发事件信息传播系统中的枢纽节点具有十分重要的意义，判定的结果可以用来干预传播，如加速有重要社会价值信息的传播和监督防控谣言的扩散，也有助于理解突发事件信息传播网络的演化以及突发事件信息传播的模式与途径。作者在对突发事件信息传播系统构成及关系进行分析的基础上，构建了一个基于信息流的突发事件信息传播超网络模型，并提出一种基于超网络的突发事件信息传播系统枢纽节点的综合判定算法。政府危机传播，不仅涉及“如何做”的问题，也涉及“怎么说”和“说什么”的问题，即政府需要利用各种符号资源，以解决危机和修复形象。聂静虹等（2013）研究指出危机发生时，组织是采取强硬、清晰、言语的策略还是采取妥协、模糊、行动的话语策略，取决于多种属性的相互作用，并随着危机情景的变化而变化。不同的责任归属、证据是否确凿、群体抗议的类型以及是否受到来自上级的压力，都会在不同程度上影响政府组织的话语策略。

五、公共危机管理的治理视角

近年来，公共危机治理逐渐受到学术界和实务部门的关注和推崇。一方面，随着社会转型的日益深入，公共危机背后潜藏的各类社会矛盾和纠葛愈加复杂；另一方面，工业化、城镇化和信息化的推进，使得政府、市场和社会比以往任何历史阶段都更加紧密地结合和互动，以应对社会安全和稳定的挑战。随着以政府为中心的公共管理向由政府、市场和社会协同参与的公共治理的转型，公共危机管理也逐渐步入综合治理的发展阶段。公共危机治理相比于公共危机管理，在空间和时间上都进行了拓展。在空间上，公共危机治理不仅涵盖了更多的参与主体，而且为了应对诸多跨界风险和危机，也要求危机应对体系超越原有的以自上而下为主的决策与管理体系，实现跨部门和跨区域的联动协同，构建网络化的危机治理体系。在时间上，公共危机治理突出“关口前移”的理念，进一步强调对风险的感知、管控和减缓，进一步提升国家、社会和组织的抵抗力和稳健性，形成对公共危机在事前的综合风险治理。

（一）多元参与与跨界治理

在公共危机管理中，社会主体的参与和社会资源的卷入对提高社会综合危机应对能力具有重要的意义。因此，建立有效整合社会资源和社会力量参与应急管理工作的体制机制已成为我国应急管理制度优化创新的重要任务。陶鹏和薛澜（2013）聚焦我国政府与社会组织应急管理合作伙伴关系的制度建构，基于应急管理全周期模式将社会组织应急管理功能做了新的梳理与探索，厘清了社会组织在应急管理中的功能与角色；提出并分析了我国政府与社会组织应急合作的四种模式，即补充模式、替代模式、互补模式、疏离模式；

通过对我国社会组织参与应急管理所存在的理念性、体制性、机制性、法制性、社会背景性困境与挑战，提出建立政府与社会组织应急管理伙伴关系的对策建议。樊博和詹华（2013）针对我国应急响应中各参与主体协同问题，构建了基于利益相关者理论的应急响应协同分析模型。通过利益相关者属性分类，即权力性、合法性、紧急性三重属性，来解析各应急响应协同中七种类型的利益相关者，解读应急响应中的协同问题，并以汶川地震的协同救援，检验所提出理论框架的有效性，从而透视各个类型的利益相关者的应急响应协同行为，为公共突发事件的应急协同救援问题提供新的理论分析视角。

由于危机决策的本质是非程序化决策，不同参与主体之间的信息传递和协同响应是有效应对危机的前提。孔静静和韩传峰（2013）基于 2008 年汶川地震应急组织间关系数据和社会网络分析方法，应用指数随机图模型，剖析应急组织体系的命令传递网络、信息沟通网络和资源流动网络，及其交互作用中的组织间关系。他们构建了应急组织合作的研究框架，包括命令传递、信息沟通和资源流动三维度，以及二元、三元和高序结构等多层次。研究得出，应急组织合作的命令传递网络具有典型的集权特征；信息沟通网络中，应急组织间交互、传递或循环等关系突出；资源流动网络中，应急组织间关系比较均衡，且不同级别的组织间关系较多；信息与资源交互流动的高序局部结构较少，分布式决策或行动特征不显著。依此分析，指出应急组织严格按照直线式命令链传递命令，同级应急组织间信息沟通频繁并呈网络化，资源流动依赖于不同级别应急组织间命令传递等。

有效的公共危机治理不仅要求跨组织、跨部门之间的有效合作，也需要跨越固有的行政地域边界实现对危机的协同治理。中国区域空气污染问题是学术研究较为关注的跨界治理问题。治理空气污染所涉及的政府间关系，既包括中央政府与地方政府的关系，又包括区域内横向政府之间的关系。蔡岚（2013）分析了美国加利福尼亚州在创新性地制定空气污染控制的政策过程中包含的大量的横向和纵向政府间合作的实践。研究表明，空气污染治理的治本之策，既依赖于中央政府和地方政府在标准控制、法规制定、监督管理等方面的有效互动，又在于区域内横向政府间在构建合作平台、丰富合作方式、调动参与者积极性等方面的通力合作。

（二）关口前移与风险治理

社会稳定风险评估已经成为社会稳定与安全的前置安全阀。重大决策社会稳定风险评估机制的建立有利于政府决策的科学化、民主化，有助于社会矛盾的化解与群体性事件的预防。王宏伟（2013）指出，中国目前“稳评”体系存在着一系列问题，需要推动“稳评”机制实现五大转变：理念上，从政府主动创稳到社会协同治稳；目标上，从防范群体性事件到增进社会和谐；保障上，从决策者道德自律到社会监督约束；体系上，从单一—封闭到多元—开放；流程上，从常态化评估到动态性管理。社会信任程度与社会安全风险之间存在着较大的关联性。郭未等（2013）对超过 2000 篇以“社会风险”和“社会信任”为关键词的学术文献进行“多维尺度分析”和“社会网络分析”，并尝试在逻辑上澄清社会风险与社会信任之间存在的因果机制。研究表明，中国社会的风险和信任问题具有广度上的普遍性或全面性，深度上的深刻性或基础性，以及烈度上的剧烈或破坏性，这些方面都比西方社会更为显著和突出。社会安全与社会信任风险的诱因主要集中在制度结构性上、社会政治方面或者个人与政府组织之间的关系上。研究结论指出，中国政府应优先建立“制度的信任”，才可能有效化解由整个社会系统不断增加的复杂性所带来的持续增加的社会风险，从而保持未来中国社会的长期和谐稳定。

风险的积累过程及危机的产生机制是社会稳定和风险研究的焦点之一。朱正威等（2013）在“脆弱性—能力”综合视角下利用系统动力学的方法结合广东省实际分析了区域公共安全演化的宏观机理，同时利用尖点突变模型结合“乌坎事件”分析了公共安全事件作用机理。研究表明，区域公共安全水平与区域脆弱性水平有着负反馈关系，而与区域公共危机应对能力之间存在着正反馈的回路关系。当脆弱性与能力的对比超过一定限度时就会导致公共安全事件的发生。因此，政府应防微杜渐，避免矛盾积累，降低区域的脆弱性水平，同时积极采取措施提高区域的危机应对能力，防止公共安全事件的发生。

针对愈演愈烈的邻避运动，刘岩和邱家林（2013）对环境风险群体性事件进行了研究。研究指出，环境风险群体性事件是民众在感知到某种环境风险但没有遭受实际损害的情况下所发生的一种大规模集体行动。环境风险群体性事件的凸显预示着转型社会将面临诸多的“风险冲突”，不仅“风险冲突强度”空前加剧，而且“风险冲突环境”也空前扩张。研究认为，妥善应对风险冲突事件，需要在科学评估公众的风险感知特点和风险承受阈限的基础上强化风险沟通。同时不断建立健全重大项目社会风险评估机制和风险冲突预警应急机制，更加注重采取“多管齐下”“标本兼治”“灵活弹性”的复合性治理策略和措施。

六、研究评述

上述对 2013 年度公共危机管理的分析分别从危机的特征与生命周期、危机的过程视角、危机的制度视角、危机的决策视角和危机的治理视角展开。综合分析这一阶段公共危机管理的相关研究，可以发现有以下特点和趋势：

（一）研究对象由“一致性危机”向“冲突性危机”转变

在以往的研究中，公共危机管理领域的学者将注意力更多地放到了应对诸如自然灾害、突发公共卫生事件以及事故灾难等“一致性危机”上。随着经济的不断发展和改革的日益深化，社会的结构转型带来的矛盾和冲突也日益凸显。如何应对频发的“冲突性危机”成为学者关注的焦点。一些学者开始关注社会矛盾和冲突的演化机制，以揭示其产生、升级、发展和终结的生命周期，并着重分析对这一演变过程的影响因素和机制。还有学者从社会结构性视角出发，分析社会矛盾和冲突产生的制度性根源，寻求社会矛盾与冲突标本兼治的路径。另外，作为社会矛盾和冲突事前管理的重要手段，社会稳定风险评估的方法和机制也成为学者研究的重点。

（二）研究层次关注制度的“顶层设计”

2003 年“非典”之后，我国逐步形成了以“一案三制”为核心应急管理体系，这一体系的形成和完善在之后应对各类突发事件中发挥了关键的作用。不过，随着公共突发事件的增多，特别是由于一些非常规突发事件具有较大的复杂性，现有的应急管理体系遇到了一定的挑战。同时，在宏观层面上，国家治理体系的转型也要求对公共危机管理的体系进行兼容性和适应性的完善与升级。因此，一些学者开始从“顶层设计”的角度反思中国应急管理的体系与结构，并提出了发展和完善中国应急管理体系的初步构想。总体来看，以“顶层设计”为核心的制度研究将是中国公共危机管理研究的重要课题。

（三）研究理念由“管理”向“治理”发展

公共危机管理向公共危机治理的转变，是国家治理体系现代化建设的必然要求。“治理”理念已经日益渗透到公共危机管理的研究与实践中，成为这一时期危机管理研究的一大亮点。管理与治理的一个重要区别在于后者强调“去中心化”，并超越以自上而下为主的体制结构，建立多元参与、多部门联动、跨区域协同的网络化治理结构。在相关研究中，有的学者关注多元参与主体之间的协调配合问题，并分析了在应急管理过程中有效配置社会资源的路径。有的学者关注应急管理中“条块”分割的问题，重点分析跨部门的信息共享机制的缺失与联动协调的困境，并尝试构建多组织参与互动的决策机制与应对体系。另外，以区域环境污染为典型案例，跨区域协同治理问题也得到了较多学者的关注。

（四）研究视角凸显“风险治理”的重要性

在公共危机的治理转型中，风险治理的重要性正在不断得到认可。党的十八大报告明确了“源头治理”在社会管理中的重要地位，而风险治理正是实现关口前移、源头治理的必由之路。风险是可能性、后果、感知与主体承受力等因素综合而成的复杂概念，因此，风险治理的相关研究也呈现出多视角、多层次的特点。有的学者从预测预警的视角关注风险的分类与分级体系；有的学者重点关注当前社会稳定风险评估的方法和机制问题；有的学者从承灾主体的可靠性与稳健性的角度分析社会安全与稳定的机理与条件；另外，还有较多学者从制度结构的视角出发，寻求减少社会矛盾冲突、降低社会稳定风险之道。

第二节　国外研究综述

近些年，危机事件频发，各种危机事件给政府的治理带来了巨大的挑战，给人们的生命和财产安全带来了严重的威胁，人们越来越期待政府更好地发挥其灾害应对的能力，危机管理已经成为政府职能中的重点问题。在全球化的趋势下，危机造成的影响不再是囿于单个国家内部，一国的危机可能会让全球面临威胁，需要国际化的组织共同协调应对灾难，某个国家和地区已经无力承担此类危机。应对灾害也不仅仅是政府的事务，更关系到人民切身安全，其处置过程和危机结果所带来的不确定性也引发了学者的广泛关注。危机覆盖安全生产、公共安全、公共健康、自然因素等多方面，涉及政府、军队、企业、社会组织等多元部门。科学合理地预防、处理危机可以最大限度地减少人民群众和公共利益的损失，增加政府的公信力，提高治理领导者的威望，但是如何对危机事件进行科学应对是实践者面临的重大问题，也是学者一直努力探寻的重点。

自然灾害、技术事故、暴力冲突、流行病等严重危害生命、健康、财产、福利和日常规则，引发了灾害情景。灾难研究通过对所有有关的社会单位，包括个人、家庭、民族国家等主体的资料分析，调查各主体在这些事件中和事件处理的各个阶段所遭受的影响。同时，灾害研究不只是对受到影响的主体需要进行详尽的分析，此类危机事件的各个方面都需要进行细致分析，包括处于风险中的人们对风险的抵抗行为，人群的脆弱性分析，以及规划和实施减灾、备灾、救灾和恢复等行动阶段的分析（Lindell，2013）。综合考虑引用率、危机管理相关性、期刊质量、作者的知名度等因素，本节对 2013 年的英文文章和书进行了筛选，基本代表了 2013 年危机管理的研究重点和研究方向。筛选论文覆盖面广泛，有将灾害管理上升到一般管理理论的管理学期刊，如 *Public Management Review*，*Public Performance & Management Review* 及 *Journal of Contingencies and Crisis Management*；有介绍一定的技术条件对灾害作用的、关注安全科学技术的期刊，比如 *Safety Science*，*IBM Journal of Research and Development*；关注灾害之后社会情况的期刊，如 *Current Sociology*，*Environment and Behavior*；关注自然灾害的期刊，如 *Natural Hazards Review*，*Natural Hazards and Earth System Science*，*Progress in Human Geography*；关注普遍灾害的期刊，如 *Disaster*；将灾害和特定领域的政策相结合的期刊，如 *Energy Policy*；关注公众健康的期刊，如 *Social Science & Medicine*，以及关注对危机和风险进行全球治理的期刊 *International Journal of Disaster Risk Reduction*。2013 年危机管理书籍的筛选照顾到了危机管理各个视角，根据引用率、作者影响力、学科发展的方向以及综合考虑进行全面性的选择。在此，本节将从公共危机的管理过程、危机治理等方面对 2013 年的主要危机管理的外文文献进行梳理。

一、公共危机管理过程

公共危机管理过程包括公共危机管理的预防与准备、公共危机管理的应急处置、公共危机管理的重建与恢复、危机管理的评估和学习四个阶段，在危机管理的各个阶段需要关注的重点不同。对 2013 年的文献进行统计发现，对于危机的预防和准备、危机管理的处置的研究较多，但是对于重建阶段和危机之后的评估和学习的研究相对不足。

（一）公共危机管理的预防与准备

公共危机管理的预防与准备包括一系列灾害前期的准备工作，目的在于减少灾害发生的概率，降低灾害损失，让受灾地区迅速从灾害中恢复。

鉴于灾害带来的巨大影响，学者们对以减少灾害造成的可能影响的灾难运营管理（DOM）领域的研究越来越感兴趣。Galindo 和 Batta（2013）审查了最近 OR/MS[①] 在 DOM 的研究，调查结果显示，2006 年以来，灾难操作管理领域没有跨越性的变化或发展。2013 年的研究热点集中在社区的抗灾力测评、生态系统的减灾作用、组织的安全文化和国家的减灾计划等方面。社区层面可以通过增加抗灾力来抵抗灾害、迅速从灾害中恢复，生态系统作为缓慢但是有效的减灾手段引起了系统论者的关注，组织管理者更加关注人为灾难从而对组织和国家的减灾计划和减灾手段给予了更多的注意力。以下，将对相关文章进行介绍和评述。

1. 抗灾力

浏览文献发现，近来灾害的广泛发生使抗灾力成为研究热点。

首先是对抗灾力词源的解释。Alexander（2013）探讨了抗灾力这一术语的历史发展和术语的使用变化，加深了读者对于抗灾力在减少灾害风险这一过程中作用的理解，并解决了抗灾力在使用时出现的矛盾和争议。文章通过科学、人文科学、法律和政治领域的发展追溯抗灾力的使用历程。抗灾力的使用从力学开始，然后这个词被传递到生态和心理领域，之后又在心态和生理领域被社会研究与可持续性科学采纳。但是作为一个概念，抗灾力涉及一些潜在的严重冲突或矛盾，例如稳定性和动态性之间的理解张力，以及动态的平衡与改革之间的理解张力。此外，尽管抗灾力概念在一般系统理论的范围内使用得相当不错，但是在另一些系统的解释中其概念是不同的，而术语在不同学科中的不同解释是必要的。因为这个词的含义是为了减少灾害的风险，所以这必然是一个涉及改革的过程，而不是仅仅靠保存“系统状态”就可以达到这一目标。

而如何测量抗灾力，是另一个很重要的问题，Orencio 和 Fujii（2013）以层次分析法确立沿海社区的地方灾害抗灾力指标。由于气候变化，越来越多的自然灾害在发展中国家发生。在菲律宾，灾害在沿海区域更为普遍。减轻此区域灾害常见的方法是提高当地社区的固有抗灾力以减少灾害的影响，评估抗灾力的第一步就是在地方层面提出海岸社区的灾害抗灾力指数。结果表明，环境和自然资源管理、可持续发展、社会保护以及社会规划制度这几个因素非常重要，这些指标占据了指标整体权重的 70% 以上，可以作为地方政府的风险和减灾管理的工具使用。

在明确了抗灾力的量化标准后，Kapucu 等（2013）以特大自然灾害为切入点从个人微观角度探讨了抗灾力的影响因素。2005 年卡特里娜飓风和 2011 年日本海啸等自然灾害表明了社区备灾和可持续发展的重要性。这些灾害将不可避免地继续发生，但通过对抗灾力的理解以及研究可能影响抗灾力的因素，社区可以最大限度地减轻他们的脆弱性，提高他们的应变能力。Kapucu，Hawkins 和 Rivera 收集了一系列令人印象深刻的关于灾难抗灾力的话题，提供了抗灾力的系统和实证评估方法，并且深入研究探索新的领域，包括移动

① Churchman et al.（1957）定义 OR/MS 为科学方法、技术和解决问题的工具。

房屋公园的脆弱性、资产地图的重要性以及农村和城市地区资产分布的差异的重要性等。他们采用多种统计技术，审视公共管理、公共政策、社区规划和发展，用比较的方法，从个人角度研究文化、社会经济地位和社会网络等对个人抗灾力的影响，所得经验可以在世界各地应用。

对抗灾力的研究涉及复杂的因素，O'Sullivan 等（2013）指出复杂性是进行灾害管理和理解公众健康有用的框架。要解开灾害管理复杂性的方法就是要认识到具体方式和更广泛的社会制度的交互性，以及制度在危机之前、危机期间和危机之后对于提升公众健康和抗灾力的关系。他开发了发展的框架结构，其中对灾害的适应性反应的四大核心主题涉及动态环境、情景感知和联通、灵活的规划以及协作，由此也能给出促进社区的抗灾力和人口健康的操作建议。

2. 生态系统和备灾制度

除了对抗灾力的研究，还有对减灾具体行动的研究。研究热点包括以系统论视角切入的生态系统减灾法和以制度视角切入的组织、预案等方法。

由于全球环境变化加剧，需要新的方法来减轻灾害，比如生态系统的方法。基于生态系统的办法来减少灾害风险（DRR）的作用是缓慢的，但是仍然有一些成功的案例存在，Renaud 等（2013）强调我们要重新考虑生态系统减灾的重要性。

宏观层面，救灾计划的方案需要得到评估。Brown（2013）指出，在联合国救灾和备灾领域，正在进行救灾作用和规划救灾计划的关系的评估。

Gaillard 和 Mercer（2013）指出，虽然对如何进行减灾备灾进行了丰富的理论研究，但是在减灾领域的知识和行动之间确实存在差距。弥合知识和行动之间差距的路线图已经被画出，但是实现前述的路线图必须要弥补自下而上和自上而下的行动差距，以及地方和科学知识之间的差距，任重而道远。

（二）公共危机管理的应急处置

对于研究者和应急管理实践者，了解应急过程以及当地人民和救援组织在灾害期间的通信方式、救援人员的认知情况是很重要的。在应对灾害的过程中，要始终保持和大众的良性沟通，减少可能带来的信息不对称风险。在应对过程中尤其要对脆弱性群体着重加以关注，比如备受关注的袭击学校事件，没有防备的儿童最容易遭受灾害的伤害。

对于研究者和实践者，了解受灾地区民众的沟通行为是一件困难的事。Potts（2013）认为，社交媒体非常重要。由于目前缺乏跟踪参与者的跨系统网络研究工具包，而且对跨领域沟通的网站设计知之甚少，但是灾害应急中的社交媒体解决了这个问题，通过社会技术对网络提供的大量和发生地相对应的话语的分析提供了可用的研究结果，而且对自然危机和人为危机的情况都适用。

Seppänen 等（2013）认为，救援组织对情景的共同认知对其联合救援起到了决定性的作用。危机情景的响应应该是很迅速、高效的。对 2009 年芬兰举行搜救演习期间的数据分析发现，其中定义合作需要的关键信息、用于描述通信的方法和决定系统信任等是形成共同认知的关键因素。

在危机应对过程中要保持和大众的沟通。危机沟通在发展、管理自然和人为的灾难方面有重要作用，其中存在很多理论框架来解释沟通的作用。《危机沟通理论化》这本书对已经建立的理论框架进行了全面的回顾和批判。从风险管理、伦理、大众传播、社交媒体、应急响应、危机结果，以及预警系统的理论等不同的角度总结前人的理论，并提出清楚的例子说明理论在危机传播研究中如何应用，为全面了解准备、管理、响应、解决等过程提供了一个重要的工具，让人们了解这些破坏性事件的意义（Sellnow & Seeger, 2013）。

除了正常行为者，脆弱性比较强的群体应被给予更多的关注。Lonigan et al. （2013）指出，在危机情景中，因为早期读写技能不足，学龄前儿童不能有效辨识危机信号导致他们的情况比成年人更加危险。有证据支持，促进这些技能的干预措施有一定效果。研究结果表明，婴幼儿在识别困难、危险的各领域都有教学需求，并且可以通过培训改善其在危机中对危机信号的辨识能力。

（三）公共危机管理的重建与恢复

在灾害的重建和恢复阶段，会面临各种难题。Aldrich 和 Crook（2013）在超过 300 户口普查区段上使用数据，横过新奥尔良到路易斯安那，这一项研究在飓风卡特里娜后的暂时住屋的安置中进行调查，调查者将注意力集中在影响追踪者是否成功地被安置在安置屋的变量。除了之前研究表明的种族、集体行动和政治因素外，这些数据表明技术标准是非常关键的因素，这就为灾后的重建和安置提供了一定的参考意见。

Suzuki& Kaneko（2013）以 2011 年 3 月 11 日日本 9 级大地震引发巨大的海啸和对 INES7 级福岛核电站事故为例，分析日本的灾难治理情况，考察了日本的灾难管理能力和它的危机管理系统对该国自从“二战”结束遇到的最毁灭性的灾难的反应能力。日本的公共管理和治理系统面临的挑战，是目前正在进行的恢复和重建工作需要更加负责和透明。

（四）公共危机管理的评估和学习

危机过后，总是会引发一系列评估和学习的过程，其中就包括危机对于社会和政治的影响、危机的成本收益评估和危机学习等文献。

Samuels（2013）首次提出了“3・11”福岛核电站灾难对日本政府和社会影响的学术评估。他记录了关于此次灾难的争论，对于一些改革者，“3・11”是对日本彻底改革其优先事项和政治进程的警告。对于其他人来说，他们认为这是一次千年一遇的灾难，他们警告说，虽然国家政策还有待改进，但是彻底的变革可能会适得其反。还有一些人宣称，灾难表明日本有必要回到理想化的过去，重建那些被现代化和全球化丢失的过去。在此，我们可以对以大灾难来推动一定议程的改革者的成败进行评判，并通过考查日本、中国和美国经历过的地震灾难及其影响，来判断日本此次经历的“3・11”地震对政治和政策的影响。

Aoki 和 Rothwell（2013）对福岛核泄漏事件的比较制度分析具体描述了福岛核电站事故的原因、响应过程和福岛核电站事故造成的后果（2011 年 3 月），并与三哩岛（1979 年 3 月）和切尔诺贝利（1986 年 4 月）进行了案例比较，得出了日本电力事业的教训，并提出了制度上的建议，要求引入独立、能干、被认可的安全监管机构对核电产业进行监管。Chan（2013）提出危机，特别是治理危机，在专制政权的后果尚未得到充分解决。作者通过对危机加速改革和变化的催化效果的研究发现，政治危机甚至可以具有巨大的政治影响力以决定威权政府系统的存在与否。

除了社会和政治影响，危机管理还可以从成本收益的角度进行评估。Kull et al.（2013）指出，学者对变化环境中灾害风险管理（DRM）的成本效益分析的相关研究较少，研究引入定量、随机 CBA 框架，并在印度和巴基斯坦的水灾和旱灾减灾风险中应用此框架进行研究。

对事故的反思和学习一直都在进行，但是危机却一再发生，层出不穷，Le（2013）发出了疑问，人们对这些灾害的学习是否是徒劳无功的？因为当一个人想理解人们为什么"不学习"的原因，人们面对的是一个支离破碎的涵盖了众多学科的科学文献集。作者就设计一个框架来讲相关的理论，框架的搭建有助于人们对于危机的学习。

二、公共危机治理：多元参与、协同治理、领导力

公共危机治理只靠单一的组织职能无法应对，需要多主体共同参与、多职能部门配合行动，并且要突出领导者行为的影响。在危机应对中，信息的收集不再是专业人士的事情，普通民众通过网络可以分享很多危机现场的实时信息，形成了多元参与的局面；公民对于危机决策的参与也被提上日程。除了公民，应对灾害的多职能部门也形成了网络结构；在组织安全行为中，领导者的作用更是不可忽略。

（一）多元参与的公共危机治理

普通公民在危机管理的新闻报道中能够起到重要的作用，目击市民的行为展示了在民主文化中的多元参与为新闻业注入了新的活力。Allan（2013）介绍了"公民的见证"，在危机事件中，公民会觉得环境在强迫自己有必要参与到新闻的制作中去。目击者的描述、录像、数字照片、微博和博客文章，为正式的新闻报道做出了重要贡献。

而且，公民在备灾过程中也体现了参与性。Terpstra 和 Lindell（2013）使用了保护行为决策模型（PADM）来解释在荷兰防洪准备的意图。调查数据显示，与灾害有关的特性（例如，对人的保护所感知到的功效）和防备意图呈正相关，但说明资源相关的属性（例如，感知成本）与防备意图呈负相关却没有得到证实。风险认知也和准备程度呈正相关关系，但比没有危害相关的属性的解释力度强。其中人口特征中，女性是唯一一贯具有较高的风险认知和危害相关的属性认知的人群。这说明，在备灾的多元参与过程中，对防备

意图较低的重点人群要进行风险沟通，使其认识到风险，鼓励其参与到备灾活动中来。

（二）公共危机管理的协同治理

公共危机管理的协同治理意味着多种职能部门，甚至多个国家在危机管理中的联合行动。

Seppänen 等（2013）对不同职能部门之间的联合行动进行了描述，认为一些关键信息的共享、部门之间的相互信任有助于促进危机响应过程中的合作。对于具体例证，可由福岛核电站的后续考察进行佐证。实证方面，Kapucu 等（2013）提出，随着灾害的范围不断扩大，严重性不断加深，应急管理领域的网络合作管理方式逐渐获得人们认可。作者对于应急管理网络可持续发展产生影响的因素进行了模型研究，并且对来自美国县级紧急管理的一项全国调查的数据分析发现，组织目标一致性、信息和通信技术的运用以及最重要的因素——组织间信任——显著影响应急管理网络的可持续性。结果表明，在应急管理人员之间建立信任对维持应急管理网络具有显著作用。Vasavada（2013）从社会网络的视角对印度古吉拉特邦的灾害管理的网络进行研究，通过对社会网络的分析和访谈，文章考察了危机管理网络的治理结构，确定了影响危机管理网络效率的因素：信任、网络中参与方数量、目标异质性和网络层面对现场处置的胜任力四个方面，作者通过讨论总结了这些因素如何动态地影响灾害管理的网络效率。

Aoki & Rothwell（2013）分析了三种制度模式的短期和长期的协调、防备事故情况和响应阶段反应等特征。文章对福岛核电站进行研究后，建议的对策是引入一个独立的核安全委员会和独立系统运营商来协调公有输电网的买家和卖家的关系，需要多方协同才能相互制衡，确保核设施的安全。

协同治理不再是各个主体的自发行为，现在国际组织对于世界面临的共同危机的协调作用正在凸显，比如 Boin et al.（2013）指出，欧盟越来越多地被要求管理内部和欧盟以外的危机。从恐怖袭击到金融危机，从自然灾害到国际冲突的各个方面，都需要欧盟的协调和努力。

（三）公共危机管理领导力

公共危机领导力是一个重要的研究方向。现在的研究内容主要是集中在组织内部的备灾阶段，以及领导对公共安全的作用。

Biggs et al.（2013）的研究描述了组织中的领导者对安全的态度，并强调了具体领导行为对员工的安全表现的影响。研究结果强调，虽然组织中存在一定的阻碍因素，但是不可否认领导被确定为组织中积极的安全文化的一个重要因素。Griffin & Hu（2013）使用路径分析，研究结果显示，员工的安全参与和领导的安全鼓励之间呈现很强的正相关关系。领导的安全监测和员工的安全配合行为具有较强的正相关关系。此外，结果还显示了安全监控和安全参与都可以被领导对和安全相关的学习鼓励程度调节。

虽然越来越多的研究证明监管领导在促进员工安全参与方面的重要性，但是领导者对全部工作的卷入程度却被忽视了。Conchie et al.（2013）指出，尽管领导者对于危机预防阶段员工的备灾行为有影响是不言自明的，但是也需要适当的环境支持领导者对员工的行为施加正向影响和干预。有一项研究的数据显示，任务过重、生产需求、正式程序和劳动力的特点阻碍了监理人员在安全领导力中的卷入。相比之下，社会支持（尤其是来自组织和同事）和自主权感知促进了监理人员在安全领导力中的卷入。

三、专项公共危机管理

（一）自然灾害的危机管理

在自然灾害的危机管理中，关注较多的是地震等具有巨大破坏性灾难的危机应对。

地震这种破坏性的自然灾害最容易引发基础设施的彻底损坏，导致信息传递困难。2011 年 3 月 11 日，日本大地震期间，很多 ICT 资源——电信交换局、光纤链路等——因地震颤动和海啸的破坏完全或部分断裂。Sakano et al.（2013）提出有效利用、专门设计可移动、可展开的单元拼接技术，这是一种即使在毁灭性的灾难中都可以使用的网络架构。

对地震过程中地壳的运动进行监测和评估可以对地震发出预警和进行震中模拟。Panza et al.（2013）提出空间信号监测示例系统，结合地球物理模型和地球观测对地震灾害的时序评估，可以对地震的具体物理过程进行实时监测，并将数据传回。数据可以用来分析地震的发生过程并给相关地区发送警报，由此来开展应急措施。

（二）安全生产的危机管理

Aoki& Rothwell（2013）分析了福岛核电站事故的原因发现，福岛核电站不只是地震引发的灾难，也是生产领域人为的灾难。决策不稳定、创新激励不足、缺乏深入的国防战略安排都直接导致了福岛核电站应急管理的事务。从制度角度来说，所有考虑继续扩张和运营核电产业的国家都必须努力建立独立、能干、被认可的安全监管机构。

另外，安全生产要重视领导的作用。Biggs et al.（2013）提出，安全生产日常的危机培训工作中领导者扮演重要作用。领导者对于员工的安全表现有一定的影响。Griffin & Hu（2013）使用路径分析，发现安全参与和安全鼓励之间呈现很强的正相关关系。安全监测和安全配合行为具有强的正相关关系。

（三）公共卫生的危机管理

公共卫生影响灾害管理的多个层面，要在准备阶段做好充足的准备，在制度上给予保障，才能保证公众的安全。

Plough et al（2013）提出，公共卫生应急准备和响应的新方法正在形成，他们还监测传统的公共卫生行动对社区抗灾力影响的挑战，制定评估和战略规划的评价指标。文章从一个大的县市区出发，以洛杉矶县社区减少灾害项目为例，讨论了其行动的经验和观点，以便让读者更好地理解如何实现公共卫生实践中社区的抗灾能力框架。

O'Sullivan et al（2013）提出，复杂性是进行灾害管理和理解公众健康有用的框架。要解开灾害管理的复杂性，就要认识到医疗保健和更广泛的社会制度的交互性，以及制度和公众健康在危机之前、危机期间和危机之后对于提升公众状态和抗灾力的作用。他们搭建了重要社会基础设施的框架，并建立了一个模型，以确定潜在的促进人口健康和抗灾力的干预点，并给出了促进社区抗灾力和人口健康的七项操作建议。

（四）恐怖袭击的危机管理

恐怖袭击的威胁在近些年越发严重，各国政府需要对恐怖袭击做出相应的应对策略，包括领导者的应对策略、法律方面和组织层面等，都需要相应地做出反应。而且，对恐怖主义的研究已经形成了系统的方法，值得引起学者关注。

Christensen et al.（2013）分析了恐怖袭击引发的中央政府，尤其是政治和警察领导层所面临的挑战。文章基于对中央政策文件、议会辩论和文件，以及恐怖袭击一年内中心行为者和大众媒体的报道讲话的定性内容进行分析，描述了领导者如何在媒体和公众面前表现他们对灾害的反应，最后发现对恐怖袭击反应的特点是相互影响因素之间复杂的相互作用的结果。比如9·11恐怖袭击事件后，9·11委员会认为，美国需要一个强有力的领导者、一个间谍组织首脑，将分散的情报官僚机构整合成为一个单独的系统来打败美国面临的国际恐怖分子。Allen（2013）解释了NSC和国会如何塑造美国对9·11袭击的反应，他声称，对反恐组织创造过程的案例描述是权力政治和机构改革的案例研究。通过将情报界的改革过程中的立法事务和政治角力曝光，阿伦帮助我们理解为什么这些制度变革的成效仍然是一个问题。Foley（2013）则做了英法两国的比较研究。虽然在2001年9月11日随后的几年中，英国和法国都面临着来自伊斯兰恐怖主义的类似威胁，他们却经常以不同于对方的方式回应挑战，这样也就挑战了一个普遍持有的观点，即一个国家反恐政策的性质取决于它面临威胁的类型。弗利却认为，这样的说法无法解释为何法国创立更具侵入性的警察和情报行动，创造一个更严厉的反恐法律制度来打击伊斯兰恐怖主义，但是英国却没有。借鉴制度主义和建构主义的理论，他开发了新的理论框架把反恐置于组织的、制度的和更广泛的社会背景下。

恐怖主义研究已成为体系，Stump & Dixit（2013）写了一本介绍批判恐怖主义研究方法的著作。虽然现在批判恐怖主义研究中心（CTS）不断地致力于研究恐怖主义实践案例和概念，但是对如何系统地开展这方面的研究一直很少关注。批判恐怖主义研究通过三个关键主题填补了这种差距：第一，对恐怖主义研究和国际关系的关键学科反恐研究中心（IR）的学术地位的确立；第二，从批评方法的理论和方法论方面来看恐怖主义的研究；第三，对这些方法的实证展开。作者回顾了一系列基于非变量研究方法论的方法，提供了一些经验例证以促进恐怖主义研究。

四、危机管理和技术

(一) 网络信息汇集

在互联网时代，新闻和信息的传递已经成为众包技术，不再由以往的专业从业人员把持。危机管理中，作为目击者的公民会在网络上以各种形式将灾情的现实情境传递出去。但是，这些信息是非结构化的，种类众多，而且是基于当地的语言进行传播。对这种低价值、多样、海量的信息开展分析有一定的技术困难，但是众包的信息的价值绝不可忽视，所以与之匹配的分析和检测手段也被学者广泛关注。

Allan（2013）描述通过网络这一新兴手段，公民以自己的独特形式，加入新闻活动中。公民的生产成果主要表现为目击者的描述、录像、数字照片、微博、博客文章等，给正式的新闻报道提供了大量的现场数据，做出了重要贡献。而在网络出现之前，人们在危机发生地区的通信情况不管是研究者还是实践者都无法掌握，通过社会技术对网络上提供的大量与发生地相对应的话语进行分析，提供了可用的研究结果，而且不管是对自然危机还是人为危机的情况都适用。只要有合适的分析手段和工具，就可以找到灾害期间人们通信的规律（Potts，2013）。

具体而言，在灾害发生时对在线用户生成海量的与灾害有关的数据的提取和分析是个技术性比较强的工作。Imran et al.（2013）基于条件随机域模型可以提取这些内容中有价值的信息，通过对两个不同的自然灾害产生的社交媒体内容的性质的研究，另外通过一组精心设计的实验，评估了两个数据集技术的有效性。最后，通过对非灾难数据集的分析来测试此分析方法发现，从一般社会生成内容信息的提取模式非常有用。还有文章关注使用技术对 twitter（一种社交媒体）上的信息进行分析。Twitter 的信息都是短消息，往往是非标准的当地语言，需要新的技术来提取相关的情势感知数据。Rogstadius et al.（2013）使用危机跟踪（Crisis Tracker）技术，基于大型社会活动中社交媒体的活动情况，实时的联机系统能有效捕捉分散于情景中的认知情况并做出分析报告。危机跟踪自动跟踪 Twitter 上的关键字组，在其词汇相似度的基础上，汇聚相关推文来构建故事。它集成了众包技术，使用户能够验证和分析故事的真实性来判断 Crisis Tracker 的有效性。

(二) 通信基础设施

危机管理的技术基础是基础设施的有效运行，第一，在危机交流阶段，一定的技术手段可以让人们更好地获得应对危机所需要的信息；第二，在响应期间，危机应对者通过技术相互连通形成网络结构，人们可以及时地交流信息，保障管理有效合作和协调过程。但是灾害往往会将通信基础设施破坏，从而引发沟通困难。但是现在随着科技的发展，出现了新的技术可以让通信设施在灾害发生地建立起来，保障应对过程中的通信需求。

在应急响应过程中，如果设备的连接网络是不完整的，那么信息传递将会成为挑战。

MartíN – Campillo et al.（2013）考察了危机地点所产生的信息，如受害者的医疗数据，这些信息需要快速、准确地被传递出去。此时，路由协议的效率的重要性得到了体现。而且，正如 Habib et al.（2013）所说，自然灾害中网络漏洞的级联、相关性、并置故障的频发已经成为一个重大问题。关键是要了解光纤网在面对灾害时的脆弱性，并设计相应的对策。

一个动态的、可展开的网络技术给灾害发生地的通信基础设施带来了曙光。Sakano et al.（2013）发现通过有效利用可移动的、可展开的资源单位 MDRUs，提出了一种甚至在毁灭性的灾难中都可以使用的网络架构。MDRU 的通信和信息处理功能，可快速将信息传递和输出灾区，并能在短时间内部署建立灾害现场网络并推出 ICT 服务。

Molesworth & Burgess（2013）提出一些被禁止使用的但有可能是对应对危机有好处的手段。在模拟起飞前的环境之后发现，消音耳机不会和语音播报产生冲突，而且会增强被试者听懂和记忆内容的能力。结果意味着，如果安全信息对危机应对很重要的话，那么官方和航空公司应该重新考虑在安全信息播报期间取消对于消音耳机的使用限制。

（三）地震监测系统

一个对地震灾害监测的创新方式表明，现有的技术手段可以测量地球的物理特征和地震源特征。Panza et al.（2013）发现，在大地测量学的观测之下，和地球物理模型技术结合，可以计算地震带来的以时间为维度的地壳变化情况，使得确定地震的发生变为可能，可以让我们观测某个区域是否处于地震爆发的临近状态。用这种方式可以提供实时的地震数据，正契合民防的目的，从而可以帮助有关部门完成地震的评估。

五、研究总评

通过以上对 2013 年国际公共危机管理理论进展的梳理，可以总结出 2013 年公共危机管理领域的理论研究呈现以下特征和趋势：

（一）跨区域协同治理的大趋势

把应急管理的知识转化为行动的差距仍然存在，行动的成功取决于应急主体之间的协同治理。Gaillard & Mercer（2013）概述了自下而上和自上而下的行动相结合的必要性，地方和科学知识结合的必要性，以及众多利益相关者更加一体化的必要性。而且，在应急管理过程中我们也看到，欧盟、联合国也行动起来，不断地促进国际间应急合作的实现。

（二）社区导向应急管理趋势

抗灾力的研究主要关注社区层面危机的应对和恢复能力，对社区的研究更加具体地展现了在微观视角下，影响灾害应对和恢复的具体的行为。比如 Orencio & Fujii（2013）针对菲律宾沿海社区抗击力的研究，发现可用于减少沿海社区的脆弱性因素。这些指标和内容代表了地方层面的沿海社区的灾害抗灾力指标结果，可以作为地方政府应对风险和减灾管理的工具。Tidball & Krasny（2013）提出，绿化在经受过暴力冲突或其他巨灾扰乱社会生态系统的红色区域实例中有重要含义，绿化和绿化空间在促进社区复苏、加强社区抗灾力的效果确实存在。

在社区抗灾力测量方面，Lee et al.（2013）认为组织和社区的抗灾力是相互联系、相互依存的，于是开发了一个调查工具，企业可以用它来识别自己的长处和弱点，并制定自身抗灾力战略和评价投资的有效性。O'Sullivan et al.（2013）建立了重要的社会基础设施的框架，并建立了一个模型，以确定潜在的促进人口健康和抗灾力的干预点。

（三）大数据与公共危机管理的有效对接

随着网络的普及，以往被记者等专业人士垄断的新闻界现在呈现出更加多元化的趋势。在灾害现场的公民可以借助网络将灾害现场的第一手宝贵信息以文字、语音、图片、视频等方式记录并上传到网络上。我们现在迫切需要新的网络技术手段将这些非结构化的信息进行提取和加工，这就涉及全覆盖式的大数据技术。比如，2012 年叙利亚内战期间，Rogstadius et al.（2013）经过八天的实验，通过推文分析技术和众包技术处理一个时间段内的推文全集来构建事实发展，并通过关键人士的访谈确定了此分析技术的有效性。Imran et al.（2013）基于条件随机域模型，研究了两个不同的自然灾害产生的社交媒体内容的性质，提取这些内容中有价值的信息，并通过一组精心设计的实验，评估数据集技术的有效性。

（四）国际视野下的多元参与趋势

现阶段，一些跨越国际的危机也越来越受到学者关注，恐怖袭击等危机呈现跨越国界的特点，一些落后国家的经济不足以支撑其备灾活动，引发了国际组织的救援。所以，国际组织的危机管理行为也变成了危机管理的重要议题，比如欧盟的跨国界危机协调作用和联合国的援助计划。Boin et al.（2013）的著作表示，欧盟越来越多地被要求来管理内部和欧盟以外的危机。恐怖袭击、国际冲突和金融危机都是世界性的，许多危机产生了跨越地域和职能界限进行合作的压力。在救灾和备灾领域，联合国正在进行救灾的作用评估和救灾计划的关系方案的规划。Brown（2013）著书的研究重点是联合国的备灾活动，包括开展易发灾害发展中国家防备状态的方案规划，设计提高组织救灾能力的方案。

第二章　公共危机管理学科 2013 年论文精选

第一节

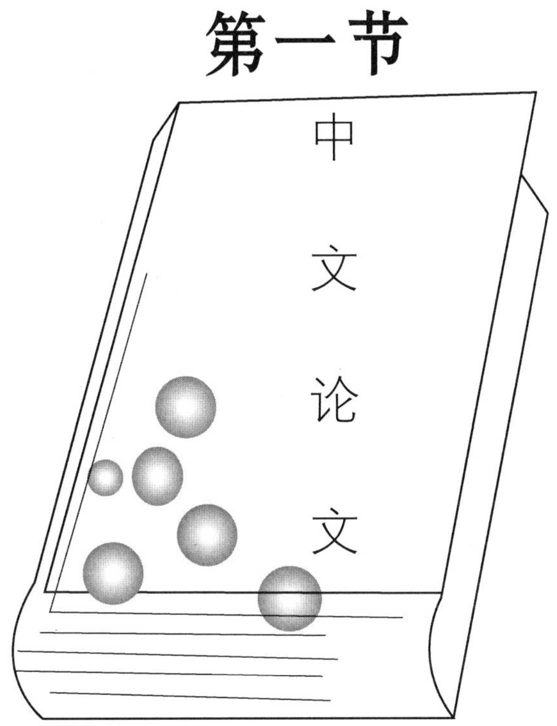

环境污染群体性突发事件的协同演化机制*

——基于信息传播和权利博弈的视角

刘德海[a,b]

（东北财经大学 a. 经济计量分析与预测研究中心

b. 数学与数量经济学院，辽宁大连 116025）

【摘 要】 在环境污染群体性事件的发生演化和应急处置过程中，存在着信息传播与利益博弈之间协同演化现象。本文从信息传播和利益博弈协同演化的视角，解构了环境污染群体性突发事件的演化过程。考虑到协商谈判和暗箱操作的权利博弈格局，以及信息匮乏、信息过剩和虚假信息等复杂特征，建立了环境污染群体性事件的协同演化博弈模型，结合渤海溢油事件和青海宜化事件分析了地方政府采取不同的利益调整策略与信息传播策略的协同演化关系。研究表明：在协商谈判的权利博弈结构下，周边群众高估赔偿值将导致抗议行动的长期化，地方政府和污染企业信息匮乏将延缓事态妥善处置的过程。在暗箱操作的权利博弈结构下，随着地方政府加大舆情引导措施，环境污染群体性突发事件发生的周期逐渐增大，而且均衡状态下参加抗议人数的比例也逐渐下降。本文的创新点在于从信息传播和利益博弈协同演化的视角，解构了环境污染群体性突发事件的演化规律，同时考虑了信息匮乏、信息过剩和虚假信息等复杂的信息特征。

【关键词】 群体性突发事件；演化博弈；环境污染；协同演化；信息传播；权利博弈

一、问题提出与文献回顾

近年来，由于全国大规模水电开发，各地上马重化工企业等，造成全国环境污染事故

* 本文选自《公共管理学报》2013 年第 10 卷第 4 期。本文为国家自然科学基金青年项目（70901016）、国家自然科学基金面上项目（71271045）的成果。

作者简介：刘德海（1974—），男，毕业于西安交通大学，博士，东北财经大学数学与数量经济学院副教授，研究方向：突发事件应急管理，E - mail：ldhai2001@ 163. com。

密集发生，并呈现出增长之势。由此引发的群众信访量居高不下，导致的群体性突发事件在部分省份集中爆发，例如厦门 PX 事件[1]、四川什邡事件、江苏启东事件、辽宁大连 PX 事件、陕西凤翔“血铅”事件[2]等。上述环境污染事故及诱发的群体性突发事件，引起了国际国内、高层领导和社会各界的广泛关注。据国家信访局提供的信息，环境保护、土地征收征用、城市建设拆迁、企业重组改制和破产、涉法涉诉等群众反映强烈的问题，成为近年来信访工作的重点。据统计，环境污染引发的群体性事件以年均 29% 的速度递增，对抗程度明显高于其他类型的群体性事件[3]。环境污染、矿权纠纷等已成为群体性事件的重要诱因和易发领域[4]。2013 年两会期间，我国中东部地区出现了大范围的雾霾现象，更是引起了两会代表和社会公众对空气质量和生态环境的高度关注。世界上许多国家和地区在工业化进程中都曾出现过重大环境污染事件，例如著名的美国洛杉矶光化学烟雾事件、日本“水俣病”事件、伦敦烟雾事件等，一段时期内引发了此起彼伏的社会抗议活动。1970 年 4 月 22 日，美国各地约 2000 万人参加了声势浩大的反污染游行和集会，以唤起人们对环境的保护意识，重视对资源的合理利用，日后这一天被定为“地球日”。

当前我国进入“环境敏感期”，无论是东部沿海地区引进外资，还是中西部地区承接产业转移，各级地方政府在招商引资引进大型项目的过程中，均面临着是否考虑经济项目带来的环境污染负外部性的问题，项目决策过程中是否征求周边居民的意见，及时公开相关信息，实现决策民主化？项目投建中是否通过协商谈判，根据污染情况建立起“谁受益谁补偿、谁影响谁受偿”的合理补偿机制？创新社会管理、妥善处置环境污染诱发的群体性事件、统筹经济发展与环境保护，成为当前我国各级地方政府面临的共同挑战。

针对环境污染诱发群体性事件的诱因分类、演化机制、应急管理等问题，国内外学者从不同学科角度加以阐述。从应急管理实践角度，学者们认为环境污染群体性事件基本上属于维护合法权利，并提出推进环评的信息公开、通过协商谈判平衡各方利益等政策建议。其中，于建嵘根据群体性突发事件的目的、特征和行动指向，将近十年来中国的群体性事件划分为维权型抗争、社会泄愤型事件、社会纠纷和有组织犯罪等不同类型。其中，环境污染诱发的群体性事件基本上属于维权型抗争事件[5]。晏磊和刘怀宇结合相关专家学者的意见，提出公众参与的范围亟待放开、对居民提供公共生态补偿、通过平等协商谈判来平衡利益等途径，妥善解决环境污染项目选址诱发的邻避冲突事件[6]。环境保护部等有关部门表示，将通过加强依法环评、大力推进环境影响评价信息公开、进一步扩大群众参与力度，以及建立健全重大建设项目的社会风险评价机制，从源头上预防环境污染诱发的群体性突发事件[7]。

从管理科学角度分析，环境污染诱发的群体性突发事件具有理性的合法维权诉求与非理性的抗议行动相互交织、信息匮乏或过剩、社会结构复杂性和动态性、矛盾对抗性和可谈判性、难以预测的高度突发性、事态发展不确定性和决策时间紧迫等高度复杂性的非常规边界特征。赵启正在《持之以恒地开展危机管理研究》中指出，“在群体性突发事件的处理过程中，不同参与者间的博弈、舆论环境的引导与控制和信息的传递、加工和分析，是最近几年理论工作者研究的重点问题。”[8]因此，分析环境污染群体性事件的演化规律，存在以下两个主要的研究视角：

1. 地方政府、污染企业和周边居民等利益博弈问题

作为维权型群体性事件，环境污染群体性事件的关键在于地方政府如何处置民众的环境诉求和维权自救行为[9]。近年来，刘德海、徐寅峰、罗成琳等国内学者从利益博弈角度剖析了群体性事件的产生机理[10,11]、演化过程[12,13]和地方政府的处置手段[14,15]等问题。不同于泄愤型等其他类型的群体性事件，环境污染群体性事件博弈过程的独特性在于：周边居民在维护身体健康和周边环境安全的合法、合理利益诉求下，事态最终的解决途径基本上是以地方政府为主导，污染企业和周边居民等当事者通过协商谈判形式达成共识与妥协。运用博弈论的术语，事态演化过程从环境污染导致群体性抗议行动的“囚徒困境”，经过地方政府的策略调整，最终达成双方妥协的新的纳什均衡。

2. 工程项目的环境评估和事态处置过程中的信息传播问题

1992 年联合国《里约环境与发展宣言》强调，“环境问题最好在所有有关公民的参与下，在有关级别上加以处理。在国家一级，每个人应有适当的途径获得有关公共机构掌握的环境问题的信息，其中包括关于他们的社区内有害物质和活动的信息，而且每个人应有机会参加决策过程。各国应广泛地提供信息，从而促进和鼓励公众的了解和参与。应提供采用司法和行政程序的有效途径，其中包括赔偿和补救措施。”目前，危机事件中的信息获取和分析已成为我国危机应急管理中的核心科学问题之一[16]。

现有文献有关突发事件信息传播问题的研究基本上可以分为四种研究思路[2]：第一种是优化模型，该种思路将信息预警作为一种资源，与物质资源配置调度等其他应对资源一起，建立优化模型进行统筹规划，得出最佳的危机应急方案。其中，有关应对恐怖主义袭击的信息预警问题的研究文献较多[17,18]。第二种是网络模型，该种思路强调信息在个体之间传播时具有的复杂网络特征。近年来，国际上有关复杂网络信息传播机制的研究正在成为研究热点之一。例如，Zanette 运用小世界网络研究了谣言传播问题得出其临界阈值[19]，王长春和陈超运用复杂网络的平均场方程分析了谣言属性和网络结构特征等对谣言传播的影响[20]。第三种是基于多主体建模与仿真技术，模拟研究了危机中相关主体的行为特征[24,25]。第四种是演化模型，该种思路从数理建模角度考察了信息传播过程的演化特征，经常采用的演化方程包括复制动态方程[21,22]、Lotka—Volterra 种群演化方程[23]等。在有关突发事件信息传播演化模型的研究文献中，尽管一些文献考虑到信息的动态传播特征[21]，虚假信息和真实信息的竞争关系[23]，以及信息过剩问题，但是，现有文献将危机事件信息看成是在均质的同类群体（如弱势群体、网民、灾民等）中传播的过程，而没有考虑到环境污染群体性事件中地方政府和周边居民面临着复杂的信息特征差异，即利益冲突的不同群体同时存在着虚假信息、信息匮乏和信息过剩等特征。

在环境污染群体性事件的发生演化和应急处置过程中，存在着信息传播与利益博弈之间的协同演化（Co—Evolution）现象：一方面，地方政府和污染企业将工程项目的环评、立项、审批和施工等环节的相关信息暗箱操作和有意封锁，造成既成事实，一旦信息泄露（即预防型事件，如厦门 PX 事件）或产生了严重的健康损害（即反应型事件，如凤翔“血铅”事件），导致周边居民的维权抗议行动趋于激进，环境污染群体性事件爆发；另

一方面，如果地方政府和污染企业在工程项目环评、立项、审批和施工等过程中广泛征求周边居民意见，做到环评信息公开，则事态演化结果或者是考虑周边居民的民意后取消项目，或者是双方通过协商谈判达成各方均能接受的利益补偿方案。该种事态演化的性质，更接近于发达国家和我国一些城市兴起的“不要建在我家后院/邻避运动（Not In My Back Yard，NIMBY）”的集体性抗争行动[26,27]。

协同演化的概念最早是由生态学家 Ehrlich 和 Raven 在研究蝴蝶与花草类植物间关系时提出的，“物种在一定程度上相互影响并协同演化”[28]。Norgaard 将协同演化概念运用到社会文化、生态经济领域，认为协同演化是“相互影响的各种因素之间的演化关系”，即系统演化的组元之间存在着正反馈关系造成耦合[29]。Murmann 认为，协同演化要求双方必须有改变对方适应性特征的双向因果关系，而并行发展则是指双方对一个环境的同时适应[30]。国内外学者分别研究了企业种群[31]、组织与环境[32]、技术与制度[33]等社会经济系统的协同演化现象。其中，刘德海等从“社会网络—应急策略”协同演化角度，揭示了维权型群体性突发事件的演化机理[34]。但是，该文没有考虑到群体性事件中信息传播与利益博弈之间的协同演化关系。

本文第二节以近年来发生的十起环境污染群体性事件为例，从信息传播和利益博弈协同演化的视角解构了环境污染群体性突发事件的演化过程；第三节考虑到不同的权利博弈格局和信息特征，建立了环境污染群体性事件的协同演化博弈模型；第四节以渤海溢油事故和青海宜化污染事件为例，分析了地方政府采取不同的利益调整策略与信息传播策略的协同演化关系；第五节为论文结论。

二、环境污染群体性突发事件的协同演化机制：以十起环境污染群体性事件为例

进入 21 世纪以来，我国各类环境污染事件的发展规模、损害后果、污染类型等都日趋扩大，进入了“环境高风险时期”。由于社会结构演化的长期渐进性，群体性事件爆发的突发性、不可重复性和社会敏感性，造成有关社会突发事件的公开统计数据非常缺乏，因此采用案例分析方法成为国际上社会突发事件应急管理研究常用的手段[13]。根据《民主与法制》周刊、《京华时报》《人民日报》等政府网站和报刊资料，本文收集了近年来我国十起具有代表性的环境污染群体性突发事件，分别是：2007 年 6 月福建厦门 PX 项目引发的“集体散步”事件、2009 年 8 月陕西凤翔县儿童“血铅”事件、2009 年 11 月广东番禺兴建垃圾焚烧厂引发群众抗议事件、2011 年 8 月辽宁大连 PX 项目引发的群众抗议事件、2011 年 9 月浙江海宁丽晶能源公司污染环境引发的群众抗议事件、2011 年 12 月福建海门华电项目污染引发的群众堵路事件、2012 年 4 月天津 PC 项目污染引发的群众“集体散步”事件、2012 年 7 月初的什邡钼铜事件、2012 年 7 月底的启东排污事件、2013 年

4 月河北沧县红色地下水事件等，从“信息传播—利益博弈”协同演化的角度，解构环境污染群体性事件的基本演化过程和相应的信息特征。

分析本文选取的十个环境污染引发群体性事件的典型案例，无一例外均是由于地方政府招商引资上马具有环境污染外部性的大型工程项目（尤其是重化工企业），引致周边民众发起群体性抗议行动。一方面，我国经济发展模式长期依赖投资拉动，在 GDP 主义导向的政绩观[35]和地方官员晋升锦标赛[36]的制度激励下，地方政府主动降低环境保护、劳动保障、社会责任等社会和环境的外部成本，提供各种优惠条件招商引资上马大型工程项目，以体现出任期内发展经济的政绩；另一方面，随着 1997 年我国短缺经济的结束，人民群众在衣、食、住、行、医等生活需求方面得到基本满足，在环境保护、精神文化生活、社会安全和幸福感等生活质量方面提出了更高的要求，其中环境意识和依法维护自身环境权益的愿望日益强烈。同时，随着互联网、微博、移动互联网等信息技术普及推广，迅速放大了民间意见领袖（包括互联网上的网络舆论领袖）的组织动员能力、信息传播能力和周边民众的自组织能力。

根据图 1 可以看出，根据地方政府不同的执政理念或政绩观，环境污染群体性突发事件中信息传播与权利博弈的协同演化发展出两种不同的演化路径：

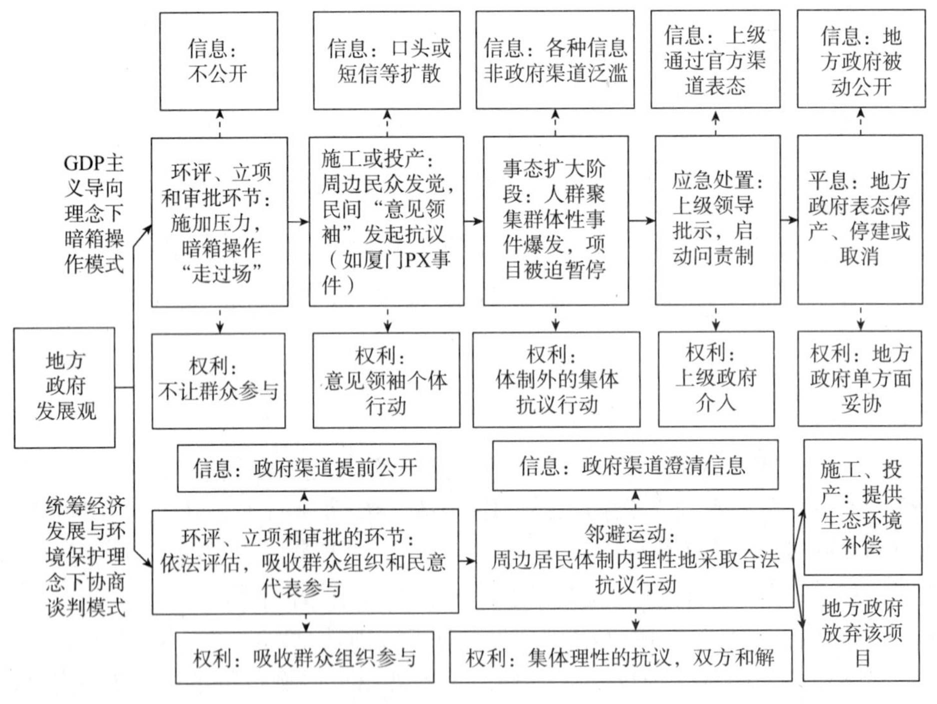

图 1　环境污染群体性突发事件的信息传播和权利博弈的协同演化机制

1. 恶性的环境污染群体性突发事件

所谓群体性突发事件，是指一定数量的人们为了实现某一目的，采取的诸如群体上访、请愿、集会游行甚至冲击党政机关、封桥堵路、拦截列车等方式造成的突发事件[37]。严重的环境污染和地方政府的暗箱操作，诱发周边受害群众的集体抗议行动具有较大的非理性特征，甚至发生极少数人“打、砸、抢”，造成生命财产重大损失等非法行为。地方政府在 GDP 主义的政绩观导向下单纯强调招商引资，为了降低社会协商成本、提供更为“优惠”的招商条件，不惜以牺牲当地生态环境和周边群众身心健康为代价，在信息传播方面，势必在工程环评、立项、审批和施工投产等环节进行暗箱操作，剥夺周边群众的知情权，有意隐瞒事实真相；在权利博弈方面，漠视周边群众的参与权，在事关周边群众重大切身利益的项目立项、施工和投产等决策过程中，在地方政府主导下单方面决策实施。

一旦上述情况被周边群众发现，事态的演化轨迹就超出了地方政府的控制能力：在项目的施工或投产阶段，农村环境污染事件中民间意见领袖通过传统人际关系网络进行口头传播发动周边村民，城镇环境污染事件中民间意见领袖往往借助于手机短信、微博、论坛等互联网和信息技术进行号召和动员；在事态扩大化阶段，周边群众进行“集体散步”、聚集闹事、集体上访，甚至冲击政府机构和企业厂房进行“打砸抢”等非理性抗议行动，各种小道消息通过口头传播、手机短信和互联网等非政府渠道泛滥。事态恶化后引起上级政府关注，领导作出事态处置意见的批示，甚至启动行政问责制，追究地方政府处置不当造成事态恶化的相关责任。地方政府为尽快平息事态，单方面做出妥协，迅速宣布停产整顿、停建或永久性取消项目。同时，地方政府被迫承担瞒报信息后果，并不得不公开工程项目的环评、立项和施工等相关信息。

2. 体制内相对理性的“邻避运动”，又称“不要建在我家后院”(Not In My Back Yard)

Dear 认为，邻避效应是指居民希望保护自己的地盘，当面对在其附近进行不受欢迎的设施选址时表现出保护主义的态度和采取对立的战术[38]。地方政府在科学发展观指导下统筹经济发展和环境保护，尊重周边群众的知情权和参与权，依法推进工程项目的环境评估，同时广泛征求群众组织和民意代表参与到环评和立项决策过程，通过政府权威渠道及时公开相关信息。由于地方政府在项目评估和立项过程中依法审批，并充分征求群众组织和民意代表的意见，为周边群众反映自身利益关切提供了行政调解和法律诉讼两种体制内的合法渠道，因此周边群众的集体抗议行动基本上表现为充分利用体制内的合法维权和谈判渠道，理性地表达利益诉求。在地方政府的行政调解下，周边群众与生产企业通过协商谈判，最终周边群众的利益关切得到妥善解决。

显然，上述两种演化路径体现出不同的“信息传播—权利博弈”协同演化机制。相对于近年来在发达国家和我国一些大中城市出现的邻避运动，当前全国各地爆发的环境污染群体性突发事件具有非常强烈的国情特征。

（1）地方政府环保局等机构因对于环境污染持有保护主义态度而出现严重渎职行为(例如，2013 年 4 月河北沧县红色地下水事件中，环保局长曾称红色井水合格[39])；对于周边居民因污染受害四处告状和上访维权行为以维护社会治安为名动用警力。在什邡事件中，地方政府处置不当甚至进一步激化了矛盾。

（2）周边居民的参与权和知情权没有得到保障，导致在各种信息来源下出现了复杂的信息特征。周边群众不仅缺席项目的环境影响评估过程，而且在立项、审批、施工以至于灾害事故发生后，均处于不知情的信息匮乏状态，由此造成一旦事态恶化，政府公信力严重不足，各种非政府来源的小道消息和虚假信息泛滥，尤其是互联网的论坛、博客、微博等新兴传媒，更是提供了政府难以掌控的信息传播新平台。在厦门、大连和宁波等地发生的历次 PX 事件中，地方政府、化工企业和周边居民之间激烈的利益博弈，扭曲了有关 PX 产品的真实毒性和危害性的信息真相。

（3）周边群众一方面缺乏对当地重大公共事务的制度化参与和监督，另一方面社会组织化程度较差，导致地方政府进行立项决策时找不到能充分代表相关利益各方的谈判对象，造成周边群众采取的抗议行动具有强烈的合理利益诉求与“打砸抢”非理性抗议相结合的特征。

（4）事态最终演化结果往往是地方政府为了尽快平息事态，匆忙地单方面承诺停建、停产整顿或永久性取消项目。该处置结果不仅严重损害了承揽项目企业的权益，也让周边群众产生当初决策草率或只要发生群体性事件就可以扭转政策的认知，“一闹就停”进一步使政府丧失了公信力，反而可能形成“多数人的暴政”。

在环境污染群体性突发事件的舆论引导和信息传播过程中，由于当事者之间矛盾的冲突性、地方政府有意封锁消息、非正式信息来源的多样性、事态发展的突发性等因素，造成环境污染群体性突发事件中的信息传播具有高度复杂化的特征[2]，突出表现在：①信息匮乏问题。地方政府在工程项目的环评、立项和审批等环节有意隐瞒信息，造成周边群众对于工程项目污染情况、预期收益、污染补偿方案等方面的信息一无所知；一旦立项信息泄露后，周边群众迅速聚集，事态呈现出高度的突发性，造成地方政府第一时间缺乏有关聚集人数和发展态势的准确信息，产生错误的判断和行动。同时，如果地方政府出于“捂盖子”的心理瞒报或虚报，则上级政府面临着更为严重的信息匮乏问题。②信息过剩问题。由于危机状态下各种小道消息泛滥，基层政府和社会公众均面临着各种来源的信息混杂，产生信息过剩问题。③虚假信息问题。虚假信息来源于两种渠道：一种是社会公众以讹传讹的虚假信息，尤其是事态诱因的虚假信息急剧恶化了事态；另一种是地方政府出于隐瞒事实和推卸责任目的，或者在不了解事实的情况下，发出的错误信息或信号。环境污染诱发的群体性突发事件中，信息特征的复杂性更体现在上述三种信息状况（信息匮乏、信息过剩和虚假信息）是相互交织、同时存在的。

三、环境污染群体性突发事件的协同演化博弈模型

（一）基本假设

（1）地方政府的有限理性行为。地方政府作为官员群体，事态处置的相关人员具体

包括：警力、当地乡镇政府官员和村官（在我国行政体制中村官并不属于正式政府官员，但是其发挥着最基层官员的作用）、上级政府官员、公检法等机构的执法人员等，一些官员甚至成为招商引资企业主的利益代言人。他们在事态处置过程中个体态度并不完全一致，并且经常处于相互观望、揣摩动向，甚至推诿责任的状态。例如，在 2012 年江苏启东事件反对污水排海的问题上，启东地方政府与群众的立场其实是一致的。“南通的企业，凭什么把污水排到我启东的渔港?”甚至连处置此次事件的一些警察私下也有这样的疑问[40]。而且，不同地方政府对于 PX 项目等环境污染事件的处置措施也有所不同，但通常会相互借鉴。

（2）周边群众的有限理性行为。目前我国各类民间社会组织发育不良，参与到环境污染群体性事件中的周边群众大都出于自发行为，在分散行动、信息不充分和危机状态下，周边群众抗议行为具有明显的模仿性、短视性和尝试性等有限理性特征，符合演化博弈理论的基本假设。

（3）现有关于演化博弈理论应用到社会经济演化现象分析的研究文献中，基本上采取了复制动态方程（Replicator Dynamic Function）来刻画群体学习行为的演化过程。但是，Sethi 认为复制动态方程在用于解释生物种群演化现象时具有良好的基因遗传变异机制，当应用于社会经济系统演化分析时，不同策略存在着社会学习障碍，因此提出了一般化复制动态方程[41]。刘德海等进一步将社会学习障碍这一外生参数内生化为信息传播的函数，分析了群体性突发事件中信息传播对演化过程的影响[2,21]。

（二）考虑权利博弈结构的要素博弈和稳定性分析

由于地方政府有着不同的执政理念（是否尊重周边群众的知情权和参与权），导致该问题博弈结构产生较大的差异。

图 2 的动态博弈模型刻画了环境污染群体性突发事件的协同演化过程。左侧分支代表地方政府尊重周边群众的知情权和参与权下的权利博弈结构，右侧分支代表地方政府漠视周边群众权利的权利博弈结构。其中，本文主要考虑地方政府和周边群众针对工程项目造成环境污染的策略行为。假设工程项目施工能够为当地政府和周边群众带来的可分配收益记为 1，地方政府和周边群众针对该可分配收益进行利益博弈。相关收益值经过标准化后，取值范围为［0，1］，其具体含义为：某工程项目产生环境污染对周边居民造成的损害为 d。当地方政府与周边居民协商谈判有关工程项目的环评、立项、施工等重大决策时，按照工程项目预期盈利额为周边居民提供的补偿比例为 a。在协商谈判过程中，周边群众通过“散步”、聚集、封堵道路等集体抗议行动对地方政府的决策施加压力，周边群众承担的抗议行动成本记为 c_2，主要包括地方政府或施工单位粗暴执法造成抗议人群伤亡后承担的医疗费用和支付的赔偿费等，标准化后该项费用与施工项目可分配收益的比例即为 c_2，这里忽略了参与抗议居民的心理压力、耽误工作的机会成本等。地方政府继续施工将面临着环境污染诱发群体性事件的社会风险，记为 c_1，可以看作是环境污染群体性事件平息后，经过评估给当地造成的社会经济总损失，标准化后该项费用与施工项目可分配收

益的比例即为 c_1。类似地，当地方政府进行工程项目的环评、立项等暗箱操作时，周边群众采取聚集闹事等非理性抗议行动的成本为 b_2，地方政府继续施工将面临的恶性群体性事件的社会风险为 b_1。

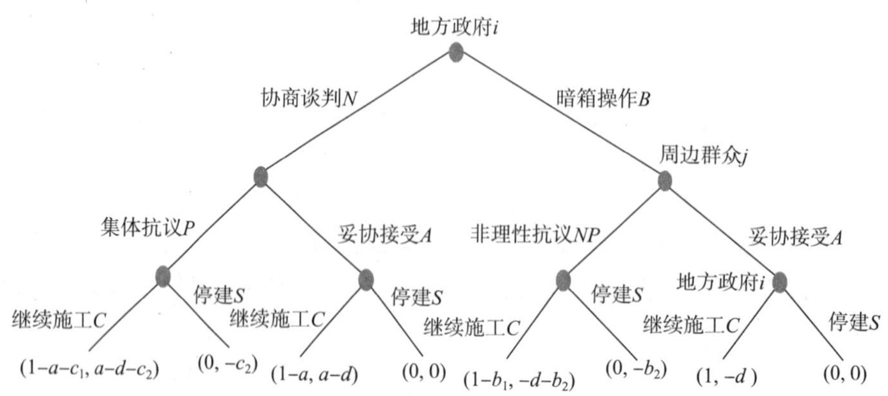

图 2 环境污染群体性事件的动态博弈模型

2000 年演化博弈学者 Dan Friedman 在圣塔菲研究中心演讲时指出，现有演化博弈理论的要素博弈结构均是基于策略式博弈。如何分析具有动态博弈结构的要素博弈，这是目前演化博弈理论面临的挑战之一。刘德海将心智模型概念（包括参与者的认知规则和决策规则）引入演化博弈理论中，解决了参与者如何在动态博弈结构中进行模仿学习的问题[14]。

对于协商谈判的权利博弈结构，地方政府和周边群众的心智模型为：①当 $1-a>c_1$，$a>d$ 时，即地方政府能够承受周边群众理性抗议的成本，并且周边群众接受了环境污染损害的经济补偿额，则继续施工将是地方政府的严格占优策略，而且对于周边群众也是帕累托占优的。因此，（妥协接受，继续施工）为双赢的纳什均衡结果。②当 $d>a$ 时，周边群众将持续采取抗议行动，直至地方政府做出停建的决策。因此，（集体抗议，停建）为最终的子博弈完美纳什均衡结果。③当 $a>1$ 时，为周边群众提供过高的补偿额，地方政府上马项目得不偿失，将被迫停建，（妥协接受，停建）为事态演化的子博弈完美纳什均衡结果。

对于暗箱操作的权利博弈结构，地方政府和周边群众的心智模型为：①当 $1>b_1$ 时，即周边群众的聚集闹事行动不足以影响到地方政府的投资决策，地方政府将继续施工，事态将呈现出振荡型趋势[2]，长期持续下去。直到地方政府无法承受不断累积的社会稳定风险 $b_1>1$，转而做出停建决策。（非理性抗议，停建）成为事态最终的演化结果。②当 $b_2>d$ 时，即周边群众组织抗议行动需要付出高昂的成本，则被迫接受地方政府上马重化工项目带来的环境污染损害。（妥协接受，继续施工）为子博弈完美纳什均衡结果。

在协商谈判和暗箱操作的两种权利博弈结果中，根据收益值的不同取值范围，一共存在着五个纯策略的子博弈完美纳什均衡结果。根据 Friedman 给出的命题[42]，演化博弈动态方程的不动点（*FP*）、纳什均衡点（*NE*）、演化均衡点（*EE*）和演化稳定策略（*ESS*）等稳定性概念具有包含关系：$ESS \subset EE \subset NE \subset FP$。由于不存在混合策略均衡，上述五个纯策略纳什均衡点也是演化博弈动态学习方程的演化均衡点。

（三）地方政府和周边群众的一般化复制动态方程

虽然现有文献经常采用复制动态模型，刻画参与者群体行为的演化过程，但是 Sethi 考虑到社会学习中不同策略存在的障碍，提出了如下一般化复制动态模型[40]：

$$d\theta_i/dt = \theta_i \times [\lambda_i \sum_{j \notin B_i(S)} (\pi_i - \pi_j) - \sum_{j \in B_i(S)} \lambda_j (\pi_j - \pi_i)\theta_j] \quad (1)$$

式（1）中，群体中采取第 i 种策略的比例分布为 θ_i；相应的收益为π_i；该种策略被观察到的概率，即学习障碍为 λ_i，其值越小代表学习障碍值越大，$0 \leqslant \lambda_i \leqslant 1$；集合 $B_i(\theta) = \{j \in I \mid \pi_j(\theta) > \pi_i(\theta)\}$ 包含了收益高于策略 i 的所有策略。

考虑到群体性突发事件信息传播特征，刘德海将第 i 种策略的学习障碍看成政府采取舆情引导措施 x_i 的函数，并证明了在 2×2 要素博弈中，一般化复制动态模型退化为包含了学习障碍 λ_i 的复制动态模型[21]：

$$d\theta_i/dt = \lambda_i \times \theta_i(\pi_i - \sum_i \pi_i\theta_i) \quad (2)$$

但是，该文献尚未考虑到群体性突发事件中不同参与者群体之间信息特征存在着明显的差异。本文将复制动态方程式（2）中参数 λ_i 重新定义为第 i 种策略的信息传播函数，其反映扣除了接受者特征（即不同策略收益差异π_i 和现有人数规模 θ_i）因素后，影响第 i 种策略群体传播速度的内在因素，具体包括信息源特征（即诱因事件）和传播介质特征（即传播媒体）。其中，一旦环境污染群体性突发事件爆发后，地方政府能够控制的主要因素是及时引导信息传播的宣传媒体[21]。

1. 协商谈判的权利博弈结构

在图 2 动态博弈中，周边群众采取集体抗议行动 P 的比例记为 θ_j；地方政府作为官员群体，事态处置相关人员决策采取继续施工 C 的群体人数比例记为 θ_i。在协商谈判过程中，如果周边群众索要的环境补偿比例 $a>1$，则谈判破裂，不存在环境污染群体性突发事件。因此本文考虑环境补偿比例 $a<1$ 的情况，分析地方政府协商谈判的认知结构：当周边群众选择妥协接受策略 A 时，地方政府的理性行为将是选择继续施工 C，即 $\theta_i(C \mid N, A) = 1$。

周边群众的一般化复制动态方程为：

$$d\theta_j/dt = \lambda(x_j)\ \theta_j\ (1-\theta_j)\ [(\theta_i - 1)(a-d) - c_2] \quad (3)$$

在协商谈判的权利博弈结构下，周边群众拥有工程项目的环评、立项、审批和施工等公开信息，不存在信息匮乏和信息过剩问题。但是，周边群众在协商谈判过程中产生的虚假信息是由于有限理性的群体处于分散化行动状态，很有可能错误地估计了相关行动的收益结果，即环境污染损害 d、环境补偿比例 a 和周边群众抗议成本 c_2。这里引入误估率参数 ε：

$$\varepsilon_d = (d' - d)/d, \ \varepsilon_a = (a' - a)/a, \ \varepsilon_{c_2} - (c'_2 - c_2)/c_2 \tag{4}$$

分析周边群众的认知规则：当地方政府在协商谈判过程中选择停建项目 S 时，周边群众显然接受这种方案，即 $\theta_j(P|N, S) = 0$。此时，地方政府行为演化的一般化复制动态方程为：

$$d\theta_i/dt = \lambda(x_i)\ \theta_i(1-\theta_i)(1 - a - c_1\theta_j) \tag{5}$$

其中，地方政府包括相关部门工作人员，更广泛意义上还包括执法部门、政府招商引资的企业等。

在协商谈判的权利博弈结构下，地方政府存在着信息匮乏和虚假信息问题。其中，信息匮乏是由于地方政府不了解周边群众的谈判底线及其是否会采取抗议行动等，该类信息是政府信息收集措施的增函数：

$$d\lambda(x_i)/dx_i > 0, \ 0 \leqslant \lambda(x_i) < 1, \ x_i \in [0, \infty) \tag{6}$$

当地方政府面临着信息匮乏问题时，信息传播函数的具体形式为：$\lambda(x_i) = 1 - e^{xi}$，其中：

$$d\lambda(x_i)/dx_i > 0, \ \lambda(0) = 0, \ \lim_{x_i \to \infty} \lambda(x_i) = 1 \tag{7}$$

即当地方政府面临着信息匮乏时，随着政府信息收集措施 x_i 的增强，信息传播函数 λ 增大并趋近于1，政府逐渐了解事实真相。

对于地方政府错误估计局势造成的虚假信息问题，引入环境补偿比例 a 和群体性事件社会风险 c_1 的误估率参数 ε：

$$\varepsilon_a = (a' - a)/a, \ \varepsilon_{c_1} = (c'_1 - c_1)/c_1 \tag{8}$$

2. 暗箱操作的权利博弈结构

分析地方政府暗箱操作下的认知结构：当周边群众选择妥协接受策略 A 时，地方政府势必选择继续 C，即 $\theta_i(C|B, A) = 1$。假设周边群众采取集体非理性抗议行动 NP 的比例记为 θ_j，则周边群众的一般化复制动态方程为：

$$d\theta_j | dt = \lambda(x_j)\ \theta_j(1-\theta_j)[d(1-\theta_i) - b_2] \tag{9}$$

在暗箱操作的权利博弈结构下，周边群众同时面临着信息匮乏、信息过剩和虚假信息问题。其中，信息匮乏主要是由于地方政府暗箱操作有意隐藏信息造成的，具体函数假设同上。信息过剩是由于各种非政府渠道传播的小道消息泛滥造成的，该类信息是政府针对周边群众舆情引导措施 x_j 的减函数，即满足条件：

$$d\lambda(x_j)/dx_j < 0, \ x_j \in [0, \infty), \ \lambda(x_j) \geqslant 1 \tag{10}$$

当周边群众面临着信息过剩问题时，信息传播函数的具体形式为：

$$\lambda(x_j) = 1 + 1/x_j, \ d\lambda(x_i)/dx_j < 0, \ \lambda(0) = \infty, \ \lim_{x \to \infty} \lambda_i(x) = 1 \tag{11}$$

即当周边群众面临着信息过剩问题时，随着政府舆情引导措施 x_j 的增强，信息传播函数 λ 减小并趋近于1，各种小道消息逐渐消失。

分析周边群众的认知规则：当地方政府在暗箱操作过程中选择停建项目 S 时，周边群众显然接受这种方案，即 $\theta_j(NP|B, S) = 0$。此时，地方政府行为演化的一般化复制动态

方程为：

$$d\theta_i/dt=\lambda(x_i)\theta_i(1-\theta_i)(1-\theta_j b_1) \quad (12)$$

此时，地方政府同时也存在着信息匮乏和虚假信息问题。其中，信息匮乏是指地方政府在应急处置群体性事件过程中，对于周边群众的组成人员、利益诉求、参与人数等基本信息的匮乏。

四、地方政府利益调整策略与信息传播策略的协同演化分析

（一）地方政府协商谈判的协同演化分析：以渤海溢油事故为例

根据千龙网、财新网、国家海洋局、《新民周刊》《新京报》等媒体政府部门公开的资料，2011 年 6 月 4 日和 17 日，中海油和美国康菲石油公司的在华全资子公司康菲石油中国开发的蓬莱 19－3 油田发生两起溢油事件，导致约 723 桶原油和 2620 桶矿物油油基泥浆溢出至渤海湾，渤海部分海域生态遭受严重破坏，这是一起国内最严重的海洋环境事故。回顾整个事件的处理过程，渤海溢油事件演化经历了初期的瞒报事故和信息披露，中期的政府部门与康菲石油双方行政调解和协商赔偿，后期公司恢复生产、渔民接受赔偿、事态趋于平息三个阶段。

初期阶段，中海油等事故单位瞒报信息，国家海洋局等政府机构依法调查和评估溢油事件，经媒体报道后事态爆发。2011 年 6 月 4 日，中海油北海分局接到合作伙伴康菲石油公司报告，称 B 平台开始少量溢油。6 月 17 日，C 平台发生小型井底事故，康菲石油当日停止所有平台作业。6 月中旬，国家海洋局约见康菲公司负责人要求公布信息，将相关情况及时通报国家相关部门以及山东、河北、辽宁、天津等地。事故发生近半月后，7 月 4 日中海油才首次正式回应海上原油渗漏事件，瞒报事实称：“从原油泄漏的范围来看，只涉及 200 平方米左右，对事故海域环境影响较小。目前，没有任何关于野生生物、渔业或航运不利影响的报告。”

但是，7 月 5 日国家海洋局召开新闻发布会公布事故调查结果，“油田单日溢油最大分布面积 158 平方公里，已使周围海域 840 平方公里的 1 类水质海水目前下降到了劣 4 类”。同时，国家海洋局组织了溢油事件对海洋生态损害的监测评价工作。中国海监执法部门已对康菲公司溢油事件予以立案调查[43]。随着政府部门介入和媒体的追踪报道，该事件成为第一例引发中国公众广泛关注的海上环境事故。

中期阶段，国家海洋局等政府部门与康菲石油公司展开行政调解，双方协商赔偿方案。8 月 20 日，为彻底查明蓬莱 19－3 油田溢油事故原因，对事故造成的影响和损失进行全面认真的调查评估，国家海洋局牵头国土资源部、环境保护部、交通运输部、农业部、安监总局、国家能源局等部门组成联合调查组。2011 年 9 月 3 日，河北乐亭县和昌

黎县70多家养虾户的3万多亩基围虾疑因康菲公司溢油污染导致大面积死亡，总损失预计2.4亿元。由于受灾养殖户人数多、损失大、抗风险能力弱，且与石油巨头在信息、技术和资金方面存在极大的落差，盈科律师事务所发起成立了“环渤海水产养殖维权律师团”，为当地的养殖户提供法律援助，开展公益维权活动。

2012年1月25日，经过国家有关部门的行政调解，农业部、中海油、康菲公司以及有关省政府就解决蓬莱19-3油田溢油事故渔业损失赔偿和补偿问题，达成一致意见。康菲公司赔偿10亿元人民币，主要用于解决河北、辽宁省部分区县养殖生物和渤海天然渔业资源损害赔偿和补偿问题。事故发生后，康菲公司和中海油先后两次宣布的赔偿和环境恢复资金共计30.33亿元，其中康菲支付23.03亿元，中海油支付7.3亿元。上述资金将按国家有关法律规定，用于河北和辽宁部分区县渔业资源损害赔偿和补偿、渤海生态建设与环境保护、渤海入海石油类污染物减排、受损海洋生态环境修复、溢油对生态影响监测和研究等①。

后期阶段，当事各方接受赔偿方案，事态趋于平息。在受损渔民面临着行政调解和民事诉讼两种选择的情况下，当地政府约谈渔民，告知放弃诉讼接受调解才能拿到赔偿款。事发近两年后，辽宁省和河北省大部分渔民已经接受了政府的行政调解，拿到数额不等的赔偿金②。2013年2月，中海油宣布，康菲石油中国有限公司已从国家海洋局取得蓬莱19-3油田总体开发方案和环境影响报告书的核准文件。这意味着渤海湾严重漏油事件接近尾声，涉事油田获准复产③。

分析“渤海溢油事故”中各相关方的博弈支付：环境污染企业为周边群体提供的赔偿额为30.33亿元，其中周边沿海地区渔民获得赔偿额所占比例为 $a=10/30.33=0.33$，则沿海部分区县养虾户损失所占总赔偿额的比例为 $d=2.4/30.33=0.08$。由于盈科律师事务所为当地养殖户提供公益维权活动，因此周边省市渔民承担的抗议行动成本 c_2 可以忽略不计。虽然事故发生后出现了污染企业推卸责任、信息瞒报等问题，但是在国家农业部和海洋局等政府介入下事态最终妥善解决，大部分渔民已经接受了行政调解，因此政府部门承担的事态恶化造成的社会风险 c_1 忽略不计。由于 $1-a>c_1$，$a>d$，根据双方当事者群体的一般化复制动态方程（3）和（5）式，渤海溢油环境污染事故的最终演化均衡（EE，Evolutionary Equilibrium）为（部分周边养殖户接受赔偿，康菲中国石油公司继续生产）。

自2011年6月4日渤海蓬莱19-3油田发生溢油事故以来，渤海部分海域生态遭受严重破坏，仅河北乐亭、昌黎两地的水产养殖户遭受的经济损失约为13亿元④。周边群体对于溢油事件造成的环境污染损害额的误估比例为 $d'=13/30.33=0.43$，误估率 $\varepsilon d=(13-2.4)/2.4=4.42$。此时，$d'>a$，造成溢油污染的石油公司将不会接受该赔偿方案。

由于地方政府和污染企业不了解沿海地区分散化居住渔民的谈判底线和是否会采取抗

① 参见：http：//china.caixin.com/2012-04-27/100385148.html.

② 参见：http：//money.163.com/13/0220/08/8O535ORV002529T0.html.

③ 参见：http：//finance.qq.com/a/20130327/003525.htm.

④ 参见：http：//news.sohu.com/20110817/n316570453.shtml.

议行动等，因此存在着较为明显的信息匮乏问题。根据信息匮乏函数 $\lambda(x_j)=1-e^{x_j}$，假设地方政府的政府信息收集措施 x 从弱到强分别为 0.1，1 和充分信息 $x\to\infty$。周边群体虚假信息和地方政府信息匮乏，对协商谈判权利博弈结构下环境污染群体性事件演化过程的影响，如图 3 所示。

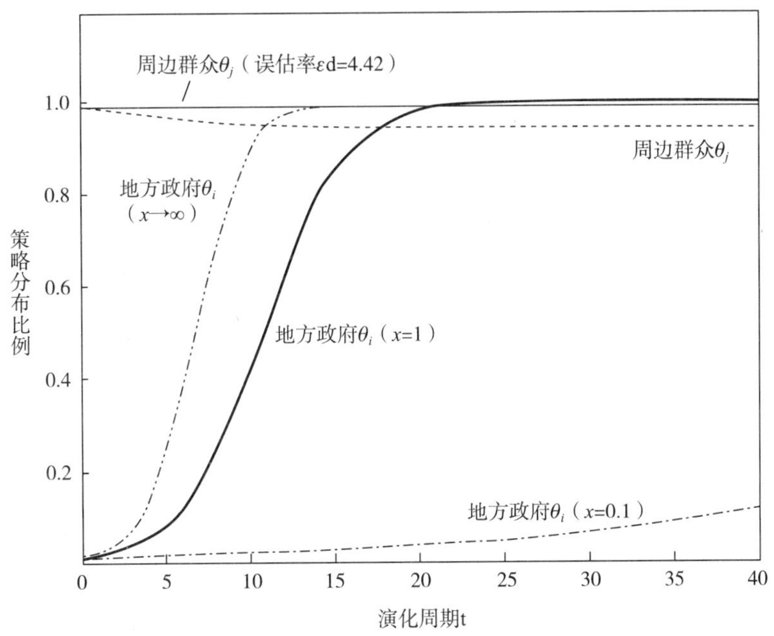

图 3　周边群体虚假信息和地方政府信息匮乏对协商谈判事态演化的影响

从图 3 中可以看出，当信息充分时，经过第 14 个演化周期后，地方政府和污染企业将继续施工或恢复生产。此时，仍有 95% 的周边沿海渔民并不认可污染企业提供的补偿方案。如果周边渔民认为溢油污染的损害值将达到 13 亿元，则全部渔民都不认可该补偿方案。当地方政府和污染企业处于信息匮乏状态时，随着政府信息收集措施的逐渐加强，地方政府的行为（即事态处置过程）收敛速度加快。

结论 1：在地方政府协商谈判的权利博弈结构下，周边群众高估赔偿值将导致抗议行动的长期化；而地方政府和污染企业信息匮乏将延缓事态妥善处置的过程。随着信息收集措施的加强，事态处置过程加快。

（二）地方政府暗箱操作的协同演化分析：以青海宜化环境污染事件为例

根据新华网、《民主与法制时报》等消息来源，青海宜化化工有限责任公司位于西宁市大通回族土族自治县，是湖北宜化集团有限责任公司在青海注册的一家大型化工企业，青海宜化年产量 30 万吨的 PVC 项目自 2009 年 11 月投入试生产以来，因环保设施建设不完善、管理不到位，致使废水、废气超标排放，并造成两次环境污染事故。青海宜化至今尚未取得《环评验收》，长期处于违规生产状态。虽然该污染事件至今尚未彻底解决，但是根据图2的协同演化博弈模型，事件演化过程依次经历了初期阶段地方政府暗箱操作施工投产、中期阶段周边居民开展环境污染维权行动、后期阶段周边居民搬迁工作陷入停滞污染企业继续生产三个阶段。

初期阶段，由于当地政府及环保局和安监局对企业污染监管乏力，而青海省环保厅对其污染行为鞭长莫及，青海宜化的污染行为一直缺乏有效监管。青海宜化公司的粉尘污染和大量废渣对当地环境造成严重破坏。据当地群众透露，自从青海宜化公司进驻后，当地环保和安全方面状况均呈大幅度下降。依照青海宜化《环境影响报告书》，本应提前搬迁的1089户居民，一直长期生活在高污染的环境中①。

中期阶段，周边居民开展环境污染维权行动。2012年2月，青海宜化发生爆炸泄漏事故。虽然此次事故没有造成大的伤亡，但是引起了青海省主要领导的关注。这次事故作为导火索，诱发深受污染和爆炸威胁的村民走上了维权抗议的道路。在四处反映无果的情况下，来自附近两个村庄的数百群众围堵了青海宜化的两处大门，此事惊动了西宁市政府的领导。但是，青海宜化组织大批保安和职工，手持木棍，打倒了多位村民，其中三位伤势较重被送到了大通县医院。此事最后不了了之[44]。

后期阶段，由于地方政府和污染企业双方推卸责任，周边居民搬迁工作陷入停滞，污染企业继续生产。当初大通县政府招商时承诺企业周边的搬迁由政府负责，该项搬迁费用需要4个亿。由于地方政府和污染企业双方推诿，贺家寨村与新添堡村的搬迁计划一直处于停滞状态。2011年6月9日，青海省环境保护厅要求该公司务必在2012年5月30日前完成贺家寨村与新添堡村1089户居民的搬迁工作，如不能按期搬迁将无法对青海宜化项目进行竣工环保验收。2012年8月7日，经乡政府与大通县环保局调解，青海宜化就粉尘、废气排放造成新添堡村蔬菜污染达成补偿意见，480户村民每户得到了398.75元补偿款[43]。根据青海经济信息网提供的数据，青海宜化该项目可实现利税12.5亿元，这样的赔偿数额无异于杯水车薪。

分析青海宜化环境污染事故中各相关方的博弈支付：周边贺家寨村与新添堡村居民搬迁费用所占公司利税比例为 $d = 4/12.5 = 0.32$，环境污染企业支付的赔偿额所占利税比例 $a = 0.0019/12.5 \approx 0$，可以忽略不计。此消息经媒体披露后，因青海宜化公司属青海省招商引资重点企业的身份，当地政府、监管部门对其环保违规行为无可奈何，周边居民更是深受化工厂的危害，却诉求无门。在目前状态下，周边群众抗议成本 b_2 和地方政府继续施工面临的社会风险 b_1 均可以忽略不计。根据双方当事者群体的一般化复制动态方程(9)和(11)式，青海宜化环境污染事故的演化过程将经历（周边群众抗议，企业继续生产直至最终停产整顿）。

大通县政府招商时书面承诺企业周边的搬迁由政府负责，青海省环保厅通过了青海宜

---

① 参见：http：//www. qh. xinhuanet. com/2013 -04/17/c_ 115422392. htm.

化的《环境报告影响书》。但是，当地居民对此并不知情，而且由于地方政府与污染企业在搬迁费用上相互推诿，当地居民依靠各种非政府渠道传播小道消息，造成信息过剩问题。假设周边群体信息过剩函数形式为 $\lambda(x_i)=1+1/x_i$，当地方政府的舆情引导措施从弱到强分别为0.01，0.1，1，5，同时地方政府拥有准确的信息 $\lambda(x_i)=1$，则周边群体的信息过剩对群体性突发事件事态演化的影响如图 4 所示。

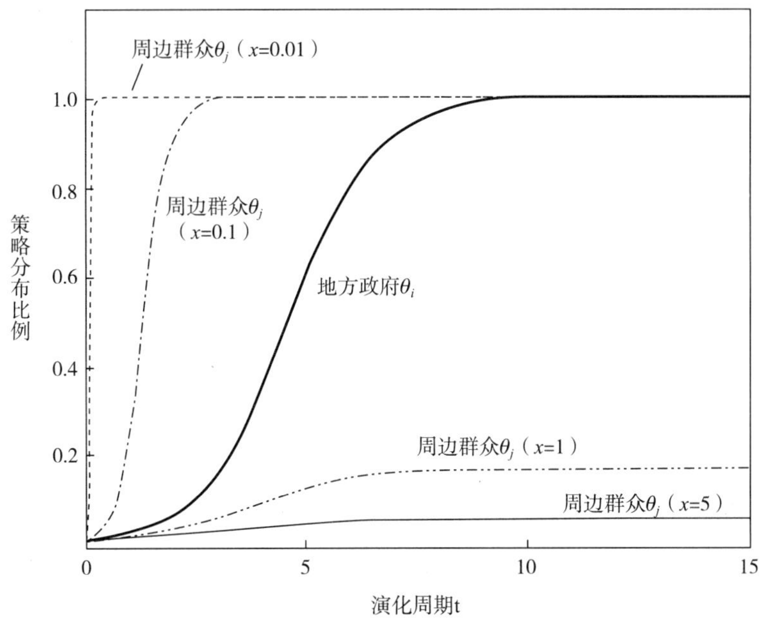

图 4 周边群体信息过剩对暗箱操作事态演化的影响

从图 4 中可以看出，在第 10 个演化周期，污染企业将恢复生产。在目前状态下，环境污染事态最终的演化结果停留在污染企业继续生产，周边居民持续抗议。随着地方政府加大舆情引导措施 x_i，环境污染群体性突发事件发生的周期逐渐增大，而且，均衡状态下参加抗议人数的比例也逐渐下降。当舆情引导措施 $x_i=1$ 时，均衡状态下，参加抗议人数的比例仅为16%。

结论 2：在地方政府暗箱操作的权利博弈结构下，周边群众依靠各种非正式渠道信息来源造成信息过剩问题。随着地方政府加大舆情引导措施，环境污染群体性突发事件发生的周期逐渐增大，而且均衡状态下参加抗议人数的比例也逐渐下降。

五、结语

当前我国已经进入环境问题敏感期，群众的环境意识和依法维护自身环境权益的能力有了很大提高。在环境污染群体性突发事件应急管理中，信息的及时获取和准确分析，尤其是充分运用现代信息通信手段有效引导社会舆情，成为应急管理的核心问题之一。本文从信息传播和利益博弈协同演化的视角，解构了环境污染群体性突发事件的演化过程。考虑到协商谈判和暗箱操作的权利博弈格局，以及信息匮乏、信息过剩和虚假信息等复杂特征，建立了环境污染群体性事件的协同演化博弈模型，分别结合“渤海溢油”事件和“青海宜化”事件，分析了地方政府采取不同的利益调整策略与信息传播策略的协同演化关系。

本文的研究结果表明，不同发展理念的地方政府针对工程项目的环评、立项和施工过程，分别采取了尊重周边群众知情权和参与权进行协商谈判、提供行政调解和法律诉讼等体制内解决渠道，以及暗箱操作忽视周边群众自身合理环境利益关切，周边群众被迫走向体制外甚至非理性的群体抗议行动。地方政府两种发展理念和相应措施，直接导致了周边群众信息传播和权力结构的不同协同演化路径。环境污染群体性突发事件中多样化的信息特征（即信息过剩、信息匮乏和虚假信息等）导致了事态不同的演化程度。地方政府分别针对性地采取信息搜索措施或舆情引导措施，将有利于事态尽快平息。

为了妥善处置当前频发的环境污染群体性事件，地方政府需要进一步创新社会管理，在发展经济、招商引资过程中，高度尊重周边群众信息传播的知情权和环境利益的参与权。首先，地方政府在招商引资过程中需要充分吸纳民意，引导公民参与，达到协商民主，做到科学决策，并有制度保障。在工程项目的规划、选址、环评、建设和运营过程中，政府相关部门应充分尊重民众的环境知情权、参与权和监督权，努力将政府信息公开、民意调查、召开听证会等方式制度化、规范化、程序化、法治化。其次，要尊重所有利益相关的周边人群的环境自主权和平等权，使各阶层民众在政策制定中享有平等的参与权。最后，对于因工程项目环境污染和邻避设施而受到影响的民众，要给予合理而充分的赔偿及身心补救。对于补偿方式和补偿标准等问题应充分听取区县、街镇、企业和居民的意见，增强项目补偿的科学性、民主性和透明度，逐步实现从“公众参与”到“共同决策”的转变，推动公民参与和补偿机制的不断完善。

参考文献

[1] 蒋莉，刘维平．农民环境诉求面临的困境与对策探讨——基于对厦门 PX 风波与浙江东阳画水镇环境群体性事件的比较［J］．云南行政学院学报，2012（1）：144－147.

[2] 刘德海，苏烨，王维国．振荡型群体性突发事件中信息特征的演化博弈分析［J］．中国管理科学，2012，20（s）：172－178.

[3] 阳敏．如何缓解环境群体事件？［J］．南风窗，2008（3）：18－19.

[4] 环境污染、矿权纠纷等已成群体事件重要诱因和易发领域［J］．领导决策信息，2008（28）：16－17.

[5] 于建嵘．中国的社会泄愤事件与管制困境［J］．当代世界与社会主义，2008（1）：4－9.

[6] 晏磊，刘怀宇．邻避现象求解：谈判机制及利益补偿制度亟待建立［N］．南方日报，2012－08－31（GC02）.

［7］楼市调控政策还没想放松［N］．新京报，2012－11－13（A06）．

［8］胡百精．中国危机管理 2006［M］．北京：中国人民大学出版社，2007.

［9］于建嵘．当前农村环境污染冲突的主要特征及对策［J］．世界环境，2008（1）：58－59.

［10］刘德海．群体性突发事件发生机理的多阶段动态博弈模型分析［J］．运筹与管理，2011，20（2）：82－88.

［11］徐寅峰，刘德海．群体性突发事件产生根源的主观博弈分析［J］．预测，2004，23（6）：43－45.

［12］罗成琳，李向阳．突发性群体事件及其演化机理分析［J］．中国软科学，2009（6）：163－171.

［13］刘德海，王维国．群体性突发事件争夺优先行动权的演化情景分析［J］．公共管理学报，2011，18（2）：101－108.

［14］刘德海．政府不同应急管理模式下群体性突发事件的演化分析［J］．系统工程理论与实践，2010，30（11）：1968－1976.

［15］刘德海．群体性突发事件中政府机会主义行为的演化博弈分析［J］．中国管理科学，2010，18（1）：175－183.

［16］范维澄．国家突发公共事件应急管理中科学问题的思考和建议［J］．中国科学基金，2007（2）：71－76.

［17］Pate－Cornelli M. E. Warning Systems in Risk Management［J］．Risk Management，1986，6（2）：223－234.

［18］Pinker E. J. An Analysis of Short－Term Responses to Threats of Terrorism［J］．Management Science，2007，53（6）：865－880.

［19］Zanette D. H. Dynamics of Rumor Propagation on Small World Networks［J］．Review E，2002，65（4Pt1）：041908.

［20］王长春，陈超．基于复杂网络的谣言传播模型［J］．系统工程理论与实践，2012，32（1）：203－210.

［21］刘德海．信息交流在群体性突发事件处理中作用的博弈分析［J］．中国管理科学，2005，13（3）：95－102.

［22］Liu D. H.，Dong Y. C.，Xu W. J. Internet Emergency Search and Control Analysis Based on Network Information Flow［J］．Journal of Computational Information Systems，2009，5（3）：1537－1544.

［23］钟琪，戚巍，张乐．Lotka－Volterra 系统下的社会型危机信息扩散模型［J］．系统工程理论与实践，2012，32（1）：104－110.

［24］李志宏，王海燕，白雪．基于网络媒介的突发性公共危机信息传播仿真和管理对策研究［J］．公共管理学报，2010，7（1）：85－93.

［25］常钦．基于 Agent 的群体性事件动力学模型研究［J］．中国人民公安大学学报（自然科学版），2010，66（4）：83－86.

［26］O' Hare M. "Not On My Block You Don' t"：Facility Siting and the Strategic Importance of Compensation［J］．Public Policy，1977，25（4）：407－458.

［27］Peelle E.，Ellis R. Beyond the 'Not－in－My－Backyard' Impasse［C］．Forum for Applied Research and Public Policy，1987：68－77.

[28] Ehrlich P. R. , Raven P. H. Butterflies and Plants: A Study in Coevolution [J] . Evolution, 1964 (18): 586 -608.

[29] Norgaard R. B. Environmental Economies: An Evolutionary Critique and Plea for Pluralism [J] . Journal of Environmental Economies and Management, 1985, 12 (4): 382 -394.

[30] Murmann J. P. M. Knowledge and Competitive Advantage: The Coevolution of Firms, Technology and National Institutions [M] . Cambridge: Cambridge University Press, 2003.

[31] 李文华，韩福荣. 企业种群间协同演化的规律与实证研究 [J] . 中国管理科学，2004，12 (5): 137 -143.

[32] Suhomlinova O. Toward a Model of Organizational Co - evolution in Transition Economies [J] . Journal of Management Studies, 2006, 43 (7): 1537 -1558.

[33] Pelikan P. Bringing Institutions into Evolutionary Economics: Another View with Links to Changes in Physical and Social Technologies [J] . Journal of Evolutionary Economics, 2003 (13): 237 -258.

[34] 刘德海，王维国. 维权型群体性突发事件社团网络结构与策略的协同演化机制 [J] . 中国管理科学，2012，20 (3): 185 -192.

[35] Liu D. H. , Xu W. J. , Wang W. G. , et al. Why Is Chinese GDP Statistics Data Distorting? An Explanation of Game Equilibrium Evolutionary Model for Political Achievement Competition [J] . Information, an International Interdisciplinary Journal, 2013, 16 (6A): 3399 -3412.

[36] 周黎安. 中国地方官员的晋升锦标赛模式研究 [J] . 经济研究，2007 (7): 36 -50.

[37] 陈丽华，群体性突发事件产生的根源、特征及防范 [J] . 党政干部学刊，2002 (7): 8 -10.

[38] Dear M. Understanding and Overcoming the NIMBY Syndrome [J] . Journal of the American Planning Association, 1992, 58: 288 -300.

[39] 沧县地下水苯胺超标70多倍 [N] . 京华时报，2013 -04 -08 (17) .

[40] 李蒙. 环境污染群体性事件启示录 [J] . 民主与法制，2012 (33): 18 -21.

[41] Sethi R. Strategy - Specific Barriers to Learning and Nonmonotonic Selection Dynamics [J] . Games and Economic Behavior, 1998 (23): 284 -304.

[42] Friedman D. On Economic Application of Evolutionary Game Theory [J] . Journal of Evolutionary Economics, 1998 (8): 15 -43.

[43] 马力，钟晶晶. 海洋局谈时隔一月通报溢油：原因分析需要时间 [N] . 新京报，2011 -07 -06 (A01) .

[44] 王镡，魏峰，白兆东. 青海宜化污染“乱象” [N] . 民主与法制时报，2013 -03 -11 (B04) .

Co – evolutionary Mechanism of Mass Emergency Derived from Environmental Pollution: Based on the Viewpoint of Information Diffusion and Right Game

Liu Dehai

(Center of Econometric Analysis and Forecasting, Dongbei University of Finance & Economics; School of Mathematics and Quantitative Economics, Dongbei University of Finance & Economics, Dalian 116025)

Abstract: In the evolutionary course and emergency management of mass emergency derived from environmental pollution, there has co – evolution phenomenon between information diffusion and right game. The paper analyzes the evolutionary course of mass emergency derived from environmental pollution from the viewpoint of co – evolution. Considering the right game structures of negotiation and black box operation, the information characters of absence, redundancy and misstatement, the co – evolutionary game model of mass emergency derived from environmental pollution is build. The co – evolutionary relationship between information diffusion and benefit adjustment is discussed, based Bohai Oil Spilling Accident and Qinghai Yihua Accident. Under the game structure of negotiation, the protest of nearby residents will be permanent if they overestimate compensation, and the settlement course of the mass emergency will be delayed if local governments and polluting enterprises are short of corresponding information. Under the game structure of black box operation, the evolutionary period becomes longer, and the number of protesters declines along with the more effective public opinion guided measurements. Expanding on the previous research approach of emergency management, this study analyzes the evolutionary mechanism of mass emergency derived from environmental pollution from the perspective of co – evolutionary mechanism between information diffusion and right game. In the same time, the complex information characteristics including absence, redundancy and misstatement are considered.

Key Words: Mass Emergency; Evolutionary Game; Environmental Pollution; Co – evolution; Information Diffusion; Right Game

基于多主体的应急决策组织建模*

刘　丹　王红卫　祁　超　王　剑

【摘　要】突发事件应急决策是一种分布式组织决策，应急决策组织中个体的决策行为及个体间的交互方式是决定应急决策质量和效率的关键。突发事件的发生、发展具有不可逆性和不可重复性，给研究突发事件应急决策带来了极大困难。为了评价应急决策的效率，提出基于多主体建模应急决策组织的方法，实现对应急决策过程的模拟。通过扩展Tropos方法建立应急决策组织的主体组织模型模拟应急决策交互过程，基于信念—愿望—意图（BDI）结构建模应急决策组织成员模拟个体决策行为，并采用JACK平台模拟了三峡水库防洪调度中的多部门洪水会商的应急决策过程。研究结果表明，组织配置和协调机制是影响应急决策效率的主要因素。使用该方法构建的应急决策组织独立于突发事件情景和组织协调机制，可以灵活地模拟不同突发事件情景下的应急决策过程，为突发事件应急决策的组织协调提供参考。

【关键词】应急决策组织；多主体系统；BDI主体；建模与仿真；三峡防洪

突发事件是指在一定区域内发生的规模较大且对社会产生广泛负面影响的、对生命和财产构成严重威胁的事件或者灾难[1]。2001年的“9·11”、2003年“SARS”、2004年的印度洋海啸、2005年的新奥尔良飓风、2008年我国南方冰雪和“5·12”汶川大地震等突发事件，既考验了经济、社会系统的承载能力，又挑战了政府的应急决策水平。决策失误不仅会直接加重突发事件导致的后果，而且将严重影响经济发展、社会稳定和生态健康。例如，新奥尔良飓风灾难中的政府决策失误和协调失当等方面是导致灾难加深加重的主要原因[2]。

突发事件应急决策是一种典型的分布式组织决策[3,4]，通过组织和协调地理上分散的

---

* 本文选自《公共管理学报》2013年第10卷第4期。本文的研究为国家自然科学基金重大研究计划集成平台项目（91024032）成果，受国家杰出青年基金（71125001）资助。

作者简介：刘丹（1985—），男，华中科技大学自动化学院博士研究生，研究方向：应急决策理论与方法、多Agent系统和复杂系统建模与仿真等，E-mail：oooooohust@gmail.com；王红卫（1966—），通讯作者，男，毕业于华中科技大学，博士，华中科技大学系统工程研究所教授，研究方向：公共安全、决策支持系统、复杂系统建模与仿真，E-mail：hwwang@hust.edu.cn。

多个部门，使其相互协作应对突发事件。应急组织决策的一个主要任务是应急组织成员根据应急态势识别各自应急目标，并相互合作实现全局组织目标。在决策过程中，不同单位在应急组织中扮演特定的角色，受组织规则和组织关系的约束和影响。由于突发事件具有突发性、危害性、紧迫性、不确定性和复杂性等特点，应急组织决策过程难以在现实中真实完整地再现，也往往会给应急决策组织成员造成较大的心理压力，影响应急决策的效果[3]。此外，应急决策组织成员可能缺乏合作经验，应急态势的演化、应急目标的变化以及组织成员的加入和退出，增加了协调的难度。对此，模拟仿真是研究突发事件应急决策的一种重要、可行且经济的实验手段。通过模拟突发事件应急决策过程，验证决策中的协调机制和协商策略，有利于认识应急决策的动态作用机理，有利于提高决策的准确性和事件处理的效率，并可为以后的突发事件应急决策提供参考和依据。应急决策过程模拟是突发事件应急管理研究中的重要科学问题[5]，其核心是应急决策组织的建模，重点应解决两个问题：①在组织层面，体现组织的分布式和组织性；②在个体层面，体现组织成员实时决策的认知思维状态。近年来，在分布式人工智能领域，面对环境动态演化、分布式以及实时性的情景，基于多主体建模的方法在社会科学研究中应用越来越深入和广泛，目前已经成为复杂系统分析与模拟的重要手段。特别地，Gonzalez[6]构建了基于多主体的应急响应组织，模拟了应急响应过程，然而其应急响应过程更偏向于应急处置执行，对应急组织决策过程的模拟还需要考虑组织成员决策时的认知思维状态。

本文在提出应急决策组织结构的基础上，研究基于多主体的应急决策组织建模方法。具体地，在组织层面构建政府应急指挥机构、现场指挥部和会商小组的组织模型，在个体层面构建应急决策组织成员的智能主体模型，并采用 JACK① 平台桥接组织模型和个体模型，实现基于多主体的应急决策组织系统；最后以三峡水库防洪调度中的洪水会商为例，基于多主体建模和实现洪水会商应急决策组织系统，模拟其决策过程。

一、应急决策组织结构

应急决策组织一般基于应急决策组织结构构建。面对突发事件，美国等西方国家已建立事故指挥体系（Incident Command System，ICS）[7,8]和标准应急管理体系（Standardized Emergency Management System，SEMS）[9]等通用、规范的应急决策组织结构，然而我国尚未发布应急决策组织结构的通用性规范。由于应急管理体制和行政体系的差异，笔者依据我国应急管理规章制度，以开放理性系统视角分析了突发事件下我国应急决策组织的特点，并基于组织理论提出了适合我国国情的应急决策组织结构，如图 1 所示[10]。

---

① JACK 是 Agent Oriented Software 提供的一款商业软件，用于构建、运行和集成商业级的多主体系统的跨平台开发环境，以可靠的 BDI 逻辑为基础，详见 http：//www. agent - software. com/。

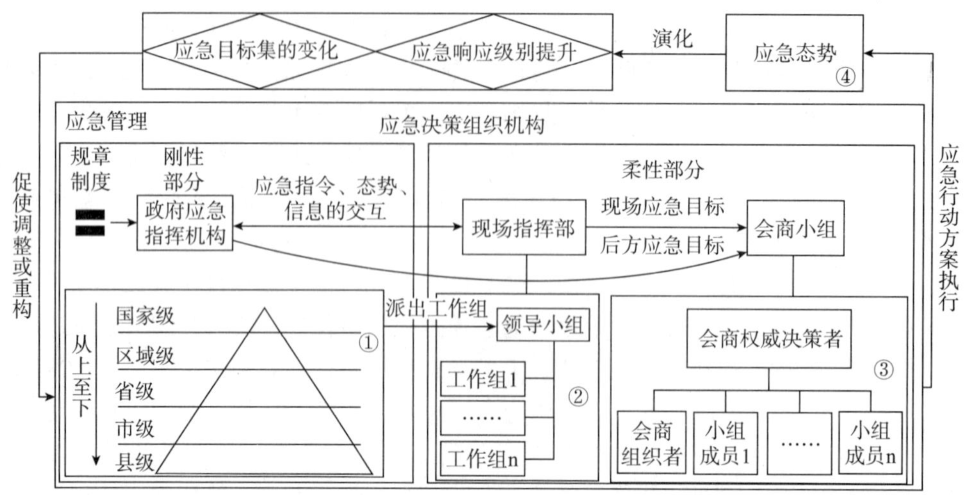

图1　基于组织理论的我国应急决策组织结构

应急决策组织结构由政府应急指挥机构、现场指挥部及会商小组构成，与外部应急态势环境相互作用。应急决策组织结构整体采用矩阵结构，可分为刚性和柔性两部分。

（1）刚性部分是指政府应急指挥机构。政府应急指挥机构的建立受应急管理规章制度的硬性约束，应急态势环境的变化对其影响较小，属于刚性结构，相对稳定。政府应急指挥机构组织规模大，涉及职能部门众多，专业分工明确，构成了矩阵结构的职能部门系列。

（2）柔性部分包括现场指挥部和会商小组。现场指挥部和会商小组根据动态应急态势构建，应急态势的变化对其影响较大，属于柔性结构，动态变化。现场指挥部和会商小组以应急目标和应急任务为导向，集中人力和物资等资源，应对突发事件，应急状况完全消除后复员回原单位，构成了矩阵结构的项目小组系列。

政府应急指挥机构由本级政府主要负责人、相关部门负责人、驻当地解放军和武警部队负责人组成。它统一领导和协调本级人民政府各有关部门和下级人民政府开展突发事件应对工作，为现场指挥部处置现场应急态势提供资源支持和保障。政府应急指挥机构采用官僚结构（见图1中的①部分）。政府应急指挥机构自上而下分为国家级、区域级、省（直辖市、自治区）级、市级和县级。

针对特定的突发事件，可在国家级和省级之间增加区域级应急指挥机构。政府应急指挥机构的职责是确定应急目标，下达应急指令，指挥协调下级应急指挥机构和同级下属的职能部门进行资源调配，并监控其执行情况，必要时协助和干预下级的应对工作。应急处置所需的人、财、物等资源分布在政府各个职能部门，具体应急处置工作由相关政府职能部门负责落实（见图2）。

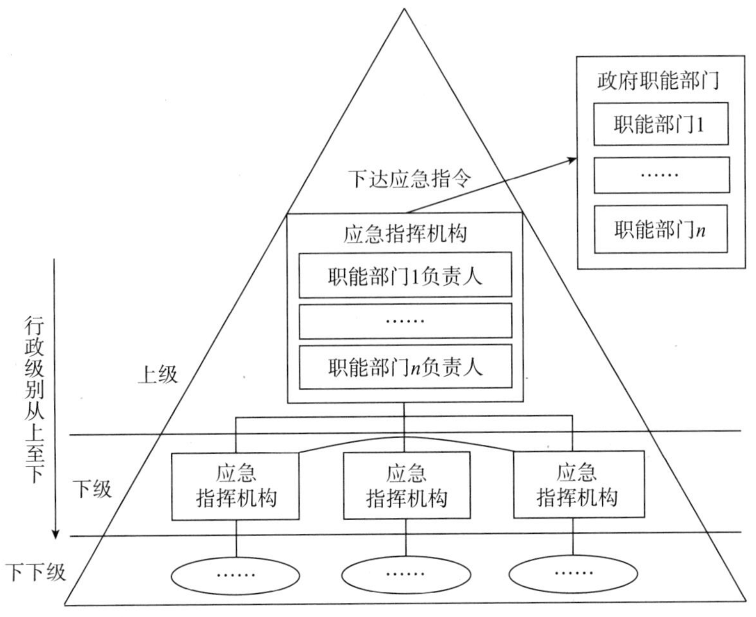

图 2　政府应急指挥机构的层次及组成

现场指挥部负责现场应急处置工作，并向政府应急指挥机构汇报现场情况，提出应急资源需求。现场指挥部由领导小组和工作组组成，采用项目结构（见图 1 中的②部分）。政府应急指挥机构和现场指挥部均可视情况成立相关的会商小组进行态势分析。会商小组由会商组织者、会商权威决策者和会商小组成员组成，采用任务小组结构（见图 1 中的③部分）。各组成部分无缝集成、相互衔接、分工协作、完整统一，构成了应急决策组织结构。

二、基于多主体的应急决策组织建模方法

（一）主体组织建模方法

主体组织是多主体系统研究的三个关键问题（组织、交互、语言）之一，根据组织的非退化性原则，整体应大于部分之和，有效组织起来的主体群体应该具有更强的问题求解能力。一个高效运行的主体组织可以减少系统的内部冲突，提高通信效率，协调问题求解，对主体组织的研究已经成为基于主体的计算和主体之间合作求解的关键问题。

关于主体组织建模方法，早期的研究主要强调主体个体，在微观层面研究主体的认知思维状态、思维状态之间的关系及其整体行为，形成了面向主体的方法[11]。然而使用面向主体的方法在构造大型系统时会遇到一些困难，主要存在以下三方面不足：①交互结果不可

预测；②由于大量涌现行为的存在，使得对系统整体行为的预测十分困难；③由于缺少组织规范的约束，面向主体的方法大多只适合于构建封闭的系统。近年来相关研究逐步趋向于在多主体系统的构建中引入组织的概念（如角色、小组、任务和交互协议等），形成了面向组织的方法，大致可分为两类：①侧重于描述系统的角色、小组和它们之间的关系，如AGR[12]、MaSE[13]、Tropos① 和 INGENIAS[15] 等方法；②通过显式定义控制策略来建立和强制执行社会规范，如 SODA[16]、Gaia[17,18]、Electronic Institutions[19] 和 OMNI[20] 等方法。

使用上述方法构建应急决策组织模型主要存在两个问题：①大多数方法对主体组织的建模仅考虑基于小组（Group）的组织，无法描述结合了官僚结构、项目结构和任务小组结构的应急决策组织；②除 Tropos 方法外，大多数方法偏重于从整体的角度描述组织关系以定义组织结构，较少考虑到主体的内部模型。在主体内部认知模型方面，BDI 模型作为构建智能主体的概念框架备受推崇[21-24]。BDI 模型包含信念（Beliefs）、愿望（Desires）、意图（Intentions）等组件，适合于动态环境、不确定信息和实时性要求的情景，能较好地反映应急响应决策的特点。

Tropos 方法体现了 BDI 模型的相关思维概念，通过分析行为者（Actor）之间目标（Goals）、方案（Plans）和资源（Resources）间的依赖关系构建多主体系统。因此相比其他方法，Tropos 方法更适合于构建应急决策组织模型。然而，该方法在组织层面存在以下不足：①行为者之间相对独立，没有定义组织结构，不存在组织关系；②没有考虑组织规则对行为者决策及其交互的影响。Argente 等[25] 指出，基于人类组织开发多主体系统是一种很好的思路和方法，可以弥补 Tropos 方法在组织层面的不足。因此，本文在应急决策组织结构的基础上，对 Tropos 方法进行扩展，构建应急决策组织模型。

（二）基于 Tropos 方法的应急决策组织建模

基于 Tropos 方法的应急决策组织的建模过程可分为组织层面和个体层面两个阶段，如图 3 所示。其中，圆角矩形方框表示建模步骤，六边形表示建模步骤使用的中间数据，椭圆表示建模步骤得到的结果，矩形方框表示模型组成部分以及对应的 BDI 组件。

在组织层面，由于刚性的政府应急指挥机构和柔性的现场指挥部的构建方式不同，下面分别阐述它们的组织抽象的建模过程。

（1）政府应急指挥机构依据应急管理规章制度构建。应急管理规章制度详细描述了单位的能力、职责、资源和承担的应急目标等内容。其组织层面的建模过程如图 3 中②所示，具体包括：首先，查找当前应急态势对应的应急管理规章制度，直接从应急管理规章制度中抽取单位的能力、职责、资源和承担的应急目标等要素；其次，根据应急决策组织结构中的政府应急指挥机构部分，定义其角色模型；最后，根据单位的职责、能力和目标匹配角色模型中的角色，得到角色—单位匹配关系。

① Tropos 来源于希腊语“Tropé”，其含义为“容易改变”或“容易适应”。此处特指 Bresciani 等人提出的面向主体的软件开发方法，详情参见文献［14］。

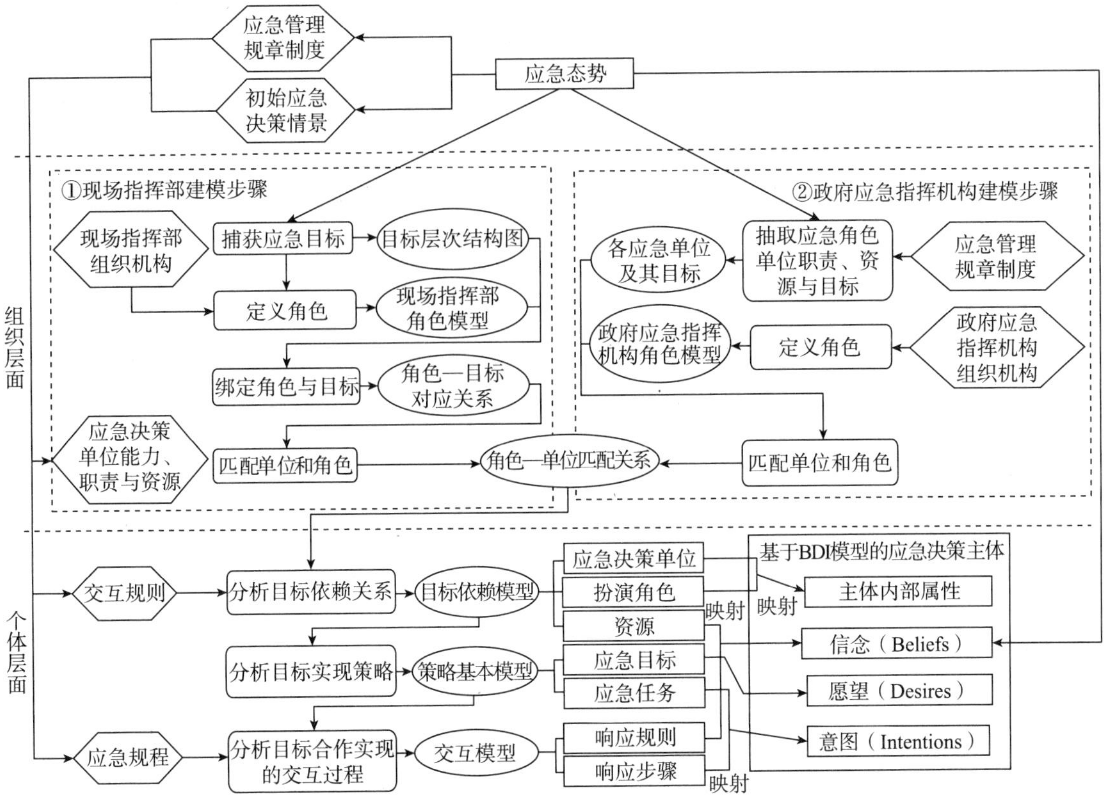

应急管理规章制度
初始应急决策情景
应急态势
组织层面
①现场指挥部建模步骤
现场指挥部组织机构
捕获应急目标
目标层次结构图
定义角色
现场指挥部角色模型
绑定角色与目标
角色—目标对应关系
应急决策单位能力、职责与资源
匹配单位和角色
角色—单位匹配关系
②政府应急指挥机构建模步骤
各应急单位及其目标
抽取应急角色单位职责、资源与目标
应急管理规章制度
政府应急指挥机构角色模型
定义角色
政府应急指挥机构组织机构
匹配单位和角色
个体层面
交互规则
分析目标依赖关系
目标依赖模型
分析目标实现策略
策略基本模型
应急规程
分析目标合作实现的交互过程
交互模型
应急决策单位
扮演角色
资源
应急目标
应急任务
响应规则
响应步骤
映射
映射
映射
基于BDI模型的应急决策主体
主体内部属性
信念（Beliefs）
愿望（Desires）
意图（Intentions）

图 3　基于 Tropos 方法的应急决策组织建模过程

（2）现场指挥部的构建不同于政府应急指挥机构的构建，没有明确的应急管理规章制度规定。现场指挥部是根据应急态势的需要，从政府应急指挥机构中相应的职能部门抽组人员成立的，其组织层面的建模过程如图 3 中②所示，具体包括：首先，根据初始的应急决策情景和应急管理规章制度，抽取应急决策单位的能力、职责及资源等要素；其次，根据应急态势，获得总体应急目标，并对该目标进行递归分解，形成目标层次结构图；然后，根据应急决策组织结构中现场指挥部部分，定义现场指挥部角色模型；再次，将角色与目标进行绑定，确保每个目标都有对应的角色去实现，得到角色—目标对应关系；最后，将应急决策单位的职能和角色—目标匹配关系中的角色进行匹配，确保每个角色都有对应的单位去扮演，得到角色—单位匹配关系，从而将角色承担的目标转化为单位承担的目标。

在个体层面，对组织层面得到的组织抽象进行分析，得到目标依赖模型、策略依赖模型和交互模型，并进一步将其映射为 BDI 模型的组件，从而实现应急决策组织的建模。具体过程如下：

首先，根据初始的应急决策情景和应急管理规章制度，抽取交互规则和应急规程；

其次，根据交互规则和角色—单位匹配关系，分析应急决策单位之间具有直接依赖关系的目标，得到目标依赖模型；

再次，根据目标依赖模型，进一步对目标进行“与或”分解，并分析实现目标的任务（即 Tropos 方法中的策略），得到策略基本模型；

又次，根据应急规程和策略基本模型，采用主体统一建模语言（Agent Unified Modeling Language，AUML）[26]的时序图可描述目标实现的交互过程，得到交互模型；

最后，将目标依赖模型、策略基本模型和交互模型映射为 BDI 主体的组件。具体地，将目标依赖模型中的应急决策单位和单位扮演的角色映射为主体的内部属性，将应急态势信息、目标依赖模型中单位拥有的资源和交互模型中的响应规则映射为信念，将策略基本模型中的应急目标映射为愿望，将策略基本模型中的应急任务和交互模型中的响应步骤映射为意图。

本文采用 JACK[27]平台实现上述建立的组织模型。相比于 Jadex[28]和 Jason[29]平台，JACK 提供了实现基于 BDI 模型的类人决策[30]以及构建主体的团队扩展（JACK Team），可以实现多个应急决策单位主动求解及合作实现应急目标。

三、算例分析

我国是受自然灾害影响最严重的国家之一，在各种自然灾害中，洪水灾害发生频繁、影响范围广、伤亡人口多、经济损失大，如发生在 1931 年、1954 年、1991 年、1998 年长江流域的大型洪灾。三峡工程于 2003 年开始发挥防洪效益，面对洪水灾害突发事件，在三峡水库防洪调度中，洪水调度会商应急决策过程复杂。因此，本文以三峡水库防洪调度中的洪水调度会商为例，使用扩展的 Tropos 方法来建模和实现洪水调度会商应急决策组织，模拟其决策过程。

（一）洪水调度会商应急决策组织的角色及目标

构造三峡水库入库流量大于等于 56700m^3/s 的洪水突发事件情景，并建立该情景下的洪水调度会商应急决策组织，其具体过程为：首先根据突发事件相关的应急管理规章制度分析涉及的应急决策单位及其职责，通过分析应急态势形成应急目标层次结构图，然后定义实现目标的角色，匹配应急决策单位和角色，得到应急决策单位所应承担的目标。

（1）应急决策单位和职责。根据三峡防洪调度相关的应急管理规章制度，涉及的应急决策单位包括国家防汛抗旱总指挥部（简称国家防总）、长江防汛抗旱总指挥部（简称长江防总）、三峡葛洲坝梯级枢纽防汛指挥部（简称三峡总公司）以及湖北省防汛抗旱总指挥部（简称湖北防总）等，其应急决策组织结构和交互如图 4 所示，其中各应急决策单位的职责如表 1 所示。

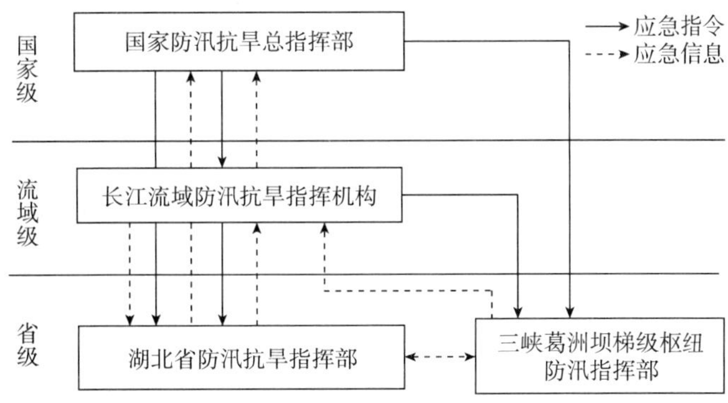

图 4　洪水调度会商参与部门的组织结构及交互

表 1　应急决策单位的职责

应急决策单位	单位职责
三峡总公司	水情预测与上报
	负责与各决策部门和上级部门的沟通与协商
	负责水库调度和大坝泄水设施操作
湖北防总	负责江段河段的安全堤防
	负责与各决策部门和上级部门的沟通与协商
	必要时组织群众的安置转移和负责分蓄洪区的泄洪
长江防总	负责指导、协调和监督流域的防汛调度及抗旱等各项工作
	负责协调各部门的工作
国家防总	组织、协调、监督、指挥全国防汛抗旱工作

（2）洪水调度会商的应急目标。对应急防洪调度的总体目标进行递归分解，直至叶子节点目标（可由某个角色独立完成，不需要再分解的目标），形成应急防洪调度目标层次结构图，如图 5 所示。

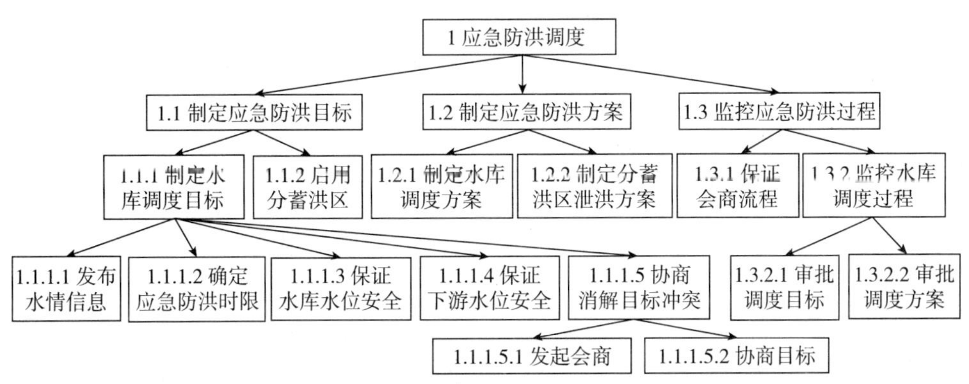

图 5　应急防洪调度目标层次结构图

（3）洪水调度会商中的角色及目标。将应急防洪调度目标层次结构图转换成角色和角色应承担的目标，然后根据表 1 中应急决策单位的职责与角色进行匹配，得到单位承担的角色及角色目标，如表 2 所示。

表 2　应急决策单位承担的角色和目标

应急决策单位	角色	目标
国家防总	洪水调度决策者	1.3.1，1.3.2.1，1.3.2.2
湖北防总	江段河段安全负责者，会商成员	1.1.1.4，1.2.2，1.1.1.5.2
三峡总公司	水库调度负责者，会商成员	1.1.1.3，1.1.1.1，1.2.1，1.1.1.5.2
长江防总	会商决策者，会商组织者，会商成员	1.1.1.2，1.1.1.5.1，1.1.1.5.2

（二）洪水调度会商应急决策组织建模

采用扩展的 Tropos 方法对洪水调度会商应急决策组织进行建模：首先，分析应急决策单位之间顶层的目标依赖关系，并建立目标依赖模型；其次，分析实现目标对应的底层任务，并建立策略基本模型；最后，设计交互模型描述应急决策单位合作实现应急目标的交互过程。

（1）建立目标依赖模型。从洪水会商调度目标层次结构图中提取单位之间具有直接依赖关系的目标进行分析，建立目标依赖关系模型，如图 6 所示。其中，圆形表示应急决策单位，矩形表示目标，箭头表示依赖关系，箭头指向方向表示被依赖者。

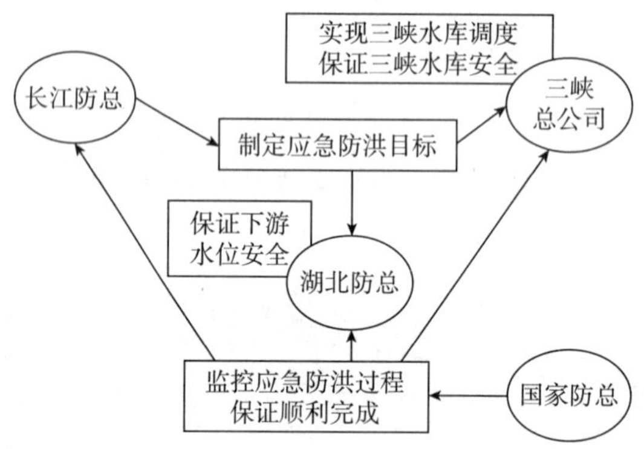

图 6　洪水调度会商目标依赖模型

（2）建立策略基本模型。在洪水调度会商目标依赖模型的基础上，对目标进一步“与或”分解，然后进行“手段—目的”分析，建立洪水会商调度策略基本模型，如图 7 所示。其中，六边形表示任务，任务所指向的目标表示该目标通过此任务完成；虚线箭头表示目标分解，目标之间有连线表示“与”分解，无连线表示“或”分解；任务分解通过任务与任务之间带短竖线的连线表示。

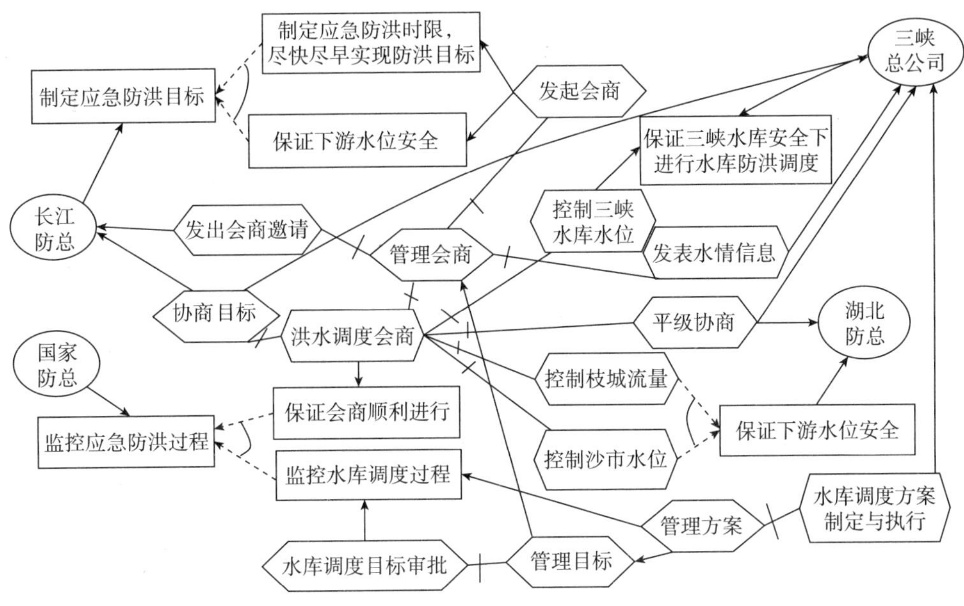

图 7　洪水调度会商策略基本模型

（3）建立交互模型。通过绘制 AUML 时序图，描述会商流程中应急决策单位之间的交互过程，如图 8 所示。其中，主体生命线定义了应急决策单位存在的时间段，用垂直的虚线来表示；细长的矩形表示交互线，即一个行为的持续时间；双框矩形表示判断条件；菱形为“或”操作符，表示判断后选择执行的动作。

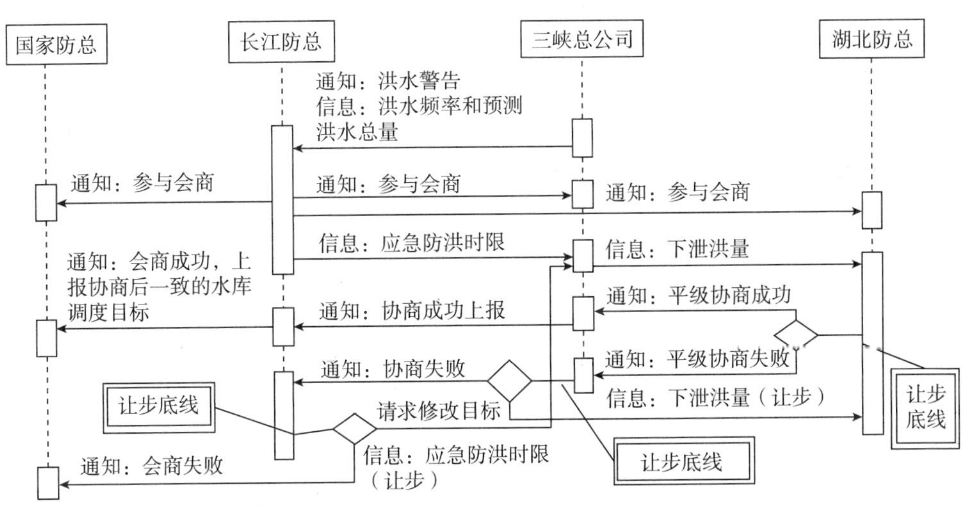

图 8　洪水调度会商交互模型

（三）洪水调度会商应急决策组织系统的实现

洪水调度会商应急决策组织系统由三峡总公司主体、湖北防总主体、长江防总主体和国家防总主体组成，各应急决策主体内部采用BDI模型，使用JACK平台实现。JACK是Java的超集，JACK平台上构建的主体一般用事件（Event）、规划（Plan）和信念集（Beliefset）等类以及角色（Role）等属性来描述。在JACK平台上实现了各应急决策主体的结构图[31]——“基于JACK平台的洪水调度会商应急决策组织系统”①。

由于各应急决策主体仅在处理事务上存在差异，在JACK平台上实现的方式和过程大致相同，在此以三峡总公司主体的实现为例进行阐述，其他组织成员Agent的内部组成如表3所示。三峡总公司主体由三个信念集和三个角色组成，具体描述如下。

表3 其他应急决策主体的内部组成

Agent名称	组成部分	名称	说明
湖北防总	信念集	HRule	记录了湖北防总主体的约束信息，主要是指枝城流量和沙市水位的约束
		HCharacter	记录了湖北防总主体的让步底线和让步策略
	角色	HDecisonMaker	Event：HDoDecision，接收到下泄流量和洪水频率信息 Plan：HDeciding（处理HDoDecision），根据HRule和HCharacter信念集计算枝城流量和沙市水位，并将能否继续进行协商的结果发送给三峡总公司主体（TDoInform）
		HInfoTo	Event：HDoInform，接收协商结果；Plan：HInforming（处理HDoInform），选择继续协商或上报上级部门（CDoReport）
长江防总	信念集	CRule	记录了长江防总主体的约束信息，主要是指应急防洪时限
		CCharacter	记录了长江防总主体的让步底线和让步策略
	角色	CDecisonMaker	Event：CDoDecision，接收环境信息；Plan：CDeciding（处理CDoDecision），根据CRule和CCharacter信念集，制定应急防洪时限，并发送给三峡总公司主体（TDoDecision）
		CInfoUp	Event：CDoReport，接收协商结果；Plan：CReporting（处理CDoReport），将协商结果上报给国家防总主体审批（GDoDecision）
		CInfoDown	Event：CDoInstruction，接收审批结果；Plan：CInstructing（处理CDoInstruction），将审批结果发送给湖北防总主体和三峡总公司主体（TDoInform）
国家防总	角色	GDecisonMaker	Event：GDoDecision，接收协商结果；Plan：GDeciding（处理GDoDecision），审批协商结果，并将审批结果发送至长江防总主体（CDoInstruction）

① 该结构图由四部分组成，受版面所限，此图省略，有需要的读者可以与作者联系索取。

（1）环境信念集（EMessage）记录了洪水预测信息和当前水库信息，洪水预测信息为不同洪水频率的洪水所对应的洪水总量，水库信息包括当前水库水位和当前库容。

（2）约束信念集（TRule）记录了三峡总公司主体的约束信息，即不同洪水频率的洪水对应不同的规定性指标，如水库的特征库水位约束、泄流能力约束以及水位限制约束等。

（3）让步策略信念集（TCharacter）记录了三峡总公司主体的让步底线和让步策略，让步底线由历史数据得到，让步策略与当前的协商所用时间和当前目标值有关。

（4）信息上报角色（TInfoUp）负责处理信息并上报上级部门。三峡总公司主体接收到的应急防洪态势信息（主要是指洪水频率），表示为 TDoReport 事件。根据洪水频率预测洪水总量，结合应急管理规章制度，判断是否触发会商。若未触发会商则内部处理，并将处理结果上报至长江防总主体，表示为 TReporting1 规划；否则，它上报洪水频率和预测的洪水总量信息至长江防总主体进行处理，并建议其发起洪水调度会商，表示为 TReporting2 规划。

（5）水库调度角色（TDecisonMaker）负责处理接收到的应急目标。三峡总公司主体接收长江防总主体传递过来的应急防洪目标表示 TDoDecision 事件。三峡总公司主体对应急防洪目标结合自身信念集进行内部处理，计算下泄流量并发送给湖北防总主体所承担的决策角色（HDecisonMaker），表示为 TDeciding 规划。

（6）信念沟通角色（TInfoTo）负责与各决策部门和上级部门的沟通与协商。三峡总公司主体接收到与各决策部门和上级部门的协商结果表示为 TDoInform 事件，对协商结果的处理表示为 TInforming 规划。

（四）仿真实验及结果分析

本节进一步通过仿真实验，模拟不同情景下的洪水调度会商应急决策过程，并重点关注其中的协商协调过程，分析应急决策单位的不同协商策略对交互过程及结果产生的影响。

（1）实验参数设定。在仿真实验运行之前，三峡总公司主体将三峡水库当前水位作为环境信息写入信念集，通过输入不同的入库流量和预测 30 天的洪水总量，表示不同的洪水灾害突发事件情景。考虑应急的时效性特点，洪水调度会商过程中协商协调的本质是一种时间约束下的协商协调，主要采用基于让步的耐心型策略（Boulware）、急切型策略（Conceder）和冷静型策略（Linear）[32]。具体实验参数设定如表 4 所示。

表 4　实验参数设定

参数	情景 1	情景 2	情景 3	情景 4
入库流量（立方米/秒）	56700	56700	80000	110000
洪水总量（亿立方米）	1200	1360	1520	1650
三峡水库当前库容（亿立方米）	228	228	300	300
三峡水库当前水位（米）	155	155	165	165
三峡总公司 Agent 和湖北防总 Agent 协商次数上限（次）	3	3	3	3
长江防总 Agent 协调次数上限（次）	1	1	1	1

（2）实验结果分析。输入实验参数后系统将自动运行，实验结果表示成1个7元组，具体含义为（三峡总公司主体让步次数、湖北防总主体让步次数、三峡总公司主体制定的下泄流量、三峡总公司主体制定的三峡库容、三峡总公司主体制定的三峡水库水位、湖北防总主体制定的沙市水位、湖北防总主体制定的枝城流量）。在不同的协商策略下，洪水灾害突发事件情景1、情景2和情景3的实验结果汇总分别如表5、表6和表7所示。

表5　情景1的实验结果汇总

		三峡总公司主体		
		冷静型策略	耐心型策略	急切型策略
湖北防总Agent	冷静型策略	（2，1，54327.4，163.6，163.6，40.7，50807.4）	（2，1，55526.9，162.4，162.4，41.2，52006.9）	（2，1，53127.9，164.8，164.8，40.2，49607.9）
	耐心型策略	（2，1，54327.4，163.6，163.6，40.7，50807.4）	（2，1，55526.9，162.4，162.4，41.2，52006.9）	（2，1，53127.9，164.8，164.8，40.2，49607.9）
	急切型策略	（2，1，54327.4，163.6，163.6，40.7，50807.4）	（2，1，55526.9，162.4，162.4，41.2，52006.9）	（2，1，53127.9，164.8，164.8，40.2，49607.9）

表6　情景2的实验结果汇总

		三峡总公司主体		
		冷静型策略	耐心型策略	急切型策略
湖北防总Agent	冷静型策略	（3，1，55452.7，167.8，167.8，41.6，52600.7）	（3，1，55452.7，167.8，167.8，41.6，52600.7）	（2，2，57851.7，165.9，165.5，43.1，54999.7）
	耐心型策略	（3，1，55452.7，167.8，167.8，41.6，52600.7）	（3，1，55452.7，167.8，167.8，41.6，52600.7）	（3，1，55452.7，167.8，167.8，41.6，52600.7）
	急切型策略	（3，1，55452.7，167.8，167.8，41.6，52600.7）	（3，1，55452.7，167.8，167.8，41.6，52600.7）	（2，2，57851.7，165.9，165.5，43.1，54999.7）

表7　情景3的实验结果汇总

		三峡总公司主体		
		冷静型策略	耐心型策略	急切型策略
湖北防总Agent	冷静型策略	（3，3，80376.4，175.6，175.1，44.8，78128.4）	（3，3，80376.4，175.6，175.1，44.8，78128.4）	（3，3，80376.4，175.6，175.1，44.8，78128.4）
	耐心型策略	（3，3，80376.4，175.6，175.1，44.8，78128.4）	（3，3，80376.4，175.6，175.1，44.8，78128.4）	（3，3，80376.4，175.6，175.1，44.8，78128.4）
	急切型策略	（3，2，80376.4，175.6，175.1，44.8，78128.4）	（3，2，80376.4，175.6，175.1，44.8，78128.4）	（3，2，80376.4，175.6，175.1，44.8，78128.4）

对比表5～表7可知，在交互过程方面，当洪水灾害突发事件不严重时（情景1），三峡总公司主体和湖北防总主体采用不同的协商策略对交互过程影响不大（如表5所示）。当洪水灾害突发事件比较严重或严重时（情景2和情景3），它们采用不同协商策略将会对交互过程产生较大影响。在表6和表7中，三峡总公司主体采用急切型策略，当湖北防总主体分别采用冷静型策略和耐心型策略时，它们交互次数有所不同。

在交互结果方面，当洪水灾害突发事件不严重时（情景1），从三峡总公司主体的角度，采用耐心型策略相对于冷静型策略和急切型策略，对其更为有利（如表5所示）。当洪水灾害突发事件比较严重时（情景2），三峡总公司主体采用急切型策略时制定的下泄流量较小（如表6所示）。当洪水灾害突发事件严重时（情景3），三峡总公司主体采用急切型策略，比较急切地提出接近于自身底线的提议，可能会较快与湖北防总主体达成一致；如果湖北防总主体采用耐心型策略，则结果还是会有利于湖北防总（如表7所示）。

情景4表示洪水灾害突发事件十分严重的情况，此时三峡总公司主体和湖北防总主体无法通过协商达成一致，需要长江防总主体依据自身经验判断当前应急态势，设置三峡水库最高水位、三峡水库末期水位、枝城流量和沙市水位等要素的权重值，进行权威决策并协调下级单位。长江防总主体设置的权重向量如果为（0.8，0.7，0.5，0.5），则仿真实验结果对三峡总公司主体更为有利，如果为（0.6，0.5，0.8，0.8），则仿真实验结果对湖北防总更为有利，如果为（0.5，0.5，0.5，0.5），则下级协商依旧无法达成一致，协商失败。

四、小结

基于多主体建模的方法将微观个体与宏观系统进行统一，在社会科学研究中应用越来越广泛和深入，目前已经成为复杂系统分析与模拟的重要手段。本文在提出应急决策组织结构的基础上，研究了基于多主体的应急决策组织建模方法，实现对应急决策过程的模拟，并比较应急决策中的协商策略和协调机制，从而验证了该方法的可行性和有效性。

本文的创新之处体现在以下三个方面：①基于应急决策组织结构，引入角色和目标等组织相关概念，弥补了Tropos方法在组织层面的不足。②考虑到刚性的政府应急指挥机构和柔性的现场指挥部（会商小组）间的差异，分别建立相应的组织模型。考虑到应急决策组织成员需要具有认知思维状态用于推理决策，将其建模为BDI主体。③在JACK平台上模拟了不同情景下的洪水调度会商应急决策过程，分析了不同协商策略对交互过程及结果产生的影响。

采用本文提出的方法构建的基于多主体的应急决策组织，与突发事件情景和组织协调机制相互独立，具有很好的灵活性。在理论研究方面，基于多主体的应急决策组织系统可为研究组织配置和组织协调机制提供实验平台。对仿真实验进行适当的调整和扩展，不仅可以测试同一应急决策组织面对不同突发事件情景的应急决策效率，也可以研究同一突发事件情景下不同的应急决策组织配置对应急决策结果的影响，还可以在保持应急决策组织和突发事件情景不变的前提下，研究不同的组织协调机制对应急决策交互过程和结果的影响。在应急管理实践方面，基于多主体的应急决策组织系统，可用于检验应急预案的有效性和完备性。此外，由于主体内部采用 BDI 模型，突发事件发生后它可辅助应急决策人员进行应急决策。

本文的研究工作存在一些待完善之处。本文虽然根据洪水调度会商应急决策多主体系统的仿真实验结果，对三种常见的让步策略进行了比较分析，但是如何考虑不同类型突发事件的特点，研究应急决策中的组织协调机制是下一步关注的重点。

参考文献

[1] 计雷，池宏，陈安等．突发事件应急管理［M］．北京：高等教育出版社，2006.

[2] 孙春霞，蓝志勇．新奥尔良飓风灾难应对失当的成因剖析［J］．中国行政管理，2008（2）：51－54.

[3] Mendoca D. Decision Support for Improvisation in Response to Extreme Events：Learning from the Response to the 2001 World Trade Center Attack［J］. Decision Support System，2007，43（3）：952－967.

[4] 曾伟，周剑岚，王红卫．应急决策的理论与方法探讨［J］．中国安全科学学报，2009，19（3）：172－176.

[5] 曹杰，杨晓光，汪寿阳．突发公共事件应急管理研究中的重要科学问题［J］．公共管理学报，2007，4（2）：84－93.

[6] Gonzalez R. A. Developing a Multi－agent System of a CrisisResponse Organization［J］. Business Process Management Journal，2010，16（5）：847－870.

[7] FEMA（Federal Emergency Management Agency）. National Incident Management System（NIMS）［EB/OL］.［2008－12－18］http：//www.fema.gov/pdf/emergencynimsNIMS_core.pdf.

[8] Lutz L. D.，Lindell M. K. Incident Command System as a Response Model Within Emergency Operation Centers during Hurricane Rita［J］. Journal of Contingencies and Crisis Management，2008，16（3）：122－134.

[9] Cal EMA（California Emergency Management Agency）. Foundation for the Standardized Emergency Management System（SEMS）［EB/OL］.［2010－01－01］http：//www.oes.ca.gov/WebPage/oeswebsite.nsf/Content/7386D576C12F26F488257417006C07A7？OpenDocument.

[10] Liu D.，Wang H. W.，Qi C.，et al. ORECOS：An Open and Rational Emergency Command Organization Structure under Extreme Natural Disasters Based on China's National Condition［J］. Disaster Advances，2012，5（4）：63－73.

[11] Jennings N. R. On Agent－Based Software Engineering［J］. Artificial Intelligence，2000，117（2）：277－296.

[12] Ferber J.，Gutkenecht O.，Michel F. From Agents to Organizations：An Organizational View of Multiagent Systems［C］. Proc. of the AAMAS'03，Melbourn，Australia，2003.

[13] Deloach S. A.，Wood M. F.，Sparkman C. H. Multiagent Systems Engineering［J］. International Journal of Software Engineering and Knowledge Engineering，2001，11（3）：231－258.

[14] Bresciani P., Perini A., Giorgini P., et al. Tropos: AnAgent – Oriented Software Development Methodology [J]. Autonomous Agents and Multi – Agent Systems, 2004, 8 (3): 203 – 36.

[15] Pavon J., Gomez – Sanz J. Agent Oriented Software Engineering with INGENIAS [J]. Multi – Agent Systems and Applications I – II, 2003, 2691 (2003): 394 – 403.

[16] Omicini A. Soda: Societies and Infrastructures in the Analysis and Design of Agent – Based Systems [J]. Agent – Oriented Software Engineering, 2001 (1957): 185 – 193.

[17] Wooldrige M., Jennings N. R. The Gaia Methodology for Agent – Oriented Analysis and Design [J]. Autonomous Agents and Multi – Agent Systems, 2000, 3 (3): 1 – 26.

[18] Zambonelli F., Jennings N. R. Developing Multiagent Systems: The Gaia Methodology [J]. ACM Transactions on Software Engineering and Methodology, 2003, 12 (3): 317 – 370.

[19] Inverno M., Luck M., Noriega P., et al. Communicating Open Systems [J]. Artificial Intelligence, 2012, 186: 38 – 94.

[20] Hubner J., Sichman J., Boissier O. A Model for the Structural, Functional, and Deontic Specification of Organizations in Multiagent Systems [J]. Advances in Artificial Intelligence, 2002, 2507 (2002): 118 – 128.

[21] Cohen P. R., Levesque H. J. Intention Is Choice with Commitment [J]. Artificial Intelligence, 1990, 42 (2): 213 – 261.

[22] Rao A. S., Georgeff M. P. Modeling Rational Agents within a BDI – Architecture [C]. Proc. of Knowledge Representation and Reasoning Conference, San Mateo, USA, 1991.

[23] Rao A. S., Georgeff M. P. BDI Agents from Theory to Practice [C]. Proc. of the 1st International Conference on Multi – Agent Systems (ICMAS – 95), San Francisco, USA, 1995.

[24] Wooldrige M. Reasoning about Rational Agents [M]. Cambridge: The MIT Press, 2000.

[25] Argente E., Julian V., Botti V. Multi – Agent System Development Based on Organizations [J]. Electronic Notes in Theoretical Computer Science, 2006, 150 (3): 55 – 71.

[26] Bauer B., Muller J. P., Odell J. Agent UML: A Formalism for Specifying Multiagent Software Systems [J]. International Journal of Software Engineering and Knowledge Engineering, 2001, 11 (3): 207 – 230.

[27] Busetta P., Ronnquist R., Hodgson A., et al. JACK – Summary of an Agent Infrastructure [C]. Proc. of the Fifth International Conference on Autonomous Agents, Montreal, Canada, 2001.

[28] Braubach L., Lamersdorf W., Pokahr A. Jadex: Implementing a BDI – Infrastructure for JADE Agents [J]. EXP – in Search of Innovation (Special Issue on JADE), 2003, 3. (3): 76 – 85.

[29] Bordini R., Hubner J., Wooldridge M. Programming Multi – Agent Systems in AgentSpeak Using Jason [M]. NewYork: Wiley – Interscience, 2007.

[30] Zhao X., Son Y. J. BDI – Based Human Decision – Making Model in Automated Manufacturing Systems [J]. International Journal of Modeling and Simulation, 2008, 28 (3): 347 – 356.

[31] 李圆，祁超，刘丹，等．基于 BDI Agent 的三峡应急洪水调度会商过程的模拟 [C]．第十一届全国青年系统科学与管理科学学术会议暨第七届物流系统工程学术研讨会，武汉：2011.

[32] Faratin P., Sierra C., Jennings N. R. Negotiation Decision Functions for Autonomous Agents [J]. Robotics and Autonomous Systems, 1998, 24 (3 – 4): 159 – 182.

Modeling Emergency Decision – making Organization Based on MAS

Liu Dan[1,2] Wang Hongwei[1,2] Qi Chao[1,2] Wang Jian[1,2]

(1. Institute of Systems Engineering, Huazhong University of Science and Technology, Wuhan 430074, China; 2. Key Laboratory of Image Processing and Intelligent Control of Education Ministry, Huazhong University of Science and Technology, Wuhan 430074, China)

Abstract: Emergency decision – making is one type of distributed organizational decision – making problem. The individual decision – making behavior and the interaction pattern between individuals play significant roles in determining the quality and efficiency of emergency decision – making. Due to the irreversibility and nonrepeatability of the occurrence and development of emergency event, it brings great difficulty for studying the emergency decision – making. To evaluate the efficiency of emergency decision – making, this paper proposes an approach for modeling emergency decision – making organization based on MAS and simulating emergency decision – making process. Specifically, an agent organization model of emergency decision – making organization is firstly established at the organizational level by extending the Tropos approach to simulate the emergency decision – making interaction process, and then each emergency decision – making member is modeled as a BDI agent to simulate individual decision – making behavior at the individual level. In the end, taking the multi – department flood consultation in Three Gorges flood control as an example, an emergency decision – making organization system of flood consultation is implemented on the platform of JACK to simulate the emergency decision – making process. The results show that organization configuration and organizational coordination mechanisms are the two main factors affecting the efficiency of emergency decision – making. The emergency decision – making organization system built by our approach, is independent of emergency scenarios and the organizational coordination mechanisms, thus it can provide a test bed to simulate the emergency decision – making process in different emergency scenarios, and provide references for organization coordination in subsequent emergency decision – making.

Key Words: Emergency Decision – making Organization; Multi – agent Systems (MAS); BDI Agent; Modeling and Simulation; Three Gorges Flood Contro

论我国应急管理机制的创新*
——基于源头治理、动态管理、应急处置相结合的理念

童　星　陶鹏

【摘　要】灾害生命周期理论作为人们认识与管理灾害危机的重要基础，引导着应急管理制度的嬗变。近年来，我国应急管理机制建设步伐加快并取得了显著成果，但相关核心管理机制的设计与执行困境也阻滞着当前我国应急管理绩效的提升。应急管理机制创新与完善的政策措施应包括：更新价值理念，创新制度与技术，推行脆弱性评估机制；实行预案动态管理，建立基础信息平台，提升预案管理绩效；创新应急演练机制，完善组织建设与评估机制，夯实组织应急管理能力；强调地方能力、社会应急参与机制建设，建立并推行关键基础设施保护机制；优化灾后恢复机制，强化应急管理评估与问责机制。

【关键词】应急管理；灾害生命周期；突发事件；社会管理；社会风险

一、问题的提出

当前我国业已形成以“一案三制”（即应急预案和应急体制、机制与法制）为基础的多层次、多部门、多灾种的应急管理体系。《中华人民共和国突发事件应对法》作为突发事件应对活动的行动总则，按照突发事件的种类性质、演进过程、危害程度与影响范围等因素，将突发公共事件分为自然灾害、事故灾难、公共卫生事件和社会安全事件四大类型以及特别重大、重大、较大和一般四个等级，并将突发事件应对过程分为预防与准备、监测与预警、救援与处置、善后与恢复四个阶段。可以说，我国从应急制度层面已经跨入了

* 本文选自《江海学刊》2013 年第 2 期。本文系国家社科基金重大项目“我国东部发达地区率先基本实现现代化理论和实践研究”（项目号：11&ZD001）的阶段性成果，本文受到江苏省优势学科“南京大学社会学学科”建设项目资助。

作者简介：童星（1948—），南京大学社会风险与公共危机管理研究中心主任、教授、博士生导师；陶鹏（1985—），管理学博士，清华大学公共管理学院博士后流动站研究人员。

整合阶段[1]，该制度体系通过中央、省、市、县四级响应系统串联，在每一层级均形成了“四委员会、一应急办”① 的网络结构。[2]

以2003年“SARS”事件为起点，我国新一代应急管理体系创设至今，历经2008年南方冻雨雪灾和“汶川地震”、2010年西南五省（区、市）特大旱灾以及多起重大事故灾难和重大群体性事件等灾害危机事件的考验。一方面，显示出现有应急管理体系对成功应对各类灾害危机事件起到了基础性作用；另一方面，也在一定程度上暴露出它的脆弱性。其一，在风险社会特征越发显著、跨界越界②的复合型灾害危机越发增多的背景下，上述政府主导的应急管理分类分级模式遭到了新的挑战，显得很不适应；其二，重在救援与处置的应急管理其功能极为有限，往往只能控制事态，并不能解决问题。以社会领域中的突发事件及其带来的公共危机为例，成功的管理必须能够发现真正导致危机的风险，包括问题、矛盾、漏洞和“病根”，从而解决问题、化解矛盾、堵塞漏洞、挖除“病根”，以达到同类危机不再发生的效果。我们经常看到，在处置城市逢雨就遭淹、渣土车闯红灯撞死人、地沟油上餐桌害人以及群体性上访等突发事件时，尽管能迅速控制住局面，但却难除根，不见效，其原因就在于处置措施只是停留于旨在控制事态的应急处置，忽视了事后的危机管理和事前的风险治理。[3] 有鉴于此，必须按照党的十八大的要求，加快形成“源头治理、动态管理、应急处置相结合的社会管理机制”。

二、应急管理机制模型：以灾害生命周期理论为基础

应急管理对象中的“急”，在中国就是指突发事件，而在国际上往往被称为“灾害”。这是因为中国自古以来就有“天灾人祸”的说法，灾害特指自然灾害外加原因不明的火灾，外延比较窄，其他类型的突发事件则被称为“人祸”；而在西方，灾害不仅仅被看作自然的或技术的风险，还包括基于社会正常运行的例外，外延比较宽泛。[4] 此外，还应当看到，“传统的观点用狭隘的‘时—空’（Space - time）观来看待灾害的背景、特点以及后果。而事实上，无论是灾前、灾中还是灾后，均发生于一个广泛联系、相互链接、动态发展的复杂世界中”[5]。

应急管理事务十分繁杂，需要通过全面而行之有效的政策设计来保障整体应急体系的协调运转。灾害生命周期理论作为人们认识与管理灾害危机的重要基础，引导着应急管理制度的嬗变。以过程方法（Processual Approach）为基础的灾害危机管理，首先将灾害过程视为周期性的循环，如斯蒂文·芬克（Steven Fink）的“危机生命周期”理论——征

① “四委员会”包括防灾减灾委员会、安全生产委员会、食品安全委员会、社会管理综合治理委员会。

② 一般来说，跨越种类性质的复合型灾害危机如日本“3·11”地震、海啸与核泄漏被称为“跨界”；跨越行政区划甚至国界而发生的灾害危机则被称为“越界”。

兆期（Prodromal）、爆发期（Breakout or Acute）、延续期（Chronic）、痊愈期（Resolution）；其次将灾害危机的演进过程与管理政策结构化，划分出目前被认为是最具操作性且得到最普遍使用的灾害管理循环模型，即“减灾—整备（Preparedness）—反应—恢复”，如罗伯特·希斯（Robert Heath）的危机管理“4R”模型——缩减（Reduction）、预备（Readiness）、反应（Response）、恢复（Recovery）。“减灾”是指针对各类灾害危机所提出的预防与消减方式；“整备”是指针对各类可能导致灾害危机的危险源进行检测预警，以及应对灾害危机所采取的管理体制、机制，尤其是在资源与协作上的整备情况；“反应”是指针对灾害危机爆发后所进行的各项维持社会秩序、救护、避难等工作；“恢复”则是指对灾害危机所影响到的区域、群体、制度所进行的一系列重建工作。在我国应急管理体系建设中，灾害危机事件的应对通常被划分为预防与准备、监测与预警、救援与处置、善后与恢复四个阶段，这同上述研究灾害危机演化的周期理论及其管理的循环模型不谋而合。因此，应急管理机制的内容千头万绪，都分别贯穿于减灾、整备、反应、恢复等各个阶段（见表1）。

表1　全周期应急管理机制

减灾阶段	整备阶段	反应阶段	恢复阶段
危险源确认机制	预案编制机制	先期处置机制	恢复重建机制
风险沟通机制	培训演练机制	快速评估机制	救助补偿机制
脆弱性评估机制	组织建设机制	分级响应机制	心理救援机制
风险防范机制	资源整备机制	应急指挥机制	调查评估机制
宣传教育机制	能力维持与更新机制	协调联动机制	责任追究机制
关键基础设施保护机制	预警机制	公共沟通机制	风险管理机制

首先，减灾阶段的机制构成。减灾阶段的工作重点旨在确认危险源并构建一系列管理措施。在减灾阶段，必须结合本地特征而确认相关危险源的存在，进而通过风险沟通机制来了解风险可能及其潜在影响，并将其纳入政策议程。在对客观风险进行分析的同时，也应该注意到脆弱性分析与评估的重要性，即对本地灾害危机应对所需的管理制度、组织能力、关键基础设施、群体抗灾能力、抗灾资源可得性与可及性等维度进行分析评估，以便清晰把握本地灾害危机应对能力。减灾阶段的政策工具作为风险防范机制的核心，主要可分为结构性减灾工具和非结构性减灾工具，前者注重硬件基础设施的建设与维护，后者注重政策设计对于减灾的重要意义，如对重大政策项目进行社会风险评估等。同时，减灾阶段还需要从文化层面提升应急管理能力，通过宣传和文化教育体系对个人安全文化、组织风险文化、社会风险文化进行有效干预与引导。

其次，整备阶段的机制构成。整备阶段作为应急管理中应急反应与恢复的基础，整备的充分程度直接影响着应急管理制度运转的绩效。预案编制是针对减灾阶段所确认的危险源的潜在后果而预先设定各种管理措施，其核心是构建应急管理的组织架构、工作流程、协调方式、资源保障等，通过一系列常规制度安排来尽可能地消解由危机造成的无序与混乱；培训演练机制旨在通过桌面推演（Tabletop）、功能演练（Functional）、局部演练（Partial Scale）、全程演练（Full Scale）等方式，发现并评估现行预案存在的问题从而加以改进；组织建设机制旨在对应急管理制度实施所需要的组织架构进行建设与调整；资源整备机制则是将应急管理所需要的各类资源体系进行分类、评估与整合，这二者构成了组织能力体系的核心；应急能力维持与更新机制则是对组织建设与资源整备所进行的定期评估与监督，以保证组织能力发展与灾害危机动态变化相一致；预警机制便是视灾害危机信息为公共品，真实、快速、公平、全面地传递到危险暴露群体中，以便能够做好各项准备以应对可能即将到来的灾害危机。

再次，应急反应阶段的机制构成。应急反应是应急管理制度建设的核心，当前预案体系建设的重点就是加强与完善应急反应所需的各项机制。在灾害危机事件中，以减灾与整备阶段为基础，首先需要做到对事件的先期处置，对事件进行及时救援与报送，而先期处置能力对于降低事件的负面影响有着至关重要的作用。对于灾害危机事件的分级、分类处置原则要求必须建立快速灾情评估机制，迅速、准确地收集有关信息，通过应急信息平台来处理与分析相关信息，并依据分级方法确立所采取的响应方式，从而在相应层级上启动应急指挥和协调联动机制。同时，该信息平台也具有在政府内部以及政府与公众之间的沟通功能。在此基础上，需要建立应急指挥机制将各相关机构和单位纳入统一规范的行动框架。

最后，灾害危机恢复阶段的机制构成。灾害危机恢复阶段的首要任务是恢复重建，主要包括工程性恢复重建与制度性恢复重建，旨在建立更具恢复力的社会。为了在短期内从灾害危机中得到恢复，需要综合协调与整合多方力量进行建筑物与基础设施的恢复重建，利用保险、救助、慈善等手段对受灾群众进行经济、心理与社会的重建和救助。此外，恢复阶段的另一项重要任务就是对事件进行调查与反思，客观评价应急管理制度的绩效，追究相关人员以及相关政策、制度、机构、价值的责任，不仅有某些官员的去职、处分，而且有某些政策出台或得到修订，某些机构、制度设立或调整，某个阶层的利益得到尊重、满足，某些价值得到弘扬、遵从，即同时进行官员问责和风险问责。[6]风险问责的结果必然引起对风险管理的重视，这也就是一个新应急管理循环的开始。

三、我国应急管理机制设计与执行困境分析

我国建立应急管理机制的基本要求是：统一指挥、反应灵敏、协调有序、运转高效。近些年来，我国应急管理机制建设步伐加快并取得了显著成果，但相关核心管理机制的设计与执行困境也阻滞着应急管理绩效的提升。

（一）应急管理机制建设存在结构性失衡，风险治理特征不彰

从整体应急管理机制建构特征上看，普遍存在“重应急，轻预防”现象。虽然“预防为主”已成为我国应急管理体系建设的基础理念，但在相关制度与技术设计层面仍缺乏足够关注，从而导致应急管理机制的结构性失衡。现代风险管理从经济理性转向风险理性的实践表明，在高风险社会中，需要改造并重塑传统风险管理手段，全面识别与评估风险，从而达成风险治理格局。当前我国应急管理体系中的风险管理仍然停留在管理主体单一、自上而下单向以及封闭的局面，尚未建起一套多主体、纵横交错、开放的网络以达成风险共治的管理机制。在具体运作机制上，脆弱性评估还未应用于预案编制，作为一种有别于传统风险评估的机制，它强调将本地风险特征与社会特征相结合，建构具有本地化导向的测量指标，将本地社会的应灾能力置于应急管理的首要位置，改变过去被动应付的局面和忽视各地特点、搞“一刀切”的管理作风。在风险防范机制建设方面，结构性风险管理方式（如防灾基础设施与工程建设等）已经被普遍采用，但是对于这些设施的维护与更新则关注不够，特别是对于非结构性风险管理方式如重大政策决策和重大建设项目的社会稳定风险评估机制，仍然停留在学术讨论和一般号召阶段，尚未得到真正重视和认真落实。

（二）预案编制与管理缺乏本地性、动态性、科学性，失灵情形频现

诚然，预案编制是应急整备工作的核心，但其并非应急整备的全部。当前应急管理存在着严重的“预案化”倾向，即将完成预案文本编制视为应急整备阶段的完结，而且各地各单位编制预案的过程基本上是“下级抄上级”、同级之间“我抄你、你抄他”，结果编制出的预案缺乏针对性和实用性。其实各级各地预案在预案体系中的功能定位是不同的，顶层预案关注指导性，需要确定应急管理的原则与程序；基层预案则应注重操作性，需要进行危险源与应急资源的分析，制定行动协调的具体计划。各地各单位的实际情况千差万别，各自面临的主要灾害危机也不尽相同，因此预案编制必须聚焦本地危险源与脆弱性，并随危险源与脆弱性的变化而及时更新。

应急管理信息与基础数据平台缺乏整合，导致灾害危机事件预案编制所需决策信息不充分。对灾害危机事件信息的充分掌握、全面分析与正确研判是各项应急决策的基础。基础数据平台的缺失导致相关管理机制难以实现，如缺乏对地方救援能力数据的评估、录入与使用导致预案编制只停留在原则、运作程序层面，而难以依据部门应急能力进行调配，从而影响了救援效率，尤其是在“跨界越界危机”的处理中，缺乏基础数据信息会导致行政辖区之间和部门系统之间的协调联动缺乏运行基础。

（三）组织应急能力建设与管理机制薄弱，难以实现制度预期目标

其一，政府对培训演练的支持不够，演练手段单一。培训演练是修正预案和把握组织协作能力的重要方式。地方应急演练常受到政府重视程度、财政支持力度以及部门单位参

与度等因素的制约，因而往往停留在低层次重复、方式单一的路径上，演练效果不佳。

其二，组织建设投入和评估机制缺失，能力更新维持困难。应急管理作为政府部门的一项基本职能，应当形成有效的财政投入机制和评估考核机制，以解决本地应急组织建设中存在的问题。然而当前对于各级政府部门应急能力的评估仍停留在理论研讨和实践探索层面。

（四）应急反应机制一体化、地方化、多元化程度有待提升，相关保障机制仍需完善

其一，应急指挥机制标准化、规范化、程序化建设滞后。尽管灾害危机种类繁多，但是对于灾害危机事件的应急反应存在一些普遍适用的原则与规范，如美国事故现场指挥系统（Incident Command System，ICS）便是从森林火灾应对中总结出的一套经验做法，现已成为美国国家应变框架（National Response Framework，NRF）的核心部分，为应急反应体系一体化建设奠定了基础。如今我国各级政府的应急反应中，指挥部（中心）作为临时性协调组织被普遍设置，但亟待建立一套借鉴国外优秀模式并结合本土社会特征的指挥机制，以避免 2011 年“7·23”动车追尾事件应急处置中填埋遭毁车厢一类的事情再度发生。

其二，事件发生地先期处置机制的实现存在能力困境，从而影响整体应急处置能力。先期处置机制在实际运作中往往只强调信息通报功能，对危机干预重视不够，这与基层应急处置能力欠缺有关。在应急资源和能力“头重脚轻”式的分配模式下，地方应急能力建设严重滞后。在危机初期，地方应急管理系统感知到各种应急需要，但难以满足救援需要，地方应急处置能力的短缺严重影响了较大级别以上突发事件的整体处置能力。

其三，多元社会救灾机制缺乏创新，对现实社会发展特征缺乏整合。社会参与随着网络信息时代的到来而呈现出多元、松散耦合的新特征，传统的政府包揽与应急主体多元化不相适应，难以在灾害危机发生之初就及时识别和吸纳救灾志愿者与相关组织。[7]

其四，关键基础设施保护机制缺失，应急系统崩溃的风险较高。关键基础设施是社会功能正常运转的硬件基础，主要包括农业与食品系统、银行与金融系统、化工产业、商业设施、通信系统、运输系统、关键工业设施、水坝、国防工业基础、紧急救护系统、能源供应系统、政府运转体系、公共医疗系统、资讯科技系统、邮政船务、水资源系统等。这些系统既是应急管理能力的保障系统，又是危机脆弱系统，当前应急管理机制尚未对这些设施予以特别保护，而关键基础设施崩溃的直接结果便是社会功能系统与应急功能系统的双重失灵。

（五）灾后恢复机制的社会性、服务性、多样性不足，危机调查与问责机制运行存在诸多阻滞

灾后恢复主要针对灾后公共救助、灾后重建、灾民生活风险干预、经济恢复、文化心理恢复等方面展开。应急管理的恢复机制应当注重政府、市场、社会的合作，注重灾后救

助的服务性，丰富灾后救助的手段。克里斯托弗·胡德（Christopher Hood）曾提出一个“制式反应”模型，其假设前提是政府官员有维护自我利益与规避咎责的倾向，导致他们按如下路径行动：拒绝问题→承认问题→承认问题但拒绝责任→承认问题也承认责任。[8]避责博弈的目的是减少政治与政策压力。在一场灾害危机事件过后，会出现地区或政府部门领导者引咎辞职，这作为一种符号意义的政治操作，可以缓解其所面临的外界指责，却没有深入到灾害危机问题的本质。官员问责往往只限于灾害危机事件与组织应对的表面关系，而没有深入到“风险制造”的层面，更没有将问责导向内化为切实的改革行动。

四、我国应急管理机制优化与创新

（一）更新价值理念，创新制度与技术，推行脆弱性评估机制，构建风险治理格局

“冰冻三尺非一日之寒”。灾害危机不能仅仅归咎于“天灾”“偶发”以及“突发”，更应注意到事件背后的政治、经济、文化、社会等背景要素的作用，寻求出由风险经灾害（突发事件）到危机的演化规律。[9]认识背景要素在灾害危机动力演进过程中的影响，并有针对性地建构相关的应对策略，此乃应急管理的基础理念，即“源头治理、动态管理与应急处置相结合”。要树立灾害危机风险是可管理的理念，推动应急管理制度变革与技术革新。在应急管理整体机制设计层面，应当将灾害危机作为自然、科技系统与社会制度背景相互作用的产物，应急管理的目标在于消减自然与科技危险源，不断消减导致危机后果出现的社会脆弱性。在进行应急管理整体机制设计时，应当依据灾害生命周期过程，注重风险阶段的管理机制建构，补强风险管理与整备机制，优化现有应急反应与恢复的相关机制，消除“应急失灵”现象。

风险管理手段的创新是未来应急管理制度优化升级的重要突破方向。应当构建以社会脆弱性评估为基础的灾害风险管理，构建一套符合国情的灾害危机脆弱性评估体系，其中包含脆弱群体的识别、应急管理能力、本地灾害危机文化、经济社会发展状况等指标的测量体系，全面检视本地灾害危机管理水平，从而为应急管理制度优化提供政策参考。同时，在风险社会背景下，通过多元参与的方式进行风险沟通，摒弃经济理性思考模式，建构更具风险理性的结果分析原则，如在重大政策决策和建设项目论证设计过程中加入社会稳定风险评估机制。2013 年 1 月 1 日开始实施的“新交规”规定“闯黄灯罚 200 元、扣 6 分”，结果引起网络和社会舆情阵阵反对，1 月 6 日公安部交管局要求各地对于闯黄灯“以教育为主，暂不处罚”。尽管迟到的改正还是好的，但如果在法规出台前广泛征求公众意见，认真进行社会风险分析，岂不更好！

（二）超越预案编制以真正达成预案动态管理，建立基础信息平台，提升预案管理绩效

“预案（Plan）”与“预案编制（Planning）”是两个不同概念：前者注重预案文本；后者涵盖范围更广，既包括预案文本，又指预案动态循环的更新过程，从风险管理到灾害反应再到灾害恢复，均可视为预案制定、执行、反馈、评估、修改的过程，即预案编制过程。预案编制过程中对危险源的识别、确认以及分析，对灾变中社会行为的预测与分析，对应灾能力的评估等，都是形成预案文本的分析基础与决策来源。同时，还应建立与整合应急信息、基础数据平台。首先要构建应急管理信息系统互通互联与共享机制，突破部门、条块所造成的信息系统的分割状况，建立统一、多层次的区域应急能力基础数据库；其次要构建灾害信息跨部门综合评估、研判以及预测机制，在全面多元的思维下分析各项风险灾害信息。

（三）创新应急演练机制，完善组织建设与评估机制，夯实组织应急管理能力

桌面推演、功能演练、局部演练、全程演练分别基于案例推演、专项功能测试以及部分或完全仿真事件对预案进行评估修正。[10]危机演练也是同公众系统沟通与教育的过程，可以让大众了解危险源及应对方式，从而提升社区灾害恢复力。在制定危机演练政策中，需要提升应急演练的有效性；在演练内容设计上，要注重灾害危机环境的仿真性。针对应急管理中的不同环节，考察动态环境中的应急管理制度绩效。需要强调的是，应当在公共财政中加强对应急演练的投入机制设计，为应急演练工作的持续顺利开展提供财政支持。

应急组织能力的培育、评估与维持更新已经成为政府行政管理改革的重要议题。正如有学者指出，当代政府管理面临的重大挑战是灾害危机的应对，“危机与突发灾难的处理，将是未来政府行政人员面临的最大挑战”[11]。应急组织能力建设作为一项亟待提升的应急管理制度环节，应首先以预案中的应急功能保障小组为基础，对庞杂的政府组织体系进行分类分析，考察各个组织在应急管理中的职能与分工；其次，分析不同级别灾害危机条件下灾区的社会需要以及应急响应需要；再次，在此基础上，建构应急管理组织能力评估框架与相关评价指标，以求全面衡量组织应急能力状况；最后，以评估结果为基础，建构并执行组织应急能力提升机制，监督反馈组织能力建设状况。

（四）推进应急反应机制一体化建设，强调地方能力、社会应急参与机制建设，建立并推行关键基础设施保护机制

其一，研究推进应急指挥机制标准化、规范化、程序化建设，最大限度地减少由于术语、环境、灾种、组织差异所带来的管理迟滞影响。应急管理系统亟待建立一套借鉴国外优秀模式并结合本土社会特征的指挥机制，如美国 ICS 模式将应急反应组织结构划分为计划部门、作业部门、后勤部门、财务或行政部门，并配备资讯部门、安全部门、联络部门

共同辅佐指挥官。应当分析总结各地现有应急指挥机制模式，进行绩效比较，对于应急指挥机制的启动、运行以及结束进行深入研究，探索出能够在多灾种管理环境下有序运转的应急指挥机制。

其二，灾害危机的先期处置能力建设机制。需要将应急管理资源能力向下转移，在适度分权条件下提升基层应急管理组织的能力，特别是提升灾害危机事件的先期处置能力。先期处置主体不仅有政府基层应急部门，还包括事故现场的各类人员。先期处置机制应当注重灾害危机第一反应群体的能力建设。为此，各类有关公民安全教育与自救互救的宣传教育机制、基层政府应急组织的救援能力、危机领导力均应纳入灾害危机先期处置能力建设之中。在群防群治理念下，注重非正式救灾能力在先期处置过程中的重要作用，同时加强基层应急管理机构的投入、培训、演练等相关支持政策的制定与执行。

其三，把握现实社会发展特征，构建多元应急管理机制。政府在灾害危机应对中具有主导作用，但是其影响范围有限，需要社会公众的积极参与。目前社会力量在应急管理中的介入程度并不深，需要推动参与形式多元化、监督透明化和体系整合化。在制度设计过程中，考虑到社会力量参与灾害危机救援恢复的能力多样且不一，可通过建构培育机制，将其塑造为政府传统救援力量的有效补充；对于社会组织参与救援恢复，政府也必须建构起相关社会监督渠道；针对社会组织救援恢复力量的差异，为形成有效应急管理合力，需要在信息、资源、分工上进行事前沟通与规划，整合各方力量投入灾害危机应对之中。多元社会应急管理机制不仅存在于灾后社会救援过程中，在灾害危机前端环节也同样重要。在政府减灾与风险管理过程中，私人部门的参与也必不可少。作为减灾行动的重要主体，私人部门的行为转变有助于整体风险的消减。

其四，建立并推行关键基础设施保护机制。关键基础设施是社会功能正常运转的“硬件”。随着城市化步伐的加快，关键基础设施成为城市社会经济生存与发展的命脉，也是城市灾害危机脆弱性的重要标志。近年来，许多城市频繁出现“淹城”以及应急救援功能中断现象，其重要原因就在于关键基础设施保护机制缺失。应当补强关键基础设施保护机制，重新评估关键基础设施状态及其风险可能，并将其纳入发展规划与决策中。

（五）优化灾后恢复机制，强化应急管理评估与问责机制，维护应急管理体系持续、健康发展

其一，灾后恢复中加强社会组织管理。政府、市场、社会是灾后社会服务的三大供给主体，社会组织是推进灾后恢复不可或缺的组成力量。灾后恢复的社会需要也是多种多样的，市场与社会组织可以弥补政府部门回应性不足的缺陷。其二，注重应急财政的公共性。以公共利益为目标，坚守应急财政过程、手段以及对象的公共性，保障应急财政的社会效益。灾害脆弱群体一般属于社会弱势群体，为了保障他们在灾后有效获取相关的社会服务，需要有针对性的政策设计。其三，创新灾害恢复的社会服务手段。灾害影响的多样性要求灾后社会服务必须不断创新以回应社会需求。就业支持、个人心理服务、教育等灾后社会服务形式对于脆弱群体的灾后恢复至关重要。其四，消除阻滞因素，落实危机调查

与问责机制。灾害问责作为灾害社会学习的重要手段，要避免被视作一项处理公共关系的政治符号，防止危机调查与问责停留在运动化、政治化层面，应当对社会制度、结构、政策以及价值规范进行反思，进而彰显灾害问责的实质意义。

参考文献

[1] 童星，张海波．基于中国问题的灾害管理分析框架［J］．中国社会科学，2010（1）．

[2] L. Xue, K. Zhong, "Turning danger to opportunities: Reconstructing china' s national system for emergency management after2003", in H. Kunreuther, M. Useem (eds.), *Learning from catastrophes*, New Jersey: Pearson education Inc, 2010, pp. 198 - 201.

[3] 童星．社会管理创新八议——基于社会风险视角［J］．公共管理学报，2012（4）．

[4] Robert A. Stallings, "Disaster and the Theory of Social Order", in E. L. Quarantelli, *What Is a Disaster? Perspective on the Question*, London: Routledge Press, p. 137.

[5] E. L. Quarantell, I "Epilogue: Where We Have Been and Where We Might Go", in E. L. Quarantelli, *What Is a Disaster? Perspective on the Question*, London: Routledge Press, p. 244.

[6] 张海波，童星．公共危机治理与问责制［J］．政治学研究．2010（2）．

[7] 童文莹．中国巨灾灾后救助动员模式比较［J］．江海学刊．2010（5）．

[8] H. Christopher. What Happens When Transparency Meets Blame - Avoidance?［J］. Public Management Review, 2007 (2), pp. 191 - 210.

[9] 童星．风险灾害危机连续统与全过程应对体系［J］．学习论坛，2012（8）．

[10] G. D. Haddow, J. A. Bullock, D. P. Coppola. Introduction to Emergency Management［M］. Oxford, UK: Elsevier, 2008, p. 201.

[11] J. P. William. Emergency Management: A Challenge for Public Administration［J］. Public Administration Review, Special Issue, 1985 (45), pp. 3 - 7.

信息与应急决策：一个解释框架*

钟开斌

【摘　要】应急决策是应急管理的核心，是一个多主体、多阶段、多层级的适应性动态演进过程。信息不对称是突发事件情景下决策者通常所面临的重大挑战。本文构建了一个“信息源—信息渠道”解释框架，把信息源和信息渠道看作是两个相互独立的变量，共同决定着应急决策行为。只有信息源清晰、信息渠道畅通并且两者恰当匹配时，决策者才能快速高效地进行决策，迅捷有序地采取有效的应急措施。文章通过对 2003 年“非典”疫情及 2008 年汶川地震、襄汾溃坝三个应急决策“失败”案例的比较研究，证实了“信息源—信息渠道”解释框架的解释力和说服力。

【关键词】应急决策；信息源；信息渠道

一、引言

应急决策是应急管理的核心，是危机领导力五大关键任务之一，是衡量应急管理能力的关键性指标。[1]突发事件本质上是一种特殊的非常规决策场景。按照“情景—冲击—应对”的逻辑，在突如其来的冲击情景下，管理者需要尽快认清和把握突发事件情景及其演变规律，基于情景依赖进行实时的非程序化决策，尽快对事态做出准确判断，果断采取各种应急处置措施，以有效控制事态。[2]尤其是，现代社会所面临的突发事件，除了具有紧急性、高度不确定性和严重的危害性外，通常还具有很强的综合性、扩散性、传染性等特征，更需要决策者在尽可能短的时间内采取正确决策，以削弱和控制事件传播和危害的范围。

---

* 本文选自《中国行政管理》2013 年第 8 期。本文系国家社科基金青年项目“基于信息的适应性政府应急决策机制研究”（项目编号：11CGL090）和国家自然科学基金“非常规突发事件应急管理研究”重大研究计划重点支持项目“新时期中国特色应急管理体系的顶层设计和模式重构”（项目编号：91224009）的阶段性成果。

作者简介：钟开斌，国家行政学院应急管理培训中心副教授、清华大学中国应急管理研究基地兼职研究员，北京 100089。

应急决策的效果是指突发事件发生后采取某项或一系列决策行为所带来的结果，可用决策质量与决策时间两个指标来衡量（见图1）——前者指决策过程中所采取的各种措施产生的实际效果，后者指从事件爆发到最终进行正确决策、采取有效措施耗费的时间。[3]决策质量用“决策质差”来衡量，即事件发生后决策者第一时间采取措施的“实际决策点”与理论上应采取有效措施的“理论决策点”之间的差距；决策时间用“决策时滞”来衡量，即突发事件爆发的“事件发生点”与最终采取有效措施的“正确决策点”之间的时间差。“决策时滞”和“决策质差”两个指标共同影响决策者面对突发事件时能否以及在多短时间内做出有效决策，据此可将突发事件发生后的应急决策分为四种情形：一是满意型（决策时滞短、决策质差小），即决策者在最短时间内做出正确决策，及时有效地采取各项应对措施，在较短时间内控制事态发展；二是弥补型（决策时滞长、决策质差小），即决策者未及时做出反应，决策时间较长，处置不够果断，但能在经历较长时间延误后做出正确决策，在一定程度上弥补了决策滞后所导致的各种损失；三是抵消型（决策时滞短、决策质差大），即决策者虽然在很短时间内就采取措施，但这些措施效果有限，未能有效地控制事态发展，致使事件继续升级扩大；四是失效型（决策时滞长、决策质差大），即决策者在长时间内未采取有效措施，延误了控制事态的各种“良机”，导致事态恶化甚至失控。[4]在这四类决策情形中，满意型是最佳情形，也是决策者追求的目标；失效型是最糟情形，也是决策者应尽量避免的。[5]

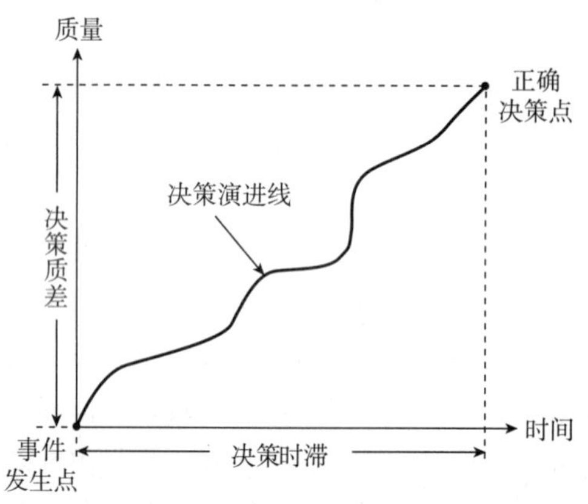

图1 应急决策的“决策时滞”和“决策质差”示意图

对于不同的突发事件，政府应急决策经常表现出很强的差异化特征。对有些突发事件，政府能在较短时间内做出有效决策，积极主动地采取各项应对措施，果断加以处置，在较短时间内以较快速度控制事态蔓延，应急决策过程表现出满意型决策的特征。[6]相反，对有些突发事件，政府决策通常表现出弥补型决策甚至失效型决策的特点，应急决策过程呈明显的撞击式被动反应模式，突出表现为反应迟钝，决策迟缓，响应时间过长，延误各种战机，最终导致触发事件升级扩大甚至引发各种连锁反应，小问题升级为性质严重

的突发事件，或小范围的突发事件演化为区域性、全国性乃至跨国性、全球性的突发事件。为什么面对不同的突发事件，政府的应急决策行为会表现出不同的特征，导致产生不同的后果？面对同样类型的突发事件，为什么不同国家和地区的决策者的应急决策模式存在重大差异？除了突发事件自身的特性，还存在哪些重要因素会影响决策者的认知和行为选择？在政府对各级各类突发事件进行认知决策的过程中，究竟哪些是最重要的影响因素，这些因素又是如何起作用的？

二、应急决策：多主体、多阶段、多层级的动态演进过程

随着气候变化、恐怖主义、跨国犯罪、传染性疾病、严重自然灾害等区域性和全球性重大挑战日益增多，越来越多的突发事件具有跨地区、跨部门、跨时空等“跨界”（Transboundary）传播的特点。[7]这使得应急决策也成为一个多主体、多阶段、多层级的动态演进过程。

在主体上，应急决策既涉及政府体系内的不同地区和不同部门，又涉及政府体系外的其他各类组织，需要集中和动员国家与社会的各种力量与资源，建立强有力的应急指挥体系，实现跨地区、跨部门甚至跨国合作互助。[8]同时，需要健全全社会有序参与机制，实现从中央到地方政府有效协同并实现与社会基础单位的有机融合，形成“强政府”与“强社会”共赢状态。[9]在阶段上，由于突发事件本身具有不断变化、动态演进的生命周期特征，其发展过程及结果难以预测与掌握，需要决策者采取动态视角观察事态发展变化情况，发现新的问题并寻找相应的应对战略，应急决策呈现为一个动态演进的过程而非终极状态。[10]突发事件动态演进的态势，构成了决策者进行研判和应急处置的各种动态可变情景。这些情景往往成为评估应急资源需求，对应急资源进行布局、配置和调度的依据，是对突发事件发生时或发生后有关情形的一种假设，由此构成决策者所面对的突发事件“事前—事发—事中—事后”各阶段的状态。按照时间规律，情景可分为过去情景、当前情景、未来情景或初始情景、中间情景、结束情景三类。[11]在层级上，很多突发事件尤其是各种重特大突发事件的应急决策，通常遵循由事发现场到后方、由低层到高层的多层级动态演进过程。根据国家高层领导和官僚组织的介入程度两个指标，应急决策可分为地方主导型、官僚主导型、政治主导型三类。[12]大多数情况是，突发事件首先发生在地方，由地方负责处置，属于地方性事务；随着事态不断发展，决策的层级不断提高，直至上升到由国家最高层领导决策，事件性质也由“地方性事务”升级为“国家性事务”。例如，在烈性传染病防控方面，当一个地方的疫情仅是一个地方性的事件时，并不扩散也不构成对其他地区民众生命安全的威胁，则此类疫情仅仅是属于“地方的公共卫生”。除非当地方性的疫情突破地理的藩篱，形成跨地区的疫情或直接对国家安全构成威胁时，“地方的公共卫生”才有可能进入中央政府的视野，转化为“国家的公共卫生”。[13]在“命令—控

制”集权模式的多层级应急决策链中，决策权通常属于位于决策链后端的上层，而位于决策链前端的中层和下层更多地承担执行、操作、反馈等职能。

在多主体、多阶段、多层级的应急决策动态演进过程中，不同级别的组织机构和决策者承担不同职责。“从层级来看，应急决策指挥包括战略决策、战役指挥、战术行动三个层级”，要“合理区分战略决策、战役指挥、战术行动三个层级，建立专业化的决策处置程序”。[14]可以把突发事件情景下的应急决策链简化为第一响应人员和应急决策者两类（见图2）——前者主要为那些承担战术行动和战役指挥职责的人员，即在突发事件发生后的第一时间、第一现场承担先期处置（采取包括实施紧急疏散和救援行动，组织开展自救互救；紧急调配行政区域内的应急资源用于应急处置；向社会发出避险警告或预警信息等措施）和信息报告等任务的人员；后者主要为那些承担战略决策的人员，即实际承担决策指挥权的上级人员。从信息与决策的关系角度而言，第一响应人员和应急决策者之间形成“上报—决策—下达”链条：作为信息发送者的第一响应人员在双层决策链中发挥下级（下层）的角色，主要承担信息收集、分析、研判、上报的职责；作为信息接收者的上级应急决策者在双层决策链中发挥上级（上层）的角色，主要职责是根据第一响应人员所上报的信息进行研判和决策，并向第一响应人员下达应急处置指令或赶赴突发事件现场进行指挥。因此，突发事件发生后应急决策的核心任务是，下层第一响应人员及时、准确地收集、研判各种事态信息，迅速、准确、全面地向上级决策者上报这些信息，上级决策者以接收的这些信息为基础做出优质高效的决策。

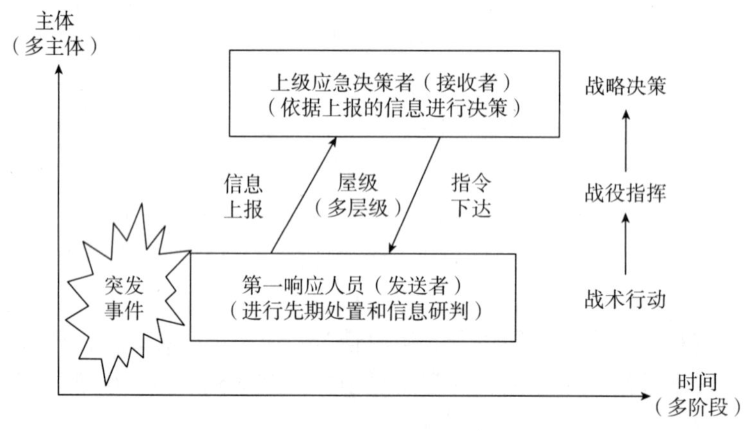

图2　多主体、多阶段、多层级的应急决策动态演进

三、“信息源—信息渠道”：一个应急决策解释框架

信息是决策的基础和依据，也是决策的先导和前提。信息的完备程度是影响决策者行

为选择的关键变量之一，信息不对称是突发事件情景下决策者面临的基本约束条件。应急决策过程实质上可看作是对相关信息的收集、整理、分析和运用的过程。突发事件发生后，决策者最为重要的工作是依据既定的信息对问题进行界定，从而在准确研判的基础上迅速有效地采取各种应急处置措施。在传播学上，信息传播过程可简单地描述为：信源→信道→信宿。其中，“信源”是信息的发布者，即上载者；“信宿”是信息的接收者，即最终用户。[15]信息传递过程中可能产生各种噪声，即信息传递中的干扰。噪音将对信息的发送与接收产生影响，使两者的信息意义发生改变。“信息源—信息渠道”解释框架认为，在应急决策过程中，信息的完备程度同时受到信息源是否清晰和信息渠道是否畅通的影响。

（一）信息源与信息渠道

信息源（有时简称为“信源”）是指信息的来源。在突发事件情景下，信息源主要体现为突发事件本身的属性、特征和内容，即突发事件发生后所呈现的事态本身的状态是否清晰无误，为事发地的第一响应人员所了解和把握。突发事件的信息源（有时也称作“灾情”）包括自然属性和社会属性两个方面：自然属性主要是指事件的大小、频率、持续时间、区域范围、起始速度、空间扩散、时间间隔重现期等特征参数；社会属性主要是指突发事件造成或可能造成的损失和社会经济影响。信息源可用“清晰程度”这个指标来进行测度并进行不同信息源状态之间的比较。如果突发事件发生后，发生原因、发展变化过程、造成的后果、所需采取的应急处置措施等有关情况非常清楚，第一响应人员完全了解和掌握，则把信息源的状态界定为“完全清晰”；反之，如果各方面的事态信息杂乱无章、非常混乱，第一响应人员完全不了解和掌握，则把信息源的状态界定为“完全模糊”。

导致信息源模糊的情形，包括突发事件本身信息模糊（客观模糊，S1）、事发现场第一响应人员或上级应急决策者研判不准或故意瞒报（主观模糊，S2）两类。导致客观模糊的情形又具体分为以下两类：一是突发事件规模巨大（罕见巨灾），给事发地造成特别重大的冲击和破坏，导致大量人员伤亡、经济损失、环境破坏和社会影响，并可能不断引发一系列次生、衍生事件，各种情况错综复杂，瞬息万变，突发事件信息在第一时间、第一现场不为或难以为第一响应人员所把握；二是突发事件为过去不曾发生或很少发生的新的事件，不为人们所认知、了解和熟悉，事发现场的第一响应人员和上级应急决策者无章可循，无经验可依，客观上对事件认识不足。导致主观模糊的情形又具体分为以下两类：一是事发现场的第一响应人员因能力所限，对突发事件的认识和研判不准确、不及时、不全面，所做出的判断与事件本身的实际情况存在较大偏差，从而导致信息源模糊（无意导致的主观模糊）；二是事发现场的第一响应人员主观上故意迟报、谎报、瞒报和漏报突发事件信息，导致信息源模糊（有意导致的主观模糊）。

信息渠道（有时简称为“信道”）是指信息源与接收者的中介。信源必须通过信道才能传递给信宿。信息渠道通常包括有力的传递工具、多样化的传递通道和专业化的信息人员等各种硬件和软件要素。在由上级决策者和事发地第一响应人员构成的简化的双层应急决策架构中，可把信息渠道简化为从事发地第一响应人员把事态信息上报、传递给上级部门和决策者的通道。决策者要对所发生的突发事件及时、准确做出研判并采取有效的应急处置措施，除了信息源本身清晰完整外，还必须有健全、畅通的信息渠道，将这些信息源及时传达给决策者，为决策者进行决策提供科学依据。信息渠道可用“畅通程度”这个指标来进行测量并进行不同信息传递情形之间的比较。如果突发事件发生后，信息工作人员和信息传递的设施设备、工具手段、技术支撑等完好无损，事发地第一响应人员做出与实际情况完全相符的科学研判，及时、准确、客观上报事态信息，则把信息渠道的状态界定为“完全畅通”；反之，如果信息传递的软硬件设备、工作人员等遭到严重破坏和惨重损失，或事发地第一响应人员故意不报、迟报、谎报、瞒报、漏报事态信息，则把信息渠道的状态界定为“完全不畅”。

突发事件发生后导致信息渠道不畅的情形分为两大类：一是信息传递的通信工具、技术手段遭受破坏无法发挥应有的作用或信息传递人员受冲击遭损失无法承担信息上报职责（信息传递的软硬件受损，C1）；二是突发事件信息渠道杂乱或多个不同的信息渠道之间相互冲突（信息渠道杂乱，C2）。导致信息传递的软硬件受损的情况又具体分为以下两类：一是通信工具和技术设备可能遭破坏（设备受损）。突发事件发生后第一时间、第一现场很多通信工具遭到冲击和破坏，在事发现场的信息人员无法及时通过信息传递工具和技术，将事发现场的信息及时、全面、准确地向上级决策者报告。二是事发地的信息人员受冲击（人员受阻）。突发事件尤其是重特大突发事件发生后，有时会造成重大人员伤亡。更极端的情况是，身处事发现场的承担信息收集、研判和上报的信息人员自身也可能遭到摧毁。

（二）基于信息源和信息渠道的应急决策情形

根据信息源是否清晰、信息渠道是否畅通，突发事件情景下的应急决策情景分为以下四类（见表1）：一是信息源模糊且信息渠道不畅。这是突发事件发生后决策者面临的最为棘手的情景。在这种情境下，决策者在突发事件发生后同时面临信息源和信息渠道“双受阻”“双失灵”的现象，不仅突发事件本身的核心信息模糊，决策者知之甚少，而且信息渠道被打断，现场信息无法及时传递上报给上级决策者。二是信息源清晰但信息渠道不畅。突发事件发生后，事件本身的核心信息清晰，即突发事件发生的状态、发生的原因、发展变化的过程、造成的后果、所需采取的应急处置措施等方面都具有相对的确定性，为事发现场人员所熟悉和了解。不过，信息的传递渠道被打断，缺乏有效的传递工具，导致现场人员无法及时将所掌握的事态信息上报给上级决策者。三是信息源模糊但信息渠道畅通。突发事件发生后，虽然信息传递渠道保持完整畅通，信息传递工具未遭到破坏，但事件本身的核心信息模糊，不为决策者所熟悉和了解，故决策者仍无法及时有效做出正确决策。四是信息源清晰且信息渠道畅通。这是突发事件发生后决策者面临的最简单、难度系数最低的情景，也是大部分一般性、常规性突发事件发生后的情景。在这种情境下，决策者在突发事件发生后同时面临信息源和信息渠道“双顺畅”的现象：事件本身的核心信息清晰，信息传递渠道完整。

表 1　基于“信息源—信息渠道”的应急决策情景分类

<table>
<tr><td colspan="3">信息源</td><td></td></tr>
<tr><td colspan="3">模糊</td><td>清晰</td></tr>
<tr><td rowspan="2">信息渠道</td><td>不畅</td><td>Ⅰ信息源模糊、信息渠道不畅（2003 年上半年中国的“非典”疫情）</td><td>Ⅱ信息源清晰、信息渠道不畅（1976 年唐山大地震和 2008 年汶川特大地震）</td></tr>
<tr><td>畅通</td><td>Ⅲ信息渠道畅通、信息源模糊（2008 年山西襄汾“9・8”特别重大尾矿库溃坝事故）</td><td>Ⅳ信息渠道畅通、信息源清晰（各种常见的一般性、常规性突发事件）</td></tr>
</table>

“信息源—信息渠道”解释框架从知识分布和信息传递的角度描述了多主体、多阶段、多层级应急决策中信息的稀缺性、分散性、有限性等特征，强调突发事件情境下信息的准确获取与有效传递对决策的重要作用。[16]它把信息源和信息渠道看作是影响上级应急决策者行为的两个相互独立的变量，用这两个变量来解释决策者的决策行为，通过考察突发事件发生后这两个变量的实际情形及其相互匹配程度，来探讨应急决策背后的影响因素。“信息源—信息渠道”解释框架的核心观点是，在突发事件发生后多主体、多阶段、多层级的应急决策动态演进过程中，只有信息源清晰、信息渠道畅通并且两者恰当匹配（“双畅通、互匹配”），才能出现应急决策的“机会之窗”，此时信息才能及时、准确、全面地被基层人员收集和研判，并被迅速上报、传递到上级决策者手中；上级决策者以所接报的信息为基础，及时、准确地对事态进行准确研判，快速高效进行应急决策，采取有效的应急处置措施。

“信息源—信息渠道”解释框架试图描述和解释以下三个问题：第一，突发事件发生后，事件信息是如何分布的，第一时间、第一现场的第一响应人员是否对其有清晰无误的了解，是否存在事件本身信息模糊（S1，客观模糊）以及第一响应人员研判不准或故意瞒报（S2，主观模糊）的情形。第二，突发事件发生后，事态信息是怎样被选择、编辑、传递和提供的？信息能否及时、准确、规范地上报给上级决策者？是否存在因通信联络的软硬件等工具和人员遭破坏（C1，软硬件受损）或不同的信息渠道混乱冲突（C2，渠道杂乱）所导致的信息传递不畅的情形？第三，信息源和信息渠道两个因素对上级应急决策者的认知决策过程有何影响？能否出现信息源清晰、信息渠道畅通并且两者恰当匹配（“双畅通、互匹配”）的“机会之窗”，从而使得上级决策者及时、准确、全面地获悉信息，做出准确研判和有效决策？

四、案例比较研究：三起事件的“失败”应急决策行为

根据基于“质量—时间”的应急决策效果分类，2003 年我国部分地方暴发的“非典”疫情、2008 年发生的四川汶川特大地震和山西省临汾市襄汾县“9・8”特别重大尾矿库溃坝事故三个案例都属于典型的应急决策“失败”案例（见表 2）。就决策过程而

言，在三个案例中，上级有关部门和决策者对事态的认识、判断和决策都经历了一个由“抵消型”向“弥补型”逐步演变的曲线上升过程。在事件发生后的第一时间，决策者对事态的认知判断及应急决策的过程和结果都表现为“抵消型”：因未能及时对所发生的突发事件事态做出科学认识、准确研判和有效决策，决策者在事件发生后的第一时间所采取的应急处置措施与实际事态所要求应采取的措施之间存在较大差距，决策质差过大导致事态未能及时得到有效控制，甚至引发事态的逐步升级、扩大和失控。不过，在经历事件发生早期一定时间的决策延误和决策时滞后，决策者对事态的认知决策过程和结果逐步表现为“弥补型”，决策者逐渐认识和了解到事态的基本情况，逐步做出科学的决策安排，采取有效的应急处置措施，决策质差逐步得到缩小，事态逐步得到控制和缓解。

表2　三个“失败”案例的决策时滞和决策质差比较

测度指标		“非典”疫情	汶川地震	“9·8”溃坝
决策时滞	事件发生点	2003年1月2日在广东发现并报告（2002年11月16日发现首例病例）	2008年5月12日14时28分特大地震发生	2008年9月8日早上7时58分
	准确决策点	2003年4月20日中央开始果断采取有力的应对措施	5月19日时28分全部进入重灾区174个乡镇1480个行政村	9日上午8时30分，指挥部会议最终决定事故原因明确为非法生产安全责任事故
决策质差	实际决策措施	以衣原体病原为防治政策的主要理论依据	灾情比最初预想的要严重得多，赶赴灾区的应急救援力量发生错位	以暴雨引发泥石流冲垮废弃尾矿库和失实人员伤亡为依据进行决策
	理论决策措施	因感染SARS冠状病毒引起的新的呼吸系统传染性疾病	灾害比预计的严重，重新认识和划分灾区，救援力量重新部署调配	非法生产安全责任事故造成重大人员伤亡和经济损失（281人死亡）

不过，从应急决策的具体过程和结果来看，三个应急决策的“失败”案例在决策时滞和决策质差两个方面也存在不同的特点，属于不同的应急决策情形（见表3）。

表3　三个典型“失败”案例的应急决策情形比较

典型案例	信息源（S）	信息渠道（C）	决策情形
“非典”疫情	总体：模糊 √S1（客观上模糊） S2（主观上模糊）	总体：不畅 C1（软硬件受损） √C2（信息渠道杂乱）	Ⅰ（信息源模糊、信息渠道不畅）
汶川地震	总体：清晰 S1（客观上模糊） S2（主观上模糊）	总体：不畅 √C1（软硬件受损） C2（信息渠道杂乱）	Ⅱ（信息源清晰、信息渠道不畅）
“9·8”溃坝	总体：模糊 S1（客观上模糊） √S2（主观上模糊）	总体：畅通 C1（软硬件受损） C2（信息渠道杂乱）	Ⅲ（信息源模糊、信息渠道畅通）

决策情形Ⅰ：2003 年“非典”疫情属于信息源模糊（S1 客观模糊）、信息渠道不畅（C2 信息渠道杂乱）。在疫情暴发流行期间，政府内自下而上的纵向疫情信息报告比较清晰畅通，决策者在较短时间内获得了系统内上报的疫情信息。政府决策迟缓和措施失当，关键在于信息源在客观上模糊和信息渠道杂乱。一是信息源客观模糊。“非典”是一次因感染 SARS 冠状病毒引起的新的呼吸系统传染性疾病。疫情突如其来，在暴发流行早期，发病原因不清，疫情传播渠道不明，人们客观上对它的了解很有限，认识不到位，研判不准确。二是信息渠道杂乱。中国不同地区之间、政府不同系统之间以及军队和政府之间各自为政，导致疫情信息无法及时、准确、全面地得到收集和通报，医疗资源也无法得到集中配置。这些因素导致疫情信息扭曲失真，上级应急决策者认知和决策行为发生偏差。[17]

应急决策情形Ⅱ：2008 年汶川地震属于信息源清晰、信息渠道不畅（C1 信息软硬件受损）。特大地震发生后，灾害非常严重，救援场地比较复杂，已成为决策者当时的共识；随着时间的推移，大部分灾区受损情况也逐渐探明。总体而言，在地震发生早期，地震灾区的信息源相对比较清楚。上级决策者面临决策困境，原因主要在于地震灾情信息渠道不畅，没办法在第一时间把第一现场的地震灾情传出去、报上去，导致上级决策者缺乏科学准确决策所需的信息依据。一方面，因地震等级太高，破坏性太强、波及范围太广、造成的损失和破坏太过严重，致使灾区原先的通信工具和技术手段遭到破坏，道路交通和通信中断，基层部分官员和信息人员死亡，无法及时将灾情信息上报。另一方面，最先到达灾区开展救援的先遣队伍由于信息传输设备落后，缺乏灾害现场与后方之间的信息交互机制，基于民众的地震灾情信息上报体系缺乏，也无法第一时间及时传递灾情信息。[18]

应急决策情形Ⅲ：2008 年襄汾溃坝事故属于信息源模糊（主观模糊，S2）、信息渠道畅通。溃坝事故发生后，自前方（事发现场）到后方（后方指挥部）、自下（乡村和县）而上（市级、省级、中央级决策者）的信息上报下达体系未遭破坏，信息传递渠道畅通。决策者对事故的研判出现重大偏差和应急处置工作陷入被动，主要原因在于事发地的地方领导故意谎报事故原因，瞒报伤亡情况，有关部门和人员对事故信息研判不准和审核把关不严。一方面，事故发生地襄汾县、临汾市的地方政府未按照有关规定及时如实上报事故信息，故意谎报事故发生的原因，瞒报事故伤亡情况，导致上级部门和决策者对事故的研判和决策出现重大偏差。另一方面，临汾市委、市政府和襄汾县委、县政府有关领导并没有进行认真、细致、深入研判，对事故的基本情况缺乏科学全面的认识，对事故可能造成的伤亡情况估计严重不足，直接误导上级领导对事故的准确研判，导致在认知决策过程中出现严重的偏差。[19]

五、结语

应急决策是应急管理的核心，不同的决策行为往往产生不同的决策效果。突发事件可界定为一种不确定条件下对事态进行准确研判并采取有效应对措施的决策情景。应急决策是一个多阶段、多主体、多层级的动态演进过程。在当今日益开放的社会，越来越多的突发事件形成机理不确定，演变过程错综复杂，影响后果更加严重，难以用传统的常规方式进行研判和处置。应急决策的目标是在尽可能获得充分的突发事件信息的前提下，同时缩短决策时滞和决策质差，即在尽可能短的时间内迅速有效地采取各种与实际情况相符的正确决策，从而采取各种有效的应急处置措施，降低突发事件造成或可能造成的资源损失或消耗。

运用“信息源—信息渠道”的解释框架对三个典型“失败”案例的比较研究，证明了信息源清晰和信息渠道畅通对应急决策的极端重要性。为此，必须从信息的角度来提高多主体、多阶段、多层级的应急决策能力和水平。主要的措施包括：建立一种基于信息的多主体综合协调联动机制，整合不同地区、不同部门、不同系统和不同层级的应急力量和资源；完善信息技术支撑和研判报告制度，提高突发事件信息的及时性、准确率和覆盖面；建立多路径、综合性的信息上报渠道，提高通信工具的抗灾害损毁能力；引入情景分析等突发事件预测模拟手段，提高对现代复杂突发事件发展趋势、演变规律和应对体系的认识判断。

参考文献

［1］ Arjen Boin, Pault Hart, Eric Stern, Bengt Sundelius. The Politics of Crisis Management: Public Leadershipunder Pressure ［M］. New York: Cambridge University Press, 2005.

［2］ Uriel Rosenthal, Bert Pijnenburg eds. Crisis Management and Decision Making: Simulation Oriented Scenario ［M］. Dordrecht: Kluwer Academic Publishers, 1991. pp. 367 – 394.

［3］ Peter F. Trumbore, Mark A. Boyer. International CrisisDecision – Making as a Two – Level Process ［M］. Journal of Peace Research, 2000, 37 (6). pp. 679 – 697.

［4］ 薛克勋. 中国大中城市政府紧急事件响应机制研究 ［M］. 北京：中国社会出版社，2005.

［5］ Uriel Rosenthal, Alexander Kouzmin. Crises and Crisis Management: Toward Comprehensive Government Decision Making ［J］. Journal of Public Administration Researchand Theory. 1997, 7 (2). pp277 – 304.

［6］ Karl A. Wittfogel. Oriental Despotism: A ComparativeStudy of Total Power ［M］. New Haven: Yale University Press, 1957.

［7］ Arjen Boin, Mark Rhinard. Managing Transboundary Crises: What Role for the European Union? ［M］. International Studies Review, 2008, 10 (1). pp1 – 26.

［8］ 宋劲松，邓云峰. 中美德突发事件应急指挥组织结构初探 ［J］. 中国行政管理，2011 (1).

［9］ 张强，陆奇斌，张秀兰. 汶川地震应对经验与应急管理中国模式的建构路径——基于强政府与强社会的互动视角 ［J］. 中国行政管理，2011 (5).

［10］ Max H. Bazerman, Michael D. Watkings, Predictable Surprises: The Disasters You Should Have Seen Coming and How to Prevent Them ［M］. Boston: Harvard Business School Press, 2004.

［11］ 姜卉，黄钧. 罕见重大突发事件应急实时决策中的情景演变 ［J］. 华中科技大学学报（社会科学版），2009 (1).

［12］ Jerel A. Rosati. Developing a Systematic Decision – making Framework: Bureaucratic Politics in Perspective ［J］. World Politics, 1981, 33 (2). pp234 - 252.

［13］曹树基. 国家与地方的公共卫生——以 1918 年山西肺鼠疫流行为中心［J］. 中国社会科学, 2006 (1).

［14］闪淳昌, 薛澜. 应急管理概论——理论与实践［M］. 北京: 高等教育出版社, 2012.

［15］Claude Shannon, Warren Weaver. The Mathematical Theory of Communication［M］. Urbana: The University ofIllinois Press, 1949.

［16］Thomas Sowell. Knowledge and Decision［M］. New York: Basic Books, 1980.

［17］钟开斌. 政府危机决策——SARS 事件研究［M］. 北京: 国家行政学院出版社, 2009.

［18］郭伟. 汶川特大地震应急管理研究［M］. 成都: 四川人民出版社, 2009.

［19］闪淳昌, 张振东, 钟开斌, 石国领. 襄汾"9·8"特别重大尾矿库溃坝事故处置过程回顾与总结［J］. 中国应急管理, 2011 (10).

Information Source and Information Channel: An Explanatory Framework for Emergency Decision – making

Zhong　Kaibin

Abstract: Decision – making, which is a multi – actor, multi – stage and multi – level ongoing process, is the key issue of emergency management. Information asymmetry is a problem that prevents from communication processes to be effective for emergency makers. This paper puts forward a new model of information source and information channel for analyzing emergency decision – making. According to this model, information source and information channel are independent variables to determine the processand consequence of emergency decision – making; only when emergency information is accurately/comprehensively collected by lower – level first responders and then suitably/adequately reported to the next higher – level decision makers, can the nexthigher – level decision makers open up the "windows of opportunity" for decision – making, precisely frame and define problemand immediately respond to new situations. This has been justified by the comparative case studies of the 2003 SARS crisis, the 2008 Wenchuan Catastrophic Earthquake and the September 8 Large Dam – break Accident in Shanxi Xiangfen.

Key Words: Emergency Decision – making; Information Source; Information Channel

应对突发公共事件的政府协调能力：框架、问题与思路*

金太军　徐婷婷

【摘　要】分析政府应对突发公共事件的协调能力是探讨政府应急能力的重要切入口，它着眼于政府与其他主体的互动关系及其行为所发挥的作用，包括政府制度协调能力、政府人员协调能力、政府信息协调能力、政府物资协调能力和政府资金协调能力五个部分。目前，中国政府协调能力主要存在应急管理主体间的协调缺乏完善的制度框架、机构与人员整合有待加强、信息采集与辨识能力较弱、应急物资多种储备方式间整合不足、调度效率不高及风险和成本分担机制不健全等问题。这些问题亟须通过建立应急管理主体间合作协议框架、强化应急协调机构的枢纽作用、建立公开化的信息共享机制和科学化的信息处理制度、整合应急物资储备体系优化物资调度系统以及建立健全风险和成本分担机制来加以解决。

【关键词】突发公共事件；政府协调能力；应急管理

在突发公共事件的应对中，应对能力往往直接决定着危机管理的成败。鉴于中国行政管理体制的历史和现实，政府在应对突发公共事件的危机管理体制中往往居于核心地位，因而其能力直接决定着应急管理的成败。

当前，学界围绕突发公共事件应对能力的研究主要集中于政府部门、事业单位和城市政府等组织机构应对自然灾害的能力及评价，工业企业、志愿者团体等组织机构以及政府官员、社区公众及志愿者等相关群体的应急能力与评价。总体来看，学界对应急能力的研究主要有两种思路：其一，从危机管理周期的角度来划分应急能力，包括早期的地震、干旱、洪涝等防灾减灾两阶段式划分和后来的减缓、准备、响应及恢复四阶段式划分，这种划分方式主要基于突发公共事件应对的一般过程；其二，从能力结构的角度来划分应急能

---

* 本文选自《学习与探索》2013 年第 5 期。本文的研究为国家社会科学基金重大项目“应对重大突发公共事件的政府协调研究”（08 & zd010）项目成果。

作者简介：金太军（1963—），男，苏州大学政治与公共管理学院院长，教授，博士生导师，从事地方政府社会管理研究；徐婷婷（1972—），女，南通大学组织部副部长，博士研究生，从事地方政府治理研究。

力，如韩志明将政府危机管理能力区分为资源能力、精神能力和行动能力[1]，马建珍则在此基础上增加了制度能力[2]。总之，从危机管理周期和能力结构的角度对应急能力的分析方式各有特色。前者更多地着眼于危机管理具体事务的处理，属于微观范畴，其研究者大多集中在工程管理等学科领域，其研究方法往往采取定量研究；后者则更多地着眼于政府行政行为的抽象概括，它与常态下政府能力的结构基本类似，属于宏观范畴，其研究者大多集中于公共行政、公共管理和危机管理等学科领域，其研究方法大多采用定性研究。虽然这两种研究视角在研究对象、研究方法、研究内容等方面存在较大的差别，但其共同问题在于，这些研究往往都着眼于单一对象的应急能力。尽管研究对象的单一化有助于研究的细化深入，能够更好地揭示其运作规律，但由于缺乏必要的宏观视野，可能导致研究过于理论化并与现实脱节的问题，因为在突发公共事件应对过程中，所涉对象的多元化和其行为的复杂化使之难以清晰地将各方的行为和作用区分开来。同时，研究对象的区隔化加大了不同主体之间行为整合的难度，从而降低了理论在现实中的转化运用。从这个角度来说，对突发公共事件应急能力的研究需要寻求一个衔接宏观与微观的中间桥梁。学者欧阳景根的研究给我们提供了重要的启示。

欧阳景根批评了那种仅着眼于狭义政府的研究，提出了大政府危机管理的问题，进而区分出政府自身的危机管理能力、社会本身的危机应对能力以及社会对政府处理危机的协助能力[3]。欧阳景根的研究拓展了应急能力的研究视界，其价值不仅在于把社会自身危机应对能力纳入政府危机管理能力的研究范畴，而且将政府与社会在危机应对中的协作关系作为政府危机管理能力的重要组成部分。后者对目前突发公共事件应对能力的研究框架实现了突破，开创了应急能力研究的全新研究领域。尽管如此，欧阳景根对政府危机管理能力结构划分的研究似乎也存在可商榷之处：从主体间互动关系的角度来看，这种能力结构的划分强调了社会对政府的协助能力，忽视了政府对社会的协调能力，而后者在政府仍然是中国危机管理核心力量的体制下似乎更为重要。也正因为如此，在一个拓展了的政府应急能力研究框架中，笔者认为政府的应急协调能力更值得关注。

一、应对突发公共事件的政府协调能力研究框架

以政府在应对突发公共事件中的协调能力作为探讨政府应急能力的切入点，不仅便于从一个更为系统的角度对政府应急能力加以考察，而且可以避免这些主体在学术研究上的孤立和在现实映照上的偏颇。

基于学界对政府能力结构的认识和政府危机管理的相关理论，笔者将应对突发公共事件中的政府协调能力区分为政府制度协调能力、政府人员协调能力、政府信息协调能力、政府物资协调能力和政府资金协调能力五个部分。

政府制度是政府应对突发公共事件中协调行为的法律依据，其功能在协调能力中居于

核心地位。尽管政府协调的产生往往在于协调主体之间的活动缺乏明确而具体的制度规定，但作为政府实施的行政行为则必须基于法律和法规的授权。首先，政府制度协调能力应当体现在社会主体参与应对突发事件的制度框架是否完善上。具体而言，它至少包括中央政府应急法律法规的系统性、地方政府应急法规的操作性以及应急预案体系的科学性等。其次，政府制度协调能力在操作层面上应体现出政府合作协议框架是否完备，主要包括区域政府间合作协议框架、公私合作协议框架以及政府与志愿组织的合作协议等方面。最后，政府制度协调能力还应表现在相关制度的修正和变革能力上，即应急预案和灾后应急绩效评估能力、制度设计与修正能力等。

政府人员协调是政府应对突发公共事件的协调行为的主体。应急管理制度是否能够转化为有效的应急管理行为在很大程度上依赖于制度实施者的认知和行动。无论如何，制度总是要通过人的行为才能实现预期目标，而且实施这种行为的主体不仅指制度的执行者，还包括制度执行的对象。而协调恰恰是要求在这两类主体间的行动上寻求某种一致。首先，政府人员协调能力表现为社会主体应对突发公共事件在价值认知上的一致性程度。这种认知既包括政府和社会主体对自然、产业与社会风险的认知，也包括社会主体共同参与应对的自我认知。不同主体间的认知愈趋于一致，说明其间的协调性愈强，政府的协调愈有效。其次，政府人员协调能力还体现在应急组织机构及职能的完整性上，主要包括应急组织机构的覆盖程度和机构间职责边界的明晰程度两个方面。应急组织机构在政府人员协调能力中之所以重要，其原因在于人员的活动主要源自执行组织赋予的职责。再次，政府人员协调能力表现为社会成员的响应水平。这主要包括政府官员应急知识与能力、社会公众的应急能力以及专业技术人员的现场指导及应急能力。其中任一主体应急能力的强弱，直接关系到政府人员协调的成效。最后，政府人员协调能力还表现为政府激励与约束能力，即行政激励方式的有效性和行政问责能力。人员思想和行为的协同既可能是教育的结果，也可能是奖惩机制作用的结果。这些机制越有效，则表明政府的人员协调能力越强。

政府信息协调是政府在应对突发公共事件中保持协调行为持续有效的关键，其能力不仅关系到其他协调行为的成败，也直接关系到政府应急管理的成效。信息是人们认知产生的源头，是认知向行动转化及行为转变的基础。一般而言，政府信息协调能力包括政府信息获取能力、政府信息分析能力和政府信息反馈能力。政府信息获取能力表现为政府信息采集平台的先进性、政府信息渠道的广泛性、政府信息内容的准确性以及政府信息传递的及时性。这里的信息传递主要是指社会相关信息向政府汇集的过程。政府信息分析能力主要表现为信息去伪能力、决策支持系统信息评价能力以及决策者决策指挥能力。政府信息反馈能力主要是指那些政府向公众发布的经过整合或转化后的信息，强调的是这些信息对受众的影响。若受众因为这些信息而改变观念或行为，则说明政府信息反馈能力较强，反之则较弱。政府信息反馈能力主要包括反馈信息的可及性、反馈信息的可信度以及反馈信息的渲染能力。

政府物资协调是政府有效解决突发公共事件的物质基础。基于应急物资的使用一般包括物资储备、物资调度和物资分配等过程，笔者将应对突发公共事件中的物资协调能力也区分为物资储备能力、物资调度能力和物资分配能力。其中，物资储备能力主要强调物资的储备是否能够满足应急所需，主要表现为应急公共基础设施及风险源控制系统的可靠性，应急物资储备体系的完备性与共享程度，应急物资储备方式的行政化、市场化与社会化的结合。应急物资调度能力主要关注物资能否及时有效地从储备场所运输到所需地域。储备场所中的物资既包括已纳入政府定点储备仓库的应急物资，也包括尚未被统计在内的社会物资。因此，物资调度除了对前者进行调拨外，还包括政府通过行使行政紧急权从社会中征用物资以及将所有物资运输到位。物资分配能力主要关注已经调度到位的物资能否合理地分配给亟须帮助的群体，这主要涉及物资分配方式的合理性、公平性、公开性以及对之加以保障的监察能力。一般来说，具体的分配事务由事发地地方政府操作，监察工作由相关职能部门和上级政府承担。

政府资金协调是政府有效解决突发公共事件的财政保障。应急资金可以在一定程度上弥补应急物资不能直接满足应急所需的集中供给与分散需求的固有矛盾。具体来说，政府资金协调能力包括应急资金汲取能力、应急资金分配能力以及应急成本分担能力。所谓应急资金汲取能力，主要是指政府多方面筹集应急资金的能力，它不仅包括政府专项应急资金的充裕程度，还包括社会志愿捐助意愿与能力。所谓应急资金分配能力主要指应急资金配置效用的最大化，包括应急资金项目管理能力以及补偿、救济的公正性。应急成本分担能力主要指突发公共事件应对成本能否合理分担，包括突发事件后果评估能力、灾害保险市场化程度以及事故赔偿机制的完善程度等。与应急物资的急救功能不同，应急资金协调能力更多地着力于灾后的恢复和重建。

二、应对突发公共事件中政府协调能力存在的问题

当前，中国各级政府的协调能力在结构上存在着诸多问题，主要表现在五个方面。

（一）应急管理主体间的协调缺乏完善的制度框架

目前，全国人大和中央政府已逐步建立和完善了中国突发公共事件应对的基本法律体系。其中，与各类突发公共事件应对直接相关的法律法规共计 104 件，其中法律 37 件，行政法规 67 件。[①] 另外，还制定了包括国家总体应急预案、国家自然灾害救助等专项应急预案 28 件、国务院部门应急预案 86 件以及各级地方、企事业单位应急预案在内的“横向到边，纵向到底”的应急预案体系。

但从应急管理法律法规体系来看，绝大部分是针对单一应急主体的立法，直接涉及多个主体间行为衔接与协调的权限、程序、责任的法律不多。这种状况无论是《中华人民

① 参见中国政府网 http：//www. gov. cn/yjgl/flfg. htm。

共和国突发事件应对法》和国家总体应急预案，还是国务院各部门及各地方相关法规和预案，都未能有所突破。部分法律法规中所涉内容均是原则性规定，仅指出要做什么，却未说明如何去做，从而丧失其应有的操作性和约束力。而更多涉及多方主体协调的相关规定，则散落在相关法律法规中。然而，突发公共事件应对与日常社会管理毕竟不同，其目的、程序和方法等都有自身的特点，且直接关系到应对成效。对政府而言，即便是中国应急管理区域政府间合作的典范——《粤港应急管理合作协议》在协调范围、协调机构和协调程序等方面的规定也不十分明确[4]，从而限制了合作的成效。而对社会主体而言，在具体的政府协调活动过程中，由于缺乏与政府的交往程序、方式及准则等方面的规范，社会主体难以准确预测自身和政府行为及其结果，从而加大了其面临的不确定性，进而降低了参与协调的积极性。

在应对突发公共事件过程中，虽然政府是理所当然的主体，但政府间职责和权力的区别以及事件的波及范围等不同因素使其也担负不同的责任。而在缺乏相应法律规范的情况下，事发地政府与相邻政府及上级政府间的协调活动何时、以何种方式和程序展开也会模糊不清。这就造成了当前政府协调活动基本依赖于上级政府的审时度势、相邻政府的驰援取决于其自我判断、外在志愿者组织和私营部门的配合主要依靠其自觉的状况。在某种程度上，制度的匮乏加大了协调的困难，削弱了政府协调能力。

（二）机构与人员整合有待加强

应对突发公共事件过程中的政府协调通常在组织体之间进行。而组织体能否被有效地调动则主要依赖于应急管理体制的权责配置及组织成员的应急能力。目前中国已经在国家和地方层面上建立了包括各级政府主要领导、应急办、相关专业部门以及专家组在内的应急管理体制；在中央层面，还建立了应急指挥部、应急工作组以及部际联席会议等综合协调机构。然而，当前已经基本成型的以“统一领导、综合协调、分类管理、分级负责、属地管理”为主的应急管理体制，在应急协调方面仍然存在不少薄弱之处，其中最为重要的是应急协调办事机构职责地位多样、功能有限。

目前，国务院在办公厅设立了应急办，所有省政府和96%的市级政府、81%的县级政府也建立了应急管理办事机构[5]。但具体来说，在省级应急办中，机构的行政级别差别较大，既有正厅级（7个）和副厅级（13个），也有正处级（10个），其主要负责人既有省政府秘书长或副秘书长兼任，也有办公厅主任或副主任兼任，还有部分为专职，而且编制人员数也从不到10人到45人不等[6]。受行政级别和人员编制的限制，应急办职权有的模仿国务院办公厅应急办，也有的进行了加强或削弱，但总体上在信息的收集与汇报、部门的协同与调动方面存在着与其能力不相符的超负荷工作现象，未能发挥应急协调枢纽中心的作用，而各专项应急指挥中心的设立更是因为职能分解而削弱了其职权，从而使应急综合协调机构有名无实。

除了突发公共事件应对机构之间某种程度上的紊乱制约着政府协调能力之外，不同社会成员对风险和危机的认知也限制了政府协调能力的提升。现实中，民众、专家、政府、社会团体等不同群体的风险认知往往存在着较大差异。尽管学界对专家的认知是否较一般民众更为真实可信尚未有定论，但两者在风险认定、风险议题、风险伤害及分析方法等方面的差异仍形成了风险知识落差[7]。而这种知识落差同样反映在民众与政府、专家与政府以及政府与社会团体之间，并且不同程度地表现为归因偏差、直觉偏差、信息处理偏差、主观概率估计中的认知偏差等[8]。事实上，风险认知落差不仅存在于不同群体之间，也同样存在于同一群体内部。就民众而言，受教育程度越高、与媒体接触越频繁、阶层地位较高以及城市居民都具有更强的风险认知[9]。风险认知的差异带来社会群体对某一社会风险是否存在以及是否会向现实转化并能否酿成突发公共事件存在较大分歧，从而增加了政府协调的难度，降低了社会整体应对突发公共事件的合力。

（三）信息采集与辨识能力较弱

信息是危机决策的重要基础和核心要素[10]，是协调应对突发公共事件的基础。突发公共事件应对中的信息管理所包含的信息采集、信息上报、信息分析和信息发布等环节都不同程度地发生在多个主体间，实则既是协调的行为表现，也是协调结果的某种体现。政府应对突发公共事件的信息管理恰是社会生活中的源信息通过信息流转变为决策信息的过程。目前，中国已经依据相关应急法律法规和预案，建立了基本的突发公共事件信息预测和预警系统、信息上报制度、信息共享系统及信息发布制度等，但政府及其部门在信息采集和辨识方面的能力仍有所欠缺，并集中表现为信息采集与传递过程中的信息孤岛现象和信息分析过程中的价值干预现象。

信息孤岛的形成与信息采集和传递的路径直接相关，主要源于行政体制内层级政府间纵向信息封锁、政府部门间横向信息隔离以及政府与外部社会信息封闭[10]。政府应急信息的收集受行政权力行使范围的影响较大。一般来说，基层政府和职能部门是应急信息的第一获取方，直接决定着信息获取的有效性，但受信息收集成本较高、信息传递渠道单一、信息表征作用异化等因素的影响，基层官员并不一定会积极搜寻有关危机信息或主动上报真实信息，从而有意无意地将其自身和上级置于信息孤岛的境地。由于信息表征作用的多样化，相对单一的信息传递渠道本身并不能有效地阻隔信息的扩散与传递，但由于政府或部门间广泛存在本位主义、地方主义和部门主义等狭隘理念以及相对封闭、盲目排外的行政体制，其叠加作用则阻隔了信息的相互印证，进而强化了伪信息的可信度，并使这些失真或碎片化的信息成为危机决策的基础，最终削弱应急管理决策中枢系统的决策水平和协调能力。

价值干预的形成与中国官员的应急管理理念和考核晋升机制直接相关，主要反映在信息加工处理过程中掺杂过多的人为因素，特别是受领导个人偏好的影响。一方面，在现行人事管理体制下，上级领导的意愿和一票否决制度在很大程度上决定了一个官员的未来。当前，突发公共事件的出现往往被简单地理解为政府管理的失败，而忽视了其背后复杂的成因，这在客观上加重了当政者的责任。为了有效地塑造官员自身的良好形象、杜绝考核不达标，有选择地对部分负面信息进行屏蔽就变得极为必要。另一方面，官员或专家由于受知识结构与价值观念的影响，不可避免的认知落差也会无意识地影响对信息表征及其价值的判断。从这个角度来说，对客观信息的人为处理难免会造成信息理解的混乱，从而加大了政府协调的难度。此外，政府的信息发布能否取得有关对象的认同，也直接关系到政府的协调能力。但当前地方政府普遍面临着公众不信任的情况，这种政府与公民间的相对疏离削弱了而不是加强了政府信息发布所期望引致的协调效果。

（四）应急物资多种储备方式间整合不足、调度效率不高

应急物资储备是灾后救援装备和灾民生活安置的重要来源，是关系到政府应急协调效果的重要载体，是其他应急管理主体配合协调意愿能否转为现实的关键。目前，中国从中央到基层各级政府大都初步建立了相应的应急物资储备体系，并将部分企事业单位纳入其中，已经基本形成了政府储备为主、企业协议储备和市场储备为辅的格局，这为突发公共事件的应对提供了重要的物资保障。但当前的多元储备方式却并未能形成有效整合、互通有无，主要表现为两个方面：①政府储备品种偏少，数量不足。受风险认知和资金限制的影响，各级地方政府的应急物资储备大多偏重于生活必需品，而应急救援的大型设备、专业性较强的搜救检测器材以及应对罕见灾种的必要设备等都比较欠缺，无法满足救灾应急工作需要。②信息共享程度差，社会化储备利用不够。应急物资储备体系的建立深受中国现行行政体制的影响，因而也表现出了条块分割的深刻印记。受条块管理模式的影响，中国各级政府间应急物资储备信息共享系统迟迟未能建立，在物资的储备、购买和调配等方面都存在较为严重的“各自为政”问题。由于政府应急物资储备大多根据物资的属性交由相应的职能部门负责，在各职能部门缺乏有效沟通的情况下，物资储备在数量和品种上缺乏统一计划和安排，造成有些物资储备缺乏、有些物资储备供需失衡等问题[11]。不仅如此，受市场监管能力的限制，应急物资市场储备与生产能力储备等更为经济的动态储备体系尚未全面有效地建立起来，已经建立的也大多因资金补助和监管不足而难以经受现实检验。此外，家庭储备更是没有受到政府应有的重视。

应急物资调度的效度与应急物资储备直接相关，同时还受到应急物流系统效率的影响。目前，由于应急物资储备以政府为主，所以在重大自然灾害中应急物流大多交由地方军队完成。尽管军队承担应急物流任务具有效率高的优势，但也受到应急物资必须集中化储备的限制，较为分散的社会化储备的物资难以发挥效用，而现实中的专业物流企业尚未被有效地整合到应急物流体系中，从而削弱了政府的应急协调能力。

（五）风险和成本分担机制不健全

在应对突发公共事件过程中，利益冲突与平衡自始至终都是政府协调面临的难题，也是衡量政府协调能力的重要标准。而解决问题的关键就在于建构合理的损益共担机制。但在现实的突发公共事件的应对中，风险和成本的分担机制却极不健全，主要表现为：①巨灾保险制度不健全。目前，中国自然灾害造成的损失大多由政府和灾民承担，但有限的政府资金往往不足以弥补灾民遭受的损失。商业化的巨灾保险制度可以在一定程度上增强民

众的灾难抵御能力，但由于中国当前的巨灾保险制度仍存在诸多缺漏，如相关法律制度缺失、保险公司亏损严重、巨灾保险本身的风险分担机制不健全等[12]，所以导致保险公司的积极性也比较低。②灾难赔偿机制不健全。在各类型突发公共事件中，除了纯粹的自然灾害外，安全生产、公共卫生和社会安全事件的发生皆是由人为造成的。也就是说，某些个体或群体的不法或不当行为会危及社会整体利益，对其他群体也造成不同程度的伤害。就最基本的公平和正义观念来说，让这些始作俑者承担利益的损害完全合情合理，政府协调的功能之一就应是使之各负其责。然而，在现实的诸多环境污染事件中，“企业污染、政府买单、群众受害”的不正常现象极为常见。③利益补偿制度不健全。在突发公共事件的应对过程中，受灾人员的救治与安置、应急物资的征用和调拨等都可能涉及某些个体或组织的利益，需要其作出必要的牺牲，以尽可能降低生命和财产损失。因此，事后对这些个体或组织损失的利益进行足额补偿是必要的。但在现实中，这种利益补偿机制并不健全，既缺乏征用主体、权力、程序、责任等方面的规定，也缺乏补偿主体、方式、责任等方面的要求，而且既有的补偿机制也存在诸多不合理之处。如中国 2000 年发布的《蓄滞洪区运用补偿暂行办法》规定，对于蓄滞洪区运用后的损失，只有登记总价值在 2000 元以下的家庭农业生产机械和役畜以及家庭主要耐用消费品按照水毁损失的 100% 补偿，而超过 2000 元、不足 4000 元的损失，则仅补偿 2000 元，其他诸如农作物、专业养殖、经济林和住房等损失的补偿仅为水毁损失的 40% ~70% 。此外，补偿资金由中央财政和蓄滞洪区所在地的省级财政共同承担，却与蓄洪后的受益区无关。

三、提升政府协调能力的战略思路

政府协调能力的分析框架不仅为梳理其能力不足提供了便利，也为寻求其能力提升路径提供了便利。具体而言，以下五个方面的改进和完善将有助于迅速提升政府协调能力：

（一）完善相关法律，建立应急管理主体间合作协议框架

为规范应对突发公共事件过程中的政府协调行为，一方面，国家应尽快制定相关法律的实施细则，强化过程和程序的控制作用；另一方面，国务院应尽快制定行政法规来规范政府在应对突发公共事件过程中协调上下级政府、同级政府、企事业单位、社会团体以及公众过程中的主体、权限、程序、费用、责任、义务等，并为各方互动提供可靠的制度预期。在相关法律法规难以一时到位的情况下，国务院应鼓励地方政府积极创造条件订立相互合作的协议框架，并在条件成熟的情况下，总结经验，制定出台相应法规。目前，中国泛珠三角区域的九省区、广深珠等九城市、深莞惠三市、武汉城市圈的九安监局以及长三角三省市、陕晋蒙豫四省区等都先后建立了不同层面的应急管理合作协议，围绕预测、预警和处置等目标建立信息通报、应急物资、救援队伍及应急管理专家等数据库，以推动信

息和资源共享，并通过联席会议制度定期开展应急管理工作交流。这些有益的探索亟须在理论层面上加以总结，并转化为规范政府间应急管理合作的法律法规。除此之外，政府还应破除其作为高高在上的社会管理者的陈腐观念，以平等的社会主体姿态与企业、专业性社会团体签订应急管理合作协议框架，并将其纳入政府应急管理体系，充分挖掘和调用社会资源。

政府协调能力的提升不仅是法律和制度框架的建构，还应通过实际的行动来体现。这就需要应急主体间在标准化预案制定的基础上，加强应急预案的衔接，并通过定期或不定期的演练，加以落实和改进。

（二）强化应急协调机构的枢纽作用，引导社会成员认知

作为突发公共事件应对过程中承担政府协调职责的主要机构和危机管理体制下的政府应急办公室（以下简称应急办），应在区别于一般议事协调机构的基础上，通过机构的重整，将应急管理中分散于各职能部门的职权归并到应急办，减少职能重叠和交叉，提高行政级别，① 将其虚权实权化，以增强其在应急管理工作中的权威性。同时，将原职能部门相关人员调整至应急办，以充实其人员配置，避免其徒有其名。在具体职权方面，应急办不仅应是信息汇总和发布的集散地和权威中心，而且还应在预防与应急准备、监测与预警、应急处置与救援、事后恢复与重建等各个环节能够对各类突发事件进行全过程的综合管理，有效调动各类应急资源，对职能部门的应急管理行为实施监管，对职能部门之间的职权争议享有临时裁断权。在对外沟通和协调方面，应急办还能够在一定程度上代表地方政府商谈合作事宜，签署合作协议。

（三）建立公开化的信息共享机制和科学化的信息处理制度

应急管理的信息共享就是指对诱发公共事件的信息以及应急管理过程中产生的和需要的信息在相关主体间实现共享[13]。建立突发公共事件应对信息共享机制主要包括四个方面内容：首先，制定信息共享的法律规范，包括纳入信息共享的主体、范围、流程、责任等；其次，制定包括通用警告协议和紧急数据交换语言在内的相关标准；再次，设计各职能部门或企事业单位可以接入的统一的标准化数据库系统，并设定各单位查看、录入和修改数据的权限；最后，制定数据库更新和优化的制度规范。信息共享机制的建立不仅仅是一个技术层面的工作，它还涉及更深层次的行政理念重塑与行政职权分割等问题。

科学化的信息处理制度往往意味着最大限度地降低价值偏见对信息处理的干扰，减少领导意志对信息分析的干预，加强专家学者的独立分析地位，吸收更为广泛的社会成员的意见，运用可靠的分析工具准确地去除信息流中的噪声，并能在混乱无序的信息中找出其中的规律。

科学化的信息处理制度与公开化的信息共享机制相辅相成，并在很大程度上影响危机

---

① 如深圳市在 2009 年的大部制改革中就将市安监局划归市应急办，应急办同时还加挂市安委办的牌子。

决策的正确性和信息发布的可信度，进而影响政府的行为与资源调用。

（四）整合应急物资储备体系，优化物资调度系统

多元的应急物资储备方式表面上增加了应急管理过程中可调用的物资来源，但混乱的应急物资储备体系反而有损于此。为此，需要根据地方突发公共事件的特点，以风险分析为基础计算所需应急物资的种类和数量，在充分掌握地方应急资源的种类、分布与数量等信息的基础上，选择适合于本地的应急物资储备方式。在应急物资的政府储备方式中，需要在广泛吸取意见的基础上对应急物资储备仓库的选址、仓储容量、储备品种和数量等进行充分的论证，坚持物资仓储标准，并理顺公安、消防、医疗、交通、通信、电力、供水、供气等部门之间的职权关系，整合地方政府间物资储备，实现应急资源一体化[14]；在企业储备方式中，应采取补贴等多种方式，激励企业根据自身行业特性、政府要求和市场供需状况合理控制储备品种和规模，优化储备成本；在市场储备方式中，政府应预先与大型的物资流通企业签订协议，将其纳入物资储备体系，明确双方的权利和责任，减少实物储备的损耗。此外，政府还应通过宣传教育和演练培训等方式指导家庭储备基本生活必需品，减少政府储备的压力。

在物资调度方面，同样需要充分调动市场和社会的力量，将物流企业有效地纳入物资调度系统中，并通过多种形式的演练，增加不同物资调度单位和多种形式运输方式的磨合机会，使其能够密切配合、协同作战。

（五）建立健全风险和成本分担机制

风险和成本分担关系到应急主体参与配合的积极性。就目前而言，需要着重从以下三个层面建立健全风险和成本分担机制：

首先，推动巨灾保险制度及风险分担机制的建立。目前中国已经在山东等省份试点推行了农业巨灾保险制度，但保障面仍然较窄，保障水平也较低，远远不能补偿农业巨灾带来的损失。同时，保险公司亏损严重，保险制度可持续性较差。为尽可能地减少民众的巨灾损失，政府宜通过建立再保险机制、发行巨灾风险债券、设立保险风险保障基金等方式[15]来扩大保险公司资金筹集面，增强其风险抵御能力。

其次，完善灾难赔偿制度。目前，由于法律规范的欠缺，中国事故灾难赔偿诉讼的主体一般是地方政府，公民的赔偿诉讼大多难以得到法院支持。为此，亟须修改《中华人民共和国民事诉讼法》《中华人民共和国环境保护法》等相关法律，明确受灾民众损害赔偿的诉讼主体地位，并对赔偿标准、程序、评估标准等相关内容进行规范。此外，政府应进一步加大环境污染责任保险制度的推广力度，并力争将其纳入强制保险范畴，以为弥补受灾民众的损失提供资金来源。

最后，建立合理的利益补偿机制。为从根本上改变当前因利益补偿不公而削弱政府在应对突发公共事件过程中协调能力的问题，有必要制定利益补偿的法律规范。利益补偿制度应当坚持补偿不低于损失的原则，明确利益补偿主体的方法、标准、程序、方式、责任

等。利益补偿机制可以广泛运用于水资源生态补偿、森林生态补偿、蓄滞洪区利益补偿、物资征用补偿以及应急物资调用补偿等领域。

参考文献

[1] 韩志明. 政府公共危机管理能力的不确定性分析 [J]. 湖北社会科学, 2007, (3).

[2] 中共南京市委党校课题组. 关于提升南京城市应急管理能力的调查与思考 [J]. 中共南京市委党校学报, 2010, (5).

[3] 欧阳景根. 国家能力理论视野下的政府危机管理能力 [J]. 中国行政管理, 2010, (1).

[4] 丘志乔. 粤港应急管理合作协调机制的完善 [J]. 特区经济, 2010, (12).

[5] 马爱平. 我国应急管理体系: 短板在哪 [N]. 科技日报, 2010-06-02.

[6] 国务院发展研究中心课题组. 我国应急管理行政体制存在的问题和完善思路 [J]. 中国发展观察, 2008, (3).

[7] 吴宜蓁. 专家与民众: 健康风险认知差距研究内涵检视 [J]. 西南民族大学学报 (人文社会科学版), 2007, (10).

[8] 谭翀, 张亦慧. 突发事件中的风险认知偏差与应对 [J]. 人民论坛, 2011, (17).

[9] 王甫勤. 风险社会与当前中国民众的风险认知研究 [J]. 上海行政学院学报, 2010, (2).

[10] 钟开斌. 危机决策: 一个基于信息流的分析框架 [J]. 江苏社会科学, 2008, (4).

[11] 丁烈云, 喻发胜. 省级政府应急物资储备现状与体制改革 [J]. 公共管理高层论坛, 2008, (1).

[12] 孔哲. 农业巨灾风险分担机制探索——以山东省为例 [J]. 当代经济, 2010, (14).

[13] 朱建锋, 丁雯. 突发公共事件应急管理信息共享研究 [J]. 武汉理工大学学报 (信息与管理工程版), 2011, (3).

[14] 张永领. 我国应急物资储备体系完善研究 [J]. 管理学刊, 2010, (6).

[15] 唐红祥. 农业保险巨灾风险分担途径探讨 [J]. 保险职业学院学报, 2005, (1).

应急管理体系新挑战及其顶层设计*

薛 澜 刘 冰

【摘 要】“一案三制”的核心框架全面推动了我国应急管理体系的建设。随着突发事件增多、复杂性加强，以及我国公共治理体系发展，现有应急管理体系面临一系列新挑战，必须尽快加强顶层设计，构建新一代具有中国特色的应急管理体系。

【关键词】应急管理体系；顶层设计；关键问题

一、引言

应急管理体系是一个国家应对突发事件的理念、制度安排与各类资源的总和，其构成和演变决定了一个国家应对突发事件的能力和效率。[1] 2003 年以来，我国逐步建立了以“一案三制”为基本框架的应急管理体系。“一案三制”抓住了应急管理中的核心要素，实现了应急管理决策和组织体系的重大创新，为应急管理工作提供了明确的行动指南，全面推动了我国应急管理体系建设。我国在 2008 年的政府工作报告中郑重宣布“全国应急管理体系基本建立”，标志着具有中国特色的现代应急管理体系实现了历史性的跨越，显著地提高了我国应对突发事件的能力和效率。“一案三制”完成了我国应急管理体系建设的顶层设计，具有高屋建瓴、总览全局的重要意义，必将对今后应急管理体系的发展和完善产生深远影响。

2008 年以后，我国应急管理面临的形势发生了重大变化：国民经济高速发展，行政体制不断改革，社会结构分化多元，利益格局重大调整，思想观念深刻变化。在这种背景

* 本文选自《国家行政学院学报》2013 年第 1 期。本文的研究为国家自然科学基金“非常规突发事件应急管理研究”重大研究计划重点研究项目“新时期中国特色应急管理体系的顶层设计和模式重构”（91224009）；国务院应急办委托项目“有效整合社会资源参与应急管理研究”的研究成果。

作者简介：薛澜（1959—），清华大学公共管理学院院长、教授、博士生导师，清华大学中国应急管理研究基地首席专家；刘冰（1976—），清华大学公共管理学院、中国应急管理研究基地博士后。

下，突发公共事件频发，并且表现出高复合、易扩散、难应对的特征。而与这种严峻的形势极不相称的是：尽管应急管理领域中地方性的制度创新层出不穷，但是 2008 年以后国家层面的应急管理体系架构进入一个平缓的发展阶段。“一案三制”所提出的各种要素均已实现，但是预案是否实用？体制是否合理？机制是否顺畅？法制是否到位？我国的应急管理体系建设按照“一案三制”的标准基本建成之后何去何从？现有的应急管理体系一方面成功应对了大部分重大突发公共事件，另一方面也暴露出应急主体错位、关系不顺、机制不畅等一系列结构性缺陷。[2] 这些结构性缺陷呼唤新一轮的顶层设计和模式重构，为新形势下的应急管理体系变革注入新的活力。

二、应急管理体系发展的新机遇和新挑战

（一）公共治理体系发生重大变化

应急管理体系是行政管理体系和公共治理体系的一部分。近年来，行政体制的“大部制”改革、社会主义市场经济的成熟与发展和公民社会的成长壮大已大大改变了我国“政府—市场—社会”的结构，对应急管理体系的演变与发展产生了深刻的影响。

首先，行政管理体制中推动“大部制”改革。应急管理体系是行政管理体系的一部分，必然与我国行政管理体制改革保持一致。2008 年以来，我国行政管理领域的重大举措是推行“大部制”改革。这一改革将深刻改变我国的权力结构体系和公共治理体系。大部制改革对应急管理体系的发展而言是机遇与挑战并存。一方面，大部制为应急管理的综合协调提供了平台；另一方面，随着政府部门的撤并精简，单独成立综合应急职能部门的可能性越来越小。

其次，逐步完善的市场经济使得一些比较成熟的市场工具在公共治理中得到广泛运用。例如，保险是实现风险转移的一种市场机制，是一种个体或组织常用的风险管理手段。过去的十年是我国保险市场快速发展的十年。2000～2011 年，我国保险市场上的保费收入年均增长率为 21.9%。2011 年，全国共实现原保险保费收入 14339.25 亿元，保费规模是 2000 年的 8.91 倍。保险深度①由 2000 年的 1.6% 提高到 2011 年的 3.0%，保险密度②从 2000 年的 126.95 元/人提高到 2011 年的 1064.25 元/人③。从 2007 年开始，我国在

---

① 保险深度是保费收入占国内生产总值（GDP）的比例，它是反映一个国家的保险业在其国民经济中的地位的一个重要指标。

② 保险密度是按照一个国家的全国人口计算的人均保费收入，它反映一个国家保险的普及程度和保险业的发展水平。

③ 数据来源：根据李克穆主编《中国保险年鉴（2011 年）》、保监会《2011 年 1—12 月全国各地区原保险保费收入情况表》及国家统计局《中国统计年鉴（2012 年）》有关数据计算而得。

农业生产领域推行政策性保险试点，农业保险在抗灾救灾、恢复生产等环节中发挥了重要的经济补偿作用。此外，近年来应急产业快速发展，形成了以防护产品、救援装备、预警设备、应急培训服务等为主体的产业体系。这些市场工具的应用给应急管理体系效率的提高带来了新的机遇。

最后，公民社会迅速成长壮大。新世纪以来，以公民为代表、以民间组织或社会组织为基础的公民社会系统迅速崛起。[3] 2000 年，我国登记注册的社会组织共有 21.1 万个，到 2010 年增加到 44.6 万个，十年间翻了一番①，我国公共治理格局开始由"大政府，小社会"向"大政府，大社会"转变。在市场经济和多元化发展并存已经成为现实的中国，一些社会自治性组织为普通公众的利益诉求提供了通道，化解了非理性抗争的风险，[4]缓解了政府作为社会矛盾和冲突唯一责任主体的巨大张力，构筑了和谐社会的坚实基础，也为应急管理工作的改善提供了新的思路。

（二）现有应急管理体系的局限性日益凸显

严峻的公共安全形势和变化的公共治理体系对应急管理提出了新的挑战，现有应急管理体系的局限性也日益凸显，特别突出地表现在以下三个方面：第一，应急预案缺乏实用性。从预案体系的构建来看，不同层次和不同类型的预案应该发挥不同的指导功能。我国的应急预案从中央到基层、从总体到部门都参照固定的模板编制，"上下一般粗，左右一样平"。应急预案的高度同质性与不同地区、不同领域突发事件的高度异质性极不相称。应急预案缺乏实用性反映出当前应急预案体系的结构存在严重缺陷。[5]第二，《突发事件应对法》缺乏可操作性。作为治理紧急事件的综合性"基本法"，《突发事件应对法》由于其过强的原则性、抽象性以及法律体系的不完备性等原因，在现实中难以得到真正落实。[6]应急主体不明确，缺乏清楚的授权，责任规定缺乏刚性，设定禁止性规范的比例非常小。[7]第三，应急管理机构行政权威不足。我国在各级政府设立的应急管理办公室是应急管理的具体办事机构，履行值守应急、信息汇总和综合协调职责。各级应急管理办公室并不掌握特定的应急资源，在非常态管理中协调同级部门存在困难，更加难以协调政府系统之外的各种应急力量。目前，应急管理办公室的规格和职能问题已经成为我国应急管理组织结构中最突出的问题。一些地方政府在实践中摸索出建立"应急管理委员会"的解决方案，由当地党、政、军领导人共同参与，采取非常设的形式，针对特定的突发事件在必要时召开会议，实行一事一议，在党政军综合协调方面摸索出一种成功的模式。

（三）应急管理实践中滋生了"虚假治理"现象

应急管理体系的不完善为基层的制度创新留下了空间，同时也为实践中一些"潜规则"的滋生和蔓延提供了温床。部分"潜规则"往往以转移或免除责任为目标，将应急

① 中国社会组织年鉴编委会：《中国社会组织年鉴（2011 年）》，北京：中国社会出版社，2012 年，第 560 页。其中，社会组织包括社会团体、民办非企业单位和基金会。

管理的责任转变为“击鼓传花”的游戏或某种权力博弈。这些潜规则是在制度空白的环境中出现的“逆向创新”，无益于化解风险、处置危机，是一种“虚假治理”的行为。其中的一个典型例子是“花钱买平安”。据财政预算，2011 年中国公共安全支出预算为6244. 21 亿元，比上年执行数增长 13. 8%，占全年预算支出的 6. 23%，略高于国防支出预算的 6011. 56 亿元①。这种权宜性的治理方式，不仅没有解决深层次的社会矛盾，而且带来了诸多负面影响，扭曲了公众与政府的关系，破坏了社会的是非观、公正观等价值理念。同时，“花钱买平安”在操作的过程中具有主观性和随意性，由事件影响大小和政府官员的主观判断决定，“往往忽视、扭曲甚至排斥法律的作用”，[8] 必将引发社会公众对政府公信力和法律原则的质疑。

免除和推卸责任的各种“潜规则”还包括：①主要领导人现场指挥的“黄金法则”。受到媒体和社会情绪的影响，无论灾害大小，政府机构的主要领导人一律亲临现场指挥救援，形成了如果主要领导人没有第一时间到现场，就要承担“行政不作为”责任的一种局面。但从应急管理的实践来看，主要领导人是否需要亲临现场指挥应该根据事件性质、影响范围、应对主体的应急能力而决定。②危机事件中必有政府官员撤职下台。行政问责成为平复公众情绪的“减压阀”，事实上，由于突发事件的复杂性和不确定性，政府官员在处理危机的过程中得失兼有是常态。应当实事求是，通过明确的权责规范、完备的调查程序对相关事件进行规范的问责。③由最后进入领导班子的干部负责生产安全和应急工作。这种分工模式的结果将一些缺乏应急管理经验的领导干部推向公共危机的风口浪尖，既不利于领导干部的培养，也不利于危机事件的处置应对。

三、应急管理体系顶层设计的几个关键问题

新形势下，突发事件的新特征和现有的应急管理体系所暴露的局限性，要求对应急管理体系进行新一轮的顶层设计和模式重构。

（一）理念问题：政府—市场—社会的定位及互动关系

近年来，我国政府“以人为本”的执政理念在应急管理工作中得到很好的体现，各级政府在应急和灾后恢复工作中投入了大量的资金和物资。但同时也出现了一种在应急管理中“大包大揽”的倾向，值得关注。面对重大自然灾害和其他重大突发事件，按照“一方有难，八方支援”的原则，发挥“举国体制”的优势，实现应急救援和灾后重建资源短时间内高度集中的应急模式，是社会主义制度优越性的集中体现，具有动员力度大、响应及时的优势。但是这种模式的负面效应也是显而易见的。“举国体制”一方面可能造

① 徐凯、陈晓舒、李微敖：《公共安全账单》，《财经》2011 年第 11 期。

成资源的浪费或不合理配置，另一方面也有可能使公众淡化自身防范风险、自救互救的意识，导致公众对政府存在一种高度的惯性依赖心理，当灾难突降，这种依赖心理更是无以复加。这种心理的产生有几个方面的原因：其一，除了政府，民众别无求助对象；其二，民众的自组织能力严重不足；[9]其三，民众缺乏应急管理的知识和能力。这种现象的长期存在，不利于我们提高全社会应急管理工作的效率，也不利于最大限度降低突发事件给人民生命财产带来的损失。

在国家—社会协调治理成为公共治理的主要潮流中，应当明确政府和社会的分工，“政府主导”不等于“政府包揽”，在政府责任不应或无法覆盖的领域中，在政府作用低效率的领域中，应该充分发挥社会各方面的力量，鼓励市场组织和社会组织发挥作用。从根本上扭转“无限政府”的观念是设计下一代应急管理体系时应该考虑的首要问题。

（二）体制问题：应急管理组织体系中的横向关系和纵向关系

从体制角度来讲，我国的确需要建立一个更具有权威的组织机构来将应急管理宏观决策方面的工作统筹起来。建立“国家应急管理委员会”或“国家安全委员会”是一种可供选择的方案，但问题的关键不在于是否需要重新设立新的管理机构，而在于根据应对突发事件的需求，将与应急管理相关的各种功能和工作内容设定清楚。当前，国务院和党中央层面履行应急管理功能的各种委员会、指挥部等跨部门议事协调机构多达数十个，如果不将这些机构的职能梳理清楚就设立新的综合协调机构，无异于进一步加重了现有应急管理体系的负担。

应该明确的是，国家层面的组织架构和省市地方的组织机构可以且应该有所不同。县市等基层政府往往直面各种突发事件，处在应急管理第一线，比较适合党政军一体的联合委员会形式，由地方党政领导牵头，平时监督，战时决策。而按照“属地为主”的处置原则，国家和省级政府在大多数突发事件中并不一定事必躬亲。

在中央和地方的关系上必须坚持发挥地方政府的重要作用。属地管理体制是一项基础性制度。除特殊情况外，上级政府只有在得到地方政府的请求后方能介入。即使是特别重大的危机，由中央派人或组织专门机关进行直接指挥和协调，也要充分尊重所在地政府。与此相适应，需要有一个约束地方政府过度依赖上级政府援助的机制。在地方的中央企业事业单位发生公共危机，应该建立以地方政府为主负责应急管理处置，中央部门予以支持、援助的组织协调体制。也就是说，在危机状态下，地方政府及应急管理机构对公共危机实施管理、对危机处理负主要责任，必要时可以接管中央单位的应急管理权。[11]在地方政府之间的应急联动方面可以探索全新的实践方式，比如对地方政府之间的互助互济行为实行记分制，建立跨地区应急响应和联动的激励机制。

（三）机制问题：应急管理体系的运行效率

1. 风险管理机制

新一代应急管理体系应通过各种运行机制从根本上克服“重处置，轻预防”的弊病，注重风险管理，推动应急管理“关口前移”，从当前侧重对突发事件的管理转变为对事件和风险并重的管理，在此基础上实现应急管理工作从事后被动型到事前主动型的积极转变。这种转变要求在风险管理和应急管理中合理地配置公共应急资源。如何对不同风险进行排序，从而使得资源更加有效地使用；如何更有效地使用应急资源，这些都是我们应该改进的方面。在全过程的应急管理中，善后管理是新一轮的风险管理的开端，应通过调查评估机制、学习机制等进一步提升风险管理水平。在灾后重建的过程中，同样要按照政府“有限责任”的原则，防止“财政兜底”，鼓励公众在自救、自建的过程中强化风险意识，将风险防范内化为公民自身的意识。

2. 平战转换机制

当前的平战转换机制不顺是响应缓慢、应对滞后的主要原因。这是由于应急状态的进入和退出还缺乏明确的操作依据。《突发事件应对法》应尽快赋予地方政府宣布紧急状态的权力，使其运行能转入应急状态，同时应明确规定公民、企业等各类应急主体在紧急状态或应急状态下的权利和义务。

3. 信息沟通机制

信息为排查和防范风险提供依据，为研判危机情势提供材料，对快速积极的风险防范和应急响应至关重要。目前的信息管理体制基本是复制于行政管理体制，逐级管理、对上负责、共享性低，由高层决定是否决定发布，信息往往出现延迟。这种体制不符合应急管理的要求，是发生信息瞒报、缓报、漏报现象的体制性原因。在体制上实现权力下移、属地为主的应急管理模式之后，信息报送程序应避免单一的科层制层层上报，鼓励扁平化、即时、多元的信息沟通渠道。

4. 行政问责机制

问责机制对权力运行过程和结果进行约束和监督，是保证应急管理目标实现的一种重要机制。行政问责以明确的指向、刚性的措施、有效的手段、快速的反应来监督和约束政府的权力，[12]有效防止突发事件应对中的“行政不作为”或“行政不当”。在《关于实行党政领导干部问责的暂行规定》中，必须问责的七种具体情形中，至少有四种和突发事件或应急管理直接相关，被许多媒体称之为“问责风暴”。问责制度是政府官员做出应急决策的重要约束条件。成熟的问责制不是单独、孤立地存在的，而应该与授权与责任赋予机制、事件调查评估机制相互衔接，共同构成对应急管理绩效考察的整体框架。同时，与“关口前移”的要求相适应，突发事件中的行政问责应当激励官员主动解决潜在风险，把关注点从关注具体处置过程和处置人的行为推进到关注政策、制度、结构、价值等深层次问题。

（四）工具问题：应急管理的政策工具选择

在应急管理的各个阶段，政府总是需要通过一定的政策工具实现应急管理的政策目标。当前，这种政策工具以单一的行政命令为主，这是与“政府主导”的应急管理模式相适应的。随着政府在应急管理中的“无限责任”收缩为“有限责任”，如同其他领域的公共治理一样，政府的角色由“划桨”转化为“掌舵”，政府需要运用多种政策工具间接地调节市场行为和社会行为，凝聚市场和社会的力量为应急管理服务。

在依法治国的社会中，法律手段是应对突发公共事件最基本、最主要的手段，也是建设法治政府的必然要求。由于我国《突发事件应对法》缺乏可操作性，使得当前的应急管理实践中出现了应急预案的作用远远大于法律法规的现象，必须尽快建立和完善应急管理法律体系。

在应急管理的过程中，政府还应该为充分发挥市场作为一种政策工具的作用、保证应急管理目标的实现提供保障。市场在发展应急产业、提升应急装备能力方面具有重要作用。同时，政府还应该将市场机制作为一种有效的政策工具，推动物资储备、生产能力储备等在应急管理的不同环节、不同领域、不同地区进行有效的资源配置。

提升我国公众的风险意识需要借助广泛的宣传教育。我国传统文化中孕育了“居安思危，思则有备，有备无患”的风险防范理念，应该在实践中大力弘扬。政府还应鼓励日益壮大的社会组织向普通公众传播和普及风险防范意识，培养自救、互救能力，彻底改变我国应急管理过度依赖政府的局面。

四、结语

综上所述，我国当前的公共安全和应急管理的形势依然严峻，现有的应急管理体系在应急管理实践中暴露出一系列结构性缺陷，必须通过自上而下的顶层设计加以完善和提升。应急管理体系的顶层设计是一个重要的系统工程，在实现路径和战略上要做出审慎安排。

首先，应急管理体系的改革和重构宜分步进行。应针对现实中的薄弱环节制定一个国家层面的应急管理体系建设总体方案，并分解为阶段性发展任务，纳入社会经济发展的五年规划之中。再细化为年度推进方案，明确具体的指标，在工作中稳步推进。争取通过10~20年的时间建成比较完善的具有中国特色的应急管理体系，使得社会风险总体降低，国家应急能力全面提升。

其次，鼓励社会创新，鼓励地方采取多种途径完善应急管理方式。前一个阶段的实践表明，基层应急主体处于应急管理的第一线，最有可能针对具体的突发事件产生制度创新，应建立具有弹性学习能力的应急管理体系，及时吸纳地方和基层的应急管理经验。

最后，特别需要强调的是，应急管理体系只是国家行政管理体系的一部分，随着国家政治、经济环境的不断变化调整，国家应急管理体系也是要不断变革与创新的。

参考文献

［1］薛澜．中国应急管理系统的演变［J］．行政管理改革，2010（08）．

［2］陈振明．中国应急管理的兴起——理论与实践的进展［J］．东南学术，2010（01）．闪淳昌．构建和谐社会中的中国应急管理［J］．行政管理改革，2010（08）．薛澜．中国应急管理系统的演变［J］．行政管理改革，2010（08）．

［3］俞可平．重构社会秩序走向官民共治［J］．国家行政学院学报，2012（04）．

［4］薛澜，张帆．治理理论与中国政府职能重构［J］．人民论坛·学术前沿，2012（04）．

［5］刘铁民．突发事件应急预案体系概念设计研究［J］．中国安全生产科学技术，2011（08）．

［6］于安．《突发事件应对法》的实施问题［J］．理论视野，2009（04）．

［7］马怀德，周慧．《突发事件应对法》存在的问题与建设［J］．人民论坛·学术前沿，2012（07）．

［8］孙立平．以利益表达制度化实现社会的长治久安．未刊稿，2012.

［9］汪玉凯等．中国行政体制改革 30 年回顾与展望［M］．北京：人民出版社，2008.

［10］高小平．综合化：政府应急管理体制改革的方向［J］．行政论坛，2007b（02）．

［11］高小平．深入研究行政问责制切实提高政府执行力［J］．中国行政管理，2007a（08）．

［12］张海波，童星．公共危机治理与问责制［J］．政治学研究，2010（02）．

中国应急预案体系：结构与功能*

张海波
（南京大学社会风险与公共危机管理研究中心　南京　210093）

【摘　要】本文运用结构—功能分析方法，以国家公路应急预案体系为案例，从历史性视角出发，对中国应急预案体系形成过程中的结构约束与功能选择进行了因果分析，揭示了中国应急预案失效的内在原因。本文发现，由于中国的应急预案体系在“立法滞后、预案优先”和“横向到边、纵向到底”形成过程中，受到了“一案三制”综合应急管理体系和应急预案体系内部结构的制约，使得应急预案体系虽然具有加强预防与准备的正功能，也不可避免地具有保持应急行动灵活性、成为应急管理免责工具的潜功能、反功能。本文建议，要以依法行政和属地管理来破解“立法滞后、预案优先”和“横向到边、纵向到底”过程中的结构约束。与之前从表面问题或技术设计视角出发的研究所不同的是，本文首次采用结构—功能分析方法，聚焦于整个应急预案体系，而非单个应急预案，讨论了应急预案在中国情境中失效的结构因素，并且通过中层理论建构了应急预案体系结构与功能之间的一般性命题。

【关键词】应急预案；结构—功能分析；应急管理；中国

一、研究问题

应急预案是世界各国在应急管理中普遍运用的政策工具。例如，“9·11”事件之前，美国应急管理的主要依据是作为基本法的联邦应急预案（Federal Response Plan）和针对

* 本文选自《公共管理学报》2013年第10卷第2期。基金项目：国家社科基金青年项目（07CZZ017）；国家社科基金重大项目（11&ZD028）。

作者简介：张海波（1978—），男，毕业于南京大学，博士，南京大学政府管理学院副教授，南京大学社会风险与公共危机管理研究中心研究员，研究方向：危机管理、应急管理、风险治理，E-mail：zhb@nju.edu.cn。

恐怖主义的部门间运作纲要（The United States Government Interagency Domestic Terrorism Concept of Operation Plan，CONPLAN）[1]。"9·11"事件之后，美国政府大力改进应急管理体系，将联邦应急预案升级为国家应急预案（National Response Plan）；2005年"卡特里娜飓风"之后，为加强应急响应的主动性，又将国家应急预案升级为国家应急框架（National Response Framework）。中国1997年发布的《防震减灾法》和2002年发布的《安全生产法》都有关于应急预案的表述。2003年"SARS"之后，中国开始推行以"一案三制"（应急预案、应急体制、应急机制、应急法制）为核心的综合应急管理体系，应急预案开始广泛应用于各类突发事件的应急管理，并形成了从上至下多达数百万件的应急预案体系。

然而，应急预案在实践中也产生了严重的问题：脱离实际、内容雷同、衔接不够[2]；内容制定上存在照抄照搬现象，不切实际；没有考虑到最坏、最困难的应急情况；缺乏综合协调和相互衔接；缺乏连贯性和标准化，有些要素不全；没有及时修订更新；缺少演练和实战[3]。这些都是应急预案的表面问题，学术研究则要追溯其内在原因，在这一问题上，当前主要有两种取向：一是技术视角，研究者的学科背景多为安全科学、安全工程、管理科学与工程，侧重于实验室条件下应急预案的编制、衔接、启动与应用；二是政策视角，研究者主要来自公共管理学科，关注应急预案体系在国家治理体系中的运作[4]。总体来看，目前国内学界关于应急预案的研究十分薄弱，尤其是政策视角的研究，空白较多。本文作为一种学术努力，尝试跳出具体的应急预案，将应急预案置于应急预案体系，将应急预案体系置于综合应急管理体系乃至国家治理体系，探讨中国应急预案体系的深层逻辑。

那么，相较于具体的应急预案，中国的应急预案体系有何不同？简而言之，就是其结构属性：2003年"SARS"之前，应急预案虽然在地震应急和安全生产管理等领域已经有所应用，但仍局限于局部、行业，应急预案本身并没有"横向到边、纵向到底"地形成体系，应急预案体系也未与应急体制、应急机制、应急法制共同形成综合应急管理体系。具体来看，中国应急预案体系这一结构属性形成于两大过程。

1. 综合应急管理体系建构

2003年"SARS"之后，中国发展综合应急管理体系，包括四大部分：应急预案体系、应急体制、应急机制、应急法制，经过四年时间的推行，至2007年《突发事件应对法》生效，综合应急管理体系的总体框架形成。从内在机理来看，中国的综合应急管理体系并没有对传统的针对自然灾害的灾害救助、针对事故灾难的安全监管、针对传染病的疾病控制和针对社会事件的治安管理进行实质整合，而是采取了增量改革的方式，在应急体制层面成立了应急办系统，在应急机制层面发展了综合协调机制，在应急法制层面进行了综合应急管理的立法，在应急预案层面建构了新的应急预案体系。因此，"一案三制"是一个相互关联、相互依托的体系，这就形成了中国应急预案体系的外部结构，新的应急预案体系如果脱离应急办系统，脱离了综合协调机制和《突发事件应对法》，很难单独嵌入传统的灾害救助、安监、疾控、治安系统发挥作用。反之也是如此，应急办系统如果脱离了综合协调机制、《突发事件应对法》和新的应急预案体系也无法有效发挥作用。这就意味着，中国的应急预案体系首先会受制于“一案三制”综合应急管理体系。

2. 应急预案体系建构

2003 年“SARS”之后，国务院启动了国家突发事件应急预案体系的建设，于 2006 年向社会公开发布了《国家突发公共事件总体应急预案》，并要求建立“横向到边、纵向到底”的应急预案体系。然而，根据国务院办公厅应急预案工作小组统计，2004 年以前，国务院各有关部门已有应急预案 194 件（自然灾害 18 件，事故灾难 52 件，突发公共卫生事件 44 件，社会安全事件 80 件）[5]。按照“横向到边、纵向到底”建设新的预案体系也就意味着这些既存的应急预案被废止。《国家突发公共事件总体应急预案》要求，国务院、省（直辖市）、市、县（区）各级政府及相关部门、大型企事业单位均要编制应急预案。2006 年之后，国务院又发布《关于全面加强应急管理工作的意见》，推动应急预案体系向基层延伸。以江苏省苏州市为例，截至 2008 年 9 月，苏州市市属各区街道应急预案制定率为 92.62%，社区应急预案制定率为 68.12%，学校应急预案制定率为 100%[6]。在应急预案体系从上至下、从政府到社会逐级、逐层铺开的过程中，应急预案按照功能主要被分为三类：总体预案、专项预案、部门预案①，这就生成了中国应急预案体系的内部结构。由于突发事件的不确定性，为应对特定的突发事件，不同层级政府、同一层级政府的不同部门、政府与政府之外的应急预案之间就具有了结构关联，总体预案、专项预案和部门预案之间也具有了结构关联。

中国应急预案体系的结构属性决定了应急预案体系与应急预案的作用方式不同。如果说应急预案能否发挥作用主要取决于预案的编制技术和管理者对应急预案的执行，那么应急预案体系能够发挥作用，则不仅取决于应急预案的编制技术、管理者对应急预案的执行，更取决于应急预案体系的外部结构和内部结构，即“一案三制”综合应急管理体系中应急预案体系与应急体制、应急机制、应急法制的协同程度，和应急预案体系中不同层级政府、同一层级政府不同部门、政府与政府之外预案的协同程度，以及总体预案、专项预案、部门预案之间的协同程度。

那么，中国应急预案体系的这种外部、内部结构如何导致了当前应急预案在实践中的各种问题？这需要一种因果解释。

二、方法引入

应急预案在实践中出现的问题是功能问题。功能，是指可见的客观后果。也就是说，

① 这一分类方法参见文献［2］。该文将应急预案分为总体预案、专项预案、部门预案、现场预案，政府预案主要涉及前三类。2006 年公开发布的《国家突发公共事件总体应急预案》将应急预案分为总体预案、专项预案、企事业单位预案、大型活动预案等。本文采用前一种分类方法。

无论应急预案体系设计的初衷如何，应急预案在实践中所表现出来的问题具有客观性，不以政策设计的主观动机为转移。这就为引入“结构—功能”分析方法提供了可能。正如“结构—功能”分析方法的集大成者罗伯特·默顿（Robert K. Merton）所言，在问题的选择上，“应该挑选社会中存在的事物与这一社会中功能显著的集体实际希望存在的事物之间重大、非意愿的不一致。”[7]中国应急预案体系的“非预期后果”或“观察到的削弱系统的调整或适应的后果”[7]可以与中国应急预案体系的结构属性联系起来。

“结构—功能”分析方法是结构分析和功能分析的结合，核心预设是“关系重于部分”，与当前盛行的网络分析有着内在的思想渊源。通常来看，结构分析专注于阐明社会现象对不同结构背景的结果，功能分析则是要寻找社会现象来自结构背景的决定因素[8]。这两种取向是“同一枚硬币的两面”，相互补充。“功能分析实际上是一种结构分析，它除了通过强调追寻这些模式的正功能和反功能结果的重要性来补充结构分析，还从引发源头的结构条件方面对可观察到的社会模式进行解释。”[9]正如塔尔科特·帕森斯（Talcott Parsons）所理解的那样，默顿的“结构—功能”分析本质上是一种理论方法论，主要包括三个研究转向：第一，从结论层次转向方法层次；第二，从理性主义的、抽象的或者说经院式的分析方法转向更多经验的、中层观点；第三，对社会的描述从静态分析转向动态分析[8]。

“结构—功能”分析方法最初由社会学家默顿所倡导，但很快受到社会科学研究乃至自然科学研究的广泛欢迎。根据科学引文索引（SCI）的发明者尤金·加菲尔德（Eugene Garfield）运用 SCI 和 SSCI 对 1970 ~ 1977 年有关默顿论著的引文数的统计，单从社会科学领域（包括社会学）来说，默顿的被引次数是平均数的 80 多倍，默顿的“结构—功能”分析不仅被社会科学所引用，也被自然科学广为援引（占被引比例的 29%）[10]。

“结构—功能”分析也完全适用于对中国应急预案体系的研究。

（一）应急预案体系的功能分析

在“结构—功能”分析方法中，“功能”及其相关概念“显功能（Manifest Function）/潜功能（Latent function）”“正功能/反功能（Dysfunction）”至关重要。默顿将“功能”明确界定为“可见的客观后果，而不是主观的意向（目标、动机、目的）”。[11]为了区分主观动机和客观后果，默顿提出了“显功能”和“潜功能”的划分，前者指预期的客观后果，后者则指非预期的客观后果。由于潜功能距离社会生活的“常识性”知识更远，因而更容易触及常识所难以达到的问题领域[8]。功能并非是一致的，有的是正功能，有助于系统的调整和适应；有的则是反功能，削弱系统的调整和适应，“反功能概念在结构层次上包含着紧张、压力和张力的概念，为研究动态机制和变迁提供了分析方法。”[12]

中国应急预案体系的显功能是加强了全国范围内的应急准备。至 2010 年，在全国范围内，应急预案的数量规模已达 240 万件[13]，而编制应急预案是首要和主要的预防与准备机制，因此，无论应急预案的编制水平和实用性如何，如此庞大的应急预案体系毫无疑问能够加强全国范围内的预防与准备。作为政策工具，应急预案体系不仅在政府内部推动和加强了对突发事件应急管理的重视程度，媒体的报道也使得民众对政府应急管理有所了解，提升了全社会的风险意识和对应急管理的认知水平。

中国应急预案体系的第一个潜功能则是成为应急管理的脱责工具。由于应急预案的不实用，实际的应急管理行为很难严格按照应急预案展开，甚至不得不脱离应急预案随机权变，而且应急预案缺乏针对性与实用性也已经成为一种普遍的认识。因而，一旦应急管理失误或失败，便可将责任归咎于应急预案，应急预案体系就具有了脱责功能。例如，在2008年“南方雪灾”的应急响应中，地方政府普遍存在多头指挥、指挥混乱的问题，但无人因此被问责，而将问题主要归咎于预案体系。在某些情况下，应急管理中的失误或失败并非源于应急预案，而在于管理者的能力缺陷，但应急预案仍有可能成为“替罪羊”。当然，这并非意味着所有的情况都能脱责。由于有相当数量的应急预案脱离实际，使得实际的应急行动需要随机权变，应急预案体系也因此具有了第二个潜功能：应急行动的灵活性，这也属于非预期后果。2004年启动新的预案体系建设之时，“立法滞后、预案先行”暗示了预案在短期内是对法律的替代，具有强制性；在预案编制过程中，国家安监系统提出的“只写目前能够做到的”被作为基本原则[2]，由于地震、安监系统以外的应急管理者对应急预案缺乏了解，因此往往将其理解成“写到的都必须做到”，2003年“SARS”之后强化的问责使得应急预案的编制者不得不考虑，如果“写到了但做不到”要承担怎样的责任。这一点在以部门职能为基础进行预案编制时表现得尤为明显，编制者对凡是超出部门职责或现有能力的条款都高度警惕，以免日后因此承担相应的责任。这些都强化了应急预案对应急行动的刚性约束。但实际上，应急预案本身就是一种预先的假想，即便考虑得再周到，也可能与突发事件的实际情形不相吻合，因此也不可能做到完全的刚性。美国的应急管理者也是在应急管理的实践中逐步认识到应急预案灵活性的重要性，直到2005年“卡特里娜”飓风之后，美国出台NRF替代NRP，才开始强调应急预案的灵活性，鼓励多元主体在同一个框架下的动态适应。因此，对2003年“SARS”之后应急管理的政策制定者和实践者而言，应急预案的灵活性都不是政策设计的初衷，而是非预期后果。

潜功能中包含着反功能。当应急预案作为一种脱责工具而被普遍认知和接受后，应急预案体系便会产生两个主要的反功能：一是忽视风险减缓，二是应急能力建设缺乏针对性。如果应急预案被视为脱责工具，管理者可能会产生一种责任误区，以为编制了应急预案就履行了预防与准备职责，忽视更为主动的风险减缓工作。一旦忽视风险减缓，管理者就不会对风险进行细致的识别、分析，也就无法知道为应对风险所需的目标应急能力，导致应急能力建设缺乏针对性。

（二）应急预案体系的结构分析

在“结构—功能”分析方法中，结构既可以指微观上的人际结构，也可以指中观的组织或群体结构和宏观上的社会制度结构，通常有四个标准：①关联、关系、相互依存

性；②规则、模式、稳定性、重复性、持续性；③根本的、本质的、隐藏的、深层的维度；④对经验的、可观察的现象起决定性、影响性、制约性、控制性的影响[8]。在分析路径上，“结构约束（Structure Constraints）”是核心概念，它限定了功能选择的变化范围[12]，架通着功能分析和结构分析。

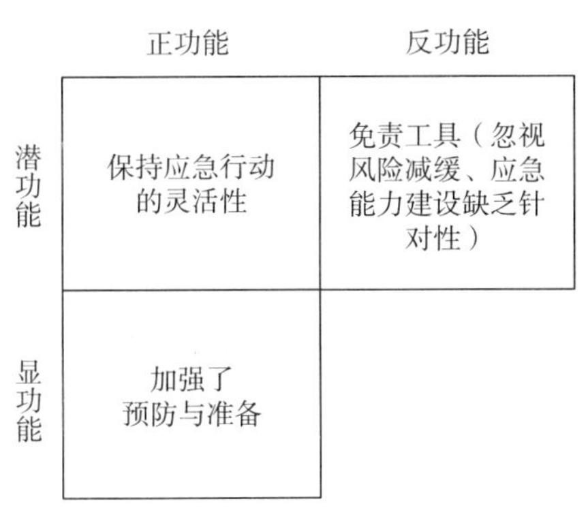

图 1　应急预案体系的显功能/潜功能、正功能/反功能

静态地看，应急预案体系涉及三层结构：一是政治社会系统与应急管理体系之间的关系，如经验偏好、领导意志和缺乏对制度和规则的尊重等政治和社会系统中心理机制对应急预案功能的约束，即便是有预案，管理者也可能仍然习惯于诉诸过去的经验，或是服从于领导的随机决断，又或是只重结果，不看过程；二是应急管理体系内“一案三制”之间的相互制约关系，如应急办能力不足，或是执行不力，如有的应急预案虽然涉及了不同部门之间的合作，但缺乏执行；三是应急预案体系内部的结构约束，相关预案之间相互不配套等。由于这些作者已经专文论述，这里就不再展开①。本文主要从动态的角度来看，聚焦中国应急预案体系在形成过程中主要受到的结构约束有以下几点：

（1）“立法滞后、预案先行”与结构约束。2003 年“SARS”之后，在处理应急预案与应急法制之间的关系时，考虑到立法的时间周期，中央政府采取了“立法滞后、预案先行”的方式[14]，使得应急预案体系的形成和应用要早于应急管理法律、法规的颁行。以总体预案为例，在中央政府层面，国务院于 2006 年 1 月 8 日向社会公开发布了《国家突发公共事件总体应急预案》，《突发事件应对法》则于 2007 年 11 月 1 日生效；在省级政府层面，北京市在 2004 年就制定了总体预案，其他省份都是在 2006 年《国家突发公共事件总体应急预案》发布之后陆续发布总体应急预案，北京市由于奥运安保的需要，于 2008 年 7 月 1 日正式出台了《北京市实施〈中华人民共和国突发事件应对法〉办法》，在全国最早开展应急管理的地方性立法，其他各省则多在 2012 年才开始正式实施应急管理的地方性法规；在市、县两级政府层面，根据国务院应急办的统计，97.9% 的市（地）

① 对应急预案在静态层面的结构约束更为详细的论述参见文献［4］、［17］。

和92.8%的县到2006年底都已经制定了总体应急预案[15]，至于地方性法规，则只有南宁市出台了《应急联动条例》的草案。这一方式与西方国家应急预案体系建设的通常做法完全相反，例如，作为2011年“9·11”之前美国应急管理政策和行动依据的联邦应急计划（FRP）则是对斯坦福法案的具体执行[1]。

“立法滞后、预案先行”也暗示了“一案三制”体系的结构约束，导致应急预案替代法律成为应急管理的主要依据。即使在立法完成后，这种情况也没有改变。表1显示了国务院、省（自治区、直辖市）、市、县四级政府总体应急预案和应急法律、法规之间的时序关系，在国家层面上，应急法律与应急预案的时滞约为2年，在省、市一级，应急法律与应急预案的时滞为4~6年。

表1 政府应急预案和应急法律、法规的时序关系

政府层级	总体预案	应急法律、法规	预案修订
国务院/全国人大	2006年1月8日	《突发事件应对》，2007年11月1日	未修订
省（自治区、直辖市）	2004~2006年	北京（2008）、辽宁（2009）、广东（2010）、四川（2012）、重庆（2012）、江苏（2012）等部分省（直辖市）	仅广东省修订，其他未修订
市	2006年底（97.9%）	仅南宁制定了《应急联动办法（草案）》	未修订
县	2006年底（92.8%）	不适用	未修订

注：①根据国务院和各级人民政府网站应急预案公开资料整理；②北京市于2005年对总体预案进行了修订，早于2008年7月1日出台《北京市实施〈中华人民共和国突发事件应对法〉办法》，因此并非是针对地方性法规所进行的修订。

以应急管理办公室的设置为例，国务院应急办成立于2006年4月10日，省一级应急办则多成立于2008年“南方雪灾”之后，市、区（县）则更晚一些。应急机制受制于应急体制，也就更加滞后于应急预案体系。这也就意味着，为适应应急管理的实际需要，应急预案不得不进行体制和机制创设[16]，但事实上，在应急预案颁行时，这些体制和机制尚未完全建立。这样，“立法滞后、预案先行”就约束着应急预案体系的功能选择。

（2）“横向到边、纵向到底”与结构约束。在“横向到边、纵向到底”的过程中，应急预案体系主要受到政府行政层级结构和政府—社会关系的约束。2006年1月8日，国务院发布的《国家突发公共事件总体应急预案》要求省、市、县（区）三级地方政府都要建立应急预案体系。随后，国务院下发《关于全面加强应急管理工作的意见》，推动《国家突发公共事件总体应急预案》的贯彻与实施，要求各地区、各部门根据《国家突发公共事件总体应急预案》，抓紧编制修订本地区、本行业和领域的各类预案，并加强对预案编制工作的领导和督促检查。2007年8月7日，国务院办公厅下发《关于加强基层应急管理工作的意见》，提出完善乡村、社区等基层应急预案体系。由此可见，在各个层级上，应急预案都是依据上级文件要求编制，完成上级布置的任务，应付上级的检查，这就使得整个应急预案体系与行政层级结构完全同构，都是自上而下，并且对上负责。

“立法滞后、预案先行”不仅本身产生了结构约束，也加剧了“横向到边、纵向到底”过程中的结构约束。由于立法的滞后，地方政府应急办的成立也普遍晚于总体预案和主要专项预案的形成，这种制度缺失也导致作为应急管理核心的综合协调机制的建立晚于总体预案和主要专项预案的形成，应急预案体系在“横向到边、纵向到底”的过程中，也难以避免地出现政府部门独立编制预案，既缺乏与其他具有相关应急响应职责的同级政府部门的协同，也缺乏与企业和社会的协同。例如，2012 年北京的“7·21”暴雨，政府没有及时发出预警，大量的车辆在京港澳高速公路上被淹，凸显了政府的应急预案体系缺乏与通信、交通等企业应急预案的协同。应急办的体制和相应的综合协调机制的缺失也直接导致了在“分类管理”“属地管理为主”的应急管理体制中，分类管理容易实现，而“属地管理为主”无法落实，强化了“条块结合”治理结构的“条条”中上级部门对下级应急预案体系的影响，也使得应急预案更倾向于与上级部门的预案体系保持衔接，容易脱离本地实际的风险。

当然，本文并非反对“立法滞后、预案先行”“横向到边、纵向到底”，这两条思路在当时的条件下也均有其合理性，都对快速建立应急预案体系起到了重要的促进作用。这里是在承认其正功能的条件下，尝试引发对其负功能的关注，并在下一阶段的预案建设与管理中进行调整。

三、案例分析

笔者于 2007 年开始介入国家公路突发公共事件应急预案体系的编制、应用和评估工作，并作为设计者承担 S 省及其所辖各市应急预案的编制，在 2008 年“南方雪灾”之后，也在某些受灾严重的地区进行了实地调查，掌握了大量的第一手资料，可以运用结构—功能分析方法对国家公路突发公共事件应急预案体系进行解释。

（一）国家公路突发公共事件应急预案体系的建构

在“一案三制”综合应急管理体系推行之前，各地公路部门按照《安全生产法》的要求，已经编制了不少应急预案，但并未形成体系，各预案中所规定的组织体系、运行机制都不统一，甚至连应急预案的表述也不统一，有的叫“处置预案”，有的叫“工作预案”。在全国层面上，此类预案总量难以精确统计，以 S 省 N 市交通局为例进行说明。经统计，2005 年之前，N 市交通局有重点应急救援预案 9 件，交通事业单位应急救援预案 7 件，交通企业单位应急救援预案 15 件，区县交通局应急救援预案 10 件，共计 41 件

（见表 2）。

表 2　N 市交通局原有应急预案

预案类型	预案名称	预案类型	预案名称
重点应急救援预案	交通系统重大安全生产事故应急救援预案	交通事业单位应急救援预案	应对暴力抗法行为的处置预案
预案类型	预案名称	预案类型	预案名称
重点应急救援预案	内河交通重大事故应急救援预案	交通事业单位应急救援预案	交通道路路面稽查重大违章与突发性事件及重大事故处置预案
	公路重大事故应急救援预案		交通车突发事故应急救援预案
	公路建设工程重大事故应急救援预案		校园突发事件应急救援预案
	道路危险货物运输重大事故应急及防范预案		航道责任事故应急处置预案
	港口码头重大事故应急救援预案		战枯水航道维护工作预案
	内河航道重大事故应急救援预案		防台抗台预案
	汽渡重大安全生产事故应急救援预案	交通企业单位应急救援预案	安全预防预控应急救援预案
	交通大厦突发事故应急救援预案		长途汽车站重大事故、事件应急救援预案

资料来源：根据 N 市交通局应急预案汇编整理。

根据《国家突发公共事件总体应急预案》的要求①，交通部于 2005 年 6 月下发《公路交通突发公共事件应急预案》（以下简称 05 国家公路预案），因当时《突发事件应对法》尚未发布，因此 05 国家公路预案编制的依据为《公路法》《道路交通安全法》《道路运输条例》《防洪法》《环境保护法》等。05 国家公路预案阐述了国家公路交通应急指挥体系及其职责、公路交通预警级别划分、应急响应的相关要求、后期处置的相关要求以及应急保障事宜等。根据 05 国家公路预案和《S 省突发公共事件总体应急预案》的要求，S 省交通厅于 2006 年发布《S 省公路水路交通突发公共事件应急预案》（简称 06S 省公路预案）。该预案对 S 省公路水路交通突发公共事件各专项预案的体系构成进行了明确规定，如表 3 所示。

表 3　S 省公路水路交通突发公共事件应急预案各专项预案的体系构成

序号	专项预案名称	编制单位
1	S 省公路交通突发公共事件应急预案	S 省交通厅公路局

① 虽然《国家突发公共事件总体应急预案》公开发布于 2006 年 1 月 8 日，但在 2005 年 4 月前已经定稿，中央各部委和省级政府据此编制下级预案。

续表

序号	专项预案名称	编制单位
2	S 省内河交通突发公共事件应急预案	S 省地方海事局
3	S 省突发公共事件运输保障应急预案	S 省交通厅运输管理局
4	S 省突发公共事件船闸处置应急预案	S 省交通厅航道局
5	S 省港口重特大安全事故应急预案	S 省港口管理局
6	S 省交通建设工程重大质量安全事故应急预案	S 省交通厅质监站
7	S 省交通群体性事件应急预案	S 省交通厅办公室

资料来源：S 省交通厅内部文件。

2007 年，S 省交通厅公路局根据 06S 省公路预案的要求，编制了《S 省公路交通突发公共事件总体应急预案》（以下简称 07S 省公路预案）①。为指导市、县两级公路应急预案编制，S 省交通厅公路局于 2008 年 11 月下发《市级公路交通突发公共事件应急预案编制指导文件》。随后，S 省所辖 13 个地级市及所属所有县（市）均编制完成了所属公路的交通突发公共事件应急预案。

（二）国家公路突发公共事件应急预案体系的"结构功能"分析

2008 年 1 ~2 月，中国南方多省遭遇了"50 年一遇"的雨雪冰冻灾害，新的国家公路交通应急预案体系并未有效发挥作用。对其进行文本分析显示，预案中主要规定了国家交通突发事件应急响应的组织体系和信息流程，但并未将雪灾作为一种风险场景，也没有规定针对雪灾的应急措施，尤其是对跨越行政区域、系统边界的合作机制缺乏规定，整个应急体系的运行并不顺畅，一个典型的例证就是，在国家层面上为战胜南方雪灾起到关键作用的"国务院抢险救灾与煤电油运总指挥部"并未设立在新成立的应急系统，而是设在了国家发改委，以便更好地进行组织和协调。实际情况也是如此，南方多省公路运输全面中断，在灾害最严重的时候，京珠高速湖北段与湖南交界处滞留车辆约 5000 辆，湖南段滞留车辆 3000 辆，滞留人员 8000 人，衡阳至枣木铺西向东方向滞留车辆 1000 余辆，滞留人员 3000 余人②。为深入说明，仍以 S 省为例。S 省地处东部，在此次雪灾中受灾严重，公路交通网中 156 个路段、8457 公里道路受到影响，近 4000 公里干线公路受到严重影响。造成严重损失的原因来自多方面，除雪灾本身外，应急管理，尤其是应急预案体系的功能受限是重要原因，主要有以下两点：

（1）S 省并没有专门的公路交通雪灾预案，无论是 06S 省公路预案，还是 07S 省公路

① 实际上，06S 省公路预案与 07S 省公路预案有相当部分的重复，在 S 省级政府层面上，从最简化的方式看，只宜存在一件 S 省公路突发事件应急预案作为专项预案。详细论述参见文献［22］。

② 数据来源：中华人民共和国交通部网站（http：//www. moc. gov. cn/zhuzhan/zhengwugonggao/jiaotongbu/daoluyunshu/200801/t20080130_ 462944. html）。

预案，都没有专门关于雪灾的部分，导致应急预案缺乏针对性。在06S省公路预案的7件专项预案中，预案存在的依据并非是S省公路交通面临的各种特定的突发事件，如大雾、雪灾、桥梁垮塌、危化品车辆泄漏，而是依据S省交通厅下属的公路局、海事局、运管局、航道局、港口管理局、质监站、办公室的职能分工来构建应急预案体系，在这些预案的文本中，都没有关于雪灾的条款。从体系结构来看，06S省公路预案与05国家公路预案保持了一致，07S省公路预案则与06S省公路预案保持了一致。就此来看，06S省公路预案和07S省公路预案都已经脱离了本地风险。虽然S省地处东部，冬季降雪量低于中国北方地区，但应对雪灾的能力也较差，从全球气候变化的极端化趋势来看，S省其实有必要编制雪灾专项预案或是在专项预案中增加对雪灾的风险分析和应急响应。

（2）由于缺乏综合协调机制，S省公路管理部门、交通运输安全管理部门、公路养护部门的应急预案不但不能相互合作，甚至互相抵牾，公安交通部门作为交通运输安全负责单位在第一时间封闭了道路，导致高速公路积雪加重，气温降低后又易结冰，在很大程度上影响了车辆的通行，并加重了普通国道、省道的通行压力。例如，N市长江二桥、三桥封闭，导致N市绕城公路等周边公路大量车辆积压，没有发挥出高速公路主动脉、主干线的作用，也给后期除雪、除冰、保畅通带来很大难度，致使积雪堆积、冰冻，给当时的化雪除冻等应急管理工作造成了极大的困难，这说明S省的公路水路突发公共事件应急预案体系缺乏适用性。2009年，全国多条高速公路又遇大雪，S省也再次受灾，但应急管理相关部门吸取教训，交警部门没有封路，而是积极与交通部门合作，采用“低速运行保畅通”的做法，就没有发生类似于“南方雪灾”中公路交通长时间、大面积中断的情况[17]。这在一定程度上说明，如果应急管理得当，应急预案有针对性，应急预案体系有适用性，完全可以及时控制住雪灾的影响，减少损失。

进一步分析，根本原因则在于“立法滞后、预案先行”和“横向到边、纵向到底”中的结构约束。2005年，在国家层面上，由于《突发事件应对法》尚未发布，国务院应急办也直到2005年4月才成立，尚未建立有效的综合协调机制，因此在2005年05国家公路预案编制时，国务院应急办并未参与协调，05国家公路预案的编制和发布主体都是交通部，编制依据是《公路法》《道路交通安全法》《道路运输条例》《防洪法》《环境保护法》；在S省，06S省公路预案发布于2006年，而S省应急办成立于2008年，S省的突发事件应急管理地方立法《S省实施中华人民共和国〈突发事件应对法〉办法》直到2012年2月才发布，这也意味着，在2007年编制S省公路交通突发公共事件应急预案时，并没有应急办的介入和相应的综合协调机制。

中国的公路包括乡村公路、国省干线公路和高速公路，其中高速公路的管理体制涉及多个部门，1992年发布的国务院第16号文件规定：在高速公路管理中，公路及公路设施的修建、养护和路政由交通部门负责，交通管理（维护交通秩序、保障安全和畅通）由公安部门负责。据此，绝大部分省、直辖市、自治区的交通和公安部门分别组建管理机构，单独执法。

近些年来，由于交通行业的改制，根据“管办分离”的原则，部分省、市高速公路

的修建与维护剥离交通管理部门，交由市场进行公司化运作。这就意味着，在中国的高速公路管理体制中，高速公路突发事件的应急管理至少涉及交通部门、公安交警部门以及市场化运作的公路养护公司。

S 省的高速公路管理也是如此，根据 2007 年修订的《S 省高速公路管理条例》：公安部门负责高速公路的交通安全、交通秩序管理、交通事故处理和治安管理工作，公安部门设立的高速公路交通巡逻警察机构负责具体管理工作；高速公路经营管理单位，依法从事高速公路投资建设以及收费、养护、清障等活动；高速公路路政管理机构、交通巡逻警察机构应当加强巡察，保证高速公路的安全畅通。早在 1987 年的全国道路交通管理体制改革中，S 省公安厅就成立了交通警察总队，1999 年公安交巡警体制改革中，S 省将交警、巡警合并，成立了 S 省公安厅交通巡逻警察总队。在 2007 年修订的《S 省高速公路管理条例》发布后，S 省就在公安厅交通巡逻警察总队之下设立直属的高速公路支队。此外，S 省于 2000 年成立了交通控股集团，负责 S 省内干线高速公路的投资建设和建成后的运营管理，是属于 S 省国资委监管的省属大型企业集团。

这样，S 省高速公路突发事件的应急管理至少涉及 S 省交通厅公路局、S 省公安厅交巡警总队高速公路支队和 S 省交通控股集团三个责任主体，如果造成人员伤亡或污染泄漏，则还会涉及卫生、消防、环保等部门。因此，06S 省公路预案和 07S 省公路预案作为《S 省突发公共事件总体应急预案》之下的专项预案，至少应该由 S 省交通厅公路局、S 省公安厅交巡警总队高速公路支队、S 省交通控股集团三家单位共同编制，这只能由具有综合协调职能的应急办来牵头组织。

然而实际的情况是，由于当时 S 省应急办尚未成立，因此无法进行综合协调，S 省公路突发公共事件应急预案只能由 S 省交通厅来负责，而 S 省交通厅将其分派给下属的公路局进行编制，公路局更无职权进行协调，只能在应急预案中对本部门的职责进行表述，而无法对 S 省公安厅和 S 省交通控股集团的职能进行规定。与此同时，由于综合应急管理的体制、机制和法制都未确立，属地管理为主的体制无法落实，交通部和 S 省交通厅在业务上存在行政指导关系，S 省交通厅公路局编制预案时参考的主要依据是 05 国家公路预案，而非 2006 年发布的《S 省突发公共事件总体应急预案》，以符合交通部要求。

N 市也是如此，主要依据 06S 省公路预案，而非《N 市突发公共事件总体应急预案》。在中国的“条块结合”的治理结构中，交通部掌握着重大交通工程项目的投资分配权和公路建设管理水平的评估权，不仅对地方政府经济社会发展有重要影响，也在很大程度上决定了地方交通管理部门的政绩。S 省在交通部的公路建设管理水平评估中一直处于全国前列。这也就意味着，S 省要保持这种领先水平就必须在各项工作中以交通部的各项政策要求为导向，其中自然也包括公路突发事件的应急管理。S 省交通管理部门为了在应急管理中强化这一导向，S 省交通厅公路局在公路突发事件应急管理的体制和机制设计中，并未将应急管理部门按照常规设在具有综合管理职能的办公室或具有路网信息汇聚功能的路网调度办公室，而是将其设在安全装备科（同时具有安全管理和装备管理两种职能）。在 S 省交通厅公路局的管理职能中，安全管理通常被认为“责任大、权力小”，相比于公路建设、路政管理和费用征稽等与经济发展相关的职能，实际的重要性程度要差得多。因为装备管理包括道路专用机械装备、车辆、制服的购买和维护等，资金投入量大，将应急管理职能设置在安全装备科在很大程度上增强了上级公路管理部门对下级公路管理部门的政策导向作用，下级公路管理部门在应急预案的编制中也主要以上级公路管理部门的应急预案为蓝本，N 市也是如此。实际上，由于上下级之间的行政指导关系，N 市交通局公路处安全装备科与 S 省交通厅公路局安全装备科之间的关系在很多时候甚至比其与 N 市交通局的关系更为密切。在 N 市公路突发公共事件应急预案的编制过程中，N 市交通局公路处安全装备科并不重视 N 市交通局的意见，N 市交通局也没有参与应急预案的编制并提供意见或建议。S 省其他市也都是如此。

这样，从交通部，到 S 省，再到 N 市，公路交通应急预案主要依据行政指导关系逐级复制，由于 05 国家公路预案并无关于雪灾的专门条款，交通部也无雪灾交通专项预案，在逐级复制中，S 省、N 市的公路突发公共事件预案中都没有关于雪灾的条款，也没有雪灾交通专项预案，致使 S 省公路交通应急预案体系缺乏针对性和适用性，应急管理只能脱离预案采取灵活变通的方式，应急预案也就具有了免责功能，针对雪灾的风险减缓和应急能力建设也被忽视，S 省交通部门并没有配备除雪机具，也未储备车辆防滑链，而且只能临时大量采购工业盐（融雪剂）、防滑材料、草包麻袋以及机械设备。

图 2 直观地显示了国家公路应急预案体系在省、市逐级复制中的结构约束。

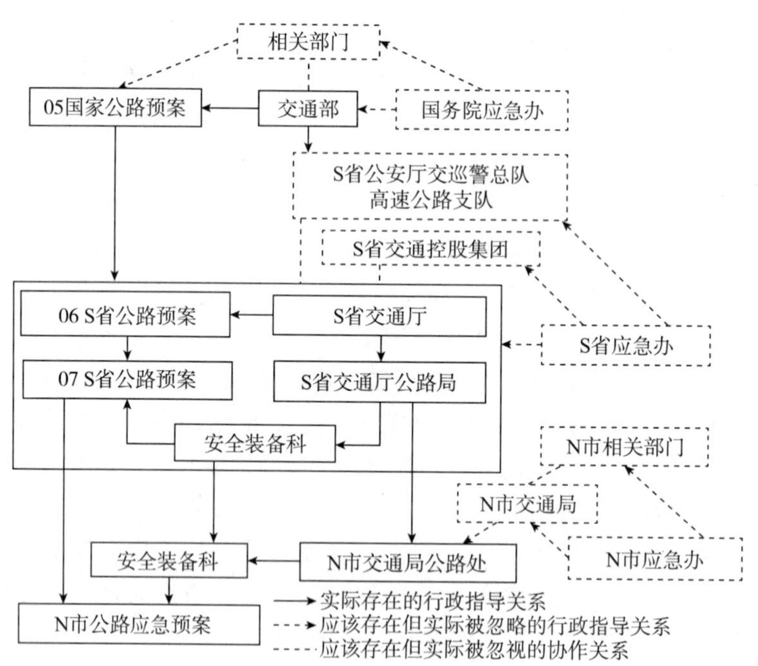

图 2　国家公路应急预案体系逐级复制中的结构约束

四、理论建构

当然，“南方雪灾”是非常极端的灾害，有其特殊性。为了在更为一般的层面上讨论结构对应急预案的功能约束，分析结构对功能的约束的内在机理，本文引入中层理论（Middle－range Theory）的叙述方式，它通常作为“结构—功能”分析方法的形式载体，将理论研究和经验研究结合起来。中层理论本质上是理论方法论，是元理论，也无法直接用于对具体问题的分析，只能用中层理论的方式建构具体的经验命题。从形式上看，中层理论的主要特征是：具有抽象性，由一组有限的假定所组成，通过逻辑推导可以从这些假定中产生能够接受经验调查证实的具体假设[11]。按照默顿自己的界定，“中层理论也具抽象性，但它非常接近各种命题中的观察资料，而这些命题是可以进行经验检验的。”[11]

（一）应急预案体系的一般命题

以下为应急预案的普遍原理，分别编号为 G1、G2。

G1：单一应急预案的针对性主要取决于风险分析的质量。

应急预案的核心是对可能发生的突发事件进行想象和模拟，提前制定应对方案，以便在突发事件发生时可以迅速响应，将损失程度减至最小，这就是风险分析，即单一应急预案的针对性取决于风险分析的预设场景与突发事件的真实情境的一致程度。这是单一应急预案的一般作用原理，例如，2004 年 7 月，美国国土安全部发布了供各级政府在国土安全方面的准备行动所用的《预案编制针对场景》（Planning Scenarios：Executives Summaries），构想了对美国构成威胁的 15 种场景[18]。

G2：特定应急预案体系的适用性主要取决于单一预案之间的合作程度。

相较于平常行政管理，应急管理的本质在于快速高效地进行协调。通常来看，一起大规模突发事件的应对至少包括 13 项职能的联动：接警与通知、指挥与控制、警报和紧急公告、通信、事态检测与评估、警戒与管制、人群疏散、人群安置、医疗与公共卫生、公共关系、应急人员安全、消防和抢险、现场恢复[2]。因此，任何一起特定突发事件的应急响应都是多部门的合作。因此，针对特定突发事件的特定应急预案体系是否适用主要取决于单一预案之间的合作程度。应急预案体系之间的这种合作必须事先达成，“一旦预警所宣告的应急情形出现，政府就可以开始进入应急状态……对于即时发生不能进行预警宣告的事件，则应当以政府对突发事件的发生为宣告，作为平常管理进入应急管理的转换宣布。”[14]

（二）中国应急预案体系的结构约束

以下为中国应急预案体系结构约束，分别编号 C1、C2。

C1：中国应急预案体系在"纵向到底"过程中受到行政层级结构的约束，使得地方政府建立应急预案的动机是为完成上级政府的政策要求，而不是基于属地可能面临的风险。因此，地方政府即使不进行风险分析也可以编制完成应急预案体系，甚至就是简单复制上级预案。

《国家突发公共事件总体应急预案》只是要求省级人民政府制定总体预案、专项应急预案和部门预案；市（地）、县（市）政府及其基层政权组织要制定应急预案。虽然在建立预警机制中提到"开展风险分析"，但并非针对应急预案而言。《国务院关于全面加强应急管理工作的意见》中也只是要求"抓紧编制修订本地区、本行业和领域的各类预案"，也并未规定预案编制的风险分析机制。从已经发布的国务院、省、市、县（区）四级政府应急预案体系来看，既没有专门的场景文件或类似文件，在专项预案和部门预案的文本中也没有风险分析的条款和内容。

C2：中国应急预案体系由于"立法滞后，预案先行"，使得应急预案体系超前于应急法制、应急体制与应急机制，为适应应急管理实际工作的需要，应急预案不得不进行体制和机制创设，但实际上相应的体制和机制并未完全建立，人员和经费也得不到保障，应急预案也不可能被完全执行。

在多数地方，总体预案和主要的专项预案发布时，应急办尚未成立，综合应急管理的主要体制和机制都是缺位的；在个别省、市，虽然应急办已经挂牌成立，但应急办的人员编制和经费保障并未实际到位，以应急办为核心的综合协调机制根本无法发挥作用。

然而，由于应急预案已经被作为突发事件应急管理的政策依据和行动指南，为满足应急管理的实际需要，只能进行机制创设。对国家和省级 50 部应急预案的文本分析显示，除 9 部是在既有的体制框架下做出的执行性规定之外，其余 41 部预案在长达两年的时间里扮演了应急组织法的角色，其创立的体制框架直到《突发事件应对法》出台才获"追认"[16]。

（三）中国应急预案体系的结构与功能的中层理论

这样，根据应急预案体系的一般命题和中国应急预案体系的结构约束，在结构和功能之间建立具体命题，分别编号 H1、H2、H3、H4、H5、H6、H7。

H1：中国应急预案体系形成过程中的结构约束决定了单一应急预案可能缺乏针对性。

单一应急预案的有效性主要取决于风险分析的质量（G1），但由于"纵向到底"过程中行政层级结构的约束，缺乏实质有效的风险分析（C1），因此中国应急预案体系中的单一预案通常缺乏针对性。美国各州在建立应急预案的过程中，联邦政府也给予了指导，FEMA 辅助各州进行风险分析，但由于美国联邦政府和州政府之间并不存在行政上的上下级关系，因此这种指导主要是技术指导。

H2：中国应急预案体系形成过程中的结构约束决定了特定应急预案体系可能缺乏适用性。

特定应急预案体系的有效性主要取决于单一预案之间的合作程度（G2），但中国应急

预案体系在形成的过程中，缺乏综合协调机制（C2），因此，中国应急预案体系中的特定应急预案体系通常缺乏适用性。

H3：中国应急预案体系的结构约束使得应急行动需要保持灵活性。

由于应急预案体系的结构约束，单一应急预案缺乏针对性（H1），特定应急预案体系也缺乏适用性（H2），为适应突发事件应对的实际需要，应急行动必定要保持一定的灵活性。

H4：中国应急预案体系的结构约束使得应急预案不能被完全执行。

由于中国应急预案体系的结构约束，单一应急预案缺乏针对性（H1），特定应急预案体系也缺乏适用性（H2），为适应突发事件应对的实际需要，应急预案体系通常不能被完全执行。

H5：中国应急预案体系的结构约束使得应急预案可能成为一种脱责工具。

由于中国应急预案体系的结构约束，应急行动必定要保持灵活性（H3），这样就可以脱离应急预案而行动；而应急预案体系必定不能被完全执行（H4），这样就可以将脱离应急预案行动的责任归咎于应急预案。但事实上，现实中的应急管理也可能会因为应急指挥者的能力缺陷或现场决策失当而陷入混乱，这本是应急指挥者自身的责任，但现实中很少有指挥者为此承担责任，而通常将所有问题主要归结于应急预案。在这种情形下，应急预案体系可能成为一种免责工具。

H6：中国应急预案体系的结构约束使得应急预案可能忽视风险减缓。

由于中国应急预案体系的结构约束，只要有了应急预案就可以免责（H5）；也由于中国应急预案体系的结构约束，应急预案缺乏实质有效的风险分析（C1），因此没有区分“可消除的风险”和“不可消除的风险”；既然对“可消除的风险”可以用应急预案来免责，“可消除的风险”便不用被消除，因此应急预案可能忽视风险减缓。

H7：中国应急预案体系的结构约束可能导致应急能力建设缺乏针对性。

由于中国应急预案体系的结构约束，只要有了应急预案就可以免责（H5）；也由于中国应急预案体系的结构约束，应急预案缺乏实质有效的风险分析（C1），因此没有区分“可消除的风险”和“不可消除的风险”；既然对“不可消除的风险”可以用应急预案来免责，就不必发展应对“不可消除的风险”的应急能力，也就不必知道现存应急能力与所需应急能力的差距，应急能力建设可能缺乏针对性。

这样，以“中层理论”为形式载体，就建立了中国应急预案体系结构约束与功能选择之间的因果关联，尤其是将应急预案的潜功能、反功能与结构约束关联起来。之所以要强调“可能”，是为突出结构约束对功能选择的便利性影响，这一点正如默顿所言，“社会结构中诸要素的相互依存限制了变迁或功能选择的实际可能性。”[12]虽然有例外，但由于结构的约束，出现潜功能和反功能却是可能性最大的选择。“可能”就是对这种集体选择的一种总体判断。

五、政策建议

结构既是产生潜功能和反功能的动力，也是克服反功能的动力，“结构既产生结构内部的变迁也产生结构自身的变迁……这些类型的变迁是通过积累的模式化的行为选择而发生的，也是在不同社会结构中由于某些张力、冲突和对抗所导致的反功能的结果扩大而产生的。”[19]也就是说，当反功能的结果扩大到一定程度后，结构也产生自身转变的内在压力，通过结构优化来克服反功能。反功能如何推动结构的优化？默顿提出了一个“总功能的净均衡”概念（Net Balance of Functional Consequences），“当现存社会结构的总功能的净均衡明显具有反功能时，这对变迁会形成强大的、持续的压力。”[12]换言之，当反功能大于正功能时，总功能的净均衡便具有反功能。如果在某一特定的历史情况下，反功能关系到子系统重要而核心的意义，就会推动结构性变迁，这也就是默顿所说的积累性反功能机制。

由于应急预案是应急管理体系的重要支撑，但实际上应急预案并不能有效发挥作用，中国应急预案体系总功能的净均衡已经开始具有了反功能。首先来看应急预案体系这个子系统，国务院应急办于2009年印发《突发事件应急演练指南》，推动应急预案的演练，要求“对演练中暴露出来的问题，演练单位应当及时采取措施予以改进，修改完善应急预案”。应急预案体系已经从建设转向管理优化，这说明应急预案的问题已经充分暴露并引起重视。如果说，在应急预案体系建设阶段，实现应急预案体系的从无到有是优先目标，那么，在应急预案体系的管理优化阶段，优先目标则是使应急预案体系从有到优。如果任由应急预案的反功能持续发展，应急预案对于风险减缓和应急能力建设的反功能，在总体上将超过应急预案作为预防与准备机制的正功能。其次来看中国综合应急管理体系“一案三制”这个大系统，应急预案体系的反功能已经在一定程度上消解了国家将应急管理制度化的努力，损害了国家应急管理制度的权威。2003年“SARS”之后，建立综合应急管理体系的初衷就是将应急管理纳入依法行政的轨道，告别过去那种主要依靠经验、运气和管理者的自觉的随机方式，通过制度化提升应急管理的绩效，降低应急管理的成本。然而，在最近几年突发事件应急管理的实践中，虽然应急预案体系在总体上加强了预防与准备，但在具体突发事件的响应中，应急预案并不实用，从“南方雪灾”“汶川地震”等重大突发事件应急管理实践来看，主要依靠的还是国家能力，综合应急管理体系的作用非常有限[20]，应急管理在很大程度上仍然主要依靠经验，这不仅关系到应急预案体系这个子系统存在的核心意义，甚至威胁到应急管理体系存在的核心意义。

从结构与功能的关系来看，抑制应急预案体系的反功能就要推动结构的优化，这就必须回到中国应急预案体系形成过程中的结构上来。

(一) 从"立法滞后、预案先行"到依法行政

"立法滞后、预案先行"虽然在很短的时间内建立起了规模庞大的应急预案体系，但也使得应急预案超前于应急法制、应急体制和应急机制建设，这是应急预案产生反功能的主要原因。要抑制因此而产生的反功能，还必须回到依法行政的初始思路。2003 年"SARS"之后，最为重要的反思就是，虽然可以通过非常规措施应对"SARS"并最终取得胜利，但即使是在应急状态下，也必须依法行政，这也是国家建立应急管理体系的初衷。通过应急立法对应急行政进行授权，预防与准备、预警与监测、救援与处置、善后与恢复等具体应急行政才有合法性，因此"一案三制"并不是并行的关系，依其优先顺位分别为应急法制、应急体制、应急机制、应急预案。然而，由于"立法滞后、预案先行"的思路，"一案三制"实际的优先顺位为应急预案、应急体制、应急机制、应急法制，在"一案三制"的基本政策框架中，应急法制反而是最后完成的。当然，在中国的治理结构中，考虑到各类突发事件的高发态势，"立法滞后、预案先行"在当时有其现实性与合理性。然而，一旦《突发事件应对法》颁行，就应以法律为根本，加快应急体制、应急机制建设，将应急预案体系作为《突发事件应对法》的细化和具体实施。这就是默顿所说的"形态发生学过程"（Morphogenetic Processes）上的改变，也就是产生了新的结构安排。实际上，这也并非新结构，而是一种应然结构，只是在应急预案体系建构的实践中，这种应然结构并未实现（见图 3）。

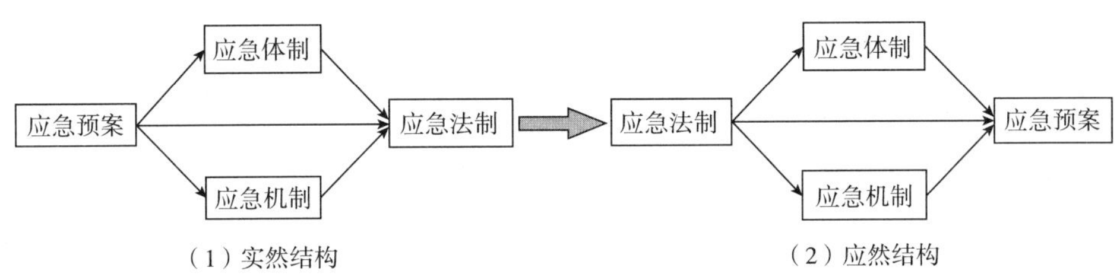

图 3　"一案三制"的结构优化

在应然结构中，应急法制为应急体制和应急机制提供法律保障，例如，确定应急办的法律地位，通过应急办的实质运行，建立应急预案合作编写机制，这样就能削弱"条块治理"结构中"条条"上的行政层级对应急预案的结构约束，同时也能通过应急办的综合协调职能，加强政府应急预案与企业、社会应急预案的协同。严格依照《突发事件应对法》，应急预案不必也不能创设机构和职能，可以从原则性、抽象化的条款转向更为具体细致的规定，为应急管理提供切实的指导，真正发挥应急预案的正功能。

当然，废除现行应急预案体系中的全部预案而另起炉灶，既不现实，也无必要，只要通过应急预案体系的动态管理便可按照应然结构逐渐重构应急预案体系。在国务院层面上，要根据《突发事件应对法》来加快应急体制、应急机制的建设，修订《国家突发公共事件总体应急预案》及相应的专项预案和部门预案。这是十分必要的，在一个成熟的、制度化的应急管理体系中，应急预案应该经常修订，不断更新，尤其是在发生重大突发事件之后，例如，美国在2001年“9·11”事件和2005年“卡特里娜”飓风等标志性灾难之后，都对应急预案进行了修订与更新。近些年，我国相继发生“南方雪灾”“汶川地震”“玉树地震”“舟曲特大泥石流灾害”“7·23甬温线动车事故”等重大突发事件，《国家突发公共事件总体应急预案》及相应的专项预案、部门预案也应该根据这些重大突发事件应急管理的经验和教训进行修订了。在省级地方政府层面上，各省应该尽快实施应急管理的地方立法，根据法律法规的要求加快应急体制、应急机制建设，修订总体预案、专项预案和部门预案。市、县也应该根据本地突发事件应急管理的实际情况，加快应急体制、应急机制建设，修订应急预案。

在这一过程中，各级政府应急办的功能发挥至关重要，要使其真正履行综合协调的职责，而不只是停留于原来政府值班室的应急值守功能，重构专项预案和部门预案之间的关系，按照《突发事件应对法》和应急体制、应急机制的要求，重构专项预案与部门预案之间的关系，加强应急预案之间的相互合作，提升应急预案体系的正功能，如图4所示。在实然结构中，以机构职能来编制应急预案，总体预案之下既有专项预案，也有部门预案，专项预案和部门预案并列，有的专项预案之下则还有部门预案，部门预案隶属于专项预案，逻辑关系混乱；在应然结构中，针对突发事件编制应急预案，总体预案之下只有专项预案，专项预案之下才有部门预案，应急管理重在快速协同，没有任何一个部门可以独立应对一起突发事件，因此所有的部门预案都应该是专项预案在部门中的延伸。

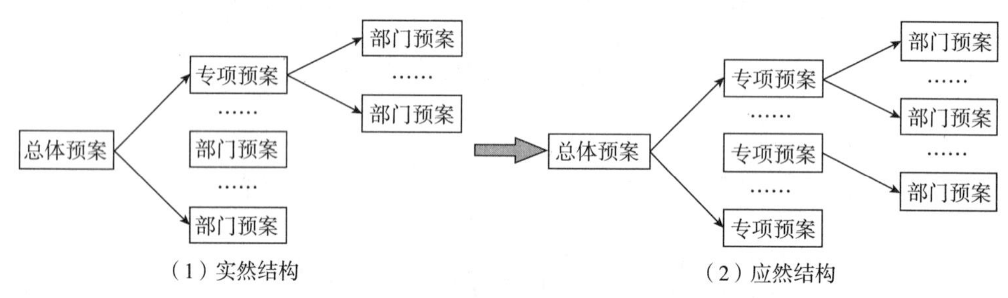

图4　应急预案内部的结构优化

当然，应急法制并不仅指《突发事件应对法》，还包括《国防动员法》《恐怖事件应急法》《灾害救助法》《行政征用法》《行政补偿法》《国家赔偿法》等[21]，一旦这些法律完成了立法或修订工作，应急预案体系也要做相应的修订与更新。

（二）从“横向到边、纵向到底”到属地管理

一旦重新树立了依法行政的原则，就可以按照《突发事件应对法》所确立的属地管理为主的原则，面向属地风险，而非上级预案的要求，形成应急预案体系。因此，下一阶

段，应鼓励属地根据自己的风险编制预案。当然，这也可以通过预案的动态管理实现。

应急预案体系面向属地风险，就可以通过危险源识别和脆弱性分析，区分可消除的风险和不可消除的风险，对于可消除的风险，应该及时消除风险，而不是编制应急预案待其发生，对于不可消除的风险，应该编制应急预案，加强预防与准备，明确所需应急能力和可得的应急能力，如果可得应急能力与所需应急能力之间存在较大差值，则需要设置能力建设标准，开展有针对性的应急能力建设。这样，应急预案体系不仅能够促进风险减缓，也与应急能力建设关联起来。事实上，美国的应急预案体系也是如此，2001 年"9·11"事件之后，美国政府发展了"基于能力的预案编制"（Capabilities - Based Planning），通过风险分析产生《预案编制针对场景》，进而产生《通用任务清单》（Universal Task List）和《目标能力概览》（Target Capabilities List）两份文件，最终产生了各级政府应该拥有和需要发展的 36 种能力[19]。

通过上述两种结构优化方式，一方面，应急预案的针对性和操作性大为增强，应急预案之间的合成程度也得到提升，将提升中国应急预案体系的正功能；另一方面，应急预案的数量将大为减少，应急预案体系的规模缩小，将改变当前应急预案多而不实用的现状，抑制中国应急预案体系的反功能，使净功能总均衡为正功能，提升应急管理的制度化水平。

在属地管理的原则下，同一层级政府部门之间的合作就不必顾虑上级"条条"部门的限制和掣肘，在各级政府应急办的协调下，就应急预案展开合作。

参考文献

［1］薛澜，张强，钟开斌．危机管理：转型期中国面临的挑战［M］．北京：清华大学出版社，2003：207.

［2］刘铁民．突发公共事件应急预案编制与管理［J］．中国应急管理，2007（1）：23 - 26.

［3］中央政府门户网站．国务院应急管理专家：许多应急预案存在"六大弊病"［EB/OL］．（2011 - 11 - 20）［2013 - 03 - 06］http：//www. gov. cn/jrzg/2010 - 11/20/content_ 1749655. htm.

［4］张海波，童星．中国应急预案体系的制度缺失与管理优化——以"南方雪灾""汶川地震""玉树地震"中的应急预案为观察资料［J］．上海行政学院学报，2012（6）：23 - 37.

［5］钟开斌，张佳．论应急预案的编制与管理［J］．甘肃社会科学，2006（3）：240 - 243.

［6］童星，张海波．中国应急管理：理论、实践、政策［M］．北京：社会科学文献出版社，2012：326.

［7］Merton R. K. Social Research and the Practicing Professions［M］. Cambridge，Mass：Abt Books，1982：64，105.

［8］彼得·什托姆普卡．默顿学术思想评传［M］．林聚任译．北京：北京大学出版社，2009：144，126，132，140.

［9］Blau P. Structural Constraints of Status Complements［C］//The Idea of Social Structure：Papers in Honor of Robert K. Merton［C］. L. A. Coser Ed. New York：Harcourt Brace Jovanovich，1975：117 - 138.

［10］林聚任．林聚任讲默顿［M］．北京：北京大学出版社，2010：252 - 253.

[11] 罗伯特·金·默顿. 论理论社会学 [M]. 何凡兴, 李卫红, 王丽娟译. 北京: 华夏出版社, 1990.

[12] Merton R. K. Social Theory and Social Structure [M]. NewYork: Free Press, 1968: 107, 106, 106-107, 94.

[13] 魏礼群. 加强和创新社会管理 [M]. 北京: 学习出版社, 2011: 243-255.

[14] 于安. 制定《突发事件应对法》的理论框架 [J]. 法学杂志, 2006 (4): 28-31.

[15] 国务院应急管理办公室. 2006 年我国突发公共事件应对情况 [J]. 中国应急管理, 2007 (7): 4-8.

[16] 林鸿朝. 论应急预案的性质和效力——以国家和省级预案为考察对象 [J]. 法学家, 2009 (2): 22-30.

[17] 张海波. 中国应急预案体系的运行机理、绩效约束与管理优化 [J]. 中国应急管理, 2011 (6): 28-33.

[18] 夏保成. 美国公共安全管理导论 [M]. 北京: 当代中国出版社, 2006: 206.

[19] Merton R. K. Sociological Ambivalence and Other Essays [M]. New York: Free Press, 1976: 169.

[20] 张海波, 童星. 应急能力评估的理论框架 [J]. 中国行政管理, 2009 (4): 33-37.

[21] 韩大元, 莫于川. 应急法制论 [M]. 北京: 法律出版社, 2005: 17.

China's Emergency Plans: Structure and Function

Zhang Haibo

(Research Center for Social Risk and Public Crisis Management,

Nanjing University, Nanjing, 210093, China)

Abstract: The objective of this paper is to illustrate and examine casual linkage between structure constraints and functional selection in the processing of China's emergency plans. We use the structure-function analysis and case study on the National High Way Emergency Response Plans. The analysis reveals that, dominated by the "emergency plans prior to legislation" and "covered all organizations from top to bottom", China's emergency response plans were constrained by internal structure, and the relations between emergency plans and comprehensive emergency management system. These two factors which are resulted in China's emergency plans inevitably had latent function like keeping the emergency behavior flexible, and dysfunction like protecting the responder against from being accountable for their failures in emergency management, as well as the anticipated function like improving the preparedness. The results suggest that it is necessary to break the structure constraints through law – based and territorial priority administration, driven by the pressure of dysfunction, and pushed the structure change and functional adaptation. The key limitation of the study is that it solely cased on the National High Way Emergency Response Plan, which is an extreme disaster and makes it difficult to examine the relation between structures constrain and functional selection overall. The generalized propositions and policy recommendations can assist the practitioners of emergency management to better understand the main reason why the emergency plans failed, and provide them with operational measures to perfect the emergency plans. Differentiated from previous researches which focused on the apparent problems or technical design of emergency response plan, this study tries to explain the inherent reason why emergency response plan failed in the perspective of public policy. It first applied the structure – function analysis method and found out the structural constraint in the context of China. And it extends the research of China's emergency plans to generalized proposition in terms of middle range theory.

Key Words: Emergency Response Plan; Structure – function Analysis; Emergency Management; China

“脆弱性—能力”综合视角下的区域公共安全机理研究

——以广东省为例

朱正威　赵欣欣　蔡　李*

【摘　要】本文阐释了区域公共安全机理的内涵，并梳理了区域公共安全机理的研究现状，在“脆弱性—能力”综合视角下，利用系统动力学的方法结合广东省实际分析了区域公共安全演化的宏观机理，同时利用尖点突变模型结合“乌坎事件”分析了公共安全事件作用机理，为区域公共安全研究和治理提供支持。区域公共安全水平与区域脆弱性水平有着负反馈关系，而与区域公共危机应对能力之间存在着正反馈的回路关系。当脆弱性与能力的对比超出一定限度时就会导致公共安全事件的发生。政府应防微杜渐，避免矛盾积累，降低区域的脆弱性水平，同时积极采取措施提高区域的危机应对能力，防止公共安全事件的发生。

【关键词】“脆弱性—能力”综合视角；宏观机理；微观机理

一、区域公共安全机理内涵与研究现状

机理是指为实现某一特定功能，一定的系统结构中各要素的内在工作方式以及诸要素在一定环境条件下相互联系、相互作用的运行规则和原理。区域公共安全演化机理是指一定区域基于其自然环境、经济发展水平、文化心理等基础性内源要素而形成的区域公共安全系统的动态演化机制，以及区域内公共安全事件的发生、发展和演化规律，即致灾机理和破坏机理。本文认为，区域公共安全机理包括微观机理和宏观机理两个层面。微观层面

* 作者简介：朱正威，西安交通大学公共政策与管理学院执行院长、教授；赵欣欣、蔡李，西安交通大学公共政策与管理学院硕士研究生。

是具体的公共安全事件发生发展的演化机理，如瓮安群体性事件、舟曲泥石流灾害事件等具体事件发生的原因、促使其发展的各种因素以及影响方式；宏观层面则是将某一区域视为一个公共安全系统，研究影响该系统公共安全水平的因素和作用方式，如经济发展水平、自然环境等对某区域整体公共安全水平的影响。

国际上对公共安全的研究目前多集中于公共安全评估方面，专门分析公共安全演化趋势及演化机理的比较少。绝大多数研究是传统的公共安全评价或对具体公共安全事件或事故的演化机理分析，其中传统公共安全评价主要侧重于对某一时点公共安全状况的描述。在已有的公共安全机理的研究中，不少学者运用“社会燃烧理论”作为理论基础来研究公共安全事件的发生及发展机理，把自然界中的燃烧现象及规律应用到社会现实中，认为公共安全事件的爆发如同自然燃烧，其发生也需要相应的燃烧材料、助燃剂和点火温度[1]；有研究将生物、医学领域的免疫理论应用于公共安全机理分析，认为公共安全事件演化过程中，应急管理系统起到人体免疫系统的作用，有类似于“抗原识别”“抗体生成”等功能，防止和阻碍公共安全事件的发展；也有学者运用海因里希因果连锁理论、能量意外释放理论等进行公共安全事件机理研究，但多见于对于安全事故的分析。

目前国内对于区域公共安全演化机理的研究还比较薄弱，缺乏比较成熟的分析框架和比较实用的研究工具，传统公共安全评价方法没有把公共安全的评价理解为一个量化的、系统的、动态的过程，未能把质性研究与定量方法结合，从一个综合的角度来系统地刻画公共安全状况及其演化趋势和演化机理。本文将用系统动力学、尖点突变理论的方法从“脆弱性—能力”的综合视角对区域公共安全的机理进行研究论述。

二、区域公共安全系统演化机理分析——宏观机理

借鉴“脆弱性—能力”区域公共安全评价的综合视角，无论是从宏观层面对区域公共安全系统进行机理分析还是从微观层面对公共安全事件进行机理分析，都可以把“脆弱性”和“能力”作为分析的基础要素。“脆弱性”与“应对能力”对于公共安全而言是一对相反的作用力：危害源的破坏力和受害对象的脆弱性共同决定着公共安全事件的规模和频度，也影响着整个区域公共安全的水平。对于区域公共安全系统而言，其安全水平由“脆弱性”和“能力”两个因素共同决定，不过此处的“脆弱性”和“能力”是指系统的宏观层面。广东省是我国经济最发达的省份之一，2011 年地区生产总值达 5.3 万亿元，人均 GDP 达 7819 美元，已经跨入中上等收入国家或地区水平。但广东省也面临着一系列社会问题，公共安全事件时有发生，区域公共安全状况不容乐观。经济高速发展，但社会问题不断，这在我国当前发展阶段十分具有代表性。因此，本文将结合广东省的实际情况对区域公共安全的演化机理进行分析。

（一）脆弱性的关键影响因素

在宏观机理的分析中，脆弱性理论将脆弱性分为自然环境、社会、经济和政治四个方面来衡量。B. L. Turner II、Roger E. Kasperson 等在研究脆弱性时，提出以“人类—环境系统”作为分析对象，建立一个耦合系统的分析框架，在分析与衡量脆弱性时，指出要从两个方面进行，一方面是从自然环境系统脆弱性进行分析，另一方面是从人类环境系统的脆弱性展开分析，包括社会、经济和政治等方面。[2] 在公共安全研究中，社会、经济和政治具有高度相关性，同时政治可以纳入到社会中去，因此研究中可以把社会、经济和政治归纳为社会经济系统。

广东省经济高速发展，经济实力不断增强，但也面临着一系列严峻挑战，特别是经济快速增长与社会管理相对滞后已呈现出一定的反差。产业失调、区域差异、贫富分化、生态环境、社会治安等问题使得社会风险不断增加，公共安全状况亟待改善。其中，关注和不断改善民生，推进社会公正，保持社会的稳定和发展显得尤为重要。根据政府工作报告，广东省公共安全面临的挑战可以归纳为社会经济和自然环境两方面，这与区域脆弱性的关键影响要素类型划分是一致的。当然，社会经济系统的脆弱性和自然环境系统的脆弱性还可以分解成更多因素的影响。

（二）公共危机应对能力的关键影响因素

任何公共危机事件及背后的脆弱性都是对区域社会应对能力的挑战和考验。“能力—脆弱性”综合视角下的区域公共危机应对能力实质是一个面对脆弱性，区域内的各主体应该做什么、能够做什么、如何去做、做到什么程度、如何才能做得更好的问题。以往的政府危机管理能力建设理论，偏向于对政府能力的单方面要求，忽略了政府公共安全治理的服务客体与评价客体。但是，公共安全的治理是一个降低脆弱性、增强能力的过程，既要求政府通过社会风险机制建设，做好应急准备；也要求政府尊重自然、社会和群众的感受或反映，具备在务实的有反馈的行动层次上针对公共危机进行综合治理的能力。梳理过往的研究成果可以发现，目前针对公共危机应对能力进行的研究尚不够系统、深入。因此，我们试图从以往政府能力的影响因素研究中，结合公共危机应对能力的特殊性，抽象出应对能力的关键影响因素。

通过对政府工作报告等政策文件进行归纳总结发现，为提高公共危机应对能力，维护区域公共安全和社会稳定，广东省主要从以下方面着手：完善体制机制建设，建立县、镇、村三级综治工作平台整合基层政法、综治、维稳、信访等相关职能部门的资源，实现矛盾综合调处、治安综合治理和社会综合管理；完善预案体系建设，加强“一案三制”建设，2008 年在全国率先出台了《突发事件应急预案管理办法》；增加科技投入，全省地方财政科技拨款从 2000 年的 38.82 亿元增长至 2010 年的 214.44 亿元，占地方财政支出比例从 3.59% 增长到 3.96%；建立完善的应急培训体系，开展应急演练和培训，积极进行应急研究，提高应急人员素质和业务水平。可以看出，广东省主要是从提高人员素质、

完善体制机制、完善基础设施、加大科技与资源投入等方面提高公共危机应对能力。

从理论分析和广东省的实践分析来看，尽管不同的公共危机事件其应对能力的影响因素或有不同，但都主要集中在危机应对的体制机制建设、危机管理人员的专业素质、危机应对的基础设施建设及投入、危机应对的科技与资源保障等方面。

（三）区域公共安全机理的系统动力学分析

1. "能力—脆弱性"视角下系统分析。"能力—脆弱性"视角分别从能力和脆弱性两个角度对区域公共安全水平做出相应的评价。区域公共安全水平与区域的脆弱性水平有着负反馈的回路关系，即区域公共安全水平越高，脆弱性水平越低，而区域脆弱性水平越高，公共安全水平越低；而区域公共安全水平与区域公共危机应对能力之间存在着正反馈的回路关系，即区域公共安全水平越高，公共危机应对能力越强，而区域公共危机应对能力越强，公共安全水平也越高。改革开放以来，广东省经济建设取得了巨大的成就，但同时积累了不少社会矛盾，自然环境和资源破坏严重，区域公共安全的脆弱性水平不断提高，严重影响了广东省的社会稳定和公共安全。区域脆弱性的提高，导致区域公共安全水平降低，引起了政府的重视。近年来，为了应对日渐频发的公共安全事件，广东省不断完善危机应对的体制机制建设，提高危机管理人员的专业素质，增加危机应对的基础设施建设及投入，提高危机应对的科学技术保障水平，使广东省的公共危机应对能力不断提升。

在区域公共安全评价系统中，区域脆弱性水平与区域公共危机应对能力存在复杂的关联，二者在对区域公共安全水平产生各自影响的同时又相互影响对方，如图1所示。

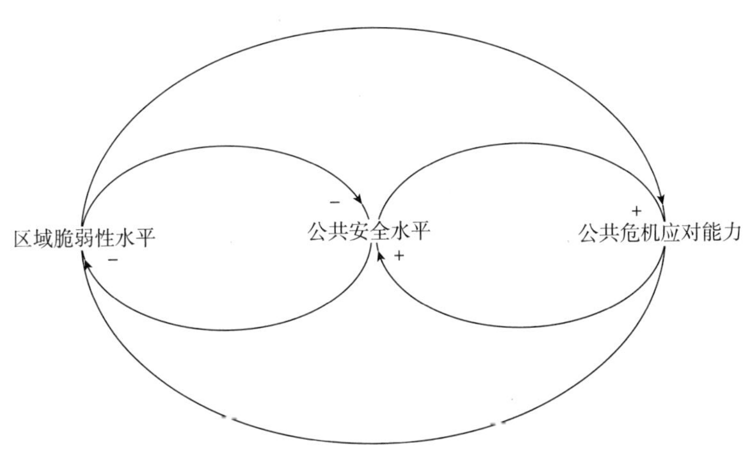

图1　脆弱性、危机应对能力和公共安全的逻辑关系

2. 脆弱性系统和能力系统的分析。本文根据能力与脆弱性双重维度及其关键要素的分析，分别对能力系统和脆弱性系统中各要素的逻辑关系和影响机理进行分析。

（1）能力视角下系统分析。能力视角包含四个维度，即体制机制建设、管理人员的专业素质、危机应对的基础设施建设及投入和科学技术保障，它们各自影响政府公共危机应对能力，同时又彼此紧密相关。提升公共危机应对能力需要从四个维度及其具体的影响因素入手，但它们又可追本溯源至两个关键因素：一是公共安全财政投入，二是公共安全的人力投入。广东省充足的财政投入和人力投入正是其维护区域公共安全的重要保障，如图2所示。

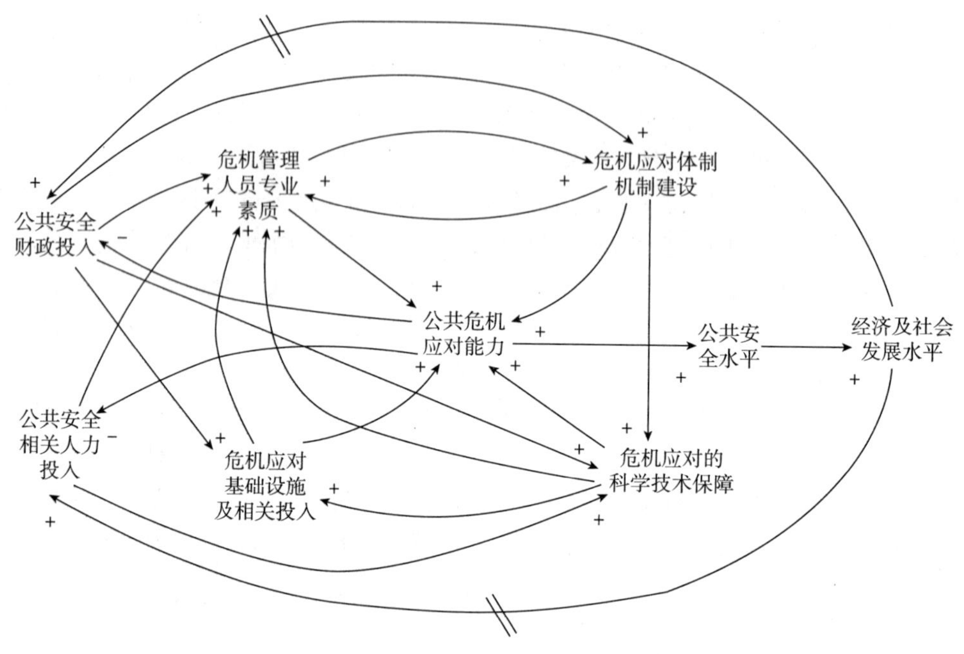

图2 能力系统的SD模型

在能力系统中，主要存在五个回路。

回路1：公共危机应对能力↑→公共安全水平↑→经济及社会发展水平↑→公共安全财政及相关人力投入↑→公共危机管理制度建设水平↑→公共危机应对能力↑；

回路2：公共危机应对能力↑→公共安全水平↑→经济及社会发展水平↑→公共安全财政及相关人力投入↑→危机管理人员素质与队伍管理能力↑→公共危机应对能力↑；

回路3：公共危机应对能力↑→公共安全水平↑→经济及社会发展水平↑→公共安全财政及相关人力投入↑→相关基础平台建设水平↑→公共危机应对能力↑；

回路4：公共危机应对能力↑→公共安全水平↑→经济及社会发展水平↑→公共安全财政及相关人力投入↑→危机相关科研水平↑→公共危机应对能力；

回路5：即综合的负反馈回路。

从前四个回路可以看出，区域公共危机应对能力与经济发展互相促进，互相推动。社会经济发展使更多的资源投入到危机应对的体制机制建设、危机管理人员的专业素质、危

机应对的基础设施建设及投入和科学技术保障等方面，促进区域公共危机应对能力的提高，而公共危机应对能力提升又提高了区域的公共安全水平，为社会经济发展提供了良好的环境。

不过，这种正反馈调节只是能力系统中逻辑关系的一个方面，是回路 1、回路 2、回路 3、回路 4 四个正向反馈回路的综合。而逻辑关系的另一方面则反映了系统不会无限上升，当公共危机应对能力稳定在一定水平后，所需的财政和人力投入可适当减少，这种负反馈需要一定的时间延迟。目前，广东省社会矛盾复杂、社会问题多发，公共危机应对能力亟待提高。但是，当广东省社会脆弱性水平降低到安全范围内，同时公共危机应对能力提高到足以应对各方面危机时，必然会减少投入，避免资源的浪费。

（2）脆弱性视角下系统分析。区域公共安全系统脆弱性受社会经济子系统和自然环境子系统的脆弱性影响，前者受区域人口、经济发展等因素影响，后者主要受环境污染水平、资源稀缺度等因素影响，如图 3 所示。

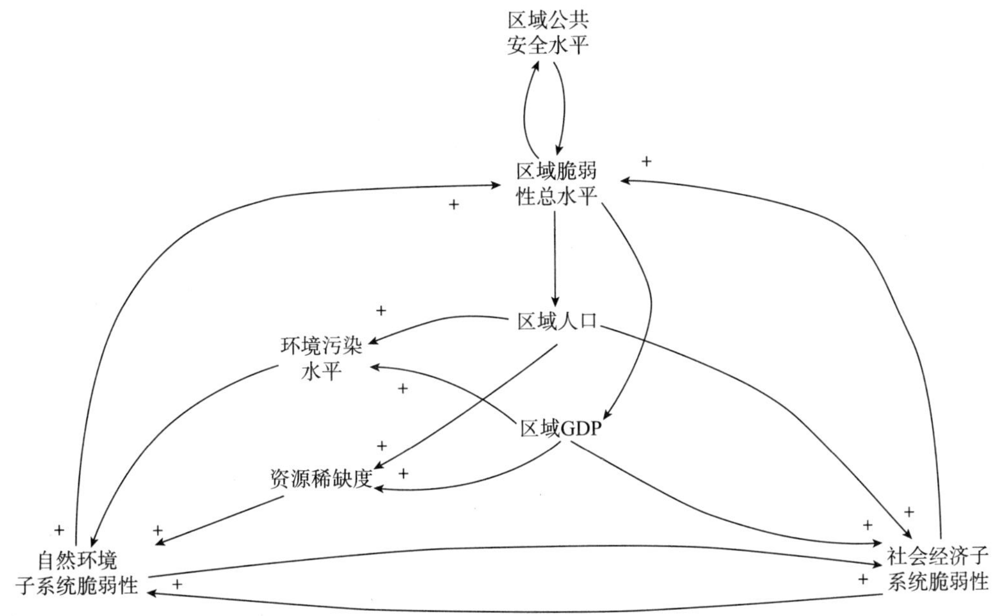

图 3　脆弱性系统的 SD 模型

通过脆弱性系统的因果关系图可以看出，主要回路有 12 个。

回路 1：系统脆弱性总水平↑→区域人口↓→社会经济子系统脆弱性↓→系统脆弱性总水平↓；

回路 2：系统脆弱性总水平↑→区域 GDP↓→社会经济子系统脆弱性↓→系统脆弱性总水平↓；

回路 3：系统脆弱性总水平↑→区域人口↓→环境污染水平↓→自然环境子系统脆弱

性↓→系统脆弱性总水平↓；

回路4：系统脆弱性总水平↑→区域人口↓→社会经济子系统脆弱性↓→自然环境子系统脆弱性↓→系统脆弱性总水平↓；

回路5：系统脆弱性总水平↑→区域GDP↓→环境污染水平↓→自然环境子系统脆弱性↓→系统脆弱性总水平↓；

回路6：系统脆弱性总水平↑→区域GDP↓→社会经济子系统脆弱性↓→自然环境子系统脆弱性↓→系统脆弱性总水平↓；

回路7：系统脆弱性总水平↑→区域人口↓→资源稀缺度↓→自然环境子系统脆弱性↓→系统脆弱性总水平↓；

回路8：系统脆弱性总水平↑→区域GDP↓→资源稀缺度↓→自然环境子系统脆弱性↓→系统脆弱性总水平↓；

回路9：系统脆弱性总水平↑→区域人口↓→资源稀缺度↓→自然环境子系统脆弱性↓→社会经济子系统脆弱性↓→系统脆弱性总水平↓；

回路10：系统脆弱性总水平↑→区域人口↓→环境污染水平↓→自然环境子系统脆弱性↓→社会经济子系统脆弱性↓→系统脆弱性总水平↓；

回路11：系统脆弱性总水平↑→区域人口↓→资源稀缺度↓→自然环境子系统脆弱性↓→社会经济子系统脆弱性↓→系统脆弱性总水平↓；

回路12：系统脆弱性总水平↑→区域GDP↓→环境污染水平↓→自然环境子系统脆弱性↓→社会经济子系统脆弱性↓→系统脆弱性总水平↓。

由此可见，伴随经济社会发展以及人口数量的增长，区域脆弱性水平呈上升的趋势，即经济人口社会日益复杂，区域的公共安全状况将越来越严峻。以广东省为例，改革开放后，广东省GDP年平均增速为13.6%，吸引了大量流动人口，积累了不少社会矛盾，区域脆弱性水平不断升高，并对当地经济发展产生了负面影响。因此，广东省正面临发展的结构转型，同时致力于缓解社会矛盾，降低区域脆弱性水平。

从图3来看，尽管区域脆弱性水平的上升会在一定程度上抑制经济人口社会的发展，从而又反向调节区域脆弱性水平上升、恶化的趋势，即脆弱性视角下的区域公共安全系统具有一定自我调节的自适应性，但这种调节改变不了区域脆弱性水平随经济社会发展和人口数量增长而上升的总体趋势。目前，广东省区域脆弱性水平依然处于上升态势，群体性事件、安全生产事故、公共卫生事件和自然灾害时有发生，社会维稳任务偏重。仅仅依靠公共安全系统自我调节是不够的，仍需主动采取措施解决社会问题、协调社会矛盾、降低区域脆弱性水平。

（3）区域公共安全系统的系统分析。区域脆弱性主要受社会经济子系统和自然环境子系统的脆弱性影响；公共危机应对能力是由危机应对的体制机制建设、危机管理人员的专业素质、危机应对的基础设施建设及投入以及科学技术保障决定的。各级子系统内外部的相互关系共同决定了区域的脆弱性水平和区域公共危机应对能力，而区域脆弱性水平和公共危机应对能力又通过相互作用决定了区域的公共安全水平，基于前面各级子系统的分

析，可以得到区域公共安全系统系统内不同要素的相互逻辑关系，如图 4 所示。

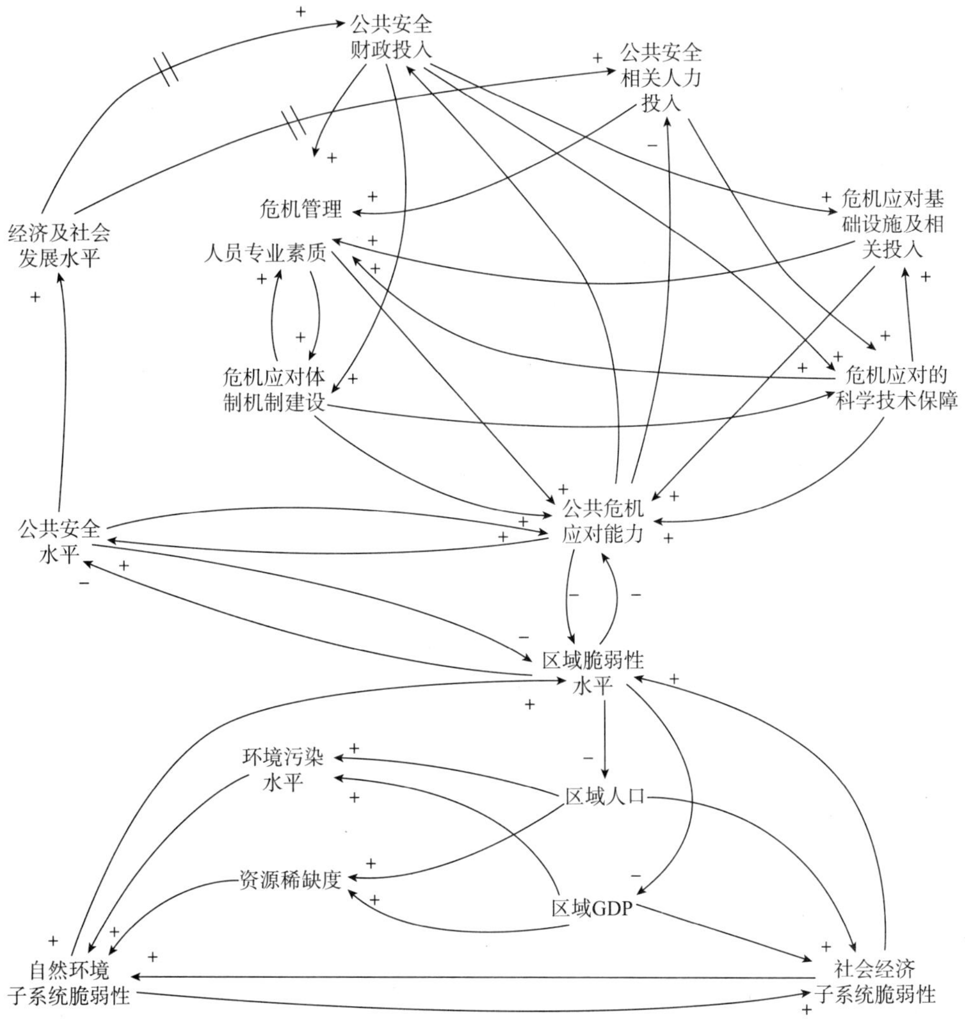

图 4　“脆弱性—能力”视角下公共安全系统 SD 模型

从图 4 可以看出，在区域公共安全系统中，能力系统与脆弱性系统既相互影响，又共同作用于区域的公共安全水平，而区域公共安全水平也会反作用于区域脆弱性水平和公共危机应对能力，形成一个相互耦合的复杂系统。同时，在能力和脆弱性系统内，各要素之间具有动态的相互依赖、相互影响关系，并通过公共危机应对能力和区域脆弱性水平对区域的公共安全水平产生影响。

三、公共安全事件作用机理分析——微观机理

公共安全的微观作用机理分析就是具体公共危机事件的机理分析，脆弱性与应对能力同样是公共危机事件发生的影响因素，在脆弱性与能力的对比关系达到一定程度时就会发生公共安全事件。当前广东省的危机应对能力虽然不断提高，但整体公共安全状况并没有得到根本的改善，公共安全事件仍有发生。2011 年发生的“乌坎事件”正是脆弱性不断积累、危机应对能力不足引起的。本文将以“乌坎事件”为例，在“能力—脆弱性”的综合视角下，利用突变理论模型对公共安全事件作用机理进行分析。

突变理论由法国数学家 Rene Thom 创立，该理论及模型在社会科学研究中很重要的方式之一就是经验方式，即在系统的势函数未知的情况下根据系统表现的外部性态来建立它的一个突变模型。公共安全事件符合突变模型要求的多模态、不可达性、突跳、发散、滞后五个特征[3]，突变模型是合理解释事物运动由渐变引起突变的研究成果，是研究公共安全事件所适用的理论。根据“脆弱性—能力”综合视角，我们认为公共安全事件的发生是由所处环境及事件主体本身的整体脆弱性和政府危机应对能力的强弱两个因素共同决定的，因而符合突变理论中的尖点突变模型的要求，即由 1 个状态变量和 2 个控制变量构成。

根据尖点突变函数推导过程，公共安全事件的势函数可表述为：$V = v(x, c)$。在该势函数表达式中，V 表征的是公共安全事件的大小，反映在乌坎事件中，可作为事件是否在可控范围内；式中的 x 是状态变量，即公共安全事件的演化的状态是安全还是危险，是一维变量，表征的是公共安全事件本身的状态特征；而式中的 c 是控制变量，指的是事件发生所处环境及事件主体的整体脆弱性和政府危机应对能力两个因素，是二维变量，可用参数 u、t 来分别予以表示。该尖点突变模型可由图 5 表示。

乌坎事件开始于 2011 年 9 月 21 ~ 22 日，村民与政府因土地问题发生矛盾，由于政府解决问题不力，事态急剧恶化，甚至一度出现了村民与政府的直接对抗和冲突。后来，政府官员进驻乌坎村，双方矛盾化解。在事件发生之前，土地问题导致社会矛盾积累，区域公共安全的脆弱性不断增加；事件发展初期，政府行为失当，公共危机应对能力低下，导致矛盾进一步激化，公共安全的脆弱性进一步增加，最终导致危机的爆发；当政府意识到问题的严重性后，积极采取措施，化解矛盾，缓解对抗气氛，最终解决问题，在解决矛盾的过程中伴随着政府危机应对能力水平的提高和区域脆弱性水平的降低。原广东省委书记汪洋表示，“乌坎事件”是一个教训，广东要“解剖”乌坎“麻雀”，为村级组织建设提供借鉴。[4]这种学习借鉴有利于广东危机应对能力的提高。

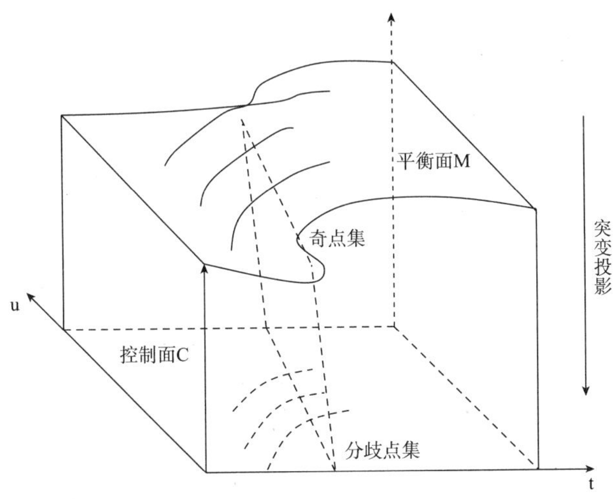

图 5　公共安全事件的尖点突变模型

在突变模型中，平衡曲面是指所有临界点所构成的曲面，在乌坎事件里，可指乌坎村村民的行为和态度处于温和状态的情形，村民们通过合理途径表达诉求，没有采取对抗和极端行为。奇点集是指公共安全事件从安全状态突变为危险状态期间（尽管只有很短暂的时间）对应的脆弱性水平和能力水平，在乌坎事件中，则表征为人群处于危险状态的情况，村民与政府开始对抗，矛盾激化。分歧点集也即是奇点集在控制面（由两个控制变量所构成的平面）上的映射，一般是由平衡曲面方程和奇点集方程联立所得。在该子系统研究中，分歧点集表征的是公共安全事件产生状态突变时，脆弱性和能力的恶化程度，就乌坎事件来说，分歧点集描述的是骚乱人群作为行为主体在实施极端行为时心理状态变得更具脆弱性，同时政府相关人员简单、粗暴和错误的处理方式所表征出来的应对能力的低下进一步恶化事件状态，进而事态失去控制。

通过模型分析，可以看出公共安全事件发生过程的连续性和突发性的统一。公共安全事件发生前，不论是脆弱性水平还是能力水平都是连续缓慢变化的，但是事件的发生却是在瞬间完成的；对于整个事件来说，是连续性和突发性的统一。此外，公共安全事件的发生受到两个控制变量——能力和脆弱性的影响，公共安全事件的发生往往是由于能力和脆弱性同时恶化引起的，单一的脆弱性积累或应对能力恶化往往不会引起公共安全事件的爆发，在脆弱性和能力同时恶化的过程中，由于恶化程度的不同，可造成事件不同程度的危险状态。乌坎事件中，当政府相关部门对问题回应不积极时，人群仅是游行示威，并未出现什么过激甚至与政府对抗的举动，但是当政府对事件进行错误定性并逮捕五名村民，试图通过采取简单粗暴的手段制止这种请愿行为的时候，矛盾被激化，引爆了乌坎村村民的对抗情绪，进而导致更严重的破坏行为，可见不同的手段对于事件结果有着不同的影响。

乌坎事件位列北京大学公民社会研究中心发布的 2011 年度公民社会十大事件首位，关于乌坎事件，汪洋认为，“乌坎事件的发生有其偶然性，也有必然性，这是长期忽视经济社会发展中发生的矛盾积累的结果，是工作‘一手硬一手软’的必然结果。”[5] 矛盾和问题的积累导致区域公共安全脆弱性水平不断提高，同时政府长期忽视危机应对能力建设，当脆弱性水平和能力水平的对比达到一定程度时，就会发生突变引发公共安全事件的发生。同时，公共安全事件的发生受到区域宏观公共安全的直接影响。

四、结论

本文在“能力—脆弱性”综合视角下，通过构建系统动力学模型对区域宏观公共安全演化机理进行了分析，通过构建尖点突变模型对具体公共安全事件的作用机理进行分析，在此基础上，本文得到所研究的结论。

区域公共安全水平受区域脆弱性水平和危机应对能力的影响，区域公共安全水平与区域脆弱性水平有着负反馈关系，而与区域公共危机应对能力之间存在着正反馈的回路关系。区域脆弱性的关键影响要素分为社会经济系统的脆弱性和自然环境系统的脆弱性，社会经济系统脆弱性受到区域人口及区域经济发展等相关因素的影响，自然环境系统的脆弱性主要受到环境污染水平和资源稀缺度等因素的影响；危机应对能力的关键影响因素为危机应对的体制机制建设、危机管理人员的专业素质、危机应对的基础设施建设及投入、危机应对的科学技术保障。各因素之间相互作用、相互影响，共同决定区域的公共安全水平，可以为区域公共安全治理提供良好的支撑。

同时在区域宏观公共安全环境的影响下，当脆弱性与能力的对比超出一定限度的时候就会爆发危机，导致公共安全事件的发生。公共安全事件发生前，脆弱性水平和能力水平都是连续缓慢变化的，危机的爆发却是在瞬间完成的，是连续性和突发性的统一。政府在日常工作和处理公共安全事件时应防微杜渐，尽量避免矛盾的积累，尽量降低区域的脆弱性水平，同时积极采取措施增加区域的危机应对能力水平，防止公共安全事件的爆发。

基于“脆弱性—能力”视角的区域公共安全演化机理和具体公共安全事件作用机理的研究对于飞速发展和不确定性不断增强的时代具有重大的意义，有助于帮助政府优化公共安全应对策略和明确加强公共安全的工作重点，提高地区承受危机事件的能力，有利于公共安全事件的有效应对，减小危机事件带来的损失，预防控制风险的扩大蔓延，构建安全、和谐的社会。

参考文献

[1] 牛文元. 社会燃烧理论与中国社会安全预警系统 [R]. “社会变革中突发事件应急管理”专家研讨会，2001.

Niu Wenyuan. The Social Physics and Warning System of China's SocialStability. Bulletin of the Chinese Academy of Sciences, 2001.

[2] B. L. Turner II, Roger E. Kasperson, Pamela Matson, James J. McCarthy, Robert W. Corell, Lindsey

Christensen, Noelle Eckley, Jeanne X. Kasperson, Amy Luers, Marybeth L. Martello, Colin Polsky, Alexander Pulsipher, Andrew Schiller. Framework for Vulnerability Analysis in Sustainability Science. Proceedings, National Academy of Sciences of the united States of America, 2003, 100 (14).

[3] 朱正威，胡永涛，郭雪松. 基于尖点突变模型的社会安全事件发生机理分析 [J]. 西安交通大学学报（社会科学版），2011 (3).

[4] 为村级组织建设提供借鉴广东要"解剖"乌坎"麻雀". http://www.zgjrw.com/Mews/201215/home/6264618200.shtml.

"Wu Kan" Incident Provides Reference for the Rural Grassroots Organizational Building. http://www.zgjrw.com/Mews/201215/home/6264618200.shtml.

[5] 广东省委书记汪洋称"乌坎事件"有其必然性. http://www.ce.cn/xwzx/gnsz/gdxw/201112/21/t20111221_22937585.shtml.

Secretary of Liaoning Provincial Party Committee Wang Yang Said that the Outbreak of "Wu Kan" Incident had Its Inevitability, http://www.ce.cn/xwzx/gnsz/gdxw/201112/21/t20111221_22937585.shtml.

Research on the Mechanism of Public Security Based on the Integrate Perspective of "Vulnerability - Capacity"

Zhu Zhengwei　Zhao Xinxin　Cai Li

Abstract: This paper illustrated the connotation of regional public security mechanism. Under the Integrated Perspective of "Vulnerability - Capacity", and combining with the actual situation of Guangdong Province and "Wu Kan" incident, this paper analyzed the Macro Mechanism of regional Public Security through the method of system dynamics and analyzed the Microcosmic Mechanism through cusp mutation model, The exploration of this paper contributes to the research and governance of regional public security. There is a negative feedback between the level of vulnerability and regional public safety level, while there is a positive feedback between adaptive capacity and regional public safety level. When the contrast between the vulnerability and capacity beyond a certain limit, public safety incident is going to occur. In order to prevent the occurrence of public safety incidents, government should take preventive measure to avoid the accumulation of contradictions to reduce the level of the region's vulnerability, and improve the region's adaptive capacity.

Key Words: The Integrated Perspective of "Vulnerability - capacity"; Macro Mechanism; Microcosmic Mechanism

非常规突发事件应急准备体系的构成及其评估理论与方法研究*

李湖生

【摘　要】本文介绍了应急准备体系的概念，建立了以提升能力为目标导向的应急准备规划理论框架，提出了非常规突发事件情景的构建方法、应急通用任务清单以及非常规突发事件典型情景应对的目标能力清单。研究提出了以定性评估指标为主、定量评估指标为辅，并综合考虑基础风险水平差异的区域应急准备能力评估体系及其归一化的综合评分方法。最后，简要分析了主要研究成果的应用前景。

【关键词】突发事件；应急准备体系；事件情景；应急能力；应急能力评估

近年来，我国政府全面加强应急管理工作，应急管理体系建设快速推进，突发事件应对能力显著提升。但是，对于一些重特大突发事件，特别是那些前兆不充分、具有明显复杂性特征和潜在次生衍生危害、破坏性严重、采用常规管理方式难以应对处置的非常规突发事件，到底应该如何做好应急准备工作，我国尚缺乏科学的理论学说、规范的体系结构、通用的基准和工具、可靠的评价方法等，因此，应急准备理论和方法研究具有重要的理论和现实意义[1]。

2009 年，“非常规突发事件应急准备体系的构成及其评估理论与方法”项目获得国家自然科学基金重大研究计划“非常规突发事件应急管理研究”的重点支持，用 3 年时间从应急准备战略规划理论与方法、应急准备系统组成与体系结构、应急通用任务与目标能力、应急准备评估理论与方法、应急准备文化的内涵与特征 5 个方面系统研究了应急准备体系的核心科学问题。本文主要围绕应急准备体系构成、规划与评估阐述项目的主要研究成果及其可能应用。

* 本文为国家自然科学基金重大研究计划“非常规突发事件应急管理研究”重点支持项目“非常规突发事件应急准备体系的构成及其评估理论与方法”（项目号：90924303）的研究成果。

作者简介：李湖生，中国安全生产科学研究院副总工程师，研究员。

一、应急准备体系的组成与结构

（一）应急准备与应急准备体系的概念

应急准备是指通过计划、组织、装备、培训、演练、评估、改进等过程，建立和维持各类组织与个人的必要能力，以使其能够积极主动地采取行动，对突发事件进行预防、减灾、监测预警、应急响应、恢复重建，从而避免和减轻突发事件可能造成的损失。应急准备体系是指由应急准备相关的各类主体、各种任务与能力，以及开展应急准备的过程等共同组成的统一的体系结构。它是一种系统的系统，拥有共同的目标策略、协同的行动方案等，实现特定的使命或结果[2][3][4]。

（二）应急准备体系的框架结构

应急准备体系构建和运行的核心使命是持续提升应急能力，图 1 所示为以应急能力建设为基础的应急准备体系总体结构。该体系包含应急准备的对象、涉及的使命领域、责任主体和基本社会环境，以及持续改进的应急准备过程。

（1）应急准备对象包括各类常规与非常规突发事件，强调针对“全灾种”的应急准备。

（2）应急准备的使命领域包括减灾、准备、预防、监测预警、应急响应和恢复重建等，强调拥有“全过程”的应急准备能力。

（3）应急准备的责任主体包括政府、应急机构、应急队伍、社会组织、社区、家庭和个人等各类应急准备的责任主体，强调应急准备责任的“全社会”分担。

（4）应急准备的社会环境包括应急准备的社会政治、经济、法律和文化等方面的基础，为应急准备提供资金、人力、资源、理论、方法、政策等方面的支撑。

（5）应急能力单元包括人力（队伍）、装备和物资等物质要素，以及规划、组织领导、教育培训、演练与评估等非物质要素。

（6）应急能力集成：通过应急规划（预案、方案、计划、指南、手册），对应急组织体系、运行机制、职责分工、资源配置等进行优化设计，实现对应急能力单元的有机集成与配置。

（7）应急准备过程主要包括风险评估与战略预测、能力需求与差距分析、应急能力单元构建、应急能力集成与配置、应急能力应用与验证、评估和改进等过程[5]：①通过风险评估与战略预测构建典型常规与非常规突发事件情景，明确应急准备的对象；②通过对所有使命领域的情景应对能力需求与差距的分析，得到应急准备的主要能力目标；③通过应急能力单元的构建，形成各种应急能力的单元组件；④通过各种应急规划、预案、方

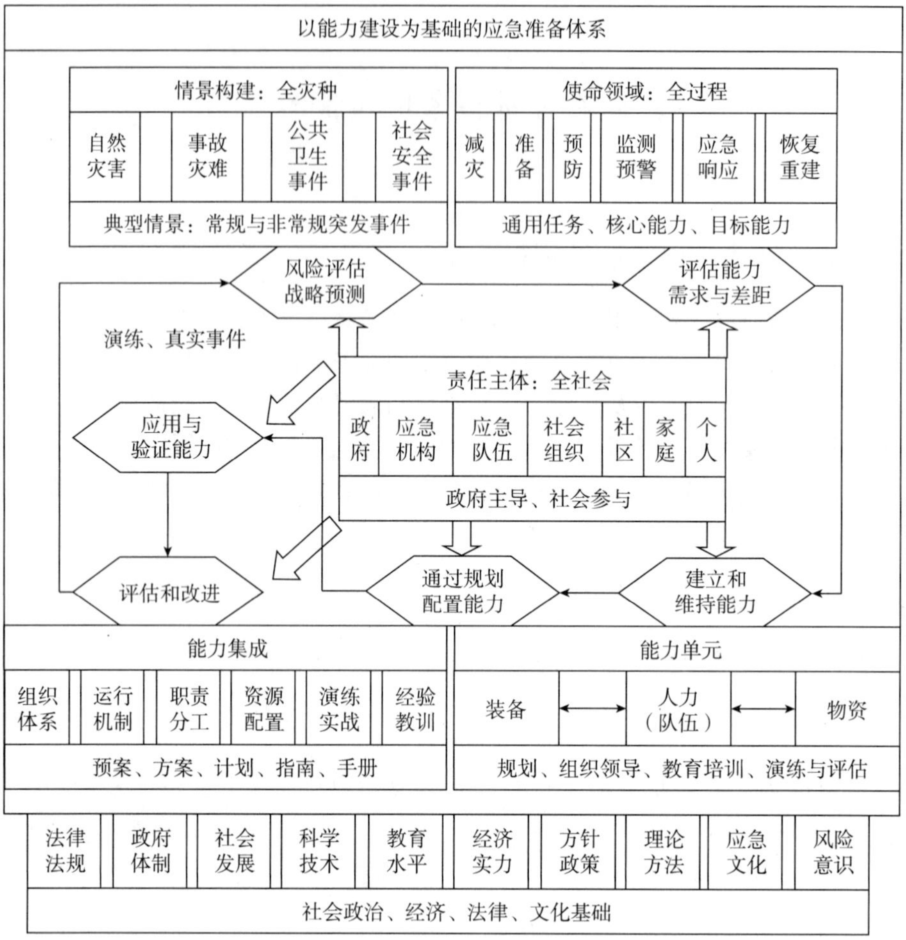

以能力建设为基础的应急准备体系

情景构建：全灾种
自然灾害 | 事故灾难 | 公共卫生事件 | 社会安全事件
典型情景：常规与非常规突发事件

使命领域：全过程
减灾 | 准备 | 预防 | 监测预警 | 应急响应 | 恢复重建
通用任务、核心能力、目标能力

风险评估战略预测
评估能力需求与差距
演练、真实事件

责任主体：全社会
政府 | 应急机构 | 应急队伍 | 社会组织 | 社区 | 家庭 | 个人
政府主导、社会参与

应用与验证能力
评估和改进
通过规划配置能力
建立和维持能力

能力集成
组织体系 | 运行机制 | 职责分工 | 资源配置 | 演练实战 | 经验教训
预案、方案、计划、指南、手册

能力单元
装备 ↔ 人力（队伍） ↔ 物资
规划、组织领导、教育培训、演练与评估

法律法规 | 政府体制 | 社会发展 | 科学技术 | 教育水平 | 经济实力 | 方针政策 | 理论方法 | 应急文化 | 风险意识
社会政治、经济、法律、文化基础

图 1　应急准备体系结构示意图

案等，对应急能力进行集成与配置；⑤通过事件情景演练或者真实事件的应对，对应急能力进行应用与验证；⑥通过定期地评估能力、资源和预案等，对应急能力的薄弱环节进行评估和改进。

二、应急准备规划

（一）应急准备规划的概念

应急规划是指与应急管理有较密切关系的各种规划，包括事先消除或减轻突发事件影响的减灾土地利用规划，增强应急能力的建设规划，对事中应急响应行动做出制度性安排的应急响应规划（即预案编制），以及事后灾区恢复重建规划等。

应急准备规划主要包括应急能力建设规划（应急能力单元的建立与维持）和应急预案编制（应急能力的集成与配置）。应急准备与规划紧密相关，没有规划的编制与实施就谈不上真正意义上的应急准备。换言之，应急准备规划是整个应急准备体系平稳高效运行的基础。

（二）应急准备规划体系

应急准备规划体系是指与应急准备规划相关的各种政策法规、战略、规范、规划、预案等所构成的框架结构，该框架结构大致包含六个层次。

（1）国家战略是指一定时期内国家在公共安全与应急管理方面的宏观战略、基本愿景等，由此确定应急准备规划的战略目标和重点领域。

（2）政策法规是指与公共安全和应急管理相关的法律、法规、政府规范性文件等，是开展应急准备规划的法规基础。

（3）理论规范是指开展应急准备规划的理论、方法和标准规范等，如国家应急准备指南、国家应急管理体系规范、国家应急响应框架规范、应急预案编制规范、应急管理标准体系等。

（4）战略规划是指对应急准备的不同使命领域、重点事件情景等的战略性安排，包括定义使命、确定负责部门、描述责任、确定关键能力和预期目标等。

（5）建设规划是指为了实现战略规划确定的关键能力和预期目标而制定的应急能力建设规划和应急体系发展规划等。

（6）应急预案是指为应对突发事件而将组织体系、响应程序和应急能力集成起来的操作性计划和行动方案，包括总体预案、专项预案、部门支持预案、应急行动方案等。

（三）应急准备规划方法

任何规划都与资源配置有关，一个好的规划可以更有效率地利用资源实现特定目标。规划方法就是对如何确定规划目标、形成资源配置方案、评估规划效果的一种系统性思维和规范化的过程。在应急准备领域，主要有以下几种规划方法[6]：

1. 基于情景的规划方法

这种方法开始于构建一个突发事件的情景，然后，规划人员分析情景的影响，以决定合适的行动路线或资源配置方案；对规划效果的评估是以对情景的有效应对为基准。这种规划方法常用于对不确定性未来的战略规划，对非常规突发事件的“情景—应对”规划，以及编制突发事件专项预案等。

2. 基于功能的规划方法

这种方法首先识别出突发事件发生后相关部门与机构所必须执行的任务清单，即定义需执行的功能；其次根据这些功能确定部门与机构的职责及资源配置方案；最后对规划效果的评估是以功能的有效实现为基准。这种规划方案常用于编制功能性支撑保障预案。

3. 基于能力的规划方法

这种方法首先识别出突发事件发生后相关部门与机构所必须拥有的能力；其次根据这些能力确定部门与机构的资源配置方案；最后对规划效果的评估是以能达到的能力水平为基准。由于能力通常可适用于多种不同突发事件的应对，因此它被认为有足够的可伸缩性和灵活性，更能够满足未来不确定性的威胁和挑战[7]。

4. “情景—任务—能力”综合规划方法

由于单一非常规突发事件发生的概率很低，对每一个事件都一对一地开展情景规划，其成本相对较高；另外，多种非常规突发事件可能具有相似的损害后果，因此需要执行类似的任务，以及拥有相同的应急能力。因此，综合使用上述情景、功能和能力的规划方法，就成为非常规突发事件应急准备规划的一种比较合理可行的选择。在这种综合规划方法中，首先需要构建多种非常规突发事件情景，并分析应对这些情景所需要执行的通用任务，以及完成这些任务的应急能力及其目标水平；其次基于能力需求规划能力建设方案，依据情景—任务—能力编制应急预案；最后通过应急能力水平评估应急准备规划的效果。

（四）基于“情景—任务—能力”的应急准备规划工具

基于“情景—任务—能力”的应急准备规划的工具主要包括非常规突发事件情景、通用任务清单和应急能力清单[3]。

1. 非常规突发事件典型情景

非常规突发事件情景构建的基本过程如图 2 所示，包括情景筛选、事件演化过程构建、后果估计、应对行动分析、应急资源差距分析、情景编制、应用与更新等。在情景分析构建过程中，确定应急任务和应急能力的基本逻辑可参见图 3[3]。

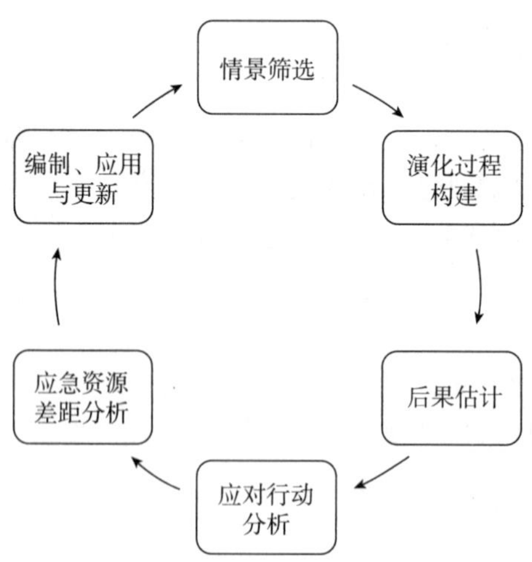

图 2 非常规突发事件情景构建基本过程

1.定义情景	•根据区域同类突发事件发生的风险，选择典型的突发事件作为应急准备的情景； •定义情景事件的范围和程度，可用发生可能性、可感知性、强度、范围、持续时间、后果等进行描述； •解决为什么而准备的问题
2.识别任务	•通过对事件情景的分析，整理出应急过程中必须完成的任务清单，并按功能或流程进行分类； •不考虑由谁或怎样完成任务，也不期望哪个单一的部门或机构能够完成所有任务； •解决需要做什么的问题
3.确定关键任务	•对前面识别出的任务，根据重要性程度进行任务优先排序； •识别关键任务，即优先度较高，如果不完成会导致灾难性后果的任务； •确定需要优先完成的任务
4.分析需要的能力	•能力是为完成一项或多项关键任务，并获得可度量效果而需要提供的手段； •对各项关键任务，分析为了完成任务需要的能力清单
5.确定优先能力	•通过需求与可接受风险的平衡，分析需要优先达到的“关键性”能力，并比较其他可选方案； •确定一个时期内需要着力建设的优先能力清单
6.确定能力目标	•对列在优先能力清单中的每一项能力，确定其应达到的目标水平； •根据特定区域的风险水平需要在需求与可接受风险间进行平衡

图 3　通过情景分析确定应对任务和能力的基本逻辑

（1）情景筛选：从一个区域的大量突发事件历史案例和现实威胁中筛选出适当数量的具有代表性的特别重大突发事件，以作为当前和未来一个时期的应急管理重点对象。

（2）演化过程构建：对筛选出的突发事件，研究分析情景事件的特化特征，构建出情景事件发生、发展的过程。

（3）后果估计：分析情景事件可能引发的次生、衍生事件，事件造成的生命与财产损失、服务中断、经济影响和长期的健康影响等方面的后果，是情景构建的重要任务。

（4）应对行动分析：结合事件的演化过程和后果，分析在情景事件条件下需要采取哪些预防、减灾、应急准备、监测预警、应急响应和恢复重建行动。

（5）应急资源差距分析：对现有可用于情景应对的资源、应急预案等进行调研与评估，查找存在的差距，并提出改进的建议。

（6）情景编制、应用与更新：根据以上分析结果，按照情景描述的要素（见图 4）和方法，编写出情景描述文本；必要时采取模拟仿真技术进行直观的展示。情景构建出来后，应进一步应用于评估和完善应急预案体系、查找应急资源和能力的不足并进而完善应急能力、指导应急培训和演练等；通过应用，可以发现情景所依据的环境变化，并在必要时对事件情景进行修改和完善。

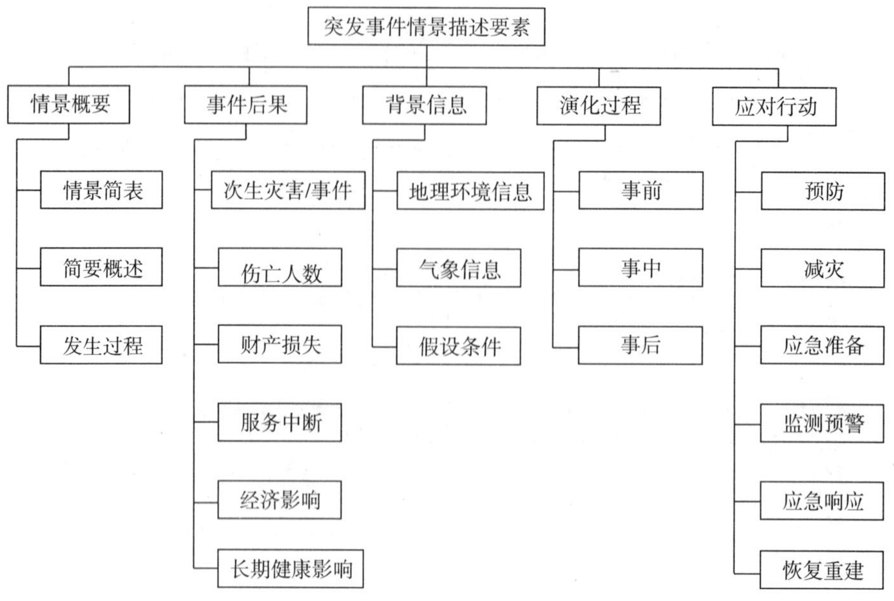

图 4　非常规突发事件情景描述要素

2. 应急通用任务清单

应急通用任务是在应急管理过程中需要由各类相关主体执行的一般性任务，是上述情景构建过程中所识别出的应对任务的交集，它不涉及由谁去执行、执行的时间和达成的效果等。将这些任务分门别类地列出，形成一个清单，就是“通用任务清单”。通用任务清单是基于能力的应急准备规划的一个重要工具，它为应急规划领域提供了一个共同的任务框架和通用的语言体系。使用通用任务，可以描述不同的突发事件情景需要启动的任务领域；还可以对应急能力进行详细说明。在编制应急规划和应急预案、组织培训和演练时，使用通用任务清单，有助于对应急管理活动进行规范化描述。

图 5 所示为本项目研究提出的应急通用任务框架体系，该框架体系针对应急管理的预防、减灾、准备、监测预警、应急响应和恢复重建六个使命领域，归纳整理了 22 项战略目标、74 项核心功能、600 多项通用任务，为应急规划领域提供了一个通用任务框架和标准术语体系。

3. 应急能力清单

完成上述应急通用任务需要特定的应急能力。将完成全部应急通用任务所需要的所有应急能力进行必要的合并和规范化处理，并按照准备、减灾、预防、监测预警、应急响应、恢复重建 6 个方面分门别类地列出，便可以形成《应急能力清单》。表 1 所示为本项目研究所提出的我国非常规突发事件典型情景应对所需要的 49 项应急能力清单。每项能力都按照一个标准框架进行详细描述，该能力描述框架包含定义、期望结果、主要任务与绩效标准、资源要素与目标准备水平要素。

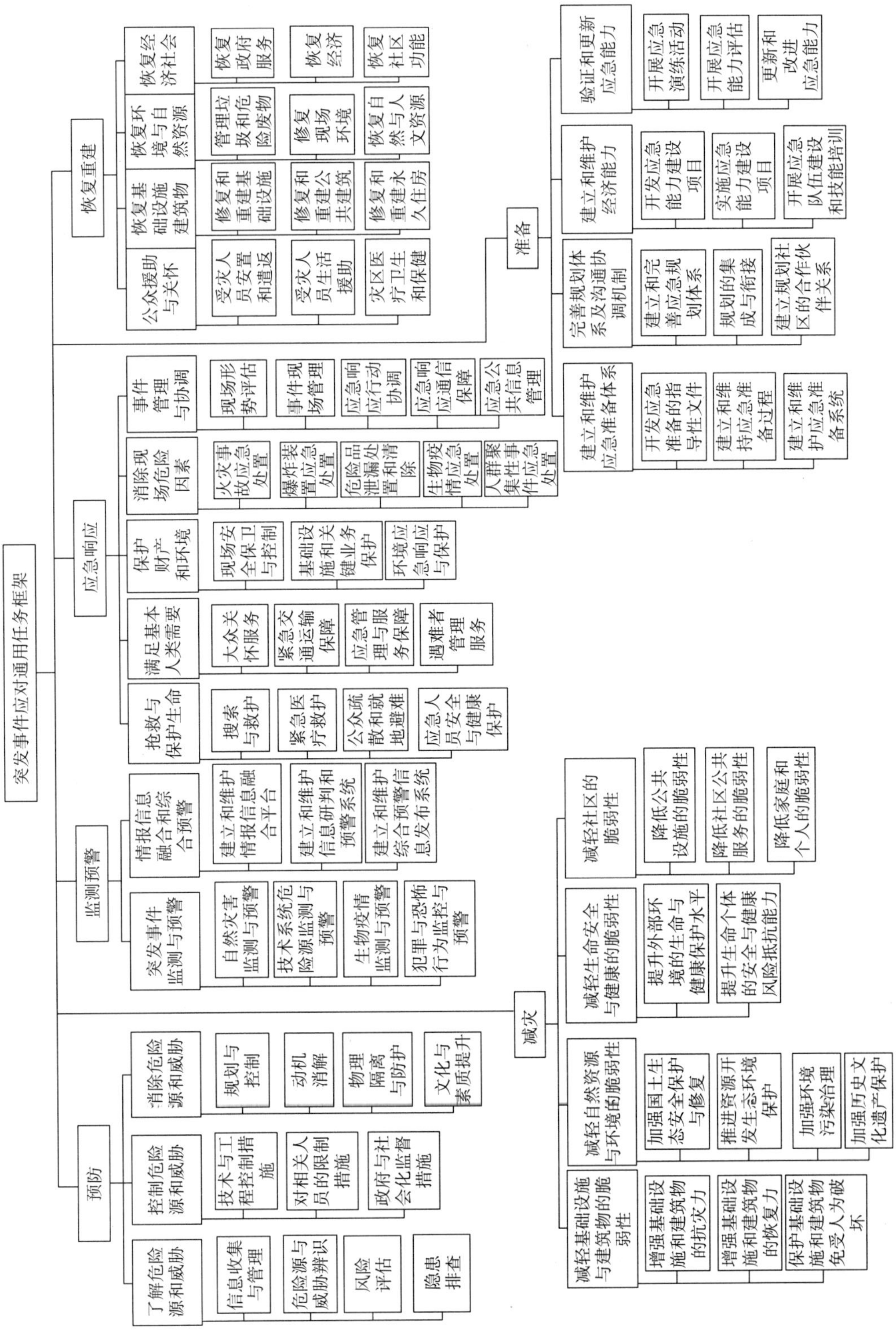

- 突发事件应对通用任务框架
  - 预防
    - 了解危险源和威胁
      - 信息收集与管理
      - 危险源与威胁辨识
      - 风险评估
      - 隐患排查
    - 控制危险源和威胁
      - 技术与工程控制措施
      - 对相关人员的限制措施
      - 政府与社会化监督措施
    - 消除危险源和威胁
      - 规划与控制
      - 动机消解
      - 物理隔离与防护
      - 文化与素质提升
  - 减灾
    - 减轻基础设施与建筑物的脆弱性
      - 增强基础设施和建筑物的抗灾力
      - 增强基础设施和建筑物的恢复力
      - 保护基础设施和建筑物免受人为破坏
    - 减轻自然资源与环境的脆弱性
      - 加强国土生态安全保护与修复
      - 推进资源开发生态环境保护
      - 加强环境污染治理
      - 加强历史文化遗产保护
    - 减轻生命安全与健康的脆弱性
      - 提升外部环境的生命与健康保护水平
      - 提升生命个体的安全与健康风险抵抗能力
    - 减轻社区的脆弱性
      - 降低公共设施的脆弱性
      - 降低社区公共服务的脆弱性
      - 降低家庭和个人的脆弱性
  - 监测预警
    - 突发事件监测与预警
      - 自然灾害监测与预警
      - 技术系统危险源监测与预警
      - 生物疫情监测与预警
      - 犯罪与恐怖行为监控与预警
    - 情报信息融合和综合预警
      - 建立和维护情报信息融合平台
      - 建立和维护信息研判和预警系统
      - 建立和维护综合预警信息发布系统
  - 应急响应
    - 抢救与保护生命
      - 搜索与救护
      - 紧急医疗救护
      - 公众疏散和就地避难
      - 应急人员安全与健康保护
    - 满足基本人类需要
      - 大众关怀服务
      - 紧急交通运输保障
      - 应急管理与服务保障
      - 遇难者管理服务
    - 保护财产和环境
      - 现场安全保卫与控制
      - 基础设施和关键业务保护
      - 环境应急响应与保护
    - 消除现场危险因素
      - 火灾事故应急处置
      - 爆炸装置应急处置
      - 危险品泄漏处置和清除
      - 生物疫情应急处置
      - 人群聚集性事件应急处置
    - 事件管理与协调
      - 现场形势评估
      - 事件现场管理
      - 应急响应行动协调
      - 应急响应通信保障
      - 应急公共信息管理
  - 恢复重建
    - 公众援助与关怀
      - 受灾人员安置和遣返
      - 受灾人员生活援助
      - 灾区医疗卫生和保健
    - 恢复基础设施建筑物
      - 修复和重建基础设施
      - 修复和重建公共建筑
      - 修复和重建永久住房
    - 恢复环境与自然资源
      - 管理垃圾和危险废物
      - 修复现场环境
      - 恢复自然与人文资源
    - 恢复经济社会
      - 恢复政府服务
      - 恢复经济
      - 恢复社区功能
  - 准备
    - 建立和维护应急准备体系
      - 开发应急准备的指导性文件
      - 建立和维持应急准备过程
      - 建立和维护应急准备系统
    - 完善规划体系及沟通协调机制
      - 建立和完善应急规划体系
      - 规划的集成与衔接
      - 建立规划社区的合作伙伴关系
    - 建立和维护经济能力
      - 开发应急能力建设项目
      - 实施应急能力建设项目
      - 开展应急队伍建设和技能培训
    - 验证和更新应急能力
      - 开展应急演练活动
      - 开展应急能力评估
      - 更新和改进应急能力

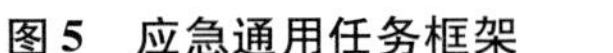
图 5　应急通用任务框架

表 1　应急能力清单

减灾能力	基础设施保护能力；网络安全保护能力；反恐怖袭击或人为破坏能力；自然与文化资源减灾能力；环境保护与污染治理能力；生命安全与健康保护能力；社区减灾能力
准备能力	科技支撑能力；规划能力；组织协调能力；沟通与信息共享能力；项目管理能力；资源配置与管理能力；人员培训与资质认证能力；应急演练能力；应急评估能力
预防能力	危险源和威胁识别能力；风险评估能力；危险源物理控制能力；不安全行为控制能力；政府监管监察能力；安全规划与设计能力；动机消解能力；物理隔离与防护能力；公共安全素质提升能力
监测预警能力	监测与预警能力；信息融合与综合预警能力
应急响应能力	搜索与救护能力；紧急医疗救护能力；公众疏散和就地避难能力；公众照料服务能力；紧急交通运输保障能力；应急资源与服务能力；遇难者管理服务能力；现场安全保卫与控制能力；火灾事故应急处置能力；爆炸装置应急处置能力；危险品泄漏处置和清除能力；生物疫情应急处置能力；人群聚集性事件应急处置能力；事件现场管理能力；应急响应行动协调能力；应急响应通信保障能力
恢复重建能力	受灾人员生活救助能力；基础设施修复和重建能力；垃圾和危险废物管理能力；政府服务恢复能力；经济恢复能力；社区恢复能力

（五）应急准备规划文件编制过程

各类战略、规划、预案等文本的研究与编制过程基本类似，大致可以归纳为 4 个阶段 12 个步骤，详见表 2。

表 2　应急准备相关文件编制过程

阶段	步骤	主要任务
定义需求	提出需求	提出相关文件编制的建议，并获得批准
	分配任务	成立工作组，分配任务，作出计划安排
编制文件	起草文件	调查研究，收集资料，编写草稿
	征求意见	征求相关各方意见，修改完善
	批准	按程序获得权威机构或人员的批准
发布实施	出版	文件编辑、印刷、出版
	分发	文件通过相关渠道分发有关各方
	培训	对有关各方进行必要的培训和指导
	使用	文件应用于实际工作或演练之中
维护更新	评估	对文件的适用性、有效性、问题等进行评估
	修订	对存在的问题进行修正，内容补充完善
	更新	发布使用修订后的文件

（六）应急准备规划的集成与同步

不同层级、不同部门和组织的应急准备规划必须集成与同步，以保持应急准备行动的一致性和协调性[6]。

（1）纵向集成是指上下各级政府的应急准备规划和行动方案相互联系和协调，以提供一致性的规划方法及相互衔接的行动过程。

（2）横向集成是指综合所有政府机构、企事业单位、公民个人等的努力，以确保各类突发事件应急规划的协调，实现在战略、行动和战术层面的跨部门合作，共享全社会的应急资源。

（3）规划同步是指通过使用规划期、阶段、分支、正向和反向规划等概念，实现规划在时间、空间和意图上的同步。规划期是指一定的时间范围（如数月至数年），用于集中规划的努力；阶段是将应急行动根据时间、距离、地理位置、资源和关键事件等因素的差异划分为不同的部分；分支则是针对不同突发事件情景设计不同的应对方案；正向规划从当前状态开始，由此向前排出可能的决策和行动，建立朝向期望目标的行动步骤；反向规划则是从目标开始，由后朝前开展工作，以排出达成目标的中间决策点及中间目标。

三、应急准备评估

在应急管理实践工作中，应急准备体系的建立完善是一个长期的过程。作为一个结构合理的体系，都必然存在一个通过评估自我完善并持续改进的机制，在这种机制的推动下，使得整个体系不断完善。在本项目所建立的应急准备体系架构中，也要通过评估，发现问题，提出改进需求和方向，引导整个应急准备体系逐步趋于完善，社会总体应急准备能力不断提升。

在实践工作中，对应急准备状况与效果进行评估的方法有很多种，如风险评估、应急能力评估、应急演练和事故调查分析都在一定层面和程度上具有评估作用。其中前三项是事前评估，第四项是事后评估。单从长期持续改进的角度看，目前的事后评估实际上也是为将来突发事件的预防准备服务的，也是一种事前的应急准备活动。本项目所研究的主要是突发事件应急准备能力评估。

对于每项具体应急能力水平的评估，可以根据前面介绍的《应急能力清单》所描述的每项能力的主要任务与绩效标准、资源要素与目标准备水平进行评估。评估过程包括：首先根据本地的突发事件情景确定各项应急任务的绩效标准，以及各资源要素需要达到的目标水平；其次根据真实事件响应、应急演练等的分析结果得出实际完成各项应急任务的绩效水平，通过对现有资源情况的调查统计得到现有的资源数量与水平；最后对比应急任务的实际绩效水平与绩效标准、资源要素的实际水平与目标水平，就能得到每项能力的差距或富余情况，从而为应急能力建设规划提供基础数据。

一个区域的总体应急能力水平，原则上也能够通过对每一项应急能力进行评估后再进行综合分析后得出。但是，由于应急能力数量较多，评估所需要的大量原始数据难以获得，短期内完成这种方式的综合应急能力评估的难度很大[8]。此外，为了比较不同区域的应急能力水平，也需要有一个统一的标准；而对每项应急能力的评估则应针对不同地区的具体风险水平确定相应的任务绩效和能力水平。为减少评估难度、简化评估内容、缩短评估过程，并实现对不同区域应急能力水平的比较，本文提出了综合性的区域应急准备能力评估方法[9]。

（一）区域突发事件应急准备能力评估体系

本文从省级政府的视角，从科学性、可操作性、可比较性出发，构建了突发事件综合应急能力评估体系。该评估体系由定性评估指标、定量评估指标和突发事件基础风险水平指标三部分组成。以定性指标为主，定量指标是定性指标的补充，基础风险水平指标是整个指标体系的基础。定性指标由 12 个一级指标、48 个二级指标构成；作为定性指标的补充，对 12 个一级指标设置了 39 个定量指标；突发事件基础风险水平指标主要从四大类突发事件的经济损失和死亡人数的角度出发，由 20 个定量指标构成。指标体系总体架构如图 6 所示，定性指标、定量指标和基础风险水平指标分别见图 7、图 8 和图 9。

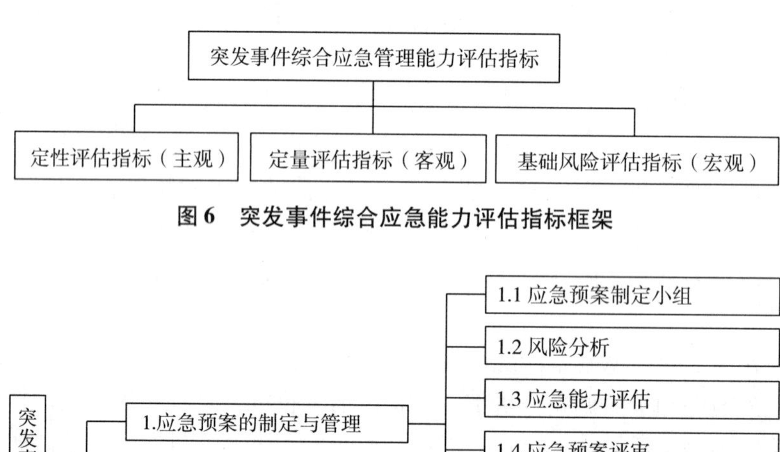

图 6　突发事件综合应急能力评估指标框架

图 7　突发事件综合应急能力定性指标

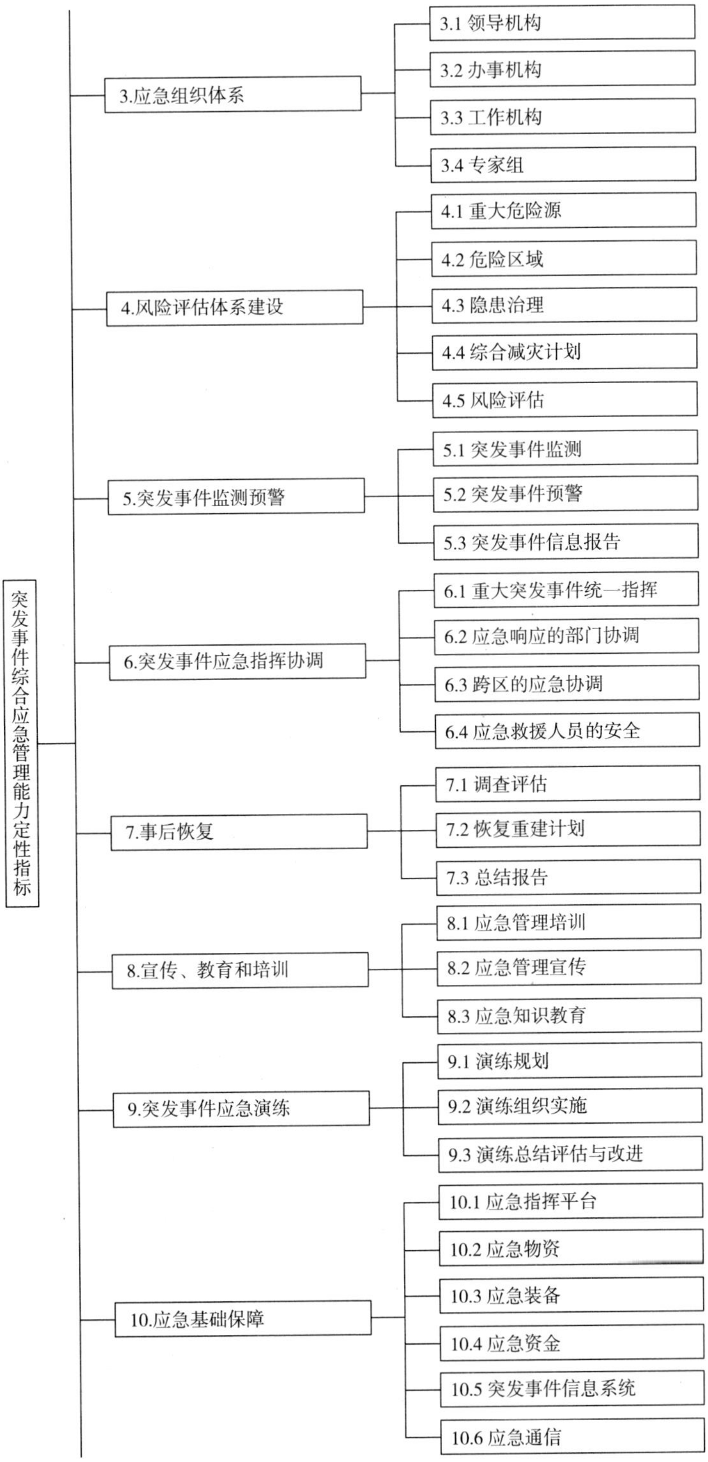

突发事件综合应急管理能力定性指标

- 3.应急组织体系
  - 3.1 领导机构
  - 3.2 办事机构
  - 3.3 工作机构
  - 3.4 专家组
- 4.风险评估体系建设
  - 4.1 重大危险源
  - 4.2 危险区域
  - 4.3 隐患治理
  - 4.4 综合减灾计划
  - 4.5 风险评估
- 5.突发事件监测预警
  - 5.1 突发事件监测
  - 5.2 突发事件预警
  - 5.3 突发事件信息报告
- 6.突发事件应急指挥协调
  - 6.1 重大突发事件统一指挥
  - 6.2 应急响应的部门协调
  - 6.3 跨区的应急协调
  - 6.4 应急救援人员的安全
- 7.事后恢复
  - 7.1 调查评估
  - 7.2 恢复重建计划
  - 7.3 总结报告
- 8.宣传、教育和培训
  - 8.1 应急管理培训
  - 8.2 应急管理宣传
  - 8.3 应急知识教育
- 9.突发事件应急演练
  - 9.1 演练规划
  - 9.2 演练组织实施
  - 9.3 演练总结评估与改进
- 10.应急基础保障
  - 10.1 应急指挥平台
  - 10.2 应急物资
  - 10.3 应急装备
  - 10.4 应急资金
  - 10.5 突发事件信息系统
  - 10.6 应急通信

图 7　突发事件综合应急能力定性指标（续图）

突发事件综合应急管理能力定性指标
11.应急救援队伍
11.1 军队武警
11.2 综合性应急救援队伍
11.3 专业性应急救援队伍
11.4 基层综合性应急救援队伍
11.5 志愿者队伍
12.关键基础设施和资源保护
12.1 关键基础设施保护
12.2 关键资源保护
12.3 重点地点保护

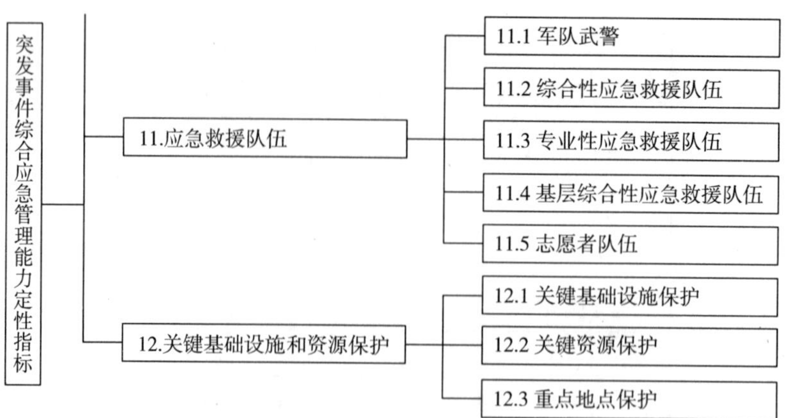

图 7　突发事件综合应急能力定性指标（续图）

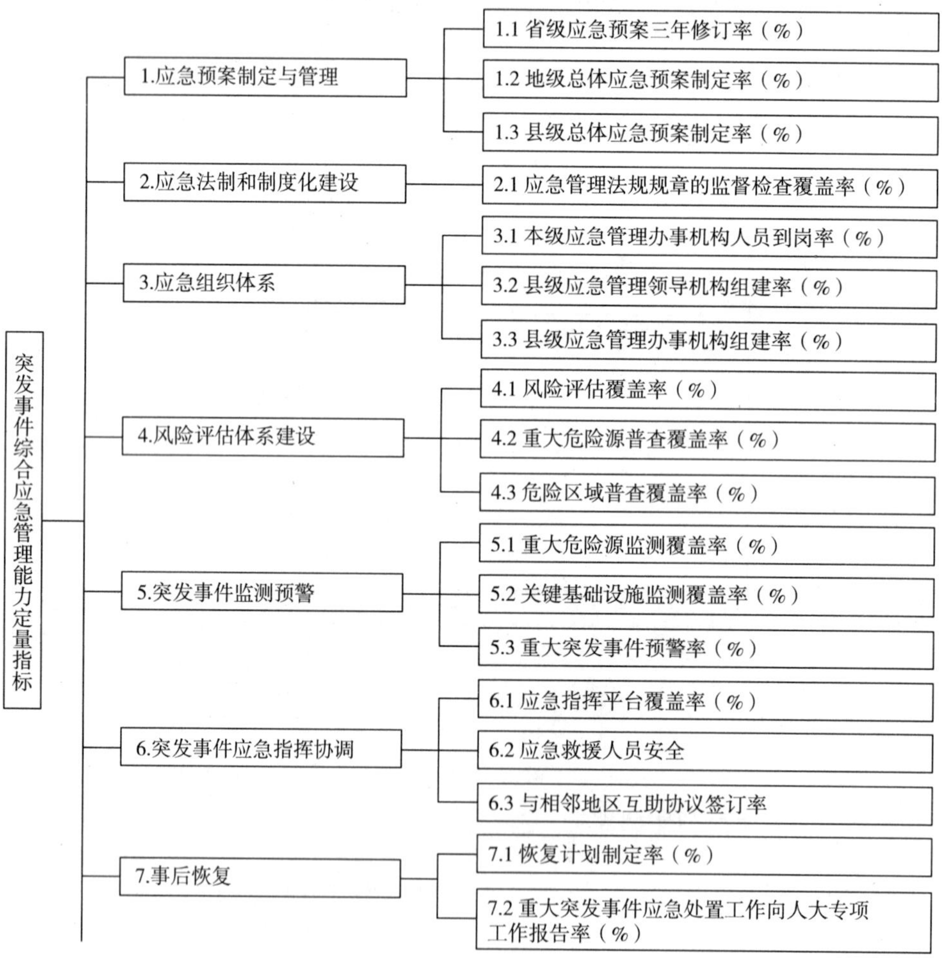

突发事件综合应急管理能力定量指标
1.应急预案制定与管理
1.1 省级应急预案三年修订率（%）
1.2 地级总体应急预案制定率（%）
1.3 县级总体应急预案制定率（%）
2.应急法制和制度化建设
2.1 应急管理法规规章的监督检查覆盖率（%）
3.应急组织体系
3.1 本级应急管理办事机构人员到岗率（%）
3.2 县级应急管理领导机构组建率（%）
3.3 县级应急管理办事机构组建率（%）
4.风险评估体系建设
4.1 风险评估覆盖率（%）
4.2 重大危险源普查覆盖率（%）
4.3 危险区域普查覆盖率（%）
5.突发事件监测预警
5.1 重大危险源监测覆盖率（%）
5.2 关键基础设施监测覆盖率（%）
5.3 重大突发事件预警率（%）
6.突发事件应急指挥协调
6.1 应急指挥平台覆盖率（%）
6.2 应急救援人员安全
6.3 与相邻地区互助协议签订率
7.事后恢复
7.1 恢复计划制定率（%）
7.2 重大突发事件应急处置工作向人大专项工作报告率（%）

图 8　突发事件综合应急能力定量指标

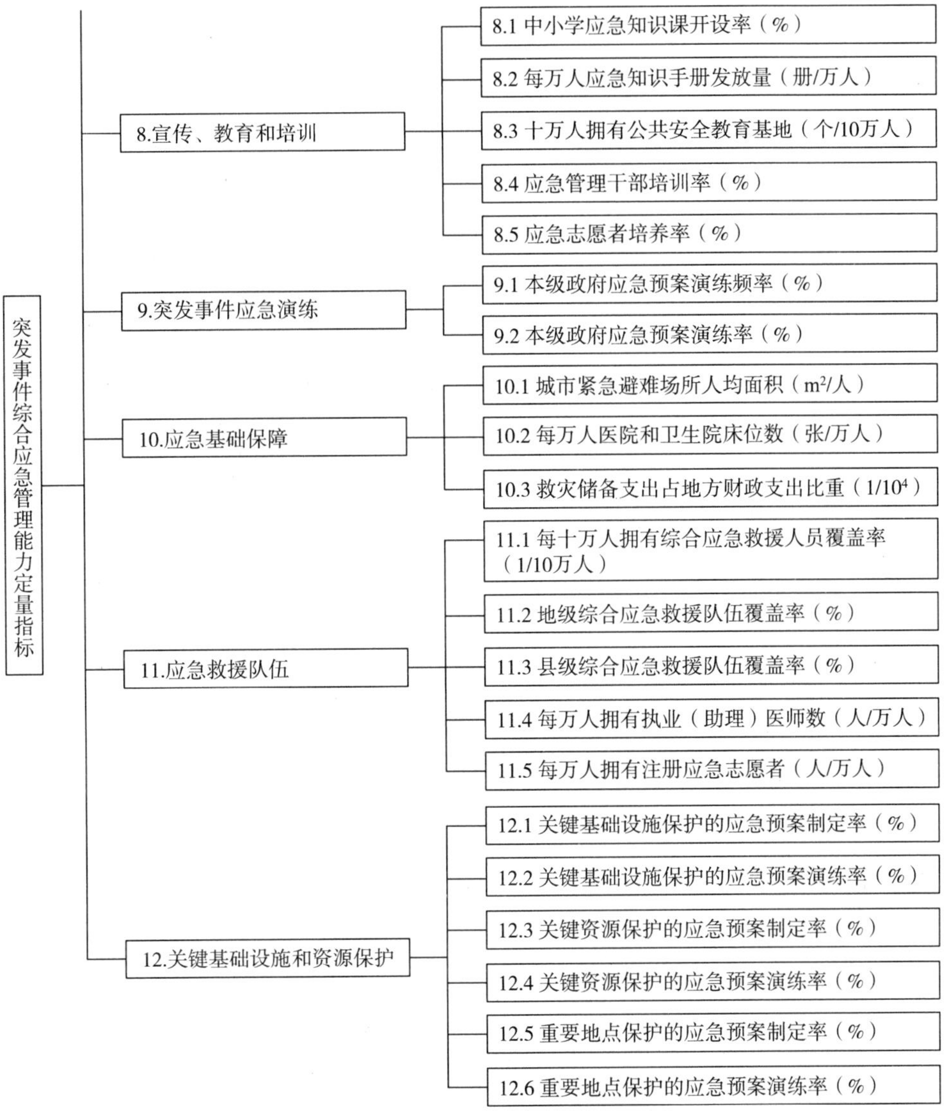

图 8　突发事件综合应急能力定量指标（续图）

（二）评估指标的评分方法

首先，由评估工作组根据评估指标内容，进行数据收集和现场调研，填写《突发事件综合应急能力评估调查表》；其次，由评估人员（专家）对定性、定量指标进行评分和计算。

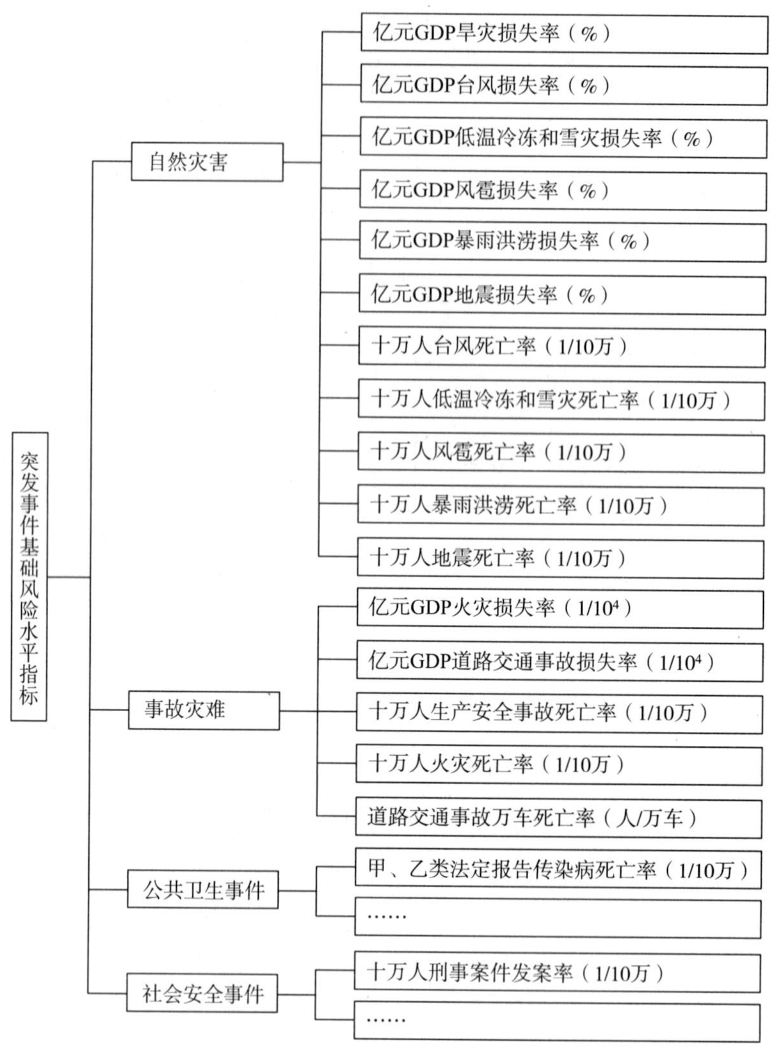

图 9　突发事件基础风险水平指标

1. 定性指标分析

（1）评分方法。评估人员对《突发事件综合应急能力评估调查表》中各项定性评估内容逐项进行判断，用"√"标识所选择的评估结果选项。评估结果选项 A、B、C 和 D 分别赋分值 0、1、2 和 3。

（2）评分计算模型。

1）二级指标评分计算。假设有 P 个评估人员独立评分，则每个二级指标有 P 个分值。该二级指标评分按如下规则计算：

$$A = \frac{N_2 + 2N_3 + 3N_4}{N_1 + N_2 + N_3 + N_4} \tag{1}$$

其中，N_1、N_2、N_3 和 N_4 分别为将指标评为 A、B、C、D 的专家数，$P = N_1 + N_2 + N_3 + N_4$。

2）一级指标评分计算。假设某一级指标分为 k 个二级指标，其得分记为 A_1，A_2，…，A_k（k 为整数），则该一级指标的评分 S_i 按如下规则计算：

$$S_i = \sum_{i=1}^{K} W_j A_j \tag{2}$$

式中，W_j 为二级指标权重，若没有确定，则 W_j 为 1/k。

3）定性评估得分计算。假设有 N 个一级指标，按（2）式可得 N 个一级指标分值，记为 S_1，S_2，…，S_N，则定性评估得分 S_A 按如下规则计算：

$$S_A = \sum_{i=1}^{N} S_i \tag{3}$$

2. 定量指标评分

（1）指标值计算根据相关调查的数据，逐一对定量指标（即二级指标）进行计算，然后在定量指标表中用“√”标识评估结果选项。

（2）评分计算模型。

1）定量指标评分计算。定量指标为计算结果所对应的得分，A 得 0 分，B 得 1 分，C 得 2 分，D 得 3 分。

2）一级指标评分计算。假设某一级指标分为 k 个二级指标（定量指标），其得分记为 A_1，A_2，…，A_k（k 为整数），则该一级指标的评分 S_i 按如下规则计算：

$$S_i = \sum_{j=1}^{K} W_j A_j \tag{4}$$

式中，W_j 为二级指标权重，若没有确定，则 W_j 为 1/k。

3）定量评估得分计算。假设有 N 个一级指标，按（4）式可得 N 个一级指标分值，记为 S_1，S_2，…，S_N，则定量评估得分 S_B 按如下规则计算：

$$S_B = \sum_{i=1}^{N} S_i \tag{5}$$

3. 基础风险水平指标评分

宏观突发事件基础风险水平用突发事件风险指数（ERI）表示，ERI 的计算采用秩和比法。该方法根据参评各省市突发事件基础风险水平指标的大小编排秩次，然后用一定的公式求得秩和比，并按其大小对各省市进行排序与评价。基于秩和比法，计算各省市和全国平均值的秩和比值，即 ERI，并排出它们的名次，从而对其做出评价。该法的具体步骤如下[9]：

（1）计算各省市突发事件基础风险水平指标值。

（2）确定正向指标与反向指标。所谓正向指标是指那些值越高、越大、越多就越好的指标；反之，则为反向指标。

（3）编秩。正向指标是以其值最大者的秩次为最高，而反向指标则是其值最小者秩次最高。

（4）确定各突发事件基础风险水平指标的权重。上述基础风险水平指标对衡量某地区的突发事件基础风险而言同等重要，因此不考虑指标的权重。

（5）计算秩和比（或加权秩和比）ERI。计算公式为：

$$ERI_j = \frac{\sum_{i=1}^{m} R_{ji}}{n * m} \tag{6}$$

式中，n 为参评对象数量，m 为突发事件基础风险水平指标的个数，R_{ji}是第 j 个省市的第 i 个指标的秩次，ERI_j 是第 j 个省市的秩和比（或加权秩和比）。

（6）排出秩和比序列。按秩和比（或加权秩和比）的大小进行排序分类，对各省市做出评价。若 ERI 大于 1.4，则为高风险地区，得 4 分；ERI 小于 1.4 且大于 0.8，则是较高风险地区得 3 分；ERI 小于 0.8 且大于 0.4，则属一般风险地区得 2 分；ERI 小于 0.4，则属低风险地区得 1 分。风险水平得分记为 S_c。

4. 综合评分

根据前三节的评分计算，可以得到定性评估、定量评估、风险评估得分，分别记为 S_A、S_B 和 S_c，则本次突发事件综合应急能力评估的评分 S 按式（7）计算，然后将全国所有省市的 S 按式（8）进行归一化处理，得到最后的标准分，记为 S_S（保留两位小数）。

$$S = \frac{S_A + S_B}{S_C} \tag{7}$$

式中，S_{max}和 S_{min}分别为 S 的最高分和最低分。目前，对于单个省市的评估，S_{max}和 S_{min}分别默认为 72.0 和 0。如果全国各省市的评分 S 都已计算得到，则用 S 的最大值和 S 的最小值分别代替原默认值。

$$S_S = \frac{S - S_{min}}{S_{max} - S_{min}} \tag{8}$$

在综合评分基础上，可根据实际需要对评估对象的综合应急能力进行分级，提出工作改进建议和要求。

四、应用前景

项目研究提出的应急准备体系结构框架和以应急能力建设为核心的应急准备过程，为开展应急准备活动提供了坚实的理论基础和科学方法。

项目研究提出的应急准备规划方法、规划体系框架、情景构建的理论与方法、非常规突发事件典型情景、应急通用任务与应急能力清单等，为进一步完善应急预案体系、开展应急体系规划提供了必要的理论、方法和工具。相关部门、地方政府和各类组织可根据实际情况，构建和细化自己的突发事件情景，并开展基于情景—任务—能力的应急准备规划，提升应急能力水平。该方法已成功用于《国家突发事件应急体系建设“十二五”规划》《安全生产应急管理“十二五”规划》等应急准备规划编制任务。目前研究人员正运用相关研究成果完成北京市重大突发事件（巨灾）情景构建工作。

项目研究提出的非常规突发事件典型情景、应急通用任务与应急能力清单等，可供组织实施与评估应急演练活动时参考，并作为设计演练场景和事件清单、应急演练任务和评估指标的基础。

项目研究提出的突发事件应急准备能力评估体系及评估方法等，可应用于各级政府和企事业单位开展应急准备能力、应急准备效果的宏观、综合和比较性评估，为了解应急准备的基本情况和投资决策等提供参考依据；应急准备能力清单则可应用于对具体应急能力水平的评估，通过对应急能力的差距分析，为查找应急能力的不足和应急能力建设决策提供参考依据。

参考文献

[1] 李湖生，刘铁民．突发事件应急准备体系研究进展及关键科学问题［J］．中国安全生产科学技术，2009，5（6）：5－10.

[2] U. S. Executive Office of the President. The Federal Response to Hurricane Katrina：Lessons Learned［R］. The White House，Washington，DC，USA，2006.

[3] U. S. Department of Homeland Security. National Preparedness Guidelines［R］. Washington，DC，USA，2007.

[4] U. S. Department of Homeland Security. The Federal Preparedness Report［R］. Washington，DC，USA，2009.

[5] U. S. Department of Homeland Security. National Preparedness System［R］. Washington，DC，USA，2001.

[6] FEMA. Comprehensive Preparedness Guide 101（Version）2.0：Developing and Maintaining State，Territorial，Tribal，and Local Government Emergency Plans［R］. US Department of Homeland Security，2010.

[7] Sharon L. C. Homeland Security Capabilities－Based Planning：Lessons from the Defense Community［J］. Homeland Security Affairs，2005，1（2）：1－21.

[8] U. S. Department of Homeland Security. National Preparedness Report［R］. Washington，DC，USA，2012.

[9] 江田汉，邓云峰，李湖生等．基于风险的突发事件应急准备能力评估方法［J］．中国安全生产科学技术，2011，7（7）：35－41.

公共领域冲突管理的制度建设*

常　健　田岚洁

【摘　要】公共领域冲突的有效管理不能仅靠强化临时性的应急措施，而必须要加强冲突管理的制度建设。中国现行体系中有许多制度具有公共冲突管理的功能，但存在着制度供给不足、制度间衔接存在缝隙、制度执行力弱和制度内容的压抑性导向问题。要在充分发挥现有制度冲突管理作用的基础上，逐步扩展制度的功能空间，提升社会信任度。建立完善、协调、纵横交织的公共领域冲突管理制度体系。

【关键词】公共领域；冲突管理；制度建设

公共领域是指涉及公共交往和公共利益的领域。公共领域的冲突是指在公共交往中涉及公共利益的冲突。与私人领域冲突不同，公共领域中的冲突由于涉及公共利益，因而直接关系到社会的和谐与国家的稳定。因此，只有建立一套完善的公共领域冲突管理制度，才能有效化解各种公共冲突，保证社会的深层稳定和国家的长治久安。

一、公共领域冲突管理对制度供给的需求

在中国，公共领域的冲突主要集中在土地征用、城市拆迁、社区管理、企业改制重组、行政执法、就业安置、移民安置、环境污染等领域。随着中国社会转型的不断深入，私人领域和公共领域的冲突发生频率都呈现快速增长的趋势，而且一些私人领域的冲突，如医疗纠纷、消费纠纷、交通纠纷、劳资纠纷等，经常跨界转化为公共领域的冲突。这使得公共领域的冲突管理、化解和转化面临着巨大的压力。

针对公共领域冲突管理面临的巨大压力，政府采取了一系列强有力的措施，使中国公

---

* 原文发表于《国家行政学院学报》2013 年第 5 期。

作者简介：常健，南开大学周恩来政府管理学院副院长、教授、博士生导师，主要研究方向为公共冲突管理、人权理论；田岚洁，南开大学周恩来政府管理学院博士生，主要研究方向为公共冲突管理。

共领域的冲突还没有对公共秩序和公共安全形成极度的威胁。然而，从公共领域冲突的发生频率和升级趋势来看，仅仅靠强化临时性的应急措施，已经越来越难以完成日益艰巨的冲突管理任务。必须调整公共领域冲突管理的总体战略，强化冲突管理的制度建设，通过制度体系的结构性约束来有效提升公共领域冲突管理的效率。

制度是规定人们行为方式的相对稳定的规则体系。杰克·奈特（Jack Knight）认为，各种不同制度有两个共同的特征：第一，它是一套以某些方式构建社会互动的规则；第二，这套规则必须为相关团体和社会的每个成员所了解。制度可以分为正式制度和非正式制度。正式制度靠外部实施，非正式制度则自我实施。无论是正式制度还是非正式制度，都会对社会互动结构产生影响，只是影响的程度和稳定时间有所不同。[1]

根据大卫·休谟和亚当·斯密的观点，制度的重要功能就在于通过建立内部制裁和外部制裁来限制个人的自私自利行为。[2]根据帕森斯的观点，制度的这种功能是通过定义人们的合理预期行为来实现的。[3]

互动的人们之间存在着利益的冲突。根据理性选择理论，个体为追求各种不同的目标和利益而行动，并且为了更有效地满足这些利益而选择他们的行为。在相互依赖的社会结构关系中，每个人的报酬都取决于他人的报酬和选择，每个人的选择也取决于所有人的选择。因此，对其他人的行为预期便被纳入每个人自己的决策当中。社会制度是形成这些预期的一个重要资源。社会制度影响了理性行为人为了评估其潜在策略以及选择其理性行为而进行的计算。制度为理性行为人的计算提供了两种重要的信息：一是对违规行为会有怎样的制裁；二是其他人可能的未来行为。这些信息会改变社会成员的合理行为，并进而改变冲突的结果。[4]

对于公共领域的冲突管理来说，冲突管理制度的最主要功能在于使冲突各方建立合理和稳定的行为预期，促使各方更偏向于采取合作策略。与各种冲突应急处置措施相比，公共领域冲突管理制度具有更大的确定性和稳定性，它可以消除预期行为与其结果关系的不确定性，从而消除了冲突当事各方在理性计算上的困难，使冲突各方的行为更趋于理性。具体来说，冲突管理制度的建设和实施，可以使冲突各方当事人的理性行为预期产生四个方面的重要影响，并以此来影响他们的冲突行为、冲突过程和冲突结果。

第一，冲突管理制度的确定性使冲突各方对冲突的必经程序形成稳定的预期。在缺乏稳定制度的环境下，冲突各方不明确以何种渠道可以有效地表达自己的主张，不知道是否有合法的程序使问题能够得到有序的解决，不知道权威部门在什么条件下以何种方式对冲突进行第三方干预。在这种情况下，各方只能将冲突扩大化以吸引关注，或凭借 己之力压倒对方来达成冲突目标。如果对解决冲突的规则和程序建立起明确的制度，就会使冲突各方对表达渠道、交流和化解的程度和规则形成明确的预期，保持冲突化解的希望，从而更倾向于以符合程序的方式与对方进行利益博弈。

第二，冲突管理制度所规定的制裁，使冲突各方对自己违规行为可能遭受的制裁形成稳定的责任后果预期。在缺乏稳定制度的情境下，冲突各方往往对采用非理性的甚至暴力的方式无所顾忌，从而很容易导致冲突的不断升级。如果以制度化的方式对冲突中的各种过激行为规定相应的惩罚措施，冲突各方就会对自己不理性行为所要承担责任和后果形成稳定预期，从而约束自己的行为，更会倾向于采取合作的方式，降低冲突升级为暴力的可能性，将社会行为引向均衡结果的方向。

第三，冲突管理制度是被普遍了解的行为规则，因而对冲突各方的行为选择都会有所影响。因此，冲突各方都可以据此来预测对方对冲突行为的理性选择，并据此来确定己方应当采取的理性应对策略。在这个意义上，冲突管理制度能够为各方建立起一种可以信赖的互动平台，使各方能够在对各方行为合理预期的基础上来选择更合理的行为方式。

第四，冲突管理制度可以使冲突各方对冲突结果建立合理的预期。当缺乏稳定的冲突管理制度时，冲突各方对于冲突的结果往往都有过高的预期，这导致各方可以忍受更高的冲突成本来实现这种预期，从而促进冲突的不断升级。如果建立起稳定的冲突管理制度，就可以在很大程度上使冲突各方形成相对现实的预期，这有助于冲突各方计算冲突的成本和收益，从而对冲突动机形成有效的内在约束。

如果冲突各方能够借助冲突管理制度对冲突管理的程序、个人行为的责任后果、他人可能的行为选择以及冲突最终的结果共同建立起合理的预期，那么一方面可以使各方理性地计算自己行为的成本和收益，对自己的行为方式形成内在约束，从而防止冲突的非理性升级；另一方面也可以使各方对对方的行为方式形成基本预期，这有助于双方之间形成相互信任，开展有效的沟通和理性的合作，从而促进冲突的化解。因此，对公共领域冲突管理的制度供给，直接决定着政府冲突管理的效能和效率。

二、现行体制中具有公共冲突管理功能的制度供给

公共领域冲突管理的制度建设需要形成五种相互联系、不可或缺的冲突管理机制，它们分别是不同主张的表达机制、对立观点的交流机制、冲突利益的整合机制、争议事项的裁决机制和对抗行动的制动机制。[5] 从这一分析视角出发，可以看到在中国现行体制中，有许多现行制度对公共领域的冲突具有一定的管理功能。

（一）不同主张的表达制度

要使产生冲突的不同主张得到有序表达，就需要建立不同主张的规范表达制度。提供制度化表达渠道的现行制度主要包括信访制度、各级人民代表大会的提案和议案制度，各级政治协商会议的提案和建议制度。

1. 信访制度

中国信访制度的建立发端于1951年《政务院关于处理人民来信和接见人民工作的决定》颁布实施，1982年颁布了《党政机关信访工作暂行条例（草案）》，1995年颁布了《信访条例》，2005年又对《信访条例》进行了补充修改。

《信访条例》对信访作了明确的定义：信访是指公民、法人或者其他组织采用书信、电子邮件、传真、电话、走访等形式反映情况，提出建议、意见或者投诉请求。[6]百姓对各类事件的信访，可以是向国家机关单位反映情况，可以对国家机关工作提出建议、意见，或是提出批评，也可以是对国家机关的决定提起申诉，还可以是对国家机关工作人员的违法行为提出检举、控告等。[7]信访制度从信访主体、对象、内容和程序等方面对信访行为进行了明确界定。从功能上看，信访提供了一种渠道，“使最底层的贫弱者可以在最高层的权威者耳边喊出他们自己的声音”，[8]从而成为人们“苦情申诉、民意传达”的重要途径。

2. 各级人民代表大会的建议和提案制度

人民代表大会制度作为我国的根本政治制度，具有民意表达、采集民意信息与信息整合功能。各级人民代表大会是权力机构，但各级人大代表可以代表人民表达自己的主张，具体来说：①人大代表具有提出议案权。根据《中华人民共和国地方各级人民代表大会和地方各级人民政府组织法》第 18、第 46 和 47 条规定，对这项权利行使的主体、内容和程序都做了规定。[9]②人大代表享有提出建议、批评、意见的权利。有关机关和组织研究处理并负责答复。[10]③人大代表要反映群众的意见和要求。

3. 各级人民政治协商会议的建议和提案制度

中国人民政治协商会议是中国人民爱国统一战线的组织，人民政协的界别设置，为社会各界的利益表达提供了制度保障。[11]根据《中国人民政治协商会议章程》，中国人民政治协商会议全国委员会和地方委员会的主要职能包括民主监督和参政议政，密切联系各方面人士，反映他们及其所联系的群众的意见和要求，对国家机关和国家工作人员的工作提出建议和批评。

（二）对立观点的交流制度

表达机制使观点对立公开化，如果缺乏相应的交流机制加以修正和纠偏，就会使表达趋于极端化。因此，公共冲突管理不仅需要建立不同主张的表达渠道，还必须为各种对立的观点建立相应的制度化的交流平台。中国具有该功能的现行制度主要包括人大的听取和质询制度、人民政协的审议和讨论制度、村民会议和村民代表会议制度等。

1. 各级人民代表大会的听取和质询制度

根据《中华人民共和国地方各级人民代表大会和地方各级人民政府组织法》，县级以上的地方各级人民代表大会的职权中包括“讨论、决定本行政区域内的政治、经济、教育、科学、文化、卫生、环境和资源保护、民政、民族等工作的重大事项”，“听取和审查本级人民代表大会常务委员会的工作报告”“听取和审查本级人民政府和人民法院、人民检察院的工作报告”；乡、民族乡、镇的人民代表大会行使的职权中包括“听取和审查乡、民族乡、镇的人民政府的工作报告”。[12]人大代表具有提出质询案和进行询问的权利。[13]

2. 各级人民政治协商会议的审议和讨论制度

中国人民政治协商会议全国和各级地方委员会全体会议行使的职权中，包括听取和审议常务委员会的工作报告；讨论有关工作并作出决议；参与对国家和地方事务的重要问题的讨论；提出建议和批评。[14]

3. 村民会议和村民代表会议制度

《中华人民共和国村民委员会组织法》第 24 条就明确规定了有关土地承包经营方案等涉及村民利益的 9 类事项，必须经村民会议讨论决定方可办理。[15]

4. 社区业主大会制度

根据《物业管理条例》，物业管理区域内全体业主组成业主大会。业主大会应当代表和维护物业管理区域内全体业主在物业管理活动中的合法权益。业主大会就规定和修改管理规约、选聘和解聘物业服务企业等 7 类事项进行讨论并作出决定。[16]

（三）冲突利益的整合制度

对立观点的交流可以消除误解，限制极端化的主张，但却不能消除利益的对立。要实际化解冲突，还必须建立冲突利益的整合机制。中国具有该功能的现行制度主要包括协商制度和调解制度。

1. 协商制度

协商是在争议发生之后，由当事人双方直接进行磋商，自行解决纠纷。中国现行的协商制度主要包括以下形式：①工资集体协商制度。[17]②政治协商制度。对国家和地方的大政方针以及政治、经济、文化和社会生活中的重要问题在决策之前进行协商和就决策执行过程中的重要问题进行协商。中国人民政治协商会议全国委员会和地方委员会可根据中国共产党、人民代表大会常务委员会、人民政府、民主党派、人民团体的提议，举行有各党派、团体的负责人和各族各界人士的代表参加的会议，进行协商，亦可建议上列单位将有关重要议题提交协商。

2. 调解制度

调解是指经过第三者的排解疏导、说服教育，促使发生纠纷的双方当事人依法自愿达成协议，解决纠纷的一种活动。中国的调解主要包括四种形式：①人民调解：它是作为群众性组织的人民调解委员会对民间纠纷的调解。[18]人民调解制度作为我国一项特殊的政治制度，其调解问题的广泛性、解决方式和平性、解决效果及时高效性，使其长期以来在调解社会矛盾与冲突方面起到了重要作用。②法院调解：它是人民法院对受理的民事案件、经济纠纷案件和轻微刑事案件进行的调解。③行政调解：它是基层人民政府，即乡、镇人民政府对一般民间纠纷的调解，或国家行政机关依照法律规定对某些特定民事纠纷或经济纠纷或劳动纠纷等进行的调解。④仲裁调解：即仲裁机构对受理的仲裁案件进行的调解。

（四）争议事项的裁决制度

并非所有的利益冲突都能够通过协商和调解加以解决。当冲突各方的利益无法通过谈判和调解实现有效整合时，为了防止冲突行动的发生，需要建立争议事项的裁决机制，由中立第三方对冲突事项进行裁决，强制各方接受、执行解决方案。中国具有该功能的现行制度主要包括仲裁制度和诉讼制度。

1. 仲裁制度

冲裁制度是指争议各方当事人达成协议，自愿将争议提交选定的第三者，根据一定程序规则和公正原则作出裁决，并有义务履行裁决的一种法律制度。根据《中华人民共和国仲裁法》，仲裁的适用对象是平等主体的公民、法人和其他组织之间发生的合同纠纷和其他财产权益纠纷。[19]

2. 诉讼制度

包括民事诉讼制度、行政诉讼制度和刑事诉讼制度等。

民事诉讼制度是针对民事纠纷而建立的诉讼制度。根据《中华人民共和国民事诉讼法》，人民法院受理公民之间、法人之间、其他组织之间以及他们相互之间因财产关系和人身关系提起的民事诉讼。[20]

行政诉讼制定是针对公民与国家机关之间的纠纷而建立的诉讼制度。根据《中华人民共和国行政诉讼法》，公民、法人或者其他组织认为行政机关和行政机关工作人员的具体行政行为侵犯其合法权益，有权依照本法向人民法院提起诉讼。人民法院依法对行政案件独立行使审判权，不受行政机关、社会团体和个人的干涉。人民法院设行政审判庭，审理行政案件。[21]

刑事诉讼制度是针对刑事犯罪案件而建立的诉讼制度。根据《中华人民共和国刑事诉讼法》，人民法院依照法律规定独立行使审判权，人民检察院依照法律规定独立行使检察权，不受行政机关、社会团体和个人的干涉。[22]

（五）对抗行为的制动制度

当冲突无法以和平的方式加以处理和化解，并且升级到对抗行动阶段时，就需要启动对抗行动的对抗机制，由合法拥有强制权力的政府机构依法强制执行某项合法裁决，或采取强制性措施防止、阻止和镇压冲突方采取严重的对抗性行为，避免对社会秩序或冲突方造成严重甚至致命伤害。中国具有该功能的现行制度主要包括强制制度和处罚制度。

1. 强制制度

强制制度包括行政强制制度和刑事强制制度。行政强制制度的适用对象是违反行政法律规范的相对人，或具有自我危害性，或虽对社会公共利益、公共安全有危害性，但其主观没有恶意，或基于紧急情势，而对其财物施以强制的财物或权益的所有人、使用人等相对人，对此类行为，我国《行政强制法》对主体、范围、程序等方面都有严格的规定。

2. 处罚制度

处罚制度包括行政处罚制度、行政处分制度、民事责任追究制度和刑罚制度。行政处罚是指行政机关或其他行政主体依法定职权和程序对违反行政法规尚未构成犯罪的相对人给予行政制裁的具体行政行为。行政处分只能适用于行政机关的工作人员或其他由行政机关任命或管理的人员。民事责任追究制度是要求侵权者承担民事责任。刑罚制度则是对刑事违法或犯罪者予以的刑事惩罚。

从以上分析可以看到，中国在公共领域冲突管理的五大机制方面，已经建立了相应的制度。正是由于这些制度安排的存在，使中国公共领域的冲突仍然能够控制在可以承受的范围之内。

三、现行冲突管理的制度体系存在的问题

尽管现行体制中对冲突管理需要建立的五大机制都有一定的制度安排，但随着社会转型带来的矛盾集聚，公共领域冲突管理现行体制中的各种制度在应对中仍然暴露出许多明显的缺陷和问题，使得其难以充分满足公共领域冲突管理的现实需要。这些缺陷和问题可以概括为以下四个方面：

1. 制度供给不足

与私人领域的冲突管理制度相比，中国公共领域的冲突管理制度明显供给不足，主要表现为以下方面：

第一，制度缺位。许多需要进行冲突管理的公共领域缺乏必要的制度建设。以社区管理与物业管理冲突为例，从表面上看，中国似乎存在着一个较为系统的社区管理法律制度的体系，但这些法律法规中却并未涉及如何化解社区服务与物业冲突的内容。[23]

第二，制度管辖面不足。在一些公共冲突领域，存在着一定的冲突管理制度，但其管辖面过窄，许多冲突管理过程被排除在外。例如，2011 年 2 月 18 日，最高人民法院就有关拆迁诉讼问题进行了司法解释，在《关于当事人达不成拆迁补偿安置协议就补偿安置争议提起民事诉讼人民法院应否受理问题的批复》中规定："拆迁人与被拆迁人或者拆迁人、被拆迁人与房屋承租人达不成补偿安置协议，就补偿安置争议向人民法院提起民事诉讼的，人民法院不予受理，并告知当事人可以按照《城市房屋拆迁管理条例》第 16 条的规定向有关部门申请裁决。"[24]

第三，制度权威等级低。在我国，有一些公共领域的冲突管理制度只是政府的条例、规章、规定甚至临时性通知，其权威性、严谨性、持续性和全面性程度都较低，无法为有效化解冲突提供必要的权威支持。

第四，制度本身的精细程度低。许多制度在内容设置上不甚合理，缺乏细节的规定。以"信访制度"为例，首先，信访制度在程序上虽具有操作的具体规定，但事实上不具备明确、稳定的规则；其次，信访事项涉及社会生活的方方面面，信访制度不具备依据各方面的规范处理问题的能力。[25]诸如此类问题留下了过大的自由裁量空间，无法形成严格的制度约束。

2. 制度间衔接存在缝隙

任何制度都不应独立存在，都应不同程度地与制度体系或制度环境中的其他制度存在一定的制度联系和相互依赖。但当今中国公共领域冲突管理的现存制度之间存在着较大的衔接缝隙，主要表现为以下几个方面：

第一，制度系统化不足。由于存在大量零散的、低级别的规定，缺乏统一的上位法律，因而各种低级别的规定之间很难保证相互一致。这使得经常出现因规定之间的冲突而导致的纠纷无法解决。

第二，制度间发展不均衡。各种制度之间需要相互配套。但从宏观的角度看，公共领域冲突管理的五大机制之间发展不均衡，交流机制和利益整合机制的建设明显滞后，如利益整合的方式还缺乏多样化的、适合冲突事项的化解形式；对谈判、调解等利益整合方式还缺乏有约束力的程序规定等，[26]这样使得表达机制受到反压，裁决机制不堪重负。从中观角度看，在同一机制中的各项制度之间发展也不均衡。

第三，制度设计重纵向约束，轻横向约束。现有具备冲突管理功能的绝大多数制度都是以自上而下的约束为主，缺乏对横向主体间约束。表现为主体以政府为主，缺乏对社会力量的利益。在行政化的等级体制中，约束主体以政府为主，冲突管理更多依赖权力级差解决问题，如果超出合法范围来采取强制措施解决公共冲突，极有可能导致政府被卷入其中，引发所谓“二阶冲突”。[27]而社会组织在社会冲突化解方面发挥着政府机构无法发挥或无法充分发挥的一些作用，承担着诸如意见表达者、评估者、调解者、咨询者、倡导者等角色。这些角色和作用可以对政府的冲突管理职能形成重要和有益的补充，但目前并没有在制度上得到相应的规定。

3. 制度执行力不足

公共领域已有的冲突管理制度的实际执行效果也存在着一定的问题。具体表现为三个方面：

第一，由于缺乏系统化的、高权威、可持续的冲突管理制度，使得现存制度在执行中面临更多的阻力。

第二，由于缺乏细致的制度规定，因此对违反制度的情况难以予以足够力度的惩罚，使违法违规的成本降低。

第三，制度变化的连续性不强。制度变化即对制度中部分内容的调整和修改，多数制度在实施过程中都会与制度制定时的预期效果有差异，因此就要对制度不断做出调整，当一项制度还算合理时，对制度的修改调整，就需要注意前后相对连续性。制度政策大幅度变化时，往往让执行者和遵守者无所适从。[28]

4. 制度内容的压制性导向

公共领域现行的冲突管理制度在内容导向上没有将冲突视为一种可以利用来发挥正向功能的能量，而是只作为一种破坏性力量。因此在制度设计上缺乏考虑对冲突正面功能的利用。主要表现为两个方面：

第一，对冲突能量以堵为主，努力抑制冲突的出现，缺乏因势利导，虽然可能获得暂时的表面平静，但随着冲突能量的积聚，极有可能在未来爆发更大规模、更加剧烈的冲突。

第二，冲突管理目标重表面平静，牺牲深层稳定。所谓“表面平静”，就是将公共冲突管理的目标设定为表层冲突的平息；所谓“深层稳定”，就是将公共冲突管理的目标定位为深层冲突的化解。现有制度重表面平静，便有可能制造稳定的假象，而实际上却在不断聚集冲突能量。

公共领域冲突管理制度存在的上述问题，会使潜在的冲突各方形成不利于冲突化解的行为预期，阻碍冲突管理制度有效发挥作用。因此，必须针对这些存在的问题，强化冲突管理制度的建设。

四、建立健全冲突管理制度的目标和路径

完善中国公共领域冲突管理的制度体系建设，不仅需要明确建设的目标和要求，而且需要确定合适的建设路径和建设过程。

从建设目标来看，公共领域冲突管理制度体系的建设，应当充分利用和引导公共冲突的正面功能，抑制和转化公共冲突的负面功能。科塞在《社会冲突的功能》一书中具体分析了社会冲突可能具有的正面功能，认为在社会单位之间的异质性和功能依赖性较高的社会中，低暴力、高频度的冲突可以提高社会单位的更新力和创造力水平，使仇恨在社会单位分裂之前得到宣泄和释放，促进常规性冲突关系的建立，提高对现实性后果的意识程度，社会单位间的联合度和适应外部环境的能力得到提高和增强。[29] 因此，建立和健全冲突管理制度的任务，不是一味地压抑冲突，而是设法抑制冲突的负面作用，充分利用冲突的正面功能。

从建设要求来看，需要建立完善、协调、纵横交织的公共领域冲突管理制度体系，首先，制度必须全面覆盖才能有效发挥作用，否则，那些制度空白和漏洞就会成为投机者的突破口，破坏制度的网络制约力。因此，必须填补公共领域冲突管理制度的各种空缺，堵塞制度覆盖的各种漏洞，使冲突管理制度真正形成一个覆盖各个角落的约束之网。其次，任何一种制度都是在一个更大的制度体系中发挥作用的。因此，公共冲突机制中的各项制度不应当是零散和相互隔绝的，而应当相互衔接、相互促进和补充。最后，在约束方式方面，不仅要强化纵向制约，而且要努力强化横向制约。随着单位制度的逐渐衰落，社会主体逐渐从完全受单位纵向等级体制制约的“单位人”，转化为更多受社会成员之间横向相互制约的“社会人”。因此，应当努力通过正式制度与非正式制度的相互配合，形成纵横交织的制度制约结构，增强制度体系整体的制约能力。

从建设路径来看，要充分发挥现有制度的冲突管理作用，在此基础上逐步扩展制度的功能空间。人们在原有的制度环境下已经形成了特定的行为预期和行为习惯。完全推翻过

去的制度，建立全新的制度，很容易遭遇人们原有行为预期和行为习惯的强烈抵制，导致执行效果不佳。因此，要充分利用原有制度的有效功能，包括正式制度和非正式制度，在此基础上逐渐扩大其作用范围。同时，认真研究那些非正式制度发挥作用的原因，并分析其局限，将那些能够以正式方式更好发挥正面功效的非正式制度正式化，以增加其稳定性和权威性。

从建设过程来看，要特别注意在制度建设过程中如何提升社会信任度。制度中的重要内容是对违规行为进行惩罚。惩罚被认为是促进合作的一种手段，但在不同国家中，由于人们之间的信任程度不同，惩罚的效果显示出明显的差别。一些学者认为，在低信任度的社会中，惩罚可以促进合作，因为在这种社会中的人们的期望是：其他社会成员只有当存在很强的激励动因时才会为合作做出贡献；另一些学者则认为，高信任程度才能使惩罚发挥作用，因为在高信任度的社会中，人们可以相互信任对方将为公共事务做出共同的贡献，同时也会通过惩罚"搭便车"者来强化合作规范。丹尼尔·巴利耶特（Daniel Balliet）和保罗·范·朗格（Paul van Lange）在 18 个国家进行了 83 项实验，涉及 7361 人。他们的研究结果表明，在人与人之间有高度信任感的社会，惩罚机制可以大幅促进合作；而在信任度较低的社会，这种方式却不那么奏效[30]。他们认为，这是因为在相互信任程度较高的社会中，惩罚机制会被视为加强合作的规范，更容易被人们接受。根据这一研究结论，要想使公共领域冲突管理制度中的制裁和惩罚机制真正发挥促进合作化解冲突的作用，就要在制度建设过程中注意提升社会信任程度。为了使制度的目的能够为公众所理解和接受，在制度建设中，就要广泛征求公众的意见，让各种不同意见相互交锋，并通过适当程序达成妥协，使公众认识到任何制度都不是完美无缺的，并因此理性地接受制度本身的局限及其实施所带来的成本。

参考文献

[1]［美］杰克·奈特．制度与社会冲突［M］．周林伟译．上海：上海人民出版社，2009：2－3.

[2] Adam Smith. The Theory of Moral Sentiments，Indianapolis：Liberty Classics，1969：161－162.

[3] Talcott Parsons. The Problem of Controlled Institutional Change，in Talcott Parsons，ed.，*Essays in Sociological Change*，New York：Free Press，1945：239.

[4]［美］杰克·奈特．制度与社会冲突［M］．周林伟译．上海：上海人民出版社，2009：16.

[5][26] 常健，许尧．论公共冲突管理的五大机制建设［J］．中国行政管理，2010，(9)．

[6][7] 信访条例［Z］．2005 年．

[8] 李宏勃．法制现代化进程中的人民信访［M］．北京：清华大学出版社，2007：219.

[9][10][12][13] 第十届全国人民代表大会常务委员会第十二次会议．中华人民共和国地方各级人民代表大会和地方各级人民政府组织法［Z］．2004 年 10 月，第四次修正．

[11][14] 中国人民政治协商会议第十届全国委员会第二次会议．中国人民政治协商会议章程修正案［Z］．2004.

[15] 中华人民共和国村民委员会组织法［Z］．2010.

[16] 物业管理条例［Z］．2007.

[17] 工资集体协商试行办法 [Z]. 2000.

[18] 中华人民共和国人民调解法 [Z]. 2010.

[19] 中华人民共和国仲裁法 [Z]. 1995.

[20] 中华人民共和国民事诉讼法 [Z]. 2008.

[21] 中华人民共和国行政诉讼法 [Z]. 1990.

[22] 中华人民共和国刑事诉讼法 [Z]. 2012.

[23] 徐晓芸. 法律确立与制度回应：城市社区管理的法律规制 [J]. 新疆社会科学，2013，(1).

[24] 找法网. 高法解释拆迁补偿纠纷法院不受理. http://china.findlaw.cn/fangdichan/fangwuchaiqian/cqjf/cqjfcl/65331.html.

[25] 洪冬英. 当代中国调解制度变迁研究 [M]. 上海：上海人民出版社，2011 (6)：180.

[27] 常健，韦长伟. 当代中国社会二阶冲突的特点、原因及应对策略 [J]. 河北学刊，2011，(3).

[28] 陈满雄. 提高制度执行力 [J]. 中国行政管理，2007，(11).

[29] [美] 科塞. 社会冲突的功能 [M]. 孙立平译. 北京：华夏出版社，1988：17-183.

[30] Daniel Balliet, Paul A. M. Van Lange. Trust, Punishment and Cooperation across 18 Societies, Perspectives on Psychological Science, 2013, 8 (4): 363-379.

公共危机管理领域中的社会网络分析
——现状、问题与研究方向*

康　伟　陈　波

【摘　要】本文基于EBSCO和JSTOR数据库检索了近20年的国外实证类文献，对22篇有代表性的文献加以整理，对危机类型、参与部门、分析方法与过程、网络构成、数据类型、研究结论和贡献等方面进行列表分析。研究发现：SNA在危机管理中的应用逐年递增，研究热点为网络结构与关系协调，并且WEB2.0时代及社交媒体的影响逐渐显现。目前的研究过多关注了静态网络，忽视了节点属性分析和网络的动态演进规律研究。因此，未来的研究应重视建立交叉学科的主导优势，重视公共危机的网络动态复杂性研究，重视大数据在危机管理中的有效运用。本文在文献梳理的基础上，对于SNA在危机管理中的研究现状与问题进行了深入分析，旨在提高对前沿成果的借鉴和吸收，拓展SNA在危机管理中的应用，为国内的SNA和危机管理交叉研究提供有益的启示。

【关键词】公共危机管理；社会网络分析；文献分析

一、引言

社会网络分析（Social Network Analysis，SNA）和公共危机管理是国内社会科学研究的两个热点领域。作为一种近年来流行的分析工具，SNA由于在分析结构和关系方面的特色以及对多学科的包容性，受到国内外学者的广泛重视。2003年至今，作为交叉领域的公共危机管理也一直是实践和学术研究中的热点问题。尽管学者们从不同学科出发，观察分析和研究了公共危机管理中出现的问题，积累了数量可观的成果，但有文献研究表

---

* 原文发表于《公共管理学报》2013年第4期。
作者单位：哈尔滨工程大学经济管理学院。
基金项目：国家自然科学基金青年项目（71103047）、黑龙江省社科基金项目（11B068）。

明，中国的危机管理研究正逐渐进入了一个瓶颈期[1]，在研究的理论适用性、交叉研究的方法使用及研究的规范性等方面还有待进一步加强。

CNKI 搜索引擎的检索结果显示，以“社会网络分析”为关键词进行的搜索，共有 25997 篇文献；以“公共危机管理”为关键词进行检索，共有 22214 篇文献。从数量上看，二者不相上下。但是在“社会网络分析”的检索结果中再对“公共危机管理”进行检索的结果显示，最近 10 年间只有 231 篇文章属于二者的交叉研究，并且这 231 篇文献中，尚缺少对这一交叉研究的研究现状与研究成果的梳理与总结。同时，国外在这一交叉研究领域相对成熟，拥有丰富的研究经验和研究成果。因此，通过对国外文献的回顾与分析，可以在更好地把握这一领域的研究动态基础上，加强对前沿成果的借鉴和吸收，并建立完善与我国体制和管理需求相适应的危机管理理论体系。

社会网络分析最早应用于人类学和心理学方面，后经发展，被广泛应用在经济学、社会学和管理学等学科中。20 世纪 70 年代，受图论、概率论和几何学等数学方法的推动，社会网络理论进一步与自然科学领域交叉发展，开始了对网络的中心性、密度、结构洞等社交网络的结构和位置角色的研究，形成了系统的社会网络分析方法。随着计算机技术的发展和海量数据的涌现，SNA 越来越依赖于数学[2]。文献分析显示，SNA 在诸多领域都得到了广泛应用。在个人和组织的关系方面，运用 SNA 研究社会通信交流与网络结构具有重要性[3-6]。在知识管理和知识共享领域，SNA 帮助了解成员间的关键信息在组织间传播的路径和协作过程[7]。SNA 的两个本源理论——异质性理论（Heterophily Theory）和结构角色理论（Structural Role Theory）也被大量运用于人际关系、互惠服务等方面。在网络中，行动者之间的相互作用能带来重要的学习机会，而在复杂的危机实践中，这种由组织之间的互动带来的学习、沟通机会显得更加重要[8]，SNA 在新兴的社交媒体信息传播等方面也起到了重要的作用[9]。总之，SNA 提供了一个全新的理论视角和测量工具，对社会科学和交叉领域的研究具有重要意义。

在危机爆发、应对和恢复期，通常有包括各级政府在内的公共部门、NGO、私人部门等多主体参与其中，参与主体之间的相互联系形成一个巨大的网络，每一个主体的行动都会影响网络中的其他行动者，如何协调各主体之间的行动以统一调动资源解决危机是一个令人头疼的问题。而 SNA 恰好能够提供一种思维方式和分析工具来解决这个问题。近年来，许多学者尝试用 SNA 的方法来解决公共危机管理的问题，取得了不错的效果。在过去的 20 年里，组织管理学集中关注组织是如何管理危机的。危机应对的研究使学者认识到信息流和网络的管理是危机应对的关键[10]。危机发生时，总是存在许多不确定性，在不确定条件下进行学习是非常必要的。网络中的行动者可以采用各种不同的方式进行学习，包括虚拟学习、学习论坛、从过去的经历中学习、利用信息系统和向其他网络成员的学习，以此来减少网络中固有的体制和战略上的不确定性[11]。在公共危机的解决过程中，各主体之间的合作非常重要。研究表明，解决对大规模的公共健康威胁需要良好的个人和机构之间的协调努力[12]，而公共—非营利组织合作关系（PNP）的建立对于成功消除危机具有重要意义。在 WEB2.0 时代，互联网在公共危机的治理中扮演着越来越重要的角

色。社区响应网络（CRGs）利用互联网和移动通信设备允许居民和应对者分享信息、交流和协调活动，以此应对重大灾难[13]，在危机形势下的互联网用户去网上寻找他们特定社区互动论坛，并激活他们的社会网络中的弱关系以寻求帮助[14]。在台湾台风灾害中，互联网社交网络和移动技术被认为在志愿者的招募和救灾物资分配过程中，以及帮助社区居民、专业应急救援人员和政府机构收集和传播实时信息等方面发挥作用[15]。可以看出，SNA 在公共危机管理的多阶段多方面都得到了很好的应用，并且为公共危机的解决提供了诸多创新而有益的办法。

二、数据来源与研究方法

（一）数据来源

在公共危机管理领域里运用 SNA 时，首先要关注 SNA 是如何测量和可视化公共危机事件的。因此，本文主要以国外实证研究的文献作为分析对象，此类文献中出现的大量数据分析，对于理解 SNA 在公共危机管理领域的应用有重要帮助。

1992 年，Borgatti 等开发研制出了能够测量社会网络相关数据的软件——UCINET，后来又陆续出现了 Pajek、Netdraw 等兼具测量与可视化功能的专用分析软件，这些软件能够处理各种复杂网络，当然也包括公共危机事件的网络。所以，关于 SNA 在公共危机管理领域的实证分析文献在近 20 年才出现。因此，本文的文献检索时间段限定在 20～25 年。数据库的选取上以 EBSCO 数据库和 JSTOR 为基础。检索方法是摘要加关键词检索，在检索过程中发现，如以“全文”为限制条件进行检索，会产生大量无关冗余信息，与主题无关（见表 1）。

表 1　检索词和数据库援引数量（1987～2012 年）

检索关键词	EBSCO	JSTOR
Public Crisis	4091	826
Social Network	40650	3714
Public Emergency	2816	313
Catastrophe	17762	449
Disaster	94480	1343
Crisis Management	7347	466

本文在公共管理、灾害防治等领域的部分期刊中对“Social Network”这一关键词在 1990～2012 年进行了检索。之所以选择这些期刊，一方面是因为其中部分期刊是公共管

理领域中的权威期刊，影响因子较高，而另一些期刊虽然影响因子不如前者，但却是专注于灾害和危机管理领域的期刊，具有很强的专业性。结果如表 2 所示。

表 2　遴选期刊援引数量和选中结果（1990 ~ 2012 年）

期刊名称	检索结果	选中结果
Disasters	366	4
Disaster Prevention and Management	168	1
International Journal of Emergency Management	6	0
International Public Management Journal	103	0
Journal of Homeland Security and Emergency Management	114	2
Journal of Contingencies and Crisis Management	219	2
Public Management Review	253	0
Public Administration Review	629	3
Public Administration	683	0
The American Review of Public Administration	22	0

表 2 显示总量较多。在此基础之上进一步以 Crisis、Emergency、Disaster、Catastrophe、Density、Centrality 等作为关键词进行交叉检索和文献筛选。另一方面，还有一部分适合本文分析的文献来自其他期刊的检索结果，并不仅限于上述期刊。检索结果比较理想。通过对摘要的浏览和关键词检索，有 62 篇文献符合分析要求。进一步对 62 篇文献进行详读分析，发现其中有些属于同一作者发表的主体贡献相似文献，有些文献的研究方法不属于实证分析，再综合考虑文献的影响和代表性后，确定了 22 篇外文实证文献进行列表分析。

（二）研究方法

结合公共危机事件和 SNA 的各自特点，本文对公共危机事件的“发表年份”“参与部门”“分析方法与过程”“网络构成”“数据类型”“危机类型”“研究结论与贡献”七个方面的内容进行了重点分析。参与部门是指所研究文献中的公共危机事件所涉及的部门，包括公共组织、政府、私人（民众）、商业部门等主体；分析方法与过程指的是作者对公共危机事件进行研究所采用的方法，包括数据分析、描述性分析、案例分析等；网络构成指的是文献中由于公共危机事件发生所形成的公共危机网络；数据类型指的是作者采用横向或者纵向数据对公共危机事件进行研究；危机类型包括自然灾害、公共心理健康危机、政治危机等具体公共危机类型；研究结论与贡献指的是作者通过分析某些公共危机事件得到的具体研究成果。在文献的回顾分析过程中，充分体现了列表比较的优势，经过类似于“外科手术”式的解剖，文献每一部分呈现得更加直观和清晰，同时也便于从宏观上对样本文献的特点和差异性进行解读，把握文献研究的动态进展，帮助对未来研究方向做出预测。

三、研究现状

（一）国外实证文献分析

文献的分解梳理结果较为客观地显示了 SNA 在公共危机管理领域中的应用主题和方法贡献等现状，同时动态呈现了这一方法与公共危机领域的动态结合过程。具体内容如表 3 所示。

表 3　国外实证文献比较与分析（1990～2012 年）

作者及发表年份	参与部门	分析方法与过程	网络构成	数据类型	危机类型	研究结论与贡献
Heflinger[16] 1996	公共健康部门；私人部门	数据分析。以青少年精神卫生问题为研究对象，探讨医疗机构之间的合作问题，通过问卷调查，使用分析软件对两个不同的项目进行网络密度、中心性、网络协调等方面的研究	受访者、心理医疗机构和政府相关部门组成的网络	横向数据	青少年精神卫生危机	①精神卫生示范点表现出更协调的服务体系及对目标人群干预的积极效果；②SNA 可以使青少年精神卫生问题在网络协调下的医疗机构之间得到妥善解决
Hughes，Loosemore[17] 2001	企业；私人；公共组织	数据分析。以公共工程危机为研究对象，从医院、学校、建筑、工厂的工程危机案例工作日记中提炼出数据。运用分析软件对危机发展阶段中的十个工程参与方的网络关系及变化过程进行分析	包括客户、地产部门、工程师、工人等十个参与方在内的事故案例网络	分阶段纵向数据	公共工程危机	高效的信息流对于降低危机的不确定性很重要，也可以减少误解、分歧和冲突。贡献：确定的社会结构有利于信息流畅传播，但危机往往会引起强烈的行为力量，导致对人们追求低效的社会结构的怂恿
Moore，Eng et al[18] 2003	NGO；INGO；公共组织；私人部门	数据分析。以洪水灾害应急响应为研究对象，通过实地观察，和关键知情人访谈得到关于洪水危机的数据，采用社会网络矩阵和定量分析，检验网络中心和受益人结果模型之间的关联	65 个 NGO 部门组成的一个救援网络	横向跨部门数据	洪水灾害	①“非政府组织具有较高的中心性，则会有更多的受益人数”这一假设成立。②INGO 比当地 NGO 组织具有更高的中心性。③NGO 组织在危机发生时的救援及时有效，但在重建恢复阶段的作用较弱

续表

作者及发表年份	参与部门	分析方法与过程	网络构成	数据类型	危机类型	研究结论与贡献
Houghton Baber et al 2006	公共组织；私人部门	数据分析。以危机网络模型为对象，从消防和警察部门获取关于六起危机事件的数据，对每起事件的中心性及网络结构等方面进行了测算，最后列表进行横向的对比分析	包括消防、警察等多个部门的六个网络	横向跨部门数据	消防及治安事件	①案例中 33% 为“分布式网络”，50% 是“分列式网络”，17% 为“中心集中式网络”。②警方需改变网络结构，寻找适合模型，提高反应速度和效率
Hammerli Gattiker et al[19] 2006	平民；俄军；车臣武装	数据分析。以车臣军事冲突为研究对象，通过对四年间 2818 个报告进行研究，结合主成分分析和聚类分析来探析关键行动者及其中心地位的作用，确定主要参与者，追查关键行动者间的冲突性与合作关系，比较行动者群体之间的相互作用	2818 个事件构成的复杂网络	纵向与横向相结合；2002 ~ 2005 年数据	国土安全事件	①平民在车臣危机中扮演了最重要的角色，之后是俄军、车臣武装分子和政府。②俄政府在危机中的作用给车臣人民留下了极不好的印象。贡献：大量动态数据的出现，SNA 能够有效展现政治演化的动态性
Sang Ok - Choi，Bok - Tae Kim[20] 2007	公共组织	数据分析。以网络结构权力、资源权力、角色权力、认知权力、政治权力为基础，探索网络参与者的感知力。对网络权力和参与者的认知准确性之间的关系提出了三个研究假设，并以两个危机管理网络为对象，收集数据，纵向对比验证三个假设，研究管理网络变化	由两个当地危机管理部门形成的两个网络	纵向数据；2000 年与 2006 年数据的对比研究	卡特里娜飓风灾害	网络机构倾向于以感知、政治权力和认知作为最高的中心组织机构的领导机构的权力结构。贡献：在网络的变化方面进行评估，并建议重视组织结构和资源，可能会提高危机管理的有效度
Uhr，Jo - hansson et al[21] 2008	私人部门；公共组织	数据分析。以危机网络响应为对象，从 20 个相关危机响应组织中选取 80 人作为研究对象，通过访谈和危机文档研究，分析危机中的网络构成状况，进行关键行动者识别	消防和救援部门为主的 80 人组成的网络和所有组织组成的网络	横向数据	赫尔辛堡硫酸泄漏事件	①SNA 改善了确定紧急现象的能力。②通过 SNA 可以扩大资源利用范围，辨别边界人员，提高人与人之间的信任

续表

作者及发表年份	参与部门	分析方法与过程	网络构成	数据类型	危机类型	研究结论与贡献
Donald P. Moynihan[22] 2008	公共组织；非营利组织；私人	描述性分析与案例研究。以“外来的纽卡斯尔疾病”事件作为案例研究的对象，探讨在网络不确定性（包括疾病的实质，战略和体制的不确定性）的条件下为解决危机而进行学习活动的必要性和重要性	超过 7500 人的专责小组：涉及 10 个州和联邦机构形成的网络	横向数据	外来动物疫病爆发危机事件	在危机发生前和危机发生时，人们可以通过预先培训、向其他网络的成员学习、信息管理系统、学习论坛、标准作业程序的建立和以往经验来加强学习以抵抗危机
Provan, Milward et al[23] 2009	社区；公共健康服务部门	数据分析。以网络的结构嵌入性和组织的社会产出作为研究对象，对诚信、声誉、影响三个方面提出了三组假设。对马里科帕县的成人进行函调得到相关数据，随后根据数据对网络中心性与诚信、声誉和影响力之间的相关性进行分析	以社区为基础的卫生和人类服务机构，包括亚利桑那州凤凰城和马里科帕县的患者网络	纵向数据；2000 年与 2004 年数据的对比分析	公共心理危机事件	根据中心性的测量，在网络中一个组织的结构嵌入性与诚信、声誉和影响力是相关的，随着时间的推移，随着网络系统的成熟和其他网络成员的额定，将加强这种相关关系
Kapucu, Garayev et al[24] 2009	公共组织；EMAC；NGO	数据分析。以 EMAC 为研究对象，通过新闻报道，政府文件和机构报告确定 EMAC 的性能、响应操作的工作量和方向，使用网络分析软件对 EMAC 在卡特里娜飓风中的表现进行网络中心度、中心性等分析	路易斯安那州与密西西比州在卡特里娜飓风中的危机响应网络	横向数据	自然灾害	EMAC 缺乏对危机响应员的培训，可能降低其沟通和协调能力，以及影响响应行动的效率、效益。贡献：响应组织之间的关系，尤其是合作协调能力，是危机响应组织的核心能力
Hossiain, Kuti[25] 2010	联邦政府；州和地方执法部门	数据分析。以危机网络连通性为研究对象，提出一个以社会网络为基础的协调模型，提出了探索组织行为者在极端条件下的战备状态。为了检验这一假设，作者发放问卷获得调查数据，通过网络分析和 SPSS 软件进行点度中心性、中间中心性、联系强度的相关性等分析	由以国家执法部门及州应急服务和地方执法机构为基础的（宏观）跨机构（微观）部门组成的网络	横向跨部门数据	国土安全	①网络连通性和进行协调的潜力之间有正相关性。②在危机响应网络概念层内存在一个被子网络定义特征的组织联合体。③一个网络的范围或阈值特征如何相互连接应在一个给定的一级组织中可以找到

续表

作者及发表年份	参与部门	分析方法与过程	网络构成	数据类型	危机类型	研究结论与贡献
Peterso, Besserman[26] 2010	研究员；实验参与者	描述性分析。以非正式网络合作关系为研究对象，在实验室中根据52名"危机管理员"的问卷调查得到关于禽流感的数据，对需要验证的五个问题进行了简单的描述性分析	52名实验人员组成的危机管理员网络	横向数据	动物疫情	建立和维护非正式网络合作伙伴关系，加强参与者的网络工作训练，关注应急管理人员的岗位描述和职责明细表，能提高危机响应的工作绩效
Uddin, Hossain[27] 2011	软目标组织；商业部门安保部门	数据分析。以网络联系与协调作为研究对象，提出一系列关于行动者与网络协调之间关系的假设。对120名商场安全主管进行问卷调查，进行网络连通性、联系强度和中心性等分析	120名安全主管提供的商场安保网络	横向数据	公共安全	①网络联系和协调防备呈正相关关系；②高水平的连通性以及与其他应急机构的紧密联系，和行动者更好的预警准备，可以提高应对灾害的能力
Chai，Baber et al[28] 2011	公共基础设施部门	数据分析。以基础设施在危机中的网络特点和级联故障为研究对象，通过回顾以往的工作，遴选出石油和天然气、通信、电力设施作为研究对象。运用加拿大A省的关键基础设施之间的资料数据，进行了点度中心度、中心性等维度的测度	加拿大A省的关键基础设施组成的网络	横向跨部门数据	基础设施安全	①关键设施中的重点是石油和天然气机构、电力基础设施。②应优先向关键基础设施中的石油和天然气和电力基础设施进行保护，因为它们更加脆弱，是社会最为依赖的基础设施，同时也应关注其他基础设施
Jinkyun Park[29] 2011	公共组织；商业部门	数据分析。以核电站在危机情况下的通信问题为研究对象，对核电站主控制室的通信数据进行收集，并模拟两类非正常情况的发生，对数据进行网络密度及线性回归等分析	核电站主控制室通信网络	横向数据	核电危机	在核电站通信系统中，关键是要制定一个系统的框架，可以从两个方面来建设，即通信内容、通信结构与良好的技术为基础的可视化通信

续表

作者及发表年份	参与部门	分析方法与过程	网络构成	数据类型	危机类型	研究结论与贡献
Hamra, Abbasi et al[30] 2012	政府；消防部门	数据分析。以危机管理范围内的学习和社交网络之间的关系为研究对象。对危急情况下，学习的动态变化和行动者之间的相互关系提出假设。数据来自澳大利亚合作研究中心对森林火灾的调查，以此对网络中的联系强度和信息交换等变量作分析	澳大利亚森林大火救援人员网络	横向数据	森林火灾	危机网络内的行动者的增加，会影响从事与学习相关的工作行动者的能力。贡献：通过获取与学习相关的资源，及时对社会相互作用范围内的这些紧急救援人员进行学习培训，能够更好地适应复杂紧急事件
Hossain, Guan[31] 2012	公共健康部门	数据分析。以医院急诊部门的网络协调问题为研究对象，通过抽样调查，收集了 2004 年美国医院门诊的数据，采用回归分析和 SNA 对网络密度、中心性等变量进行了分析	359 个医院急诊部门网络	横向跨部门数据	公共健康危机	①网络连接程度随着急诊部患者数量的增加而增加。②网络密度在急诊部的协调效率方面扮演重要角色，社会网络和急诊部门的协作程度之间有较强的关系
L. Pan, G. Pan et al 2012	公共组织；NGO；私人	案例研究与数据分析。以危机网络信息流和网络管理为研究对象，从四个案例中相关人员的访谈获取数据，进行网络密度、信息流、组织中心危机响应等分析	四个案例代表的危机网络	横向数据	公共健康自然灾害	在危机管理中应该部署反应及时的信息网络作为支撑，重视信息流的管理和网络密度的监控
Abbasi, Kapucu[32] 2012	政府；NGO；公共组织	数据分析。以组织间网络在危机中的演化机理为对象，以 2004 年的查理飓风为案例，研究数据来自作者 2010 年一篇关于佛罗里达危机管理的论文，对网络行动者、联系、密度等进行了测量	与飓风灾害有关的公共组织、政府部门等组成的网络	横向跨部门数据	自然灾害	①危机发生后，组织间的网络响应结构不是固定不变的。②危机响应组织的点出度随时间推移增加，即在初始期，大量组织发出响应信号，但恢复期却存在相反的情况

续表

作者及发表年份	参与部门	分析方法与过程	网络构成	数据类型	危机类型	研究结论与贡献
Papachariss, Oliveira[33] 2012	政府；民众	数据分析。使用社交媒体Twitter，利用“话语分析计算”技术，获取大量互联网数据，跟踪博客和微博上关于穆巴拉克辞职前后的新闻，研究了埃及政治危机的新闻价值和新闻形式	政府部门与民众组成的互联网新闻网络	2011.1.25～2.25的Twitter纵向数据	政治危机	在政治危机中，由公民、博客、维权人士、记者和媒体构成的公开新闻源用微博直播新闻和传统新闻报告时态不兼容。贡献：利用社交媒体的行动并非无序。应重视危机动员过程中互联网和社交媒体的作用
Tyshchuk, Wallace[34] 2012	公共组织；政府；民众	数据分析。以日本大地震为对象，对极端环境下“信息的可操作性”进行研究。通过采用API搜索和定向通信识别符等计算机技术从Twitter获取，并将其分为九个时间段，生成了社会网络拓扑图，并对关键行动者、凝聚子群等方面进行了综合分析	政府、公共组织以及民众组成的互联网危机通信网络	2011.3.10～3.15的Twitter纵向数据	自然灾害	①可操作信息的传播开始于传统的新闻媒体、名人、博主和特殊组织。②在Twitter上的行为，可以进一步追溯到实际疏散的行为。贡献：社交媒体和计算机技术的应用可以为公共危机的预防和治理提供一条新的道路
Abbasi, Kumar et al[35] 2012	实验研究人员；被测试人员	实验数据分析。在亚利桑那州立大学进行了危机应对模拟实验，建立了危机响应系统进行模拟仿真研究。受灾人员通过社交媒体发布求助信息，信息处理中心通过API Quichne和Tweetracker等计算机技术将海量信息进行过滤，标示出信息的优先级，进行“任务建立”，针对受灾人员提供帮助	模拟受灾人员及工作人员组成的互联网危机通信网络	横向数据	模拟地震自然灾害	①应对Tweets进行有选择收集。第一响应团队建设很重要。②导航和定位系统在危机中发挥巨大作用。贡献：使用不同的软件来收集受害者的要求、管理行动和响应。为救灾过程中使用社交媒体提供宝贵经验借鉴，为其他组织进行危机救援提供了有效方法

（二）研究特点

1. SNA 在危机管理中的应用逐年递增

按文献发表时间，2000 年前只有一篇样本文献被选取，而 2006 年之后有 19 篇，其中，2012 年 7 篇。值得注意的是，在筛选过程中并未将发表时间作为标准，社会网络分析方法在公共危机管理领域的应用呈现了逐年增加的特点，并日益得到学者们的重视。在危机类型方面，从自然灾害到社会危机到非常规突发事件，乃至恐怖袭击都有涉及，其中有十三篇半的文章研究涉及非自然灾害的危机类型，占 61.4% 的比重，其余为自然灾害类引发的公共危机。从图 1 ~ 图 2 来看，学者们对这两大类公共危机事件的研究兴趣基本相当，也说明 SNA 广泛地应用于各类公共危机事件中，具有很强的实用性。

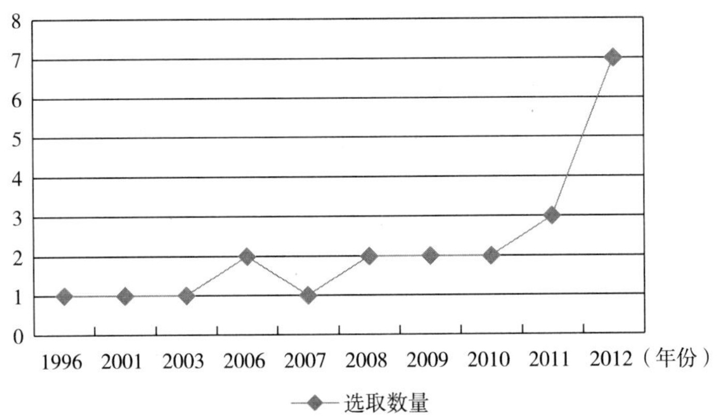

图 1 样本论文的数量与时间分布

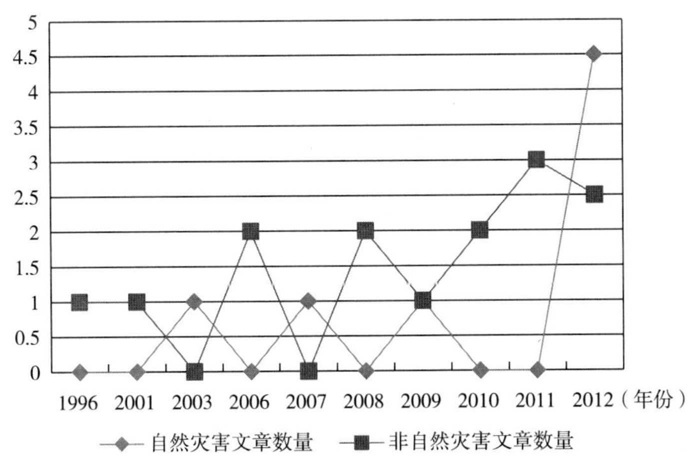

图 2 样本论文的危机类型与时间分布

2. 公共危机参与主体具有网络特征

社会网络分析的优势在于对多节点多主体的网络分析，而公共危机管理所涉及的多部门参与的情况正与这一特点不谋而合。

文献中有 86.3% 的公共危机事件有两个或以上的参与部门，而“公共部门”本身往往又包含多个子部门，可以说所有的危机事件都是多部门参与的（见图 3）。出现这一现象并不是偶然的，公共危机发生后往往涉及多个参与主体，单个部门或者机构靠自身的力量难以胜任复杂的危机管理，公共危机事件的解决越来越需要多主体的协调配合。就信息共享、沟通和协作行动而言，协作对危机反应来说能够反映出巨大的社会和行为问题[36]。因此，在紧急情况下，居民和反应者间的沟通与协调是最紧迫的问题[37]。在公共危机期间，拥有在日常基础上建立的牢固的工作关系的社区因为社区成员间日益增长的信任，一般有更好的措施来应对重大的灾难[38]。在手足口病暴发的时候，信息和通信技术支持的英国农民的社交网络[39]，取得不错的成效。亚洲海啸之后，网上社区被证明比结构性救济机构更有效[40]。有学者认为，为了提高公共危机救援效率，救灾机构应该从权力的层次结构到社会网络方面进行重组，更加注重部门间的合作而不是各自为政[41,42]。

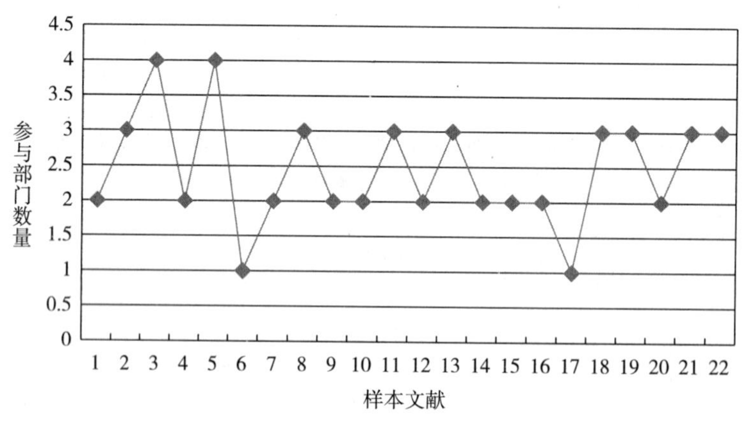

注：横坐标“样本文献”1~22为表2中对应的22条文献（从上至下）

图 3　样本文献的危机参与部门数量

3. 分析方法中数据分析占比较高

研究的样本中有 86.3% 采用了数据分析，其余为案例分析和描述性分析。高比例的数据分析应用反映了 SNA 在数据测量方面的优势，而多种分析方法的交叉使用也说明 SNA 对其他数据分析方法具有很强的兼容性。常见的分析方法，例如回归分析、相关分析、聚类分析等都得到了普遍的应用。SNA 与传统分析方法的结合应用，使得研究不仅可以对数据进行初步的描述性分析，把握数据的整体特点，还能够通过假设检验，了解数据内在的深层次关联，进行数据的修正与调整，为进一步的社会网络分析建立良好的数据分析基础。因此，网络密度、中心性等变量的测量，与相关分析、回归分析、方差分析等方法的综合使用更能全方位地展示出社会网络具有的属性和特点。

4. 研究对象中跨部门网络占比较高

文献中 75% 的公共危机事件是横向跨部门数据或纵向、横向复合数据，说明了公共危机事件往往都是由多个部门、多个子网络形成的复杂网络。

网络构成、数据类型和参与部门三个方面具有内在联系。由于危机中具有多部门参与的特点，才导致了网络构成是由多部门形成的网络，而多部门参与体现在数据类型上就是横向数据，主要探讨部门间的合作与协调问题。有学者提出，为了应对重大自然灾害，各参与主体之间需要集体效能，这种集体效能可以捕捉到凝聚力（尤其是工作信任）和对行动的共同期望之间的联系[43]，人们之间的信任、相互理解、共同的价值观和行为构成，这些实际联系与网络和社区内的成员有关，使得协作行动成为可能[44]。神户大地震后，80% 的受害者被朋友和邻居救助，这涉及激活现有的社会关系，直接影响是导致整个日本的志愿救援风气的形成[45,46]。建立在信任和共同目标之上的协调与合作必然能够提高公共危机响应效率并取得良好的治理效果。

5. 研究热点为网络结构与关系协调

网络结构与关系问题一直是包括社会网络分析在内的网络研究热点。在网络结构方面，“协商式网络”“中心集中式网络”“分布式网络”“分列式网络”等网络结构具有不同的特点，适用于不同类型的危机事件和危机阶段，恰当地选择网络模式有助于形势研判，妥善解决危机。对于公共危机网络来说，一方面要保证网络有较高的密度，使得信息、资源在网络内及时流通；另一方面要保证网络有较高的中心性，以保障网络的信息、资源得到集中而有力的协调分配。但网络的密度和中心性不能同时达到最大化[47]。一个高密度的网络通常不是一个高中心性的网络，而一个高中心性的网络一般又不具有高密度。研究的关注点在于如何将二者进行有机的统一，这与公共危机所处的阶段具有相关性。

公共危机的响应机构大量出现在公共危机刚发生的时候，而在公共危机的恢复阶段，响应机构的数量迅速减少。在危机发生早期，网络密度随着响应机构的增多而迅速增大，各种情报和需求信息在网络中高效流通，在危机管理中应部署反应及时的信息网络作为支撑，重视信息流管理和网络密度的监控。随着公共危机的发展演进，在上一阶段的情报收集的基础上，网络中各节点的需求和现状逐渐清晰。这时，资源需要进行统一协调的分配，并对网络结构的调整提出要求，即适当增大网络的中心性，加强网络的调度能力。而最大的问题往往源于“合作解决问题”和其他协调的问题[48]。组织间的协调，包括管理协作和关系协调，可以假定许多形式，包括伙伴关系、联盟和网络[49]。以往的研究反复论证在危机中居民、政府机构、企业、志愿者和救援组织间的协调问题[50,51]。有学者认为，建立和维护非正式网络合作伙伴关系，加强参与者的网络工作训练能有效改善公共危机治理效果，而网络的联系和协调防备正相关，高水平的连通性和其他应急机构的紧密联系，以及行动者更好的准备，可以提高应对灾害的能力。

在公共危机网络协调中，信息流、信息共享和沟通是整个循环的关键问题。在危机应对中支持信息处理和传播活动是关键[52]。为了有效解决公共危机，应急管理系统或危机信息系统需要对参加者、参加者的目标等要素进行统一考虑[53]。个人或组织机构现有的关系意味着一套行之有效的、以信任为基础的关系[54,55]。信息流的扩散受到网络关系的影响，网络关系影响信息流的程度取决于关系的强弱，强关系可能促进各方之间高质量的信息传递并成为有效的信息渠道[56,57]。组织内信息交流通常涉及组织成员的网络强度[58,59]，位于高强度网络中的成员比位于低强度网络中的成员更有可能获得更高质量的信息[60,61]。在管理协调上，建立信息管理协议，收集、存储、共享和分发信息是中央机构的责任，中央机构负责监督所有其他应对机构[62]。

6. WEB2.0 时代及社交媒体的影响逐渐显现

互联网时代的进化升级使大量的信息被社交媒体在互联网上传播着，诸如 Twitter、Facebook、网络论坛等社交媒体的蓬勃发展，为公共危机的解决提供了重要的支持。近年来，社交媒体在公共危机中的应用得到学者的关注。得益于计算技术的发展，在线危机应对活动日益变得同步和交织[63]。利用移动通信技术和互联网进行危机管理的可行性被证实，包括电子政务和制定应对系统将在重大灾难事前、事中、事后帮助社区，提供接触和回应居民的渠道，行动者上传信息、传播信息、协调社会网络的响应，有益于促进居民间的互相援助。

社交媒体使社区成为真实公共危机沟通应对的一部分。在 2007 年和 2008 年的加州野火、2008 年的孟买大屠杀、2009 年美国航空公司的 1549 次航班坠毁、2010 年海地地震、2011 年突尼斯起义事件中，社交媒体 Twitter 被用作迅速分享和更新重要信息的平台[64,65]。在最近一项调查中发现，92% 被受访的通信从业者认为博客和其他社交媒体正在影响主流新闻报道[66]。社交媒体技术不仅有能力协调广泛的交流及加强信息流通，也能灵活地处理响应者不断变化的需要。社交媒体不仅仅是一种新的技术，它应当成为危机响应系统的组成部分，一种基于网络的危机响应系统，应将互联网系统和信息通信技术整合为中央危机管理系统——基于网络提供双向通信，为近端和远端用户在备灾和危机管理中建立一个可靠和可获得的信息隧道。利用社交媒体的行动并非无序状态，要重视在危机发展过程中动员新闻媒体，特别是发挥互联网社交媒体的作用。社交媒体具有参与性、公开性、谈话性、社区性和连接性[67]。新的媒体技术允许私人成为在线和他人分享观点、视角、经验和见解的信息来源[68]。信息的消费者同时也是信息的贡献者，因此提供了用户生成媒体的基础。关于危机的信息能够被分享和重复分享，不经过记者的现场报道就能传达给数百万计的人。口述新闻具有极大的影响力，甚至被认为在某些情况下比主流媒体更值得信赖[69]。

考虑到社交媒体的沟通能力和计算机现代化的普及，学者们呼吁研究交叉学科，以适应这些变化的媒体环境，并结合社区资讯学和危机管理来理解信息和沟通技术应该如何设计和应用于具体的危机事件中[70]。

（三）存在问题

1. 侧重网络结构分析，忽视节点属性分析

目前的研究成果更多地集中在公共危机网络上，探讨网络结构的问题。通常的做法是一系列的标准化流程分析：先生成网络拓扑图，然后根据拓扑图计算密度、中心性、核心—边缘结构等相关指标，呈现整个网络结构及网络特点。传统而流程化的网络结构分析在过去的 20 年间出现频率较高，并且其中大部分研究缺少创新。SNA 的快速发展已取得突破性进展，能在传统的结构分析基础上研究网络中节点的属性问题。然而，公共危机管理领域中的相关研究却较少。

作为 SNA 的重要分析对象，节点本身是具有属性的。现有的方法可以分析节点的属性与网络形成之间的关系，比如"指数随机图模型"（Exponential Random Graph Models）在公共危机的研究领域中就具有较好的适用性。由于公共危机的管理和参与主体多，且属性不同，既然节点具有自身的属性，那么具有相同属性的节点在网络中就可能会体现出特有的网络属性和网络位置，从而影响整个网络的节点分布；反之亦然，不同属性的节点具有不同性质，可以发挥不同的作用。节点本身具有的属性很大程度上左右着节点间联系的状况，这与网络形成机制有着密切的关系。网络形成机制是关于网络如何形成与如何发展的问题，危机网络形成机制的研究是建立在节点属性与动态网络的研究基础之上的。在现有研究中，关于公共危机管理领域的危机网络形成机制研究还比较少。在公共危机发展过程中，节点之间如何形成联系，为什么 A 节点选择与 B 节点联系，而不与 C 节点联系，是基于什么样的原因和动力，与节点属性有多大的相关性。当所有节点都做出自己的选择，受到内外部各种原因的干扰，而又不断地改变着选择的时候，整个网络的结构发生变化，呈现出不同的网络属性，进而促使动态网络的形成与发展。

综上所述，深入研究节点属性与网络结构的关系，对于有针对性地提出解决公共危机的方案具有重要意义。这是网络研究的重要进步。因此，进一步探索挖掘节点属性对网络的影响，应该是 SNA 方法在公共危机领域的创新应用。

2. 静态网络研究多，动态网络研究少

一般认为动态网络具有以下特点：①节点是网络的基本单位。有节点的存在，才有节点之间的联系，节点之间的联系才得以维持，整个网络的信息和资源只有依靠节点才能传播和分享。②可干预性。是指网络节点受内外部因素影响而做出的选择。当干预时，整个网络会发生连锁反应，产生变化，推动网络的进一步发展，这也是动态网络发展的基本动力。③可导向性。通过人为施加外部干预和影响，与网络内部因素形成交互作用，并引导网络的发展和走向，减小公共危机带来的人力物力财力的损耗。因此，了解到网络内部节点之间的因果联系有助于预测网络的发展与走向，这也是研究公共危机动态网络的根本出发点和立足点。

相对于其他学科来说，公共管理学科更注重的是公共危机网络的即时治理，在运用 SNA 进行的网络研究中也很少涉及动态网络的研究，大多数研究还是以某时间节点的静

态网络研究为主，只有很少部分的研究会触及不同时期的网络特点分析，但这与真正意义上的动态网络研究还相距甚远。如果能够通过 SNA 和其他统计方法的交叉使用，关注公共危机动态网络，研究网络发展趋势，在公共危机发生后的一定时间内尽早预测和干预，动态研判公共危机的发展和走向，对于提升公共危机的治理绩效、降低危机损失具有重要意义。

3. 借鉴多，创新少

由于 SNA 并不是管理学的原创分析方法，所以当公共危机管理的研究中运用 SNA 时，难免会出现许多“水土不服”的问题。这些问题集中于理论研究较少和原创贡献较小两个方面。

公共危机管理领域运用 SNA 进行的研究，大都遵循着借鉴术语、基本方法和模式，通过对具体案例的数据进行分析，来解决公共危机管理中的危机网络问题这样的相似路径进行。对于 SNA 的理论研究，包括 SNA 的进一步发展、方法的改进等方面却涉及不多，因此，公共危机管理在进行危机动态网络的研究时，往往是有好的数据和设计，但却受制于 SNA 技术发展的瓶颈，难以深入。

在公共危机管理领域，原创性研究较少，存在一些生搬硬套现象，模仿已有研究，套入数据，得出相似结论，并没有得出创造性的有启发的结论，造成大量重复性的研究，出现了不少具有“灌水”嫌疑的文章。迄今为止，公共危机管理对 SNA 发展的促进看来并不明显，而是 SNA 的发展一直牵着公共危机管理的“鼻子”在走。相比之下，计算机科学对 SNA 的发展起了重大的促进作用。公共危机管理与 SNA 并没有形成相辅相成、互相促进的局面，这可能与公共危机管理学科的学术背景有关。未来，公共危机管理的学者应进一步加深与其他学科，特别是数学、计算机、社会学等学科的交流。

四、研究方向与研究展望

（一）重视建立交叉学科的主导优势

公共危机管理研究已经进入一个包含管理学、计算机科学、社会学等多学科交叉发展的时代，作为公共危机管理领域的研究者来讲，这是我们的“大本营”，严峻的形势使得迫切需要建立和制定一系列支撑这一交叉领域快速发展的机制和措施，否则只能跟在别人的身后而做不出开创性的研究。而建构统一的研究范式与话语体系，搭建多元的交流平台是公共危机管理研究者应予以关注的重要问题。

公共危机管理的研究呈现出多学科交叉的特点，在使得公共危机管理的研究更具有多样性的同时，显著的劣势也凸现出来：在本领域的研究缺乏统一而规范的研究范式，话语体系含混不清，研究者们大多都是“你做你的，我做我的”，表面上看似百花齐放，但实际上却缺少凝聚力，没有形成良好的合力，导致公共危机管理领域虽然出了不少研究成果，但成果之间的联系和相关性较低，呈现出碎片化的特点，本领域至今尚未形成统一的研究范式和话语体系。因此，需要本领域的研究者在相互沟通、相互促进的基础上，构建统一的研究范式与话语体系。

搭建常态并且有效的交流平台对于一个学科的发展是至关重要的。从欧美的情况来看，他们不仅有专门的危机类的期刊平台，而且经常举办各种年会、国际会议进行学术上的交流。目前国内缺少高水平学术研究性质的危机管理专刊，中国正处于各种突发事件和自然灾害的高发期，搭建一个专门的公共危机领域交流平台，无论是对社会进步还是对本学科发展，都具有重要的意义。

（二）重视公共危机的网络动态复杂性研究

公共危机管理的跨部门协调问题历来被学者们所重视，对于公共危机网络结构的探讨已经比较深入了。但文献分析结果显示，大多数属于危机网络静态结构研究，而较少对其演进过程中的动态复杂性进行深入探讨。要研究公共危机的每一个阶段中网络具有的结构特性，以及整个过程中随着发展阶段而演进的网络结构问题确实是一项巨大的工程，这也许是公共危机的网络动态复杂性研究并不多见的一个重要原因。因此，未来的相关研究需要解决许多问题。例如，公共危机网络的动态演进具有怎样的一般性？是否大多数的公共危机在发展过程中都呈现出类似的网络特点？公共危机网络结构的调整与公共危机的演进具有怎样的联系？互联网的快速发展及社交媒体的广泛参与对于公共危机网络的动态复杂性具有怎样的影响？子群、派系的存在是否改变了公共危机网络的演进形态？子群、派系在公共危机不同阶段的作用发挥机制和网络动员机制是怎样的？不同的参与主体在公共危机网络中如何随着公共危机的发展而影响整个网络的优化和发展？

下一阶段的研究重点可以从以下两个方面考虑：①公共危机过程中节点的行为选择。由于节点是网络分析的基本单位，网络研究的根本还是对节点的研究。而在公共危机演进过程中，节点行为选择的研究将直接探讨“为什么我们现在看到的是这样的网络”“网络是怎么变成这样的”等问题。②公共危机网络发展演进的动力机制，它与前者具有紧密的内在联系。节点的行为选择是网络演进的重要原因与动力，只有在节点的行为选择研究基础之上才能触及动态网络的研究，节点属性与节点之间的因果关系将有助于把握公共危机发展和演进的基本规律，对于危机管理的理论研究和实践管理都是突破性的进展。

（三）重视大数据在公共危机管理中的有效运用

大数据是当前最流行的词汇之一，它不仅在计算机、电子商务等高科技领域成为焦点，而且在市场营销、物流管理等软科学领域同样受到关注。对于大数据，研究机构 Gartner 给出了这样的定义：“大数据”是需要新处理模式才能具有更强的决策力、洞察发现力和流程优化能力的海量、高增长率和多样化的信息资产。它具有 4V 的特点：Volume（数据体量大）、Variety（数据类型多）、Value（价值巨大但密度低）、Velocity（处理速度快）。关于大数据的研究在不断进行着，互联网和社交媒体在公共危机发生期间产生的数据是数量巨大、类型繁多而且价值密度很低的，如何在公共危机管理中利用大数据成为未来研究的一个新热点。

互联网数据挖掘技术的应用，可以从半结构化甚至是非结构化的数据中界定对公共危机有用的数据，找到可利用信息，为公共危机数据获取提供新的途径和开发空间。在数据分析方面，传统的数量分析方法依然有着不可替代的作用，但是计算机建模和仿真实验逐渐成为主流，海量数据的获取以及分析使得变量的不确定性大大降低，对于大数据的精确分析或许能够预测公共危机的发展方向，引导公共危机朝着人们预设的轨迹发展。

总体来看，国外学者在过去 20 年间应用 SNA 研究公共危机管理领域的问题取得了很多有益的成绩，一方面扩展了 SNA 在应用上的广泛性；另一方面，从另外一个角度来审视公共危机管理领域的问题使得公共危机管理的研究变得更加具有多样性，为传统的公共危机管理研究注入了新的活力，丰富了公共危机管理的研究方法和方式。本文基于 EBSCO 和 JSTOR 数据库检索了 1990 ~ 2012 年的 SNA 与公共危机管理交叉研究的成果，主要对国外实证类文献进行了梳理与回顾分析，分析结果能帮助认识和把握 SNA 在公共危机管理领域的应用现状，并形成与公共危机网络结构、网络关系协调、社交媒体对公共危机网络的影响方面相关的回顾发现。以此为基础提出了该领域的未来研究趋势，包括动态复杂的公共危机网络的研究和大数据的恰当应用。尽管我们已经对国外实证文献进行了详细的检索和研读，并且在文献检索数量、领域覆盖和影响力代表等方面已经可以支撑实证研究现状的回顾分析，但可能存在数据库覆盖面不够、文献的筛选有主观判断等问题，希望可以为国内的社会网络和公共危机管理研究提供有益的启示。

参考文献

[1] 吕孝礼，张海波，钟开斌．公共管理视角下的中国危机管理研究——现状、趋势和未来方向［J］．公共管理学报，2012，9（3）：112.

[2] Houghton R.，Baber C.，Mcmaster R.，et al. Command and Control in Emergency Services Operations：A Social Network Analysis［J］. Ergonomics，2006，49（12 - 13）：1204.

[3] Granovetter S. The Strength of Weak Ties［J］. American Journal of Sociology，1973，78（6）：1360 - 1380.

[4] Powell W. W.，Koput K. W.，Smith - Doerr L. Inter - organizational Collaboration and the Locus of Innovation：Networks of Learning in Biotechnology［J］. Administrative Science Quarterly，1996，41（1）：116 - 145.

[5] Kraatz S. Learning by Association? Interorganizational Networks and Adaptation to Environmental Change［J］. The Academy of Management Journal，1998，41（6）：621 - 643.

[6] Knight L.，Pye A. Exploring the Relationships Between Network Change and Network Learning［J］. Management Learning，2004，35（4）：473 - 490.

[7] Cross R.，Borgatti S.，Parker A. Making Invisible Work Visible：Using Social Network Analysis to Support Strategic Collaboration［J］. California Management Review，2002，44（2）：25 - 47.

[8] Kapucu N. Public – Nonprofit Partnerships for Collective Action in Dynamic Contexts of Emergencies [J]. Public Administration, 2006, 84 (1): 205 – 220.

[9] Abbasi A., Hossain L., Hamra J., et al. Social Networks Perspective of Fire Fighters Adaptive Behavior and Coordination Among Them [C]. Washington, DC: IEEE Computer Society, 2010: 819 – 824.

[10] Pan S. L., Pan G., Leidner D. E. Crisis Response Information Networks [J]. Journal of the Association for Information Systems January, 2012, 13 (1): 31 – 56.

[11] Moynihan, Donald P. Goal – Based Learning and the Future of Performance Management [J]. Public Administration Review, 2005, 65 (2): 203 – 216.

[12] Harris J. K., Clements B. Using Social Network Analysis to Understand Missouri's System of Public Health Emergency Planners [J]. Public Health Reports, 2007, 122 (4): 488.

[13] Jaeger P. T., Shneiderman B., Fleischmann K. R., et al. Community Response Grids: E – Government, Social Networks, and Effective Emergency Management [J]. Telecommunications Policy, 2007, 31 (10 – 11): 592 – 604.

[14] Procopio C., Procopio S. Do You Know What It Means to Miss New Orleans? Internet Communication, Geographic Community, and Social Capital in Crisis [J]. Journal of Applied Communication Research, 2007, 35 (1): 67 – 87.

[15] Huang C., Chan E., Hyder A. Web 2.0 and Internet Social Networking: A New Tool for Disaster Management? ——Lessons from Taiwan [J]. BMC Medical Informatics and Decision Making, 2010, 10 (1): 57.

[16] Heflinger C. Measuring Service System Coordination in Managed Mental Health Care for Children and Youth [J]. Evaluation and Program Planning, 1996, 19 (2): 155 – 163.

[17] Loosemore M., Hughes P. Confronting Social Defense Mechanisms: Avoiding Disorganization During Crises [J]. Journal of Contingencies and Crisis Management, 2001, 9 (2): 73 – 87.

[18] Moore S., Eng E., Daniel M. International NGOs and the Role of Network Centrality in Humanitarian Aid Operations: A Case Study of Coordination During the 2000 Mozambique Floods [J]. Disasters, 2003, 27 (4): 305 – 318.

[19] Hammerli A., Gattiker R., Weyermann R. Conflict and Cooperation in an Actors' Network of Chechnya Based on Event Data [J]. Journal of Conflict Resolution, 2006, 50 (2): 159 – 175.

[20] Choi S., Kim B. Power and Cognitive Accuracy in Local Emergency Management Networks [J]. Public Administration Review, 2007, 67 (s1): 198 – 209.

[21] Uhr C., Johansson H., Fredholm L. Analyzing Emergency Response Systems [J]. Journal of Contingencies &Crisis Management, 2008, 16 (2): 80 – 90.

[22] Moynihan P. Learning Under Uncertainty: Networks in Crisis Management [J]. Public Administration Review, 2008, 68 (2): 350 – 365.

[23] Provan G., Huang K., Milward B. The Evolution of Structural Embeddedness and Organization Social Outcomes in a Centrally Governed Health and Human Services Network [J]. Journal of Public Administration Research and Theory, 2009, 19 (4): 874 – 893.

[24] Kapucu N., Augustin E., Garayev V. Interstate Partnerships in Emergency Management: Emergency Management Assistance Compact in Response to Catastrophic Disasters [J]. Public Administration Review,

2009, 69 (2): 297 -313.

[25] Hossain L., Kuti M. Disaster Response Preparedness Coordination Through Social Networks [J]. Disasters, 2010, 34 (3): 755 -786.

[26] Peterson D., Besserman R. Analysis of Informal Networking in Emergency Management [EB/OL]. [2013 -05 -25] http://www.degruyter.com/view/j/jhsem.2010.7.1/jhsem.2010.7.1.1719/jhsem.2010.7.1.1719.xml.

[27] Uddin S., Hossain L. Disaster Coordination Preparedness of Soft Target Organizations [J]. Disasters, 2011, 35 (3): 623 -638.

[28] Chai C. L., Liu X., Zhang W. J., et al. Application of Social Network Theory to Prioritizing Oil & Gas Industries Protection in a Networked Critical Infrastructure System [J]. Journal of Loss Prevention in the Process Industries, 2011, 24 (5): 688 -694.

[29] Park J. The Use of a Social Network Analysis Technique to Investigate the Characteristics of Crew Communications in Nuclear Power Plants——A Feasibility Study [J]. Reliability Engineering & System Safety, 2011, 96 (10): 1275 -1291.

[30] Hamra J., Hossain L., Owen C., et al. Effects of Networks on Learning During Emergency Events [J]. Disaster Prevention and Management, 2012, 21 (5): 584 -598.

[31] Hossain L., Guan K., Chun D. Modeling Coordination in Hospital Emergency Departments Through Social Network Analysis [J]. Disasters, 2012, 36 (2): 338 -364.

[32] Abbasi A., Kapucu N. Structural Dynamics of Organizations During the Evolution of Interorganizational Networks in Disaster Response [EB/OL]. [2013 -05 -27] http://www.degruyter.com/view/j/jhsem.2012.9.issue -1/1547 -7355.1975/1547 -7355.1975.xml.

[33] Paracharissi Z., Oliveira M. Affective News and Network Publics: The Rhythms of News Storytelling on #Egypt [J]. Journal of Communication, 2012, 62 (2): 266 -282.

[34] Tyshchuk Y., Wallace A. Actionable Information During Extreme Events——Case Study: Warnings and 2011 Tohoku Earthquake [EB/OL]. [2013 -05 -26] http://ieeexplore.ieee.org/iel5/6403618/6406254/06406263.pdf?

[35] Abbasi A., Kumar S., Filho J., et al. Lessons Learned in Using Social Media for Disaster Relief——ASU Crisis Response Game [M]. Berlin, Heidelberg: Springer Berlin Heidelberg, 2012: 282 -289.

[36] Mcentire, D. A. Coordinating Multi - Organisational Responses to Disaster: Lessons from the March 28, 2000, Fort Worth Tornado [J]. Disaster Prevention and Management, 2002, 11 (5): 369 -379.

[37] Haddow G., Bullock J., Coppola P. Introduction to Emergency Management [M]. Oxford: Elsevier Limited, 2008.

[38] Kapucu N. Interagency Communication Networks During Emergencies: Boundary Spanners in Multiagency Coordination [J]. American Review of Public Administration, 2006, 36 (2): 207 -225.

[39] Hagar C. Crisis, Farming & Community [EB/OL]. [2013 -05 -28] http://ci -journal.net/index.php/ciej/article/download/246/211.

[40] Jones C., Mitnick S., Diperna P., et al. Open Source Disaster Recovery: Case Studies of Networked Collaboration [EB/OL]. [2013 -05 -28] http://firstmonday.org/ojs/index.php/fm/article/viewArticle/ 1325/1245.

[41] Quarantelli E. L. Catastrophes are Different from Disasters: Some Implications for Crisis Planning and Managing Drawn from Katrina. [EB/OL]. [2013-05-28] http://understanding katrina. ssrc. org.

[42] Stephenson M. Making Humanitarian Relief Networks More Effective: Operational Coordination, Trust and Sense Making [J]. Disasters, 2005, 29 (4): 337-350.

[43] Sampson R. Neighborhood and Community: Collective Efficiency and Community Safety [J]. New Economy, 2004, 11 (2): 106-113.

[44] Cohen D., Prusak L., Prusak L. In Good Company: How Social Capital Makes Organizations Work [M]. Boston: Harvard Business School Press, 2001.

[45] Kajitani Y., Okada N., Tatano H. Measuring Quality of Human Community Life by Spatial-Temporal Age Group Distributions——A Case Study of Recovery Process in a Disaster-Affected Region [J]. Natural Hazards Review, 2005, 6 (1): 41-47.

[46] Shaw R., Goda K. From Disaster to Sustainable Civil Society: The Kobe Experience [J]. Disaster, 2004, 28 (19): 16-40.

[47] Morrissey P., Calloway M., et al. Local Mental Health Authorities and Service System Change: Evidence from the Robert Wood Johnson Foundation Program on Chronic Mental Illness [J]. The Milbank Quarterly, 1994, 72 (1): 49-80.

[48] Mileti D. Disasters by Design: A Reassessment of Natural Hazards in the United States [M]. Washington, DC: Joseph Henry Press, 1999.

[49] Kapucu N. Interorganizational Coordination in Dynamic Context: Networks in Emergency Response Management [J]. Connections, 2005, 26 (2): 33-48.

[50] Mcentire A. Reflecting on the Weaknesses of the International Community During IDNDR: Some Implications for Research and Application [J]. Disaster Prevention and Management, 1997, 6 (4): 221-233.

[51] Jud D. Disaster Relief or Relief Disaster? A Challenge to the International Community [J]. Disasters, 1992, 16 (1): 1.

[52] Walle B., Turoff M., Hiltz S. R. Information Systems for Emergency Management [M]. New York: M. E Sharpe Press, 2009.

[53] Jul S. Structuring the Problem Space of User Interface Design for Disaster Response Technologies [M] //Information Systems for Emergency Management. New York: M. E Sharpe Press, 2010.

[54] Krovi R., Chandra A., Rajagopalan B. Information Flow Parameters for Managing Organizational Processes [J]. Communications of the ACM, 2003, 46 (2): 77-82.

[55] Pan L., Pan G. Customer-Centric is Application Development: Lessons from a Case of Developing an Online Auction Site [J]. Communications of the AIS, 2006, 18 (1): 395-412.

[56] Rowley T., Behrens D., Krackhardt D. Redundant Governance Structures: An Analysis of Structural and Relational Embeddedness in the Steel and Semiconductor Industries [J]. Strategic Management Journal, 2000, 21 (3): 369.

[57] Adler P. S., Goldoftas B. Flexibility Versus Efficiency? A Case Study of Model Changeovers in the Toyota Production System [J]. Organization Science, 1999, 10 (1): 43-68.

[58] Barua A., Ravindran S., Whinston B. Enabling Information Sharing Within Organizations [J]. Information Technology and Management, 2007, 8 (1): 31-45.

[59] Hatala P. Social Networks Analysis in Human Resource Development: A New Methodology [J]. Human Resource Development Review, 2006, 5 (1): 45-71.

[60] Parker A., Cross R., Walsh D. Improving Collaboration with Social Network Analysis [J]. Knowledge Management Review, 2001, 4 (1): 24-29.

[61] Sinkula M. Market Information Processing and Organizational Learning [J]. The Journal of Marketing, 1994, 58 (1): 35.

[62] Pan L., Pan G., Devadoss R. E - Government Capabilities and Crisis Management: Lessons from Combating SARS in Singapore [J]. MIS Quarterly Executive, 2005, 4 (4): 385-397.

[63] Palen L., Vieweg S., Sutton J., et al. Crisis Informatics: Studying Crisis in a Networked World [J]. Social Science Computer Review, 2009, 27 (1): 467-480.

[64] Beaumont C. Mumbai Attacks: Twitter and Flickr Used to Break News [EB/OL]. [2013-05-29] http://www.telegraph.co.uk/news/worldnews/asia/india/3530640/Mumbai-attacks-Twitter-and-Flickr-used-to-break-news-Bombay-India.html.

[65] Sutton J. Palen L., Shklovski I. Backchannels on the Front Lines: Emergent Uses of Social Media in the 2007 Southern California Wildfires [EB/OL]. [2013-05-26] http://www.jeannettesutton.com/uploads/Back channelsISCRAM08.pdf.

[66] Solis B. The State of PR, Marketing, and Communications: You are the Future [EB/OL]. [2013-05-29] http://www.briansolis.com/2009/06/state-of-pr-marketing-and/.

[67] Mayfield A. What Is Social Media? Span Networks [EB/OL]. [2013-05-27] http://connect.icrossing.co.uk/what-is-social-media-e-book-now-available_ 283.

[68] Marken A. Social Media: The Hunted Can Become the Hunter [J]. Public Relations Quarterly, 2007, 52 (4): 9-12.

[69] Colley L., Collier A. An Overlooked Social Media Tool? Making a Case for Wikis [J]. Public Relations Strategist, 2009, 15 (2): 34-35.

[70] Shankar K. Wind, Water, and Wi-Fi: New Trends in Community Informatics and Disaster Management [J]. The Information Society, 2008, 24 (2): 116-120.

完善重大决策社会稳定风险评估机制的五大转变*

王宏伟
（中国人民大学　公共管理学院，北京　100872）

【摘　要】重大决策社会稳定风险评估机制的建立有利于政府决策的科学化、民主化，有助于社会矛盾的化解与群体性事件的预防。但是，我国目前的“稳评”体系存在着一系列的问题，必须加以完善。在社会管理创新的背景下，需要推动“稳评”机制实现五大转变：理念上，从政府主动创稳到社会协同治稳；目标上，从防范群体性事件到增进社会和谐；保障上，从决策者道德自律到社会监督约束；体系上，从单一——封闭到多元—开放；流程上，从常态化评估到动态性管理。

【关键词】重大决策；社会稳定；风险评估；社会管理创新；机制

党的十八大报告在论及加强与创新社会管理时提出，“要建立健全重大决策社会稳定风险评估机制”[1](P34)。自 2005 年以来，我国各级党委、政府在实践中积极探索如何构建重大决策社会稳定风险评估（简称“稳评”）机制，以强化重大公共政策制定者维护社会稳定的责任意识，减少影响社会稳定的不和谐因素，最大限度地降低群体性事件的发生概率。无疑，“稳评”对于增强决策的科学化与民主化、化解社会矛盾与纠纷、提升社会和谐与稳定程度具有不容否定的推动作用。近年来，我国各地在“稳评”实践上进行了一系列积极、有益的探索，形成了许多各具特色的宝贵经验，有效地维护了社会和谐与稳定的大局。但是，我国的“稳评”机制目前尚存在诸多理念、操作层面的问题。在社会管理创新日益受到重视的今天，需要进一步完善“稳评”机制，就必须推动其实现理念、目标、保障、体系、流程上的五大转变，使“稳评”机制成为推动社会管理创新的重要内容和手段。

---

* 原文发表于《云南社会科学》2013 年第 2 期。
作者单位：中国人民大学公共管理学院。
基金项目：国家“985 工程优势学科创新平台项目”、国家社科基金项目“快速城市化进程中关键基础设施系统性危机应急模式研究”（项目号：12BGL109）的阶段性成果。

一、"稳评"的理念：从政府主动创稳到社会协同治稳

改革开放以来，我国经济建设取得了令世人瞩目的巨大成就。与此同时，在经济转型、社会转轨的大背景下，大量社会问题、矛盾不断积聚、叠加、交织，特别是群体性事件不断发生，严重影响了社会的和谐、稳定。

如果以改革开放为界，可以将政府的大政策周期大致分为前后两个阶段：改革开放之前，以政治为核心；改革开放之后，以经济为重点。而社会管理则成为一个相对被疏离、冷落的领域。从行政管理的角度看，政府关注的核心任务包括自身的统治和对社会的管理。近年来，我国政府的行政理念逐渐发生变化，日益强调履行社会管理与公共服务的职能。

观念的变革来源于社会现实的变迁。改革开放之后，中国总体经济实力不断增长，人民生活水平不断提升。在改革开放之初，人们欣喜地享受着改革开放所带来的实惠和利好。政府在社会管理方面的滞后问题并没有显现出来。但是，改革开放很快就过了普遍受益期。随着经济利益格局的调整、社会阶层的分化、价值观念的嬗变、公众权益意识的萌动，滞后的社会管理导致不满情绪滋生，社会矛盾与纠纷大量同时涌现、互动，群体性事件不断发生。不仅如此，高速发展使得西方国家在漫长历史阶段所展现出来的历时性矛盾在中国表现为共时性矛盾。社会稳定面临巨大的挑战，维稳成为各级党委和政府的当务之急和重中之重。

社会稳定大体可以被分为两种：强力控制型的稳定与和谐内生型的稳定。相应地，维稳也分为两种：刚性维稳追求的是强力控制型的稳定，而柔性维稳追求的是和谐内生型的稳定。我国维稳的方式主要是与传统社会管理体制相适应的刚性维稳。千百年来，中国高度集权的行政体制以高压控制的形式管理、统摄社会。政府的权力系统对社会出现扰动的承受能力较低，明显具有求稳怕乱的特点。受此影响，我国政府对社会扰动特别是群体性事件抱以"零容忍"的姿态，经常不计成本地以高压手段维稳，结果是"越维越不稳"。以行政管制作为调节社会矛盾与纠纷的唯一方式必然会导致一个恶性循环：政府求稳怕乱—高压控制—官民对立—社会骚动—更加求稳怕乱。这是传统社会管理体制下刚性维稳逻辑的必然产物。

为了破解群体性事件应对的困局，四川省遂宁市于 2005 年在全国率先建立重大工程建设项目稳定风险预测评估制度。此后，中央"维稳办"推广了遂宁经验。全国各地纷纷效仿遂宁的做法，尝试建立"稳评"机制。国家"十二五"规划纲要中将"建立重大工程项目建设和重大政策制定的社会稳定风险评估机制"列为重要内容。"稳评"机制的设计初衷是变政府被动维稳为主动创稳，以期关口前移、化解社会稳定风险、降低群体性事件的发生概率。这与忽视源头治理、"头痛医头，脚痛医脚"的撞击—反射式的维稳模

式相比，的确是一个巨大的进步。

但是，现有的“稳评”模式依旧没有摆脱传统社会管理的思维惯性，因为政府依旧是维护社会稳定、开展“稳评”的唯一主体。公众与政府之间的关系是委托—代理关系。公众让渡出一部分权利给政府，为的是更好地保障公共利益的实现。公共政策是政府进行社会管理的重要工具。政府出台的公共政策是对公共利益的分配，应该以民意为基础，体现公平和正义的原则。倘若政府出台重大公共政策缺少公平、正义，就有可能导致强烈的社会不满和高度的政策震荡，影响社会的和谐与稳定。作为公众的代理人，政府在重大决策过程中也存在着自身的利益，可能出现与民争利的现象。此外，政府由于掌握信息有限、考虑不周，也可能忽视真正的民意倾向，做出错误的决策，诱发社会矛盾和纠纷。

随着改革开放进程的不断深入，我国“单位制”解体，社会成员大部分从“单位人”向“社会人”转变。这使得政府不能继续对社会成员进行层层节制。再者，以市场手段对社会进行管理也是不可取的，因为市场作为以利润为导向的自发力量，往往会导致公平和正义的缺失。还有，社会自治也会出现“失灵”。党的十八大报告提出：“加强社会建设，必须加快推进社会体制改革。要围绕构建有中国特色社会主义社会管理体系，加快形成党委领导、政府负责、社会协同、公众参与、法制保障的社会管理体制，加快形成政府主导、覆盖城乡、可持续的基本公共服务体系，加快形成政社分开、权责明确、依法自治的现代社会组织体制，加快形成源头治理、动态管理、应急处置相结合的社会管理机制。”[1](P38)我国未来的社会管理模式将向政府、市场与社会三者合作治理的方向发展。

我们需要进一步摆脱传统社会管理体制的束缚，在社会管理创新的大背景下去探索进一步完善“稳评”机制的方法，变政府主动创稳为社会协同治稳。所谓社会协同治稳，就是借鉴西方合作治理的模式，使政府、市场、社会三种力量相互补充、形成合力、相互嵌入，共同形成维护社会稳定的合力。与此相应，维稳的制度设计，包括“稳评”机制的完善也必须坚持全社会协同治理的理念。

社会协同治稳使得社会稳定成为全社会共同追求的目标，可以凝聚全社会方方面面的力量，使企业、NGO 以及公民个人自觉参与到维护社会稳定的事业中。在此理念下，“稳评”机制将吸纳更多利益相关者的参与，使得重大决策更加具有民意基础，降低政府决策的主观性与随意性。社会协同治稳是对传统社会管理体制的重大超越，也是对政府主动创稳理念的扬弃，是真正意义上的柔性维稳模式，能够极大地促进社会和谐，并实现和谐内生型的稳定。

二、“稳评”的目标：从防范群体性事件到增进社会和谐

从全国各地的实践来看，由于对社会稳定可能构成威胁的风险包罗万象、纷繁复杂，各地、各部门在“社会稳定”前加上限定语以实现内涵的具体化，如“重大事项”“重大

工程项目建设”“重大决策”等。实际上，这种限定的依据就是近年来频繁引发群体性事件的重要诱因。它们涉及公共利益与公共权力，关乎民生，可被统一概括为重大决策，即重大公共政策的制定，因为重大事项或重大工程项目就是重大决策的物化。

“稳评”实质上就是对重大公共政策潜在影响的一种预评估或前置评估。它体现了一种思想：“抓稳定，重在抓源头；抓源头，重在抓决策。”[2]从根本上讲，“稳评”的根本目标就是要增强决策的民意基础，实现决策的合民意性，捍卫社会的公平与正义，促进社会的和谐，减少社会矛盾，把改革的力度、发展的速度和公众的承受能力结合起来。

追根溯源，“稳评”起源于政府应对群体性事件的实践与反思。例如，2004 年“汉源事件”后，四川省遂宁市开始探索重大事项社会稳定风险评估制度，而上海“稳评”的动力则是“磁悬浮事件”。因此，政府往往将防范涉稳风险具体化为预防群体性事件，并将群体性事件发生概率作为“稳评”成效的证明。“稳评”虽然始于群体性事件预防的实践，但必须以增进社会和谐为最终目标。

从深层次看，“稳评”的动因是防止重大决策引发社会矛盾的激化、影响社会和谐，而非仅仅是降低群体性事件发生的频率。在外部强力控制下，社会不和谐因素虽大量存在、群体性事件却没有发生的情况依旧有可能存在。从长远来看，这种万马齐喑、缺少“减压阀”的局面导致了社会公众不满情绪郁积，对社会稳定的威胁将是致命的。所以，以社会和谐度来审视“稳评”效果更为适当。

群体性事件是公众争取权益而非争取权力的博弈方式，尚非针对政权的基础。在群体性事件中，公众表达自己的利益诉求，说明他们对党和政府还有最起码的信任，但苦于缺乏体制内的表达渠道。于建嵘认为，群体性事件多为维权行动，“没有明确的政治诉求，目的不是为了推翻政府并取而代之。尽管有些参与者想通过政治化的手段解决他们的具体问题，但他们并没有明确的政治目标，也没有组织化的政治力量”[3](P109)。

要转变社会稳定观，就应从追求静态稳定向追求动态稳定转变。动态稳定是和谐内生型的稳定，不是强力控制型的稳定。和谐内生型的稳定兼顾活力与秩序，使经济社会发展继续保持足够的动力，又能确保社会运行的和谐、有序。

进行“稳评”，是为了防止社会矛盾的激化，使公众在群体性事件之外找到一种体制内的利益表达渠道，而不能仅仅是“不出事”。所以，取位于社会矛盾的化解、社会和谐的促进，“稳评”最终将能够降低群体性事件的发生率。但是，取位于降低群体性事件的发生率，“稳评”不一定能从根本上化解社会矛盾。

在我国，一方面，社会中不和谐因素逐渐增多；另一方面，政府在大力强化对社会的总体控制能力。这会导致社会结构超稳定性特征的强化。在民怨膨胀的情况下，社会表面上看波澜不惊，但发生高烈度内爆的危险在加大。如果“稳评”以群体性事件的预防为最终目标，一些政府可能会在重大决策时不顾民意，同时又拼命加大对群体性事件压制的力度。结果，推迟了眼前的危机，却加剧了未来的风险，又回到了刚性维稳的老路。

作为重大公共政策的前置评估，“稳评”自身也存在着一定的困难：具有明显预测性特征，难以获得决策信息；社会风险很难以精确的量化方式进行评估；政策影响的显现途

径比较复杂；等等。特别是公共政策的影响涉及社会生活的多个层面，有直接与间接、近期与远期之分。重大决策者可能会在任期内追求短期行为，并会引发群体性事件。但是，其决策却为未来的社会动荡埋下隐患。群体性事件减少，却不意味着社会更加和谐。此外，"稳评"必须辅以科学的问责，即以合理的绩效评估为依据和基础，不能完全以结果为导向，即是否发生了群体性事件。

社会和谐度如果得到提高，则群体性事件自然会减少。从物理学原理看，燃烧需要三个条件：可燃物、氧气和火源。社会存在的不和谐因素是"可燃物"，社会存在的仇官、仇警和仇富心态是"氧气"。任何一个微小的事件都可能成为火源，都会引起群体性事件的"熊熊大火"。"火源"具有广泛的分散性，对其监控往往是百密一疏，难度系数极高。所以，预防群体性事件关键是"可燃物"和"氧气"。

以社会和谐为目标的"稳评"对政府重大决策的随意性进行严格制约，为决策者提供全面、客观的信息，确保评估过程的合理性，限制缺少民意基础的公共决策，可以减少社会的不和谐因素，即"可燃物"。不仅如此，它有助于政府塑造主动接受社会监督、执政为民的良好形象，增强官民之间的信任，减少群体性事件的"氧气"。

总之，以社会和谐为目标的"稳评"可以降低群体性事件发生概率，有利于社会实现长治久安；以预防群体性事件为目标的"稳评"不仅为追求短期行为的决策者预留了可乘之机，也存在着激发决策者继续维系刚性维稳模式的缺陷。

三、"稳评"的保障：从决策者道德自律到社会监督约束

在传统社会管理体制之下，政府对社会进行单向度的行政管制，公权力的滥用得不到有效的制约与遏制。在重大决策上，政府有时罔顾民意，一意孤行，缺少科学化与民主化，极大地破坏了社会的和谐与稳定。在政府权力得不到有效制约的情况下，公众基本权益就有可能得不到保护，因为现有的"稳评"保障在很大程度上依赖的是政府的"自觉"，即决策者的道德自律，而非来自于社会力量的"他律"，即社会监督的约束。"稳评"应该有能力抑制公权力的滥用，确保实现维护社会稳定的关口前移。仅凭决策者道德自律，是不可能完全达到目的的。

现行"稳评"制度规定了"谁决策，谁评估，谁负责"，给予决策者以责任的压力。但是，"稳评"问责很难实施，因为重大决策的风险不能通过一次评估而完全得到精确的预判是人所共知的。所以，决策者的道德自律在"稳评"中就显得尤为重要。"稳评"是对重大公共决策可能给社会稳定带来风险的一种建构，具有一定的主观性。这为决策者任意决策打开方便之门。一些部门和地方政府不将重大公共政策认定为"重大"，不进行风险评估，不考虑群众的利益诉求与意见倾向。有时，在实施"稳评"之后，政府即便预测到重大决策会损害公众利益而引发不满与抗争，但依然在自身利益的驱使下冒险闯关。

“稳评”的生命力在于实效性，不能搞形式主义，切莫“轰轰烈烈搞评估，认认真真走过场”。但仅靠道德自律是不能制约形式主义的，也不能保障“稳评”的实效。为此，必须加强对“稳评”的社会监督约束。

“稳评”的结论是政府决策的前提，“谋”要在“断”之先。在传统社会管理体制下，政府作为治理稳定的单一权力中心，缺少有效监督，决策不公开，信息不透明。有些部门和地方先“断”后“谋”，重大决策完全取决于长官意志。“稳评”只服务于对公众“闹事”的防范、准备。更有甚者，对“何为重大”的评判缺少客观的依据。这为应评不评、绕过民意埋下了伏笔，使得“稳评”机制形同虚设。为了解决这些问题，政府的重大决策必须接受社会强有力的监督，方能实现公开、透明。

社会稳定不同于自然现象，错综复杂，其风险难以完全消除人的主观性。要降低随意性、增强“稳评”的客观性，关键不在于采取了何种复杂的数学模型，而在于要广开言路，真正地倾听政策目标公众的呼声，了解其真实的意愿。如果“稳评”在收集社情民意方面缺少全面性、代表性、公正性、合理性、真实性，其得出的结论肯定是扭曲的，甚至是颠倒的。

在“稳评”中，社会监督约束可以设立一条通畅的信息管道，使得政府与公众充分地进行双向沟通，真正知民情、晓民意。唯其如此，重大决策才可以聊民所愿，克服主观随意性。此外，沟通的过程还可以有效释放社会公众心中郁积的怨愤。在社会公众利益诉求多元化的时代背景下，任何重大决策都很难实现利益诉求各方的一致赞同。但是，只要政府在决策前与公众进行了认真的沟通，决策风险就可以被最大限度地控制在一定范围内。

在缺少社会监督约束的条件下，人的自觉性是不可靠的。如果缺少必要的社会监督约束，评与不评、如何评、评估的结果是否作为决策的依据等问题就会因行政长官的意志而定。“稳评”以民意为基础，旨在维护社会稳定，就长期、全局而言有利于改革、发展。但是，“稳评”的结果可能会使政府终止错误的决策或重新决策，增加一些行政成本。有些领导干部本能地抵触“稳评”，认为这是“多此一举、自寻烦恼”，更不愿意和公众沟通，唯恐“烧香引出鬼来”，害怕社会监督约束。总之，没有社会监督约束，政府不能改变随心所欲式的决策，更不能及时发现重大决策的潜在问题及其给社会稳定带来的风险。

四、“稳评”的体系：从单一——封闭到多元—开放

目前，“稳评”已经成为我国各级党委、政府的一种“规定动作”。经过多年摸索，各地已经形成一个较为固定的“稳评”体系。它具有单一、封闭的缺陷。它缺少多元参与，政府一家唱“独角戏”，以内部正式评估为主，缺少必要的制衡，且形式僵化，缺少创新。这主要表现在以下几个方面：

第一，评估主体的单一性。现在实施的“稳评”原则是“谁决策，谁评估，谁负责”。政策制定者既当运动员，又当裁判员，缺少监督和制约。虽然决策者、评估者也是“稳评”的责任人，但这并不能充分保障评估的客观性。在 GDP 增长的巨大诱惑下，决策者有可能会心怀侥幸，铤而走险，做出有违民意的决策，进而引发社会的不稳定。在“稳评”实践中，大部分决策被通过，少数决策修改后通过，不通过的则占极少数。这从一个侧面反映出评估主体的单一使得决策行为缺少必要的约束。

第二，评估客体的随意性。在实践中，“稳评”的客体均为涉及国计民生、事关公众福祉的重大公共政策。这些公共政策的出台可能会引发现有利益格局的调整，激化社会矛盾，导致群体性事件的发生。但是，评估客体是否为“重大”，其判定具有较大的主观随意性。在评估责任压力下，政府明知决策有风险而选择“不评估”，因为在不评估的情况下“出事”可能没责任。如果经过评估，一旦预判错误或冒险闯关，“出事”后决策者就肯定应该负责任。

第三，评估形式的呆板性。公共政策评估可分为正式评估与非正式评估两种形式。目前，“稳评”主要采取的是正式评估，即依据事先制定的评估方案及严格的程序，对重大政策在社会稳定方面的预期结果进行评估。但是，媒体呼声等非正式的评估形式有时更能充分地反映社情民意，有助于客观、全面地预判重大决策的社会稳定风险。特别是在“稳评”过程中，评估者要广泛采集网上舆论信息，以使得评估所需信息更加贴近“原生态”。当前，“稳评”形式呆板性的另一个表现是多为政策系统的内部评估，缺少外部评估。

第四，评估标准的笼统性。“稳评”应遵循一定的事实标准与价值标准，因为它既包含事实判断，也包含价值判断。目前的“稳评”实践中，事实判断弱于价值判断，定量研究少于定性研究；所采纳的标准主要是合理性、合法性、可行性、可控性、安全性等笼统、抽象的价值标准。

第五，评估方法的有限性。在“稳评”实践中，评估方法不够丰富。许多部门与地方都采用了两种办法：①专家评估法，即组织专家进行调查研究，预评政策效果；②目标群体评估法，深入了解目标群体的意见、观点。这反映出“稳评”机制尚不健全，还需要进一步探索。

因此，为了提高“稳评”的客观性、科学性，要实现“稳评”体系从单一——封闭向多元—开放方向发展。“稳评”体系绝不能上下一个模板，防止其产生“食之无味，弃之有肉”的“鸡肋”效应。同时，“稳评”模式要充分考虑到社会问题的复杂性，凸显系统性，鼓励多元参与、有所创新、形式多样，强调针对性。

要以社会协同治稳的理念为出发点，实现多元评估主体的共同参与，突出强调评估主体的独立性、广泛性和代表性。评估主体不仅要包括政策的制定者与执行者，还要包括专业研究机构、学术团体以及政策的目标群体。

多元主体参与必须注意以下问题：多个政府部门参与评估，可能会出现本位主义的问题，导致评估结果相互冲突；专业研究机构与学术团体可能会接受政府部门的暗示，偏离公正性；政策目标群体不具备意见表达的渠道；不同的政策目标对象也出于自身利益，人为夸大或缩小政策的风险。

首先，“稳评”可以建立社会稳定风险评估专家库，随机抽取专家，进行匿名评估。按照“谋”与“断”分开的形式，政府应鼓励、委托大学、科研机构或专业评估公司研究、参与评估，以提升“稳评”的客观性。其中，专家只负责社会稳定风险的分析，不负责决策。政府应建立专家信誉机制，使其加强自我约束。受委托机构若故意提供虚假评估结果，导致政府决策出现失误，就应该承担连带责任。

其次，应该更为清晰地界定“重大”的含义，做到“重大必评”。同时，也要将社会稳定风险评估嵌入所有其他公共政策的制定过程中，逐渐实现“稳评”的常态化。此外，还要站在系统的高度认识评估客体，注意政策出台可能引发的“蝴蝶效应”，而不能孤立地看待某一政策对社会稳定的影响。

再次，为了更加全面地掌握重大公共决策带来的社会稳定风险，我们应加强非正式评估及外部评估，进而做到全方位、立体化，兼顾专业性与客观性。

最后，为了提升“稳评”的客观性，要构建“稳评”的指标体系，强化事实判断和定量分析。“稳评”方法切不可笼而统之、敷衍了事，要具有一定的可操作性。

五、“稳评”的流程：从常态化评估到动态性管理

“稳评”属于源头治理的内容。但考虑到重大决策的社会稳定风险是不断演进的，“稳评”不是一个一蹴而就的过程。目前，我国各级党委和政府要求将“稳评”嵌入重大决策的流程，做到评估的常态化。笔者认为，“稳评”是风险管理的一个重要环节，也贯穿于风险管理的全过程，可以覆盖源头治理、动态管理和应急处置。

应该在风险管理的框架下去认识风险评估。这是因为评估风险需要事先识别风险，需要事后处置风险，它们共同构成了风险管理的完整流程。因此，推动“稳评”从常态化评估到动态化管理是非常有必要的。重大决策社会稳定风险管理包括以下四个步骤和活动：风险背景确立、识别风险、评估风险和风险处置（见表1）。

在整个管理过程中，风险沟通环节特别重要，贯穿于风险评估的全过程。风险沟通是政府就计划出台的重大公共政策与公众之间进行的双向互动。政府必须广开言路，营造公众畅所欲言的社会氛围，调动广大公众的参与，兼顾各个利益相关主体的均衡。在此基础上，政府通过问卷调查、入户访谈、电话调查、网络调查、座谈会、听证会等方式，广泛收集舆情信息，特别是通过媒体收集舆情信息，并对其进行跟踪、分析与研判。同时，政府需要与公众进行交流，对舆情进行有效的引导。

此外，重大决策的风险是不断演进的。决策也是一个动态的过程，不可能毕其功于一役。如果重大公共政策通过了“稳评”、进入执行的环节后被发现存在严重的社会稳定风险，要随时中止政策的执行，重新进行决策。

表 1 重大决策社会稳定风险动态管理活动

序号	步骤	功能	内容
第一步	风险背景确立	通过建立风险背景，相关主体形成一种共识，确定必须管理的风险及其基本参数，明确工作任务，建立风险管理的基本框架及风险评估的标准	1. 明确工作任务； 2. 建立风险管理的基本框架包括：利益相关者有哪些？可以执行的法律及政策有哪些？可以借助的管理制度安排是什么？与哪些政治、社会及文化环境相关？ 3. 确定风险评估的标准。例如，确定政策的政治、经济和社会可接受性，即其风险容忍的边界
第二步	识别风险	识别风险的主要功能在于认识和描述风险的性质，即可能发生什么？何时将会发生？发生在哪里？为什么会发生	描述内容包括：①强度；②可能性；③程度；④时间，即发生、持续时段；⑤措施
第三步	评估风险	遵循客观性、系统性、规范性、动态性的原则，将风险进行排序	依据"交通灯模型"，划分为三个等级：第一个等级，可接受风险（Acceptable Risk）；第二个等级，可容忍风险（Tolerable Risk），社会受到一定程度的扰动，但政策可以谨慎地执行；第三个等级，不可容忍风险（Intolerable Risk），社会受到严重影响
第四步	风险处置	根据风险评估的结果对风险进行处置	1. 执行政策，但仍然需要系统持续监测； 2. 制定群体性突发事件预案； 3. 暂缓执行政策

参考文献

［1］胡锦涛. 坚定不移沿着中国特色社会主义道路前进为全面建成小康社会而奋斗——在中国共产党第十八次全国代表大会上的报告［R］. 北京：人民出版社，2012.

［2］刘裕国，孔祥武. 遂宁市社会稳定风险评估机制透视［J］. 决策导刊，2011，(4).

［3］于建嵘等. 变话——引导舆论新方式［M］. 北京：中国出版集团公司，世界图书出版公司，2010.

现场应急指挥的要素可靠性分析*

佘 廉 贺 璇

【摘 要】突发公共事件具有发生突然、演变过程难以预测及危害重大等特征，对应急管理系统的应对能力提出了严峻挑战。现场应急指挥是应急处置的核心步骤，提高其可靠性关系到应急管理的成败。从指挥主体、指挥客体、指挥环境三个核心要素解构了现场应急指挥体系，构建了现场应急指挥体系分析模型。在此基础上，依据现场应急指挥主体、客体、环境的内在属性梳理出三个子系统可靠性的因子集合，指出应从提升主体应急指挥能力、增强对客体的控制以及完善应急指挥体制机制、加强子系统间耦合等方面，提高现场应急指挥体系的整体可靠性。

【关键词】现场应急指挥；突发公共事件；应急管理；电子政务；公共管理

一、问题的提出

进入21世纪以来，中国境内相继发生了“非典”“南方冰雪灾害”“汶川地震”等特大突发公共事件，给经济发展和社会稳定带来了严峻挑战，对政府部门处理社会事务的能力提出了更高要求。随着社会的发展，突发公共事件突破其在传统时代的单一性、平面性和局部性特征，扩展为一系列立体的、多维的和连锁的反应。[1] 为了有效控制突发公共事件带来的损失和影响，必须建立并不断完善应急管理体系。中国政府部门的应急管理主要依据“一案三制”，即应急预案和体制、法制、机制，应急管理本身大致经历了从专门部门应对单一灾害过渡到“多主体、全风险、全过程”综合协调应对的过程。[2] 近年来，理论界较多地关注了应急管理“一案三制”的发展及借鉴、某个具体领域的应急管理技术

* 基金项目：国家自然科学基金重大研究计划“非常规突发事件应急技术系统化集成原理与方法研究”（编号：91024024）。

作者简介：佘廉（1959 -），男，教授，华中科技大学公共管理学院博士生导师，研究方向：公共安全预警管理、应急管理；贺璇（1989 -），女，华中科技大学公共管理学院硕士研究生，研究方向：公共安全预警管理、应急管理。

等方面的问题，缺少对应急管理体系构成一般原理及管理前沿——“现场应急指挥”及其可靠性的研究，而现场应急指挥的可靠性如何极大地影响着应急管理的整体效果。

现场应急指挥体现了应急管理的基本职能和工作目标，是突发事件应急管理的核心内容和关键环节，科学合理、稳定高效的应急指挥系统是进行应急救援和应急处置的基础和前提。由于突发事件的种类繁多，发展演变过程难以预测，常常需要快速应对，且常规的处置方法在一定程度上失效，应急指挥通常需要在时间紧迫和环境多变条件下进行，特别是在信息不对称和信息缺失的情况下，当应急管理技术、平台建设有限，法制、体制建设不足，应急指挥官的心理素质、决策能力具有有限理性，整个应急指挥系统能否及时、准确、有效发挥功能的可靠性就面临着严峻的考验。一般来讲，现场应急指挥作为一个复杂的系统工程，包含了指挥主体子系统、指挥环境子系统和指挥客体子系统三个部分，各子系统的可靠性及其耦合程度决定着应急指挥系统的整体可靠性。因此，从主体、客体、环境三个基本要素出发，研究现场应急指挥体系的可靠性影响因素，探析改进现场应急指挥可靠性的微观路径，对提高中国各级政府的应急管理能力具有重大意义。

二、现场应急指挥可靠性的概念界定

理论界对可靠性问题的关注始于 20 世纪 40 年代对武器装备等硬件产品的研究。随着研究的不断深入和丰富，它的研究范围和研究内容也在不断扩展，实现了从硬件可靠性向软件可靠性、物的可靠性向人的可靠性以及单一可靠性向综合可靠性的转变。如今，可靠性问题已经成为涉及数理学、产品技术学、管理学、心理学的综合性交叉学科。

对于可靠性的认识，学术界认为主要有概率可靠性和非概率可靠性两种。概率可靠性关注的是功能的稳定性，主要是指系统在规定的时间、规定的条件下完成规定功能的能力；而非概率可靠性认为系统性能波动的范围越小，系统越可靠。[3] 在应急管理理论中，对于指挥系统的稳定性、可靠性问题，国内外学者主要从军事指挥的角度进行了研究。苏联军事科学博士阿尔图霍夫认为：“为了达到指挥的稳定性，首长和指挥机关必须在任何条件下，其中包括敌人对指挥系统进行积极破坏的情况下，也能十分有效地履行自己的指挥职能。”[4] 中国学者秦伟认为：“在任何情况下，特别是在敌对一方采取多种手段广泛进行破坏和打击的情况下，作战指挥系统应仍能够保持充分开放、实施有效的指挥。”[5]

根据上述军事指挥可靠性概念的阐述，可以推理出可靠性的约束条件是“规定时间、规定资源条件、实现规定功能的能力”。借鉴上述理论，结合突发事件应急管理的具体情境因素，将军事领域可靠性概念应用于现场应急指挥研究，本文认为现场应急指挥面临着以下约束条件：第一，约束时间，由事件本身严重程度大小和上级政府部门及公众压力所决定的救援处置的紧急程度所规定；第二，约束条件，由指挥技术手段、信息获取状况、自然环境和社会管理因素所决定；第三，能力，即在约束时间和约束条件下，能否及时、正确、稳定、高效地完成应急指挥功能的能力，如报告、救援、人员疏散、善后处置和信息发布等。当这种能力用概率值来表示时，称为应急指挥可靠度。可靠度是理论上的数值，实际上是未知的，通常用的是可靠性特征量的估计值，它要经过统计估算才能得到。

令 i（t）为应急指挥过程时间的概率密度函数，Tp 为应急指挥过程的时间限制期，则应急指挥过程的可靠性可表示为 $R(Tp)=p(t\leqslant Tp)=\int_0^{Tp}f(t)dt$。通过调研或仿真可以获得应急指挥时间服从哪种统计分布，计算出应急指挥时间的概率密度函数 i（t），最后可以求出应急指挥过程的可靠性 R（Tp）。过程可靠度 Rp 可表示为：Rp =（过程输出下限≤过程输出≤过程输出上限）。[1]

综合上述观点，可将现场应急指挥的可靠性定义为：在发生突发事件尤其是重特大突发事件时，现场应急指挥体系能够发挥应急指挥的各项功能，实施正确、及时、高效的指挥，防止系统偏差及人为失误，完成既定的应急指挥目标的能力及其稳定性。在实践中，现场应急指挥可靠性的约束条件以其构成要素表现出来，其内在的功能可靠性取决于要素之间的协调性和完备性。因此，应从要素角度出发，将现场应急指挥的约束条件转化为内在的构成要素，进一步揭示现场应急指挥可靠性的基本内容，为从概率上计算可靠性提供可行路径。

三、现场应急指挥的要素构成及内在关系

（一）现场应急指挥的理论学说及含义

应急指挥研究主要发端于作战指挥学，目前关于指挥的要素构成主要有“三要素说”和“四要素说”两大类别。“三要素说”即作战指挥主要包括指挥者、被指挥者、指挥中介三大基本要素；“四要素说”主要包括指挥者、被指挥者、指挥手段（工具）和指挥信息四大基本要素。比较起来，两个要素类别均认为指挥者和被指挥者是作战指挥要素，只是在指挥环境、指挥中介、指挥媒介上有所争议。[6]关于应急指挥构成要素的不同划分，主要是因为在中介、环境、媒介和信息的内涵和外延边界上存在分歧。学术界对指挥要素研究无论是“三要素说”还是“四要素说”，其出发点都是将“指挥要素”视为应急指挥不可缺少的组成部分，缺少了这些基本要素指挥活动将难以开展。结合“三要素说”和“四要素说”两种界定方法，本文将现场应急指挥要素定义为构成现场指挥稳定、有效实施的基本条件。

（二）构成要素及其相互关系

根据对指挥要素的进一步理解，综合两种学说的本质内涵，突发事件的应急指挥体系要素可由指挥主体、指挥客体、指挥环境等部分组成。指挥主体包括由指挥员和多个指挥

机关构成的指挥团队，是应急指挥行动的组织协调决策控制者；指挥客体是指决策、命令、指示的受众，包括下级指挥员、指挥机构、应急队伍及涉及的民众、组织和突发事件本身；指挥环境是指挥者在执行指挥任务时所处的周围情况和条件的总和，可以分为技术手段、信息状况、自然环境、社会管理因素四个部分。其中，指挥主体研究包括实现指挥功能的指挥团队应该由哪些部门和人员组成、组成模式（模块化）、指挥员的人品可靠度、指挥权的获得及权责分配等；指挥客体研究包括指挥决策的传达、理解与执行、协调，应急队伍的使用（控制、协同、规则标准等）等；指挥环境系统复杂，内涵丰富，由于不同类型的突发事件具有不同的特点，相应的指挥环境也各不相同，应急指挥主体和客体研究还需要依据指挥环境的不同而有所侧重（三者之间的关系见图 1）。

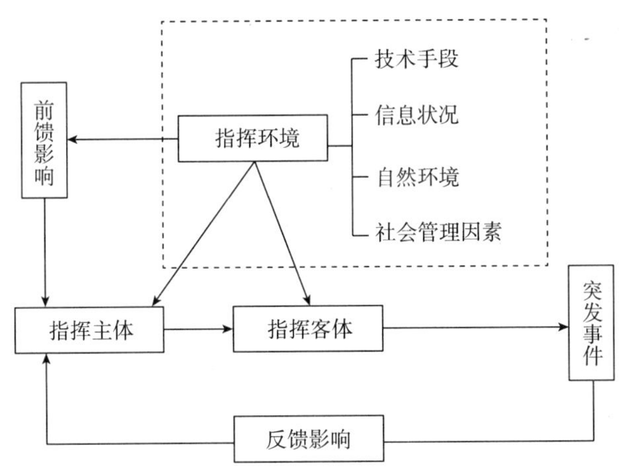

图 1　现场应急指挥要素构成关系

如图 1 所示，指挥主体直接作用于一级指挥客体，通过指挥客体再作用于突发事件，指挥环境直接对指挥主体和指挥客体具有约束作用。指挥环境对指挥主体和指挥客体都将产生重要作用，在处理紧急突发事件中，对环境因素的准确把握显得尤为重要，它关系到指挥主体如何决策以及实施指挥计划，也关系到指挥客体如何做出反应以及指挥效果。指挥主体在环境的约束下，通过指挥客体对突发公共安全事件进行处置，其过程和结果又对其他或下一次公共安全事件的应急指挥造成反馈影响。

四、现场应急指挥要素的可靠性分析

（一）指挥主体系统可靠性分析

指挥主体系统主要包括指挥员、参谋人员和组织机构三个部分。在应急指挥中，指挥官首先面临着伦理价值即目标选择的困惑。当时间有限，一面是少数个体，一面是大范围的公共利益时，先救人还是先救物？面对着不同的人群，什么样的人群应优先救助？面对同一群体，什么样的个体应该优先救助？面对正在遭受伤害的人群和即将遭受伤害的人群，怎么选择优先救助对象？现场应急指挥主体的伦理价值观各异，缺乏统一的价值认知准则、必要的程序性指导和法理依据，现场应急救援程序性困惑、基层指挥官责任推诿、风险规避等现象，使现场应急指挥决策失误现象频出。此外，指挥官的风险态度选择和经验能力、参谋人员的分析判断能力不足也会大大降低现场应急指挥的可靠性程度。应急指挥主体可靠性影响因素模型如表 1 所示。

表 1　应急指挥主体可靠性影响因素评价

基本要素	评价指标	指标阐述
应急指挥官	伦理价值观（目标选择）	人物优先性；不同人群优先性；其他对象优先性
	风险态度选择	风险规避、中立与偏好
	应急决策能力	是否具有综合分析和处置能力及经验
应急参谋员	分析研判能力	是否具有足够相关专业知识
应急管理机构	综合联动能力	是否简洁、高效、稳定
	决策权获得及转移	是否明确、有序、有章可循
	自由裁量范围	自有处置现场紧急情况的权限是否得当

现在的突发事件往往具有连锁反应或者多种事件交叉演进，参与部门数量多、层次多、种类多，通常需要跨部门、跨地区、跨功能、跨层级的联合指挥。而中国的应急管理体制是依据“统一领导、综合协调、分类管理、分级负责、属地管理为主”原则建立的，具有很强的自上而下的等级化特征，它导致了指挥机构缺乏自主性，不得不层层上报，或者因害怕承担责任而权力上移，常常延误应急指挥的最佳时机；同时，自下而上组织能力不够，横向综合协调不够，不同部门与地方各自为战，现场应急指挥权归属不明晰，面临着有责无权或有权无力或中途转让指挥权的尴尬局面，从而极大地影响了现场应急指挥的效率，降低了指挥决策的可靠性。因此，必须对政府行使处置权力做出必要的限制和规范。

（二）应急指挥环境系统可靠性分析

应急指挥环境包括技术手段、信息状况、自然环境和社会管理因素四个部分。技术手段主要是指在指挥活动中运用的指挥工具及其使用方法。在应急指挥中，技术条件由应急救援专业设备和应急基础设施构成。信息状况是实施现场应急指挥活动所需要的情报、指令、报告、资料和指挥反馈的总称。自然环境是指在突发事件发生后，指挥者所面临的气候、地质、地形等自然状况。同时，在某种特殊情境下现场应急指挥工作的开展情况如何又取决于整体应急管理体系和机制，也不可避免地受到突发事件发生地的社会结构、文化传统等社会因素的影响，这些可以统称为影响现场指挥的社会管理因素。指挥环境系统作为应急指挥的约束性外因，会全面而深入地影响到突发事件的响应、决策、救援、善后安置等环节。根据环境的四项分类，应急指挥环境的可靠性影响因素及评价如表 2 所示。

表 2 应急指挥环境可靠性影响因素

基本要素	评价指标	指标阐述
技术手段	应急救援专业设备	专业设备是否可达、可用
	应急基础设施	基础设施是否完备、实用
信息状况	信息质量	信息收集是否真实准确充足
	信息共享度	信息集成程度及交流渠道
	信息交互质量	信息链长度及传播载体的可理解度
自然环境	交通	交通是否畅通、可进入
	气候	气候是否会阻碍到应急救援
	地理状况	地理状况是否不利于指挥救援的开展
社会管理因素	政策法规	是否具有指挥救援的程序及法理支持
	指挥体制与机制	组织结构及决策权的分配是否合理、有弹性
	应急预案	预案是否完备、翔实、有演练
	民众应急意识与能力	是否具有良好的应急培训及自救互救能力
	应急物资供给	物资供给是否充足、高效
	当地人文风俗特点	是否具有影响到应急指挥开展的特殊因素

应急救援专业设备及基础设施的完备性、实用性、可达性是应急指挥发挥效果的技术支撑和基础，而由信息质量、信息共享度和交互质量决定的信息状况是实施应急指挥决策的前提，支持着决策的过程，影响着决策的效率和效果。突发事件类型多样，情况各异，其中自然环境如交通、气候和地理状况都会对现场应急指挥造成不可忽视的影响，必须做到因地制宜，充分考虑各个显现或者潜在的影响因素，才能保证现场指挥的正确和可靠。而“一案三制”、民众的应急意识和能力、应急物质供给等社会管理因素决定了应急指挥的开展方式。因此，应急指挥环境系统是影响应急指挥体系可靠性的重要因素，如何提高应急指挥主体对环境系统的控制和适应是应急指挥体系建设过程中应该考虑的首要问题。

（三）现场应急指挥客体可靠性分析

指挥客体是指现场应急指挥的对象，分为直接指挥对象和间接指挥对象两个层次。在突发事件的现场应急指挥中，直接指挥对象包括接收指令的低级别（尤指一线的）指挥员、指挥机构及应急队伍，是上级命令的执行者，也是第一级别指挥对象；间接指挥对象是直接指挥对象作用的对象，包括具体的救援行为、安置行为、信息发布行为、道路封锁行为等为达成指挥目标的指挥职能的实施，以及受现场应急指挥影响的突发事件本身。影响应急指挥客体可靠性的基本因素及评价如表3所示。

表3 应急指挥客体可靠性影响因素及评价

基本要素	评价指标	指标阐释
下级指挥员	收集、反馈信息能力	是否具有良好的信息收集和筛选能力
	指挥决策 执行能力	是否能够较好地理解决策并有效贯彻实施
接受指挥的职能部门	协调配合程度	各部门间是否建立了信息、资源、技术共享的渠道，是否能够良好地协调和配合指挥者
指挥受众	受众基本结构	利益相关者结构单一、复杂
	受众配合情况	是否配合指挥主体的活动
应急突发事件	突发事件的性质、范围、演变	诱发突发事件的基本原因、发生的行业领域及其演变过程

下级指挥官在上级的指挥下，负责执行应急指挥决策，利用应急指挥平台和基础性资源收集并反馈突发事件演变过程中的信息，协助上级指挥官的决策，并最终实现应急指挥的目标。下级指挥官面临的任务环境更为具体、复杂，能否较好地理解指挥决策，并灵活有效地贯彻实施是影响指挥效果的重要因素。突发事件应急指挥是一项系统性的综合活动，如果没有其他职能部门的配合和协调，无法及时沟通和交流相关信息，做到技术、资源等物质条件的支撑和共享，就难以达到可靠指挥。应急指挥客体还包括突发事件中的利益关联者，即紧急事件影响范围内的社会个体、企业以及其他相关主体，这些受众的特点反制约于应急指挥。中国突发事件的受众对象面临着越来越复杂的利益关系，影响范围内相关群体异质性增加，对应急指挥的可靠性提出了严重挑战。突发事件类型多样，突发事件的性质、影响范围和演变过程对应急指挥活动具有至关重要的作用。

五、提高应急指挥可靠性的对策建议

（一）转变应急指挥理念，提高研判和决策能力

第一，应急指挥官应树立“以人为本”的理念。不同突发事件涉及的指挥客体不一样，有着不同的指挥任务和目标，在现场应急指挥过程中，保证影响范围内居民的人身安全始终是首要任务，应急指挥官必须从“以人为本”的理念出发开展指挥活动。第二，完善应急指挥的组织体制，提高应急指挥的制度化水平：明确决策权的分配，改变权威分布式的纵向协作模式，强化横向协同的指挥模式，实行以专业化应急指挥部门为主体的统一的应急救援指挥运行模式；完善现场应急指挥的管理政策，建立程序化、制度化、法制

化的应急指挥机制。第三，加强应急指挥参谋者、指挥员的专业化知识培训，提高其分析、判断、综合、决策等综合能力。

（二）适应指挥环境变化，搭建技术和信息共享平台

第一，充分把握突发事件当地的自然环境，同时也要了解当地的语言、习俗以及其他文化传统，保障应急指挥活动能够适应当地的自然和社会环境，降低环境条件对突发事件现场处置的约束，同时，应急指挥官一定要依据环境变化的形式随时调整应急指挥策略。第二，强化互联网、电子信息技术在应急指挥中的作用，搭建技术和信息共享平台，在提高硬件技术对应急指挥活动的保障支撑作用的同时，还应做到应急指挥技术研发、运用、专业人才等方面的一体化发展，使软实力和硬技术有效结合。第三，构建信息化预警机制，做到提前预警、快速反应，增强信息收集能力，防止在应急指挥活动中出现信息缺失，减少信息不对称的情况；建立应急指挥案例库，为更好地开展应急指挥提供经验教训。

（三）加强应急宣传培训，增强指挥对象配合的积极性

当前国内大多数人的公共安全意识和自我保护意识不强，缺乏应急救生知识和能力，相关的演练更是少之又少。受众相关知识的匮乏一方面可能对自身造成更大的伤害；另一方面，在混乱无序的灾害现场，外界的盲目热情反而会对应急指挥救援的开展起到相反作用。因此，应加强公共危机意识宣传，提高公民的自救互救能力，定期开展危机演练，既可有效减少灾害伤亡，又能在灾害之后增强指挥对象配合程度，提高应急指挥的效果。在保证应急指挥部门主体性地位的情况下，畅通社会公众、民间组织参与应急指挥活动的渠道，充分发挥其应急指挥的助手作用，增强突发事件影响范围内相关对象的主动性，积极配合相关部门的指挥计划。

（四）建立子系统对接机制，提升指挥系统整体功能

第一，不断优化子系统对接环境，提高要素联结结构的合理性。当前中国应急指挥普遍存在着应急指挥各要素之间缺乏对接机制、衔接不够紧密等问题，导致各要素之间是一种主观的拼合而非有机结合，应通过理念变革、制度创新、技术改造等手段，不断优化要素子系统对接的环境，提高要素间的内在耦合程度。第二，重塑应急指挥的基本流程，将应急指挥要素和应急指挥过程结合起来。当前已有的不少应急指挥案例在程序设计上存在很多问题，程序混乱延误了应急指挥的时机。因此，应在已有应急指挥经验积累的基础上，通过科学化的流程再造，充分考虑应急指挥的步骤和手段，全面梳理和重塑应急指挥的基本过程，使应急方案更加符合应急指挥场景，解决应急指挥程序适当的难题。当前环境下，中国各级政府应尽早构建动态化的应急指挥机制，以适应当下急剧变化的社会经济环境。

参考文献

［1］傅跃强．应急系统响应可靠性理论及在火灾应急中的应用研究［D］．南昌大学博士学位论文，2008.

［2］闪淳昌．应急管理：中国特色的运行模式与实践［M］．北京：北京师范大学出版社，2011.

［3］常亮明．稳健可靠性：概念，方法和应用［J］．质量与可靠性，2001（1）．

［4］阿尔图霍夫．军队指挥理论研究［M］．北京：解放军出版社，1986.

［5］秦伟．作战指挥系统稳定性分析［J］．指挥控制与仿真，2008（4）．

［6］尹健，黄文伟．一体化联合作战体系剖析［J］．文韬武略，2005（12）．

应急组织合作的结构逻辑及运行机制
——以 2008 年汶川地震应对为例*

孔静静　韩传峰

【摘　要】突发事件的不确定性和复杂度日趋加大，组织合作成为应急响应的主要模式。本文构建应急组织合作的研究框架，包括命令传递、信息沟通和资源流动三个维度，以及二元、三元和高序结构等多层次。基于 2008 年汶川地震应急组织间关系数据和社会网络分析方法，应用指数随机图模型，剖析应急组织体系的命令传递网络、信息沟通网络和资源流动网络，及其交互作用中的组织间关系。研究得出，应急组织合作的命令传递网络具有典型的集权特征；信息沟通网络中，应急组织间交互、传递或循环等关系突出；资源流动网络中，应急组织间关系比较均衡，且不同级别的组织间关系较多；信息与资源交互流动的高序局部结构较少，分布式决策或行动特征不显著。依次分析指出应急组织严格按照直线式命令链传递命令，同级应急组织间信息沟通频繁并呈网络化，资源流动依赖于不同级别应急组织间命令传递等。

【关键词】应急组织合作；结构逻辑；运行机制；组织间关系；指数随机图模型

一、引言

随着现代经济社会风险不确定性和复杂度的增加，大规模突发事件时有发生[1,2]，具有发生难以预测、演化过程复杂和社会危害严重等特征[3]，跨时域、跨地域、跨功能等处置需求增强[4]，甚至超出应对主体的风险认知范围和常规手段的可控程度，动态环境

---

* 原文发表于《公共管理学报》2013 年第 4 期。

作者简介：孔静静（1984—），女，同济大学经济与管理学院博士研究生，研究方向为组织合作与应急管理；韩传峰（1962—），男，毕业于同济大学，博士，同济大学经济与管理学院教授、博士生导师，研究方向为城市建设与应急管理。

中的大规模组织管理实非易事[5]。各级政府和部门须在“可接受的风险”[6]范围内确定策略，迅速形成应急响应系统[7,8]，多组织合作应对突发事件。因此，全球多数国家建立了集中式、全灾种的综合应急管理体系[9]。由于文化、制度和程序等各异[10]，较多国家采用政府集中协调控制为主的合作模式。然而，突发事件情景动态复杂，处置救援任务规模和性质超常，应急组织压力巨大、时间紧迫、任重事难[11]。同时，科层式结构对信息、创新、资源和行动等限制严格，导致应急处置需求与官僚制程序冲突不断[12]。多次大规模突发事件的应对过程显示，应急组织须在不确定条件下动态整合关联任务和资源[13]，增强组织间互动[14]，形成新的应急组织合作体系[15,16]，以快速高效地获取信息、配置资源、采取行动，有效应对突发事件。

由于突发事件打破了既有的经济社会系统，产生唯一性环境[17]，异质且复杂[18]，难以建立一套有效处置所有事件的组织和程序[19]。随着信息技术的广泛应用，应急组织的形成更倾向于意外或随机模式，正式组织和即兴组织的结构特征分类逐渐模糊[20]，自组织演化的特征明显[21]，应急组织合作更加复杂[11,14]。极端条件下的制度响应和组织合作业已成为研究热点[5,22]。合作是指多组织通过信息、资源的流动及活动的相互作用[23]，共同实现目标的过程，是多重相互依赖关系的集合[24]，包括结构和机制两方面。现有成果多以具体案例分析为主，研究应急组织合作存在的问题[25,26]、影响因素[27,28]、主要模式[29]，以及信息沟通的作用等[18]。

随着跨组织研究对象从二元关系到组织集合，再到组织网络[30]的发展，组织合作的研究不仅关注其整体特征和结果，而且逐渐聚焦于微观交换关系[31]。作为描绘组织间资源流动和作用关系的主要方法，社会网络可以分析标准的运行程序和规章未明确的传递及交换方式[32]，广泛应用于组织管理领域。以 Comfort、Kapucu[11,14,33,34]为代表的研究团队，遴选“9·11”事件、卡特里娜飓风等案例，运用复杂适应系统理论和社会网络方法，剖析应急组织关系建立的方式，分析应急组织体系的中心性，辨识重要或中心应急组织，研究网络可持续和整体结构特征的变化规律及影响因素等。现有应急合作相关研究，多从宏观角度展开研究，较少考虑从应急组织属性来挖掘组织合作的微观机制。

作为组织结构的决定因素和系统演化的自组织特征，结构逻辑[37]是多组织自适应集成[38]、决定网络整体特征及演化的基元结构[39]，是指包括两个及以上主体多重关系相互作用的结构模式[31]。一般交换理论、社会交换理论、网络交换理论、资源依赖理论和交易成本理论等关注二元关系的建立和社会化过程[20]。由于组织间关系并不相互独立[41]，分析超出二元关系的结构逻辑是研究组织合作的重要基础[41]。网络闭合理论、平衡理论等为解析三元关系[21,35,36]的建立提供支撑。Contractor 等[20]综合多理论，建立包含单一、二元、三元和网络整体的组织间关系的四层分析框架。为了提高分析模型的信度[42,43,44]，近年来 Snijders 等[45]提出包含三个以上主体所构成结构逻辑的无向网络分析方法，Robins 等[46]将此类高序结构拓展到有向网络。现有方法在企业合作应用研究中已取得一定成果[47]。

此外，应急组织合作不仅包含多层次组织关系，更涉及人员、信息、物资、资金等及其流动。作为嵌套网络[48]，应急组织网络的整体绩效是多类型、多层次组织间关系综合作用的结果[31]。应急组织间不同类型关系的耦合失效将放大应急系统的脆弱性[49]，突发事件的有效应对依赖于组织间多类关系的协同作用。然而，现有组织合作网络研究，或单独分析基于一种关系类型的组织合作网络特征，或将多种类型的组织间关系进行简单综合，转化为单一网络[50]进行研究，不同网络交互作用特征的相关研究鲜见。

因此，基于系统学的同型性客观基础，本文首先分析确定权力、信息和资源等应急组织合作维度，以及二元、三元和高序结构等合作层次，遴选组织属性并分类应急组织，构建应急组织合作的研究框架。其次，基于现有研究成果，以及公共管理、应急管理和组织管理等理论，辨析应急组织合作过程中命令传递、信息沟通和资源流动等方面组织间关系，以及两两交互作用中的应急组织间关系，分别提出相应的研究假设。再次，利用2008年汶川地震应急组织关系数据，运用指数随机图模型和技术，分别构建应急组织合作的命令传递网络、信息沟通网络和资源流动网络，从微观角度，研究应急组织合作各维度和两维交互中多层次的结构逻辑，检验所提研究假设。最后，从宏观角度，解析汶川地震应急过程中应急组织间命令传递、信息沟通和资源流动等运行机制。

二、应急组织合作研究框架

应急组织合作涵盖范围广、涉及领域多。本文基于组织间关系视角，依据合作内容，确定组织合作的研究维度；依据结构构成规模，确定组织合作的研究层次；遴选组织属性，并进行组织分类，综合构建应急组织合作的研究框架。

（一）应急组织合作维度

组织代表了不同的利益和意识形态，组织间关系是相互竞争的结果。组织合作是指为了达到共有目标，信息、物资、设施、人员等在组织间流动和交换的过程，包括参与组织及方式。成功的合作在于组织及时有效获取和使用信息、资源、知识和技术。突发事件业已呈现出前兆隐蔽、演化复杂、次生衍生灾害易发等特征，应急响应必须打破基于规则的推理，采用情景依赖型应对模式，及时辨识风险并组织行动，形成研判、决策和行动等的独一集合[52]，致使组织合作的需求不断增强[53,54]。

分工是合作的基础[51]，合作是应急的常态。监测预警、事件处置、搜寻救援、人员疏散、安置救助等，必须由多组织合作完成。如在地震灾害的应对过程中，监测预警任务，需要属地政府和检测机构采集信息，并与水文、地质、气象、统计等组织共同参与评估灾情、预测趋势，政府确定预警级别和方式，并由广播电视、通信和社区等组织发布信息；搜寻救援任务，需要公安、消防、医疗和大型设备运营商等应急组织，军队或也参与其中；人员疏散任务，需要交通、民政、避难所管理、精神医疗，以及运输公司、志愿者等组织合作。

权力结构明确组织职责与分工，直接决定着组织间信息、物资、人员等流动渠道、程序和方式，以及资源的分布和配置。信息交换和资源依赖是组织合作的重要载体[14]。伴随着突发事件情景复杂多变，决策速率增大，应急组织对信息的及时性和准确性要求严格，信息及时沟通与更新成为快速响应的关键要素[18,29,55]。

同时，有效应急处置和救援对资源总量和配置要求较高，致使应急组织间关系产生或变化。因此，本文选取命令传递、信息沟通、资源流动等作为应急组织合作研究的三个维度。

（二）应急组织合作层次

综合管理已成为各国应急管理的重要战略，并趋向网络治理模式[56]。合作是组织网络形成的推动力[16]和结果，是组织间关系研究的重点。不同于单一组织和网络整体结构，结构逻辑是指包括两个、三个或更多组织所构成局部结构的集合，决定着组织间信息和资源流动的规则，影响着组织合作的绩效。现有研究多将网络视为二元或三元关系的集合。然而，几乎所有应急任务都需要多组织参与，应急组织合作的研究需拓展至高序结构。因此，本文从二元、三元以及高序结构等多层次分析应急组织合作的结构逻辑。

组织属性是影响组织合作或网络模式的重要因素[20]。应急组织体系是一个由多层次、多类型和多功能组织构成的复杂系统，具有多主体、多目标、多任务等特征。从垂直角度看，包括中央、省（自治区、直辖市）、市、县各级政府；从水平角度看，包括针对各类、各级突发事件的应急职能机构；从主体类型看，包括政府、企事业单位、非政府组织等；从子系统功能看，包括风险评估、决策指挥、事件处置、救援安置、医疗救护和资源保障等。由于级别、功能和性质不同，组织的结构、任务和能力等差别很大[55]，可获信息的数量和类型、应急规划和准备，以及救援队伍和资源等[18]各异，应急组织行为及组织间关系多样。本文从行政级别、任务类型和机构性质三方面，对应急组织进行分类，研究不同属性对组织合作的内在影响。其中，行政级别方面，各国都建立了层级划分明确的应急组织体系，依据我国现行体制，将应急组织分为国家、省、市、县四级；任务类型方面，依据美国国土安全部构建的国家应急通用任务列表[57]，分风险评估、事件处置、医疗安置三类；机构性质方面，应急组织一般分政府和事业单位、军队、非营利组织、企业四类。

三、应急组织间关系及研究假设

突发事件应对过程中，命令、信息和资源在应急组织间频繁流动，应急组织间存在着大量联系。命令传递、信息沟通和资源流动的程序、渠道和方式不同，网络结构各异，需具体分析，分别提出应急组织间关系的研究假设。

（一）命令传递网络中组织间关系及研究假设

根据嵌入性理论[58]，组织合作的性质和行为，不仅取决于自身职责，更大程度上缘

于组织在权力结构中的位置[37]和行政命令。权力结构，即命令权或控制权在组织体系的分布状态，决定着组织间的隶属关系和沟通机制，是组织行为的制度约束。已有研究表明，权力结构和任务复杂程度对组织绩效的影响巨大。基于网络分析方法，Bavelas[59,60]指出，分权结构（如环形结构）中信息流动较慢，集权结构（如星形结构）更有利于快速完成任务，Leavitt[61]分析得出集权结构的组织绩效最好，分权结构的最差，如医疗服务中采用集权式协调更有效[30]。Shaw、Guetzkow 等[62,63]则分析指出，集权结构难以有效应对信息量的快速增大和任务复杂度的大幅增加，分权结构更利于提高组织绩效。

各国应急管理多采用标准管理方式，分层次分等级划分应急主体和任务，形成科层式权力结构，以保障工作流的可靠性和效率。如美国建立的事故指挥系统和标准应急管理体系，都采用官僚制结构[64]，规定了一元化指挥体系和统一指挥框架[65]，通过命令链决策、分配任务、管理资源等[66]。我国应急组织体系由各级政府和部门构成，多级指挥部及其工作组呈金字塔结构[67]。因此，结合集体行为理论和公共物品理论，多数应急组织都受命于一个特殊组织[68]，命令必须经单一上级应急组织传递给多个任务交叉或相同的下级应急组织；执行关键任务或参与多项任务的应急组织，如消防、公安或医疗等，受多个上级或工作组负责组织指挥。由此，提出研究假设 1。

研究假设 1：命令传递网络中组织间关系具有突出的集中性，并存在结构洞。

科层式权力结构在拆分任务、分配职责、报告程序和实施控制等方面，日常运行良好，但在紧急动态情景中，却时常不能保障应急组织及时配置资源、采取行动，因此，处置救援并不完全采用集权模式[69]。Kapucu[55]从信息沟通成本视角，提出应急响应中决策应该集权，操作应该分权。Yamamoto[70]分析两个地震灾害应对案例，提出决策结构存在着分权特征。Robert 等[32]应用军事对抗系统结构分析方法[71]，研究三个危险化学品事件应急处置和三个应急呼救响应案例，指出仅一例完全采用集权模式，两例完全采用分权模式，三例采用分散决策。同时，政府与其他应急组织间不存在严格的等级划分。由此，提出研究假设 2。

研究假设 2：应急组织体系部分采用分布式决策模式，以保证动态情景中的功能鲁棒。

作为突发事件应对的主要力量，各级政府和部门间的行政命令流动较多，与其他应急组织联系较少。封闭式管理模式使军队与其他组织联系较少。集权式管理模式中，既定的功能模块或工作组分工明确，隶属于不同功能模块或工作组的应急组织联系较少。结合同质性理论，提出研究假设 3。

研究假设 3：针对级别、任务和性质等组织属性，同质应急组织间联系较多，异质应急组织间联系较少。

（二）信息沟通网络中组织间关系及研究假设

及时获取信息是组织感知环境、决策和行动的基础，也是相关组织行动的前提[25]，迅速准确连续地获取[56]，并及时有效地交换信息[11]尤为关键。突发事件爆发后，级别、任务、性质不同的大量应急组织瞬时加入应急响应系统。由于结构、规章和文化不同，应急组织所使用的技术、知识、设施及标准各异，信息沟通途径多样[18]。同时，信息获取方式或渠道超出传统界定，多种应急组织间联系及交互增多。本文从信息沟通流程、信息内容复杂性和信息沟通方式等方面，分析应急组织间关系。

应急信息包括突发事件状态指标、承灾载体损失，以及资源保障、队伍能力等方面内容，或需即时监测分析，或需现场收集统计，或分散于各级政府和部门。应急信息相互关联且需随事件演化而动态更新。基于应急管理制度，信息沿命令链的反向逐级传递，供上级决策，然后按照命令链正向递次传递，令下级实施。负责决策的各级指挥部是信息收集和发散的中心，具有明显的信息优势和控制权。同时，信息沟通所需的收集、计算、分析、传递等步骤[55]不全发生在两两组织间，由多组织合作完成。

由于应急信息影响复杂，且具有一定的等级和类别，信息传递范围的时间和空间限制严格。其中，为控制衍生灾害，减少不必要的损失，重要信息仅限于少数组织拥有，应急组织具有较高的集中性。同时，为了高效完成专项应急任务，应急组织体系被划分为若干组织集合，如美国事故控制系统的功能模块、中国应急指挥部下属的工作组等。基于同质性理论和均衡理论，功能模块或工作组内的应急组织拥有共同目标和信息约束，更愿意提供信息，并期望得到其他组织的有关信息，内部联系紧密。由此，提出研究假设4。

研究假设4：应急组织的信息沟通网络具有与命令传递网络相同和相反的组织间关系，并存在着交互、循环和传递等，且任务相似的应急组织间联系较多。

然而，应急信息获取困难，加之日常沟通渠道极易受损，官僚制沟通在一定程度上失效[72]。应急任务在逻辑、时间和地域等方面相互依赖[55]，共担风险、相互依赖的应急组织[11]超越传统的组织界限，实现信息交换，增强组织合作[73]。同时，灵活和冗余的沟通方式，有利于增强组织间信息沟通能力，对于极端环境中快速行动和有效减少损失至关重要。信息基础设施建设，可以提升组织间信息沟通的能力。目前，固网通信、系统电话、面谈、团体会议等仍是应急信息沟通的主要方式，Email、视频会议等业已得到国外应急组织的广泛应用[11]，我国应急信息系统正在建设推广。随着信息沟通方式的增多，沟通的便利性增大，频率增加，沟通规则发生变化，组织柔性随之加大，组织间联系突破命令链的约束，呈网络化趋势[32]。由此，提出研究假设5。

研究假设5：应急信息沟通路径缩短，组织集聚程度高，且任务不同的应急组织间联系频繁。

（三）资源流动网络中组织间关系及研究假设

应急资源包括救援队伍、资金和物资等。资源依赖理论和一般交换理论指出，资源不足是组织合作的动力[10]。应急状态下，资源快速流动比掌握固定资源更重要[18]。由于组织的网络位置不同，资源流动不可能由单一组织独立完成[31]，传递成为组织间资源流动的主要形式。建立联系的应急组织或为资源的提供者，或为接受者，或两者兼有，但不是所有的应急组织都需要外部资源。

应急救援队伍包括综合救援队伍、专业救援队伍、基层救援队伍和志愿者队伍等，分别依托各级政府、职能部门和企业建立和维护，应急志愿者队伍属非营利组织的组成部分。突发事件类型决定参与处置救援的主导力量，属地情景特征影响着其他救援队伍的类型、数量及关系，多队伍合作响应具有一定的集中性。如汶川地震应对过程中，军队、武警、消防和地震救援专业队伍等为主要搜救力量，卫生、红十字会为医疗救护的功能中心[34]。随着突发事件的演化，处置任务的规模增大或类型增多，将出现多组织紧密联系的应急团体。

应急资金包括财政应急资金、保险、银行信贷和社会捐款等。其中，财政应急资金由各级政府和职能部门提供，保险、银行信贷通过市场方式运行，社会捐款主要由非营利组织负责收集汇总和监督使用。应急状态下，灾区指挥部收到上级及异地政府、企业、社会的资金援助，并用于医疗卫生、灾民安置等，不同级别、不同性质的应急组织间产生大量的资金流动，应急资金的汇集和分配均具有较高的集中性。

应急物资主要筹备来源包括政府物资储备库、紧急采购和社会捐助等。应急物资的流动主要体现在政府物资储备库配置到响应组织，企业物资通过政府采购流向应急指挥部或职能部门，社会捐助物资被送至灾区各应急组织，以及军队储备物资运送至民政、医疗等应急组织等，物资流动与应急任务联系紧密。由此，提出研究假设 6 和 7。

研究假设 6：应急资源流动网络具有集中性，部分应急组织处于中心位置，且资源传递存在中介组织，无循环现象。

研究假设 7：针对级别、任务和性质等组织属性，任务相同、级别不同、性质不同的应急组织间资源流动频繁。

（四）两网络交互作用中组织间关系及研究假设

组织间联系的内容和形式多样，具有典型依赖型[74]。组织倾向于在现有联系的基础上增加关系类型，以增强跨组织的一致性[75]。应急组织类型多样，命令、信息和资源的交互不完全按照层级流动，存在部分运行自治[76]。信息沟通和资源流动互为前提，并受决策结构的制约。集权式应急组织体系中，信息和资源的流动完全依附于决策结构；分权式应急组织体系中，信息和资源的流动则在决策结构上拓展。资源流动依赖于信息沟通，存在资源流动的组织间必然存在信息沟通。由此，提出研究假设 8。

研究假设 8：同质或异质应急组织间的命令传递、信息沟通和资源流动存在着大量的同现、交互。

若单一网络具有集中性特征，则两网络相互作用多出现角色互锁[77]，应急组织间关系紧密程度加大。跨组织信息沟通顺畅，有利于提高组织决策的有效性，增强资源配置的合理性，并能快速反馈处置救援结果，保证组织、信息和资源的系统集成。若组织间不同类型关系交互出现障碍，将导致恶性循环。研究指出，组织间信息沟通不畅，造成决策意见分歧，致使处置活动和资源配置与目标不一致，阻碍组织合作，导致应急响应延迟，并将引发应急组织体系的持续不安和低效[11]。为了避免出现此类现象，应急组织间信息和资源的交互需存在循环、传递及其强化模式，以缩短传递路径，降低过程脆弱性，提高响应效率。由此，提出研究假设9。

研究假设9：应急组织两网络交互作用中，存在着局部紧密联系的结构。

四、数据来源与研究方法

（一）数据来源

本文以中国汶川地震应对为例展开研究。2008年5月12日地震发生后，国务院组建了抗震救灾指挥部，下设涵盖抗震救灾所有部门的9个工作组，受灾区域相继成立各省、市、县抗震救灾指挥部及其工作组。跨区域的组织合作多通过相应职能部门合作来实现，现仅研究国务院、四川省、广元市和青川县等行政直属应急组织和部门间的合作。数据来源包括《中华人民共和国突发事件应对法》《中华人民共和国防震减灾法》《破坏性地震应急条例》《四川省防震救灾条例》《国家地震应急预案》（2005年修订版）、《四川省地震应急预案》（2006年修订版）、《成都市地震应急预案》（2006年修订版）、《广元市破坏性地震应急预案》（2002年）、《青川县地震应急预案》（2007年），以及民政部2008年12月出版的亚洲发展银行技术援助咨询报告《中国：汶川地震应对》，新浪、搜狐和网易三大门户网站震后3周内（2008年5月12日至2008年6月3日）的新闻报道。

本文运用社会网络分析方法，将应急组织视为节点，将命令、信息或资源的流动视为有向边，结构化表示应急组织间关系。其中，国务院汶川地震应急指挥部命令传递网络构建，主要依据《中国：汶川地震应对》中汶川地震应急指挥命令结构图，确定应急组织及其上下级关系，并结合应急组织间日常行政隶属关系，增加相应联系。由于抗震救灾指挥部及各工作组以会议为主要沟通方式，因此应急组织间信息沟通网络中增加决策命令的信息反馈边，并使各工作组内部信息沟通网络全连通。应急资源流动网络数据主要来自三大门户网站，如依据新浪网2008年5月13日“东航调集6架飞机参与抗震救灾运输任务”的新闻，建立中国民航局到四川省抗震救灾指挥部间的连线。

基于上述数据和成网规则，首先分别建立汶川地震应急组织间命令传递、信息沟通和资源流动的关系矩阵和组织属性数据；其次，运用UCINET6.0软件，将其转化为UCINET文件格式；再次，利用NewDraw软件，分别绘制汶川地震应急组织合作的命令传递网络、信息沟通网络和资源流动网络，并按照应急组织级别排列，从左向右依次为国务院、四川省、广元市和青川县等各级应急组织；最后，设置不同颜色表示应急组织任务，选择不同形状表示应急组织性质，优化构建汶川地震应急组织合作的命令传递网络、信息沟通网络和资源流动网络，网络基本特征如表1所示。

表 1　汶川地震应急组织合作网络的基本特征

	命令传递网络	信息沟通网络	资源流动网络
组织数量	170	170	170
	级别 国家　52 省　44 市　39 县　35	任务 风险评估　48 事件处置　104 医疗安置　18	性质 政府和事业单位　125 军队　16 非营利组织　6 企业　23
关系数量	424	1939	484
网络密度	0.015	0.067	0.017

（二）研究方法

社会网络已成为组织管理研究的主要方法[78]，并应用于公共管理领域[79]。

其中，指数随机图模型又称 p^* 模型，由 Frank 等提出[80,81]，Wasserman 等建立[82]，主要借鉴 Boltzmann 的统计力学，基于 Hammersley – Clifford 定理[83,84]，将组织间关系视为随机变量，假设观察图的概率取决于模型所包含的网络构成出现的次数，研究节点数量确定条件下固定节点集的概率分布，可用于多层次、多理论分析。应急组织体系是众多组织及其关系构成的系统[85,86]，其绩效由权力、信息和资源等方面组织间关系，以及微观结构相互作用所决定。因此，本文主要运用 p^* 模型和 PNET 软件[87]，将社会网络理论在组织中的应用拓展到多层次，研究不同类型应急组织间关系的结构规则和作用关系。

考虑组织属性的 p^* 模型[45,88,89]具体形式为：$P_r(Y=y, X=x)=\frac{1}{k}\exp(\sum_Q \lambda_Q Z_Q(y)+\sum_R \lambda_R Z_R(y, x))$　（1）

其中，P_r 为拥有 n 个节点网络的概率分布，Y 指网络构成的集合，如交互、传递关系等，y 指具体网络构成，X 指节点属性，x 指具体节点的属性，k 是标准化常数。Q 是网络构成的数量，λ_Q（y）是具体网络构成 y 的参数，Z_Q（y）$=\prod_{yii\in Q} y_{i1}$是对应网络构成 y 的网络统计量，$\sum \lambda_R Z_R$（y，x）指观察网络中所有可能的网络构成 y 与节点属性 x 相互作用之和。

两网络交互的 p^* 模型［90］具体形式为：

$$P_r(A=a, B=b)$$
$$=\frac{1}{k}\exp(\sum_{Q\ A} \lambda_{QA} Z_Q(a)+\sum_{Q\ B} \lambda_{QB} Z_Q(b)+\sum_{Q\ A\ B} \lambda_{QAB} Z_{QAB}(a, b))$$

其中，A、B 分别代表节点相同、连接不同的两个网络，其他参数同上。

针对上述研究假设，分析遴选相应应急组织间关系的结构化表示形式，即网络构成和组织属性。由于网络中关系并不相互独立，本文采用马尔科夫链蒙特卡洛极大似然估计法

（MCMC MLE）进行参数估计[91]。模型拟合优度必须满足，模型所包含参数的 t 统计量绝对值均小于 0.1，未包含参数的 t 统计量绝对值均小于 2[44]。

五、应急组织合作的结构逻辑

（一）命令传递网络的网络构成和组织属性作用

表 2 列出了 2008 年汶川地震应急组织合作的命令传递网络中，网络构成和组织属性作用的参数估计值及拟合检验结果。可见，网络构成 2 - path、AoutS 和 1inAoutS，以及组织属性的作用显著，其中 AoutS、1inAoutS 和同质性是命令传递网络形成的结构逻辑。

表 2　汶川地震应急组织合作的命令传递网络中网络构成和组织属性作用的参数估计

假设	网络构成	估计值	标准差	t - 统计量
	边（Arc）	-8.292	0.340	-0.005*
2	混合星（2 - path）	-0.204	0.059	-0.009*
1	出 - 3 - 星（Out - 3 - Star）	0.002	0.006	0.032
1	出 - k - 星（AoutS）（2.00）	1.960	0.276	-0.001*
1	出桥（1inAoutS）（2.00）	0.259	0.127	-0.004*
1	传递（Transitivity）	0.144	0.117	0.066
2	出向横向联系（T_4）	0.081	0.535	0.064
1	出向集中（A2P - D）（2.00）	-0.157	0.095	-0.003
	组织属性			
3	级别同质组织联系（Match - Arc）	2.183	0.211	0.010*
3	任务同质组织联系（Match - Arc）	0.542	0.129	0.009*
3	性质同质组织联系（Match - Arc）	0.786	0.140	0.017*

注：t - 统计量是模型参数收敛指标，* 表示 $p<0.05$，模型效度检验中所有参数 t - 统计量绝对值均小于 2。

网络构成 Out - 3 - Star 的参数估计值为正（0.002），但不显著，AoutS 的参数估计值为正（1.960），且作用显著，表明接受应急组织具有一定的集中性。网络构成 Transitivity 的参数估计值为正（0.144），但不显著，即命令传递的等级路径闭合不显著，不能接受应急组织具有局部等级特征。网络构成 A2P - D 的参数估计值为负（-0.157），不显著，汶川地震应急组织体系中，强化的命令汇集组织间关系不显著，即不能认为决策结构中存在多头领导现象。同时，网络构成 1inAoutS 的参数估计值为正（0.259），且显著，表明应急组织间命令传递中"桥"作用为正，存在结构洞效应。因此，研究假设 1 通过检验。

网络构成 2 - path 的参数估计值为负（-0.204），且显著，表示应急组织体系的命令传递中介组织对现有组织决策结构的出现具有负作用。网络构成 T4 的参数估计值为正（0.081），但不显著，统一领导下的同级组织间决策命令的传递不显著，分权特征不显著，研究假设 2 未通过检验。

针对应急组织属性，级别、任务和性质对应急组织间关系作用均为正（2.183、0.542 和 0.786），且显著，研究假设 3 得到证实。由于政府和事业单位占大多数（74%），性质相同的应急组织间关系较多，政府和事业单位与其他应急组织间联系不显著。同时，不同级别、不同任务的应急组织间关系不显著。

（二）信息沟通网络的网络构成和组织属性作用

表 3 列出了 2008 年汶川地震应急组织合作的信息沟通网络中，网络构成和组织属性作用的参数估计值及拟合检验结果。可见，网络构成 2 - path、Reciprocity、Out - 3 - Star、In - 3 - Star 等，以及组织属性的作用显著，其中，信息沟通网络的结构逻辑包括 Reciprocity、Out - 3 - Star、In - 3 - Star、A2P - U、AT - D、AT - T 和同质性。

表 3　汶川地震应急组织合作的信息沟通网络中网络构成和组织属性作用的参数估计

假设	网络构成	估计值	标准差	t - 统计量
	边（Arc）	-3.401	0.375	-0.002*
4	混合星（2 - path）	-1.135	1.249	0.004
4	交互（Reciprocity）	0.826	0.238	0.002*
4	出 - 3 - 星（Out - 3 - Star）	-0.648	0.167	0.004*
4	入 - 3 - 星（In - 3 - Star）	-0.975	0.128	0.014*
4	出 k - 星（AoutS）	1.339	0.239	-0.002*
4	入 - k - 星（AinS）	0.321	0.149	-0.004*
4	三元交互（T_1）	0.226	0.121	0.034
4	传递（Transitivity）	-1.026	0.447	0.084*
4	循环（Cycle）	-1.697	0.986	0.015
4	出桥（1inAoutS）	-0.671	1.238	0.088
4	入桥（Ain1outS）	-1.064	0.953	0.007
4	出向集中（A2P - D）	-0.145	0.020	-0.024*
4	入向集中（A2P - U）	0.364	0.127	0.019*
5	中介强化（A2P - T）	-0.002	0.011	-0.023
5	循环闭合（AT - C）	-0.890	0.046	0.012*
5	出向闭合（AT - D）	1.135	0.128	0.002*
5	入向闭合（AT - U）	-0.156	0.051	0.001*
5	传递闭合（AT - T）	1.330	0.128	0.004*
	组织属性			

续表

假设	网络构成		估计值	标准差	t－统计量
4	级别	同质组织联系（Match－Arc）	0.634	0.120	0.004*
5		异质组织交互（disMatch－Rec）	0.223	0.098	0.077*
4	任务	同质组织联系（Match－Arc）	0.479	0.097	0.009*
5		异质组织交互（disMatch－Rec）	5.614	3.248	0.002
4	性质	同质组织联系（Match－Arc）	－0.192	0.203	0.078
5		异质组织交互（disMatch－Rec）	－0.669	0.224	0.018*

注：t－统计量是模型参数收敛指标，*表示 $p<0.05$，模型效度检验中 t－统计量绝对值小于 2 的参数占 95%。

应急组织命令传递网络中作用显著的网络构成 2－path、AoutS 和 1inAoutS，在信息沟通网络中的参数估计值分别为 －1.135、1.339 和 －0.671，只有网络构成 AoutS 的作用仍然显著，且为正。与上述相反的网络构成 AinS、Ain1outS 的参数估计值分别为 0.321、－1.064，且网络构成 AinS 的作用显著，表明应急组织的信息网络与命令传递网络存在着相同和相反的组织间关系。同时，与应急组织的命令传递网络相同，应急组织信息传递网络中，级别、任务相同的应急组织间联系效应显著，且为正（分别为 0.634、0.479），同质性存在显著正效应。

网络构成 Out－3－Star、In－3－Star 参数估计值为负（－0.648、－0.975），且作用显著，又网络构成 AoutS、AinS 的正效应显著，表明应急组织合作的信息沟通网络具有相对集中性。同时，表征等级性的网络构成 Transitivity 的参数估计值为负（－1.026）且显著，进一步证实应急组织的等级性不显著，集中性不突出。虽然网络构成 Cycle 的作用不显著，但是网络构成 Reciprocity 具有显著的正效应（0.826），T1 的参数估计值极其接近显著（估计值与标准差的比值接近 2），表明应急组织间信息沟通普遍，且多为闭环。综上所述，研究假设 4 通过检验。

网络构成 A2P－D 的参数估计值为负（－0.145）且显著，AT－D 的参数估计值为正（1.135）亦显著，表明存在信息沟通的两个应急组织更多地从相同的应急组织获得信息。网络构成 A2P－U 的参数估计值为正（0.364）且显著，AT－U 的参数估计值为负（－0.156）亦显著，表明没有信息沟通的两个应急组织更多地向同一应急组织传递信息。网络构成 A2P－T 的作用不显著，表明应急组织信息传递网络中不存在结构洞效应，网络构成 AT－T 的作用效应显著且参数估计值为正（1.330），表明组织间信息传递有多条路径，且存在路径缩短的渠道。网络构成 AT－C 的作用显著且参数估计值为负（－0.890），表明网络构成 Cycle 的强化效应较少，应急组织间信息反馈无路径缩短现象，组织集聚程度存在上限。

针对级别、任务和性质等组织属性与应急组织间关系交互的交叉效应，级别不同的应急组织间联系交互具有显著正效应，相应参数估计值为 0.223。性质不同的应急组织间联系交互具有显著负效应，相应参数估计值为 －0.669。任务属性对同质应急组织间联系，以及异质应急组织间联系的效应均不显著。因此，研究假设 5 未通过检验。

(三) 资源流动网络的网络构成和组织属性作用

表 4 列出了 2008 年汶川地震应急组织合作的资源流动网络中，网络构成和组织属性作用的参数估计值及拟合检验结果。可见，网络构成 2 - path、AoutS 和 AinS，以及部分组织属性的作用显著，2 - path、AoutS 和异质性是资源流动网络形成的结构逻辑。

表 4 汶川地震应急组织合作的资源流动网络中网络构成和组织属性作用的参数估计

假设	网络构成		估计值	标准差	t - 统计量
	边（Arc）		-5.772	0.634	-0.076*
6	混合星（2 - path）		0.052	0.024	-0.088*
6	交互（Reciprocity）		-0.288	0.365	-0.025
6	出 - k - 星（AoutS）		0.199	0.076	-0.065*
6	入 - k - 星（AinS）		-0.109	0.051	-0.067*
6	出桥（1inAoutS）		0.130	0.182	-0.098
6	循环闭合（AT - C）		-0.031	0.095	0.026
6	出向闭合（AT - D）		-0.736	1.004	-0.015
6	入向闭合（AT - U）		0.352	1.114	-0.002
6	传递闭合（AT - T）		0.406	1.155	0.001
	组织属性				
7	级别	同质组织联系（Match - Arc）	-2.555	0.131	-0.090*
7	任务	同质组织联系（Match - Arc）	0.114	0.101	-0.049
7	性质	同质组织联系（Match - Arc）	-0.256	0.102	-0.070*

注：t - 统计量是模型参数收敛指标，* 表示 $p<0.05$，模型效度检验中所有参数 t - 统计量绝对值均小于 2。

网络构成 AoutS 的参数估计值显著，亦为正（0.199），表明资源配置具有集中性特征，网络构成 1inAoutS 的效应不显著，资源流动不存在“桥”效应。网络构成 AinS 的作用显著，但参数估计值为负（-0.109），表明应急资源网络中资源聚集现象较少，对现有网络的形成具有负效应。可见，应急组织间资源流动联系比较均衡。

同时，网络构成 Reciprocity 的作用不显著，应急资源流动较多地遵循单向流动。网络构成 2 - path 的参数估计值显著，且为正（0.052），表明资源流动存在兼具资源聚集和发散的应急中介组织。然而网络构成 1inAoutS 的作用不显著，网络构成 Ain1outS、A2P - T 等未能成为模型参数，表明应急组织不存在结构洞效应，中介组织作用不突出。因此，研究假设 6 未通过检验。

针对应急组织属性，级别、性质相同的应急组织间联系显著且参数估计值为负（-2.555、-0.256），表明同质性对应急组织间流动具有负效应，即级别、性质不同的应急组织间资源流动较多。同时，任务相同的组织间联系不显著，表明同一工作组内部的应急组织间资源流动较少。研究假设 7 部分通过验证，即异质应急组织间资源流动频繁，同质应急组织间资源流动较少。

（四）两网络交互的网络构成和组织属性作用

鉴于组织结构短期不变，汶川地震应急组织合作的决策传递网络与信息沟通网络、资源流动网络交互作用模型中，论文的固定决策传递网络，仅包含信息沟通网络或资源流动网络的模型参数，以及两网络交互作用参数两部分。信息沟通网络与资源流动网络交互作用模型中，包括信息沟通网络、资源流动网络和两网络交互作用三部分参数。两网络交互作用的网络构成和组织属性作用的参数估计值及拟合检验结果如表 5 所示。

表 5　汶川地震应急组织合作的网络交互中网络构成和组织属性作用的参数估计

假设	网络 A　网络 B	命令传递网络与信息沟通网络	命令传递网络与资源流动网络	信息沟通网络与资源流动网络
	网络构成	估计值（标准差，t-统计量）	估计值（标准差，t-统计量）	估计值（标准差，t-统计量）
8	关系同现（Entrainment）	9.834（1.402，-0.055*）	4.909（0.540，0.000*）	3.406（0.877，0.013*）
8	关系交互（Reciprocity）	9.809（0.742，-0.056*）	-1.103（0.285，-0.024*）	-0.751（0.735，0.012）
9	关系混合（Mix-2-path）	-1.931（0.026，0.064*）	-2.146（0.031，0.095*）	-0.500（0.007，0.031*）
9	关系传递 1（T-ABA）	8.256（0.279，0.083*）	0.454（0.436，-0.015）	1.371（0.902，0.006）
9	关系传递 2（T-AAB）	0.759（1.334，-0.046）	2.060（0.288，0.018*）	-0.288（0.857，0.007）
9	关系传递 3（T-BAA）	0.854（0.247，0.008*）	0.190（0.120，0.055）	-0.684（0.910，0.006）
9	关系循环（C-AAB）	3.332（1.578，-0.012*）	3.523（0.420，-0.024*）	0.201（0.866，0.007）
9	向交互闭合（UKT-ABA）（2.00）	-1.771（0.426，-0.013*）	-0.731（0.330，0.064*）	-0.587（1.057，0.066）
9	出向交互闭合（DKT-ABA）（2.00）	-6.340（0.315，0.080*）	-1.018（0.340，0.020*）	-0.707（1.041，0.060）
9	传递交互闭合（TKT-ABA）（2.00）	-2.167（1.463，-0.047）	-1.422（0.554，-0.013*）	-0.029（1.045，0.062）
9	循环交互闭合（CKT-ABA）（2.00）	-3.099（1.677，-0.015）	-3.289（0.587，0.023*）	0.809（1.047，0.064）
	组织属性			
8	级别　同质组织联系同现（Match-ArcAB）	0.464（1.427，-0.063）	-4.490（0.482，-0.029*）	-3.711（0.424，0.006*）
8	任务　同质组织联系同现（Match-ArcAB）	6.087（3.485，0.019）	-0.510（0.369，0.045）	-0.393（0.226，0.021）
8	性质　同质组织联系同现（Match-ArcAB）	3.850（3.679，0.022）	-0.265（0.364，0.076）	-0.463（0.211，-0.015*）

注：A、B 代表不同维度的应急组织合作网络中组织间关系，t-统计量是模型参数收敛指标，* 表示 $p<0.05$，命令传递网络与信息沟通网络交互作用模型效度检验中 t-统计量绝对值均小于 2 的参数占 96%，命令传递网络与资源流动网络交互作用模型效度检验中所有参数 t-统计量绝对值均小于 2，信息沟通网络与资源流动网络交互作用模型效度检验中 t-统计量绝对值小于 2 的参数占 96%。

可见，命令传递网络与信息沟通网络交互作用中，存在 Entrainment、Reciprocity、Mix－2－path、T－BAA、C－AAB、UKT－ABA 和 DKT－ABA 等结构逻辑；命令传递网络与资源流动网络交互作用中，存在 Entrainment、Reciprocity、Mix－2－path、T－AAB、C－AAB、UKT－ABA、DKT－ABA、TKT－ABA 和 CKT－ABA 等结构逻辑，且级别属性对应急组织间关系同现的负效应显著；信息沟通网络与资源流动网络交互作用中，存在 Entrainment、Mix－2－path 等结构逻辑，且级别和性质对组织间关系同现的负效应显著。

汶川地震应急组织合作的命令传递网络与信息沟通网络交互作用模型中，网络构成 Entrainment 的参数估计值为正（9.834），且显著，表明应急组织间信息较多地沿命令链传递。网络构成 Reciprocity 的参数估计值为正（9.809），且显著，则应急组织间命令传递与信息沟通存在着大量交互。因此，研究假设 8 通过检验。但级别、任务和性质等应急组织属性，对同质组织间命令和信息流动同现的影响均不显著。网络构成 Mix－2－path 的参数估计值为负（－1.931），且显著，表明应急组织命令传递和信息沟通的角色互锁效应为负，应急命令传递不一定导致信息的传播。三元结构中，仅网络构成 T－AAB 的效应不显著。网络构成 T－ABA、T－BAA 的参数估计值为正（8.256、0.854）且显著，表明具有相同领导的应急组织间存在信息沟通；网络构成 C－AAB 的参数估计值为正（3.332）且显著，表明下级到上级应急组织信息传递存在路径缩短现象。高序结构中，网络构成 UKT－ABA、DKT－ABA 参数估计值为负（－1.771、－6.340）且显著，表明汶川地震应急组织间强化的聚集性或发散型命令—信息—命令关系较少，同级或跨级的信息闭合沟通较少。网络构成 TKT－ABA 和 CKT－ABA 的效应不显著，则应急组织间命令—信息—命令的传递和循环规模存在上限。因此，汶川地震应急组织合作的命令传递网络与信息沟通网络交互作用中，研究假设 9 通过检验。

汶川地震应急组织合作的命令传递网络与资源流动网络交互作用模型中，网络构成 Entrainment 的参数估计值为正（4.909），且显著，表明命令传递和资源流动同现于应急组织间的现象显著。网络构成 Reciprocity 的参数估计值为负（－1.103）且显著，应急组织间命令传递与资源流动交互的负效应显著。针对级别、任务和性质等组织属性，任务和性质对应急组织间关系匹配的作用不显著，级别对同质组织间关系同现效应显著且参数估计值为负值（－4.490），不同级别的应急组织间资源流动较多。研究假设 8 通过检验。网络构成Mix－2－path 的参数估计值为负（－2.146）且显著，表明应急组织的命令传递和资源流动的角色互锁较少。所有三元网络构成的参数估计值均为正，其中，网络构成 T－AAB、C－AAB 参数估计值为正（2.060、3.523）效应显著，同级应急组织间存在资源互动。所有高序结构的效应均显著，且都为负。其中，网络构成 DKT－ABA 是 T－ABA 的强化，网络构成 UKT－ABA 是 T－BAA 的强化，表明同级应急组织间资源聚集或发散的紧密结构较少，T－ABA 和 T－BAA 的规模增大有限。因此，汶川地震应急组织合作的命令传递网络与信息沟通网络交互作用中，组织间高序结构不显著，研究假设 9 未通过检验。

汶川地震应急组织合作的信息沟通网络与资源流动网络交互作用模型中，网络构成

Entrainment 的参数估计值为正（3.406），且显著，信息沟通和资源流动同现于应急组织间的现象较多。网络构成 Reciprocity 的参数估计值为负（-0.751），且不显著，表明应急组织间信息沟通与资源流动交互不显著。针对组织属性，级别和性质对应急组织间关系匹配的作用显著，且参数估计值均为负（-3.711 和 -0.463），表明级别相同或性质相同的应急组织间信息和资源流动同现的现象较少，研究假设 8 通过检验。网络构成 Mix-2-path 的参数估计值为负（-0.500），且显著，表明应急组织的信息沟通和资源流动的角色互锁较少。T-ABA、T-AAB、T-BAA 和 C-AAB 等三元结构，以及 CKT-ABA、UKT-ABA、DKT-ABA 和 TKT-ABA 等高序结构的参数估计值均不显著。因此，研究假设 9 未通过检验。

六、应急组织合作的运行机制

（一）应急组织合作的命令传递机制

权力结构决定着组织间信息和资源流动的规则，影响着应急组织体系的运行机制，是应急组织合作的要因。本研究显示，2008 年汶川地震应对过程中，应急组织体系仍属集权式结构，命令严格按照应急管理权力的次序传递，政府和事业类组织间的联系明显多于常态。依据汶川地震应急组织合作的命令传递网络的结构逻辑，可得应急组织间命令传递机制。

首先，汶川地震应急组织合作的命令传递网络中结构逻辑 AoutS 显示，命令由少数应急组织发散传递。其次，结构逻辑 2-path 显示，汶川地震应急组织命令传递过程中存在中介组织，少数组织具有命令传递的控制优势。最后，结构逻辑 1inAoutS 显示，应急组织网络中“桥”效应显著，由于应急组织体系属直线职能式结构，且级别不同应急组织间的命令传递不显著，则应急组织多通过工作组牵头组织获得高层决策。因此，负责传递命令于上下级或不同性质组织间的应急组织，具有命令传递的控制权。结合应急组织命令传递网络的节点度分布特征，四川省抗震救灾指挥部、广元市抗震救灾指挥部和青川县抗震救灾指挥部，以及各级国有资产管理委员会、经济与贸易管理委员会、发展与改革委员会和民政等组织属应急命令传递的重要组织。

（二）应急组织合作的信息沟通机制

跨组织信息沟通水平的高低，决定着应急响应的成败[18]。网络结构的组织地位，直接影响着信息传播的机制和效率。表 3 和表 5 显示，2008 年汶川地震应对过程中，各级各类应急组织间沟通频繁且灵活，信息沟通网络的官僚制特征减弱。依据应急组织的信息沟通网络及其与命令传递网络交互的结构逻辑，可得汶川地震中应急组织合作的信息沟通机制。

汶川地震应急组织合作的信息沟通网络蕴含三机制：①结构逻辑 Out－3－Star 和 In－3－Star 显示，应急信息流动集中性特征不够突出，应急组织间信息沟通相对普遍，且具有互惠特征（网络构成 Reciprocity 的参数估计值显著且为正），信息传递效率高于常态，且同一级别或工作组内部的信息沟通显著增多。②近似显著的网络构成 T1 的正效应，显示应急组织横向信息互通频繁。虽然应急管理信息系统未建立统一的、法定的技术规范，缺乏统一的数据标准即交换格式，但应急组织间横线联系频繁，一定程度上打破了常态或传统的部门间信息壁垒。③应急组织间信息沟通方式灵活，信息快速通道较多，不存在桥接或结构洞效应，应急组织间的信息传递路径短于命令链或其反向。尤其结构逻辑 A2P－U、AT－D、AT－T，显示应急组织间联系紧密，存在着较多聚集性局部结构，但多以级别或性质为主导，以应急任务为核心的信息资源共享与整合并不显著。

汶川地震应急组织合作的命令传递网络和信息沟通网络交互的结构逻辑显示，信息沟通具有以下特点：①结构逻辑 Reciprocity 显示，层级信息传递必然有反馈，自上而下的命令传递，与自下而上的信息报送形成环路，应急组织体系内不存在信息孤立的组织。②结构逻辑 T－BAA 及其结构同型 UKT－ABA，以及 T－ABA 及其结构同型 DKT－ABA 表明，同级组织间存在着大量的信息交互。③结构逻辑 C－AAB 表明，汶川地震应对过程中小规模（因其结构同型 CKT－ABA 效应不显著）的信息越级上报现象较多。可见，命令传递和信息沟通的交互，致使应急组织体系中存在着紧密联系的局部结构，且上下级应急组织易形成。

（三）应急组织合作的资源流动机制

合理配置资源是保障有效应对的必要条件，是应急组织行动实现的基础。表 4 和表 5 显示，2008 年汶川地震应对过程中，不同于命令传递和信息沟通，资源流动相对均衡。依据应急组织合作的资源流动网络及其与命令传递网络、信息沟通网络交互的结构逻辑，可得汶川地震中应急组织合作的资源流动机制。2－path 和异质性是资源流动网络形成的结构逻辑。

汶川地震应急组织资源流动网络蕴含两机制：①结构逻辑 AoutS 显示，资源配置具有聚集性，但网络构成 1inAoutS 效应不显著，表明应急资源流动不存在“桥”效应。结合应急组织资源流动网络的节点度分布特征，各级指挥部、发改委和民政等部门虽然是命令传递或信息沟通的中心组织，但不是资源汇集或发散的中心。②不同级别、不同性质的应急组织间资源流动较多。其中，军队向各级指挥部和应急组织派遣应急救援队，企业和非营利组织的设备、物资和捐款等流向民政部、地震救援队（归属地震局）等政府和事业组织，以及红十字会、志愿者组织等向卫生部门提供支援等。同时，汶川地震应急组织合作的资源流动网络中不存在孤立组织，且无紧密联系的局部结构（网络构成 AT－C、AT－D、AT－U、AT－T 等高序结构效应均不显著）。

汶川地震应急组织合作的命令传递网络和资源流动网络交互的结构逻辑显示，资源流动具有以下特点：①结构逻辑 Entrainment 和 Mix－2－path 表明，应急组织跨层级的资源流动频繁，明显多于命令或信息的流动。②组织属性估计参数表明，汶川地震应对过程中，级别相同的应急组织间资源流动较少。③结构逻辑 C-AAB 表明，应急组织获得多层上级政府资源援助的现象显著。④高序结构虽都显著，但均为负，表明资源的流动或援助范围存在上限。这与灾害类型和我国的行政制度相关：一方面，大规模地震导致灾区政府和社会的应急能力骤降，必须依靠外部支持；另一方面，作为应急管理的领导机构，国家或上级政府拥有大型的救灾物资储备库或专业救援队伍，并且有能力快速调动大量的应急资源。

汶川地震应急组织合作的信息沟通网络和资源流动网络交互的结构逻辑显示，应急组织间的信息和资源流动具有以下特点：①结构逻辑 Entrainment 表明，应急组织间资源流动必然伴随着同向信息传递。②组织属性参数表明，级别相同或性质相同的应急组织间信息和资源流动同现的现象较少。③结构逻辑 Mix-2-path 表明，应急组织的资源输出并不一定以获取信息为前提。然而，三元结构和高序结构的效应均不显著，表明汶川地震处置救援过程中，应急组织间不存在紧密的局部结构，不具有分布式决策或运行的特征和条件。

七、结语

组织合作是应对突发事件的主要模式。随着突发事件的演化，组织数量及与环境相互作用增多，应急组织体系随之动态调整，以促进各组织稳定关联和体系优化整合，实现应急组织体系的整体涌现。作为合作的重要标识，组织间关系界定了组织在整体结构中的位置，以及信息和资源的流动，决定着应急组织体系的响应效率和应对有效性。本文将应急组织体系视为自适应复杂系统，并抽象为组织网络，运用指数随机图模型，从权力、信息和资源三维度及其交互，剖析 2008 年汶川地震应对过程中，应急组织合作的影响要素、结构逻辑和运行机制，把握应急组织间关系，揭示多组织合作应对模式的一般规律和特征。

研究得出，应急组织体系的集权程度将不断增大，应急合作组织在命令传递、信息沟通和资源流动等方面，都存在着有限的集中和发散式的组织间关系，且应急组织的任务对组织间各维度合作关系的作用均不显著。汶川地震应急组织合作的命令传递网络中，存在着显著的桥形局部结构，部分应急组织（如民政部门、经济与信息化委员会等）在保证网络连通、促进合作方面起着关键作用。应急组织间信息沟通频繁且灵活，横向沟通增多，打破了命令链的约束，使得应急组织体系的柔性增大，并随着信息化的推进，应急组织间信息沟通呈网络化趋势。应急合作组织间资源流动对命令传递的依赖较强，且以不同级别、不同性质的应急组织间流动为主。同时，汶川地震处置救援过程中属地政府的权力和能力较弱，不利于组织合作的深度和效率。

综上所述，本文在解析应急组织合作内涵和层次的基础上，将应急组织间合作分为命令传递、信息沟通和资源流动三类，并运用指数随机图模型，实证分析了汶川地震应急处置过程中，不同层次、不同类型应急组织合作的微观结构逻辑和宏观运行机制。一方面，从组织属性和网络结构两个方面，探讨非常态下多类组织间关系的局部结构、整体特征和演化规则，研究应急组织间关系的内生和外生作用模式，丰富了组织理论和应急管理理论体系。另一方面，综合运用指数随机图模型和马尔科夫链蒙特卡洛极大似然估计法，建立并优化汶川地震应急合作网络的基元结构或模体（Motif）分析模型，提高了模型效度和参数估计值的可信度，深化拓展了社会网络分析方法的应用领域。研究成果可以为我国应急管理组织结构和运行机制优化提供理论和方法支撑。然而，由于数据限制，本文存在一定的局限，如未能充分考虑信息的合理性和时效性，以及资源类型或规模的重要性，仅将应急组织合作的多维组织间关系抽象为静态网络，未能研究基于突发事件情景演化的结构逻辑变化特征等，这也是未来研究的主要方向。

参考文献

[1] Robert B. , Lajtha C. A New Approach to Crisis Management [J] . Journal of Contingencies and Crisis Management, 2002, 10 (4): 181 - 191.

[2] Quarantelli E. Another Selective Look at Future Social Crises: Some Aspects of Which We Can Already See in the Present [J] . Journal of Contingencies and Crisis Management, 2001, 9 (4): 233 - 237.

[3] 林鸿潮，詹承豫. 非常规突发事件应对与应急法的重构 [J] . 中国行政管理，2009 (7): 21 - 25.

[4] 郭雪松，朱正威. 跨域危机整体性治理中的组织协调问题研究 [J] . 公共管理学报，2011, 8 (4): 50 - 60.

[5] Kapucu N. Interorganizational Coordination in Dynamic Context: Network in Emergency Response Management [J] . Connections, 2005, 26 (2): 33 - 48.

[6] Comfort L. Managing Disaster: Strategies and Policy Perspectives [M] . Durham: Duke University Press, 1998: 126 - 146.

[7] Kapucu N. , Arslan T. , Demiroz F. Collaborative Emergency Management and National Emergency Management Network [J] . Disaster Prevention and Management, 2010, 19 (4): 452 - 468.

[8] Kapucu N. , Garayev V. Collaborative Decision - Making in Emergency and Disaster Management [J] . International Journal of Public Administration, 2011, 34 (6): 366 - 375.

[9] 李晓翔，刘春林. 自然灾害管理中的跨组织合作——基于社会弱点的视角 [J] . 公共管理学报，2010, 7 (1): 73 - 84.

[10] Granot H. Emergency Inter - organizational Relationships [J] . Disaster Prevention and Management, 1997, 6 (5): 305 - 310.

[11] Comfort L. , Kapucu N. Inter - organizational Coordinationin Extreme Events: The World Trade Center Attacks, September 11, 2001 [J] . Natural Hazards, 2006 (39): 309 - 327.

[12] Schneider S. K. Governmental Response to Disasters: The Conflict Between Bureaucratic Procedures and Emergent Norms [J] . Public Administration Review, 1992, 52 (2): 135 - 45.

[13] Faraj S., Xiao Y. Coordination in Fist – Response Organizations [J]. Management Science, 2006, 52 (8): 1155 – 1169.

[14] Abbasi A., Kapucu N. Structural Dynamics of Organizations during the Evolution of Interorganizational Networks in Disaster Response [J]. Journal of Homeland Security and Emergency Management, 2012, 9 (1): Article 23.

[15] Drabek T. E., Mcentire D. A. Emergent Phenomena and Multiorganizational Coordination in Disasters: Lessons from the Research Literature [J]. International Journal of Mass Emergencies and Disasters, 2002, 20 (2): 197 – 224.

[16] Kapucu N., Demiroz F. Measuring Performance for Collaborative Public Management Using Network Analysis Methodsand Tools [J]. Public Performance & Management Review, 2011, 34 (4): 549 – 579.

[17] Majchrzak A., Jarvenpaa S. L., Hollingshead A. B. Coordinating Expertise Among Emergent Groups Responding to Disasters [J]. Organization Science, 2007, 18 (1): 147 – 161.

[18] Comfort L. K., Ko K., Zagorecki A. Coordination in Rapidly Evolving Disaster Response Systems: The Role ofInformation [J]. American Behavioral Scientist, 2004 (48): 295 – 313.

[19] Mendonca D., Jefferson T., Harrald J. Collaborative Adhocracies and Mix – and – Match Technologies in Emergency Management [J]. Communications of the ACM, 2007, 50 (3): 45 – 49.

[20] Contractor N. S., Wasserman S., Faust K. Testing Multitheoretical, Multilevel Hypotheses about OrganizationalNetworks: An AnalyticFramework and Empirical Example [J]. Academy of Management Review, 2006, 31 (3): 681 – 703.

[21] Lazega E., Pattison P. E. Multiplicity, Generalized Ex – change and Cooperation in Organizations: A Case Study [J]. Social Networks, 1999, 21 (1): 67 – 90.

[22] 范维澄. 国家突发公共事件应急管理中科学问题的思考和建议 [J]. 中国科学基金, 2007 (2): 72 – 75.

[23] Malone T. W., Crowaton K. The Interdisciplinary Study of Coordination [J]. ACM Computing Surveys, 1994, 26 (1): 87 – 119.

[24] Caeley K. M., Krackhardt D. Cognitive Inconsistenciesand Non – symmetric Friendship [J]. Social Networks 1996, 18 (1): 1 – 27.

[25] Comfort L. K. Rethinking Security: Organizational Fragilityin Extreme Events [J]. Public Administration Review, 2002, 62 (Special Issue): 98 – 107.

[26] Comfort L. K. Turning Conflict into Co – operation: Organizational Designs for Community Response in Disasters [J]. International Journal of Mental Health, 1990, 19 (1): 89 – 108.

[27] Comfort L. K. Self – Organization in Complex Systems [J]. Journal of Public Administration Research and Theory, 1994, 4 (3): 393 – 410.

[28] Mcentire D. A. Coordinating Multi – Organizational Responses to Disaster: Lessons from the March 28, 2000, Fort Worth Tornado [J]. Disaster Prevention and Management, 2002, 11 (5): 369 – 379.

[29] Robinson S. E., Berrett B., Stone K. The Developmentof Collaboration of Response to Hurricane Katrina in the Dallas Area [J]. Public Works Management Policy, 2006, 10 (4): 315.

[30] Provan K. G., Molward H. B. A Preliminary Theory ofInterorganizational Network Effectiveness: A ComparativeStudy of Four Community Mental Health Systems [J]. Administrative Science Quarterly, 1995, 40

(1): 1 - 33.

[31] Rank O. N., Robins G. L., Pattison P. E. Structural Logic of Intraorganizational Networks [J]. Organization Science, 2010, 21 (3): 745 - 764.

[32] Houghton R. J., Baber C., Mcmaster R., et al. Command and Control in Emergency Services Operations: A Social Network Analysis [J]. Ergonomics, 2006, 49 (12): 1204 - 1225.

[33] Kapucu N., Garayev V. Designing, Managing, and Sustaining Functionally Collaborative Emergency Management Networks [J]. The American Review of Public Administration. 2013, 43 (3): 312 - 330.

[34] Kapucu N. Collaborative Governance in International Disasters: Nargis Cyclone in Myanmar and Sichuan Earthquake in China Cases [J]. International Journal Emergency Management, 2011, 8 (1): 1 - 25.

[35] Robins G., Pattison P., Woolcock J. Missing Data in Networks: Exponential Random Graph (p*) Models for Networks with Non - respondents [J]. Social Networks, 2004, 26 (3): 257 - 283.

[36] Robins G., Pattison P., Woolcock J. Small and Other Worlds: Global Network Structures from Local Processes [J]. American Journal of Sociology, 2005, 110 (4): 894 - 936.

[37] Markovsky B., Willer D., Patton T. Power Relationsin Exchange Networks [J]. American Sociology Review, 1988, 53 (2): 220 - 236.

[38] Trainor J. E. Searching for a System: Multi - organizational Coordination in the September11th World Trade Center Search and Rescue Response [D]. University of Delaware, 2004.

[39] Lewis K, Lange D., Gillis L. Transactive Memory Systems, Learning, and Learning Transfer [J]. 2005, 16 (6): 581 - 598.

[40] Brass D. J., Galaskiewicz J., Greve H. R., et al. TakingStock of Networks and Organizations: A Multilevel Perspective [J]. Academy of Management Journal, 2004, 47 (6): 795.

[41] Bunderson J. S. Team Member Functional Background andInvolvement in Management Teams: Direct Effects and the Moderating Role of Power Centralization [J]. Academy of Management Journal, 2003, 46 (4): 458 - 474.

[42] Goodreau S. Advances in Rxponential Random Graph (p*) Models Applied to a Large Social Network [J]. Social Networks, 2007, 29 (2): 231 - 248.

[43] Hunter D., Goodreau S., Handcock M. Goodness of Fit of SocialNetwork Models [J]. Journal of the American Statistical Association, 2008, 103 (4): 248 - 258.

[44] Robins G. L., Snijders T., Wang P., et al. Recent Developments in Exponential Random Graph (p^*) Models for Social Networks [J]. Social Networks, 2007, 29 (2): 192 - 215.

[45] Snijders T., Pattison P., Robins G. L., et al. New Specifications for Exponential Random Graph Models [J]. Sociological Methodology, 2006, 36 (1): 99 - 153.

[46] Robins G. L., Pattison P., Wang P. Closure, Connectivity and Degree Distributions: Exponential Random Graph (p*) Models for Directed Social Networks [J]. 2009, 31 (2): 105.

[47] Lomi A., Pattison P. Manufacturing Relations: An Empirical Study of the Organization of Production Across Multiple Networks [J]. Organization Science, 2006, 17 (3): 313 - 332.

[48] Kim T. Y., Oh H., Swaminathan A. Framing Inter - organizational Network Change: A Network Inertia Perspective [J]. Academy of Management Review, 2006, 31 (3): 704 - 720.

[49] Roberts A. Governance and Public Security [M]. New York: Campbell Public Affairs Institute, Max-

well School, Syracuse University, 2002: 113 - 127.

[50] Lomi A., Fonti F. Networks in Markets and the Propensity of Companies to Collaborate: An Empirical Test of Three Mechanisms [J]. Economic Letters, 2012, 114 (2): 216 - 220.

[51] Malone T. W. Modeling Coordination in Organizations and Markets [J]. Management Science, 1987, 33 (10): 1317.

[52] Kapucu N., Bryer T., Garayev V., et al. Interorganizational Network Coordination under Stress Caused by Repeated Threats of Disasters [J]. Journal of Homeland Security and Emergency Management, 2010, 7 (1): 45 - 64.

[53] Corbacioglu S., Kapucu N. Organizational Learning and Self - adaptation in Dynamic Disaster Environments [J]. Disasters, 2006, 30 (2): 212 - 233.

[54] Kapucu N. The Network Governance in Response to Acts of Terrorism: Comparative Analyses [M]. New York, NY: Taylor and Francis, 2012.

[55] Kapucu N. Interagency Communication Networks During Emergencies: Boundary Spanners in Multiagency Coordination [J]. The American Review of Public Administration, 2006, 36 (2): 207 - 225.

[56] Klijn E. H., Koppenjan J. M. Public Management and Policy Network: Foundations of a Network Approach to Governance [J]. Public Management, 2000, 2 (2): 135 - 158.

[57] Office of State and Local Government Coordination and Preparedness. Universal Task List: Version 2. 1 [R]. U. S. Department of Homeland Security, 2005.

[58] Granovetter M. Economic Action and Social Structure: The Problem of Embeddedness [J]. The American Journal of Sociology, 1985, 91 (3): 481 - 510.

[59] Bavelas A. A Mathematical Model for Group Structures [J]. Human Organization, 1948, 7 (3): 16 - 30.

[60] Bavelas A. Communication Patterns in Task - Oriented Groups [J]. Journal of the Acoustical Society of America, 1950, 22 (6): 725 - 730.

[61] Leavitt H. J. Some Effects of Certain Communication Patternson Group Performance [J]. Journal of Abnormal and Social Psychology, 1951, 46 (1): 38 - 50.

[62] Shaw M. E. Communication Networks [J]. Advances in Experimental Social Psychology, 1964, 1: 111 - 147.

[63] Guetzkow H., Simon H. The Impact of Certain Communication Nets upon Organization and Performance in Task - Oriented Groups [J]. Management Science, 1955, 1 (3/4): 233 - 250.

[64] 刘铁民. 重大事故应急指挥系统（ICS）框架与功能 [J]. 中国安全生产科学技术，2007，3 (2): 2313.

[65] 郑双忠，邓云峰，刘铁民. 事故指挥系统的发展与框架分析 [J]. 中国安全生产科学技术，2005，1 (4): 27 - 30.

[66] Anderson A. I., Compton D., Mason T. Managing in a Dangerous World: The National Incident Management System [J]. Engineering Management Review, 2004, 16 (4): 3 - 9.

[67] 刘丹，王红卫，祁超等. 非常规突发事件应急指挥组织结构研究 [J]. 中国安全科学学报，2011，21 (7): 163 - 170.

[68] Podolny J. M., Page K. Network Formsof Organization [J]. Annual Review of Sociology, 1998, 24:

57 – 76.

[69] Cohen S., Eimicke W., Horan J. Catastrophe and the Public Service: A Case Study of the Government Response to the Destruction of the World Trade Center [J]. Public Administration Review, 2002, 62 (s1): 24 – 32.

[70] Yamamoto Y. Inductive Theory of Inter – organization Coordination in Crises [M]. Newark: DRC, DE, 1981.

[71] Dekker A. H. Applying Social Network Analysis Concepts to Military C4ISR Architectures [J]. Connections, 2002, 24 (3): 93 – 103.

[72] Brown T. M., Miller C. E. Communication Networks in Task – Performing Groups: Effect of Task Complexity, Time Pressure, and Interpersonal Dominance [J]. Small Group Research, 2000, 31 (2): 131 – 157.

[73] Kapucu N., Wart M. V. The Evolving Role of the Public Sector in Managing Catastrophic Disasters: Lessons Learned [J]. Administration & Society, 2006, 38 (3): 279 – 307.

[74] March J. Exploration and Exploitation in Organizational Learning [J]. Organization Science, 1991, 2 (1): 71 – 87.

[75] Dobrew S., Kim T. Y., Hannan M. T. Dynamics of NicheWidth and Resource Partitioning [J]. AmericanJournal ofSociology, 2001, 106 (3): 1299 – 1337.

[76] Provan K. G., Fish A., Sydow J. Inter Organizational Networks at the Network Level: A Review of the EmpiricalLiterature on Whole Networks [J]. Journal of Management, 2007, 33 (3): 479 – 516.

[77] Carrington P. J., Scott J., Wasserman S. Models and Methods in Social Network Analysis [M]. New York: Cambridge University Press, 2005.

[78] Borgatti S. P., Mehra A., Brass D. J., et al. Network Analysis in the Social Science [J]. Science, 2009, 323 (2): 892 – 895.

[79] Rethmeyer K. R. Conceptualizing and Measuring Networks [J]. Public Administration Review, 2005, 65 (1): 117 – 121.

[80] Frank O., Strauss D. Markov Random Graphs [J]. Journal of the American Statistical Association, 1986. 81 (396): 832 – 842.

[81] Strauss D., Ikeda M. Pseudo – likelihood Estimation forSocial Networks [J]. Journal ofthe American Statistical Association, 1990, 85 (409): 204 – 222.

[82] Wasserman S., Pattison P. E. Logit Models and Logistic Regressions for Social Networks: An Introduction to Markov Graphs and p * [J]. Psychometrika, 1996, 61 (3): 401 – 425.

[83] Dobrushin P. L. The Description of a Random Field by Means of Conditional Probabilities and Conditions of ItsRegularity [J]. Theory of Probability and Its Applications, 1968, 13 (2): 197 – 224.

[84] Hammersley J. M., Clifford P. Markov Fields on Finite Graphs and Lattices [EB/OL]. [2013 – 01 – 06] http: //www. statslab. cam. ac. uk/ ~ grg/books/hammfest/hamm – cliff. pdf.

[85] Hitt M. A., Beamish P. W., Jackson S. E., et al. Building Theoretical and Empirical Bridges Across Levels: Multilevel Research in Management [J]. Academy of Management Journal, 2007, 50 (6): 1385 – 1399.

[86] Klein K. J., Kozlowski S. W. J. Multilevel Theory, Research, and Methods in Organizations [M]. San Francisco: Jossey – Bass, 2000.

[87] Wang P., Robins G., Pattioson P. Pnet: A Program forthe Simulation and Estimation of Exponential Random Graph Models [EB/OL]. [2012-12-06] http://www.sna.unimelb.edu.au/pnet/pnet.html.

[88] Robins G., Pattison P., Kalish Y., et al. An Introductionto Exponential Random Graph (p*) Models for Social Networks [J]. Social Networks, 2007, 29 (2): 173-191.

[89] Robins G., Pattison P., Wang P. Closure, Connectivity, and Degree Distributions: Exponential Random Graph (p*) Models for Directed Social Networks, 2009, 31 (2): 105-117.

[90] Lusher D., Koskinen J., Robins G. Exponential Random Graph Models for Social Networks: Theory, Methods, andApplications [M]. Cambridge: Cambridge University Press, 2013.

[91] Geyer C. J., Thompson E. A. Constrained Monte CarloMaximum Likelihood for Dependent Data [J]. Journal of the Royal Statistical Society. Series B (Methodological), 1992, 54 (3): 657-699.

[92] Grandori A. Interfirm Networks: Organization and Industrial Competitiveness [M]. London: Routledge, 1999: 120-150.

中国自然灾害风险综合分类体系构建*

刘希林　尚志海

【摘　要】自然灾害风险分类是风险管理的基础工作。在综述现有自然灾害风险分类的基础上，提出了以灾害风险管理需求为先导、以自然灾害种类为实体、以灾害分类后果为特征的自然灾害风险综合分类体系。运用平行分类法，构建了我国主要自然灾害风险综合分类图谱。从自然灾害风险管理需求角度，分为可接受风险、可忍受风险、不可接受风险。自然灾害种类主要列出我国常见的16种自然灾害。从灾害风险后果角度，分为生命风险、经济风险、生态环境风险、社会安全风险。三个分类序列及其分类结果互为平行，其相互组合后构成自然灾害风险综合分类体系及类型命名模式。

【关键词】自然灾害风险；综合分类；风险管理

一、国内外风险分类体系

自然灾害风险研究的首要任务是明确风险的内涵。风险内涵可以通过风险分类加以认识和剖析。风险分类决定了风险表达、风险分析、风险评价，以及风险管理的方式和目的。按照不同的标准，风险分类各有不同。面对纷繁复杂的自然灾害风险，分类是开展风险研究的前提。风险分类的目的是为了对不同类型的风险采取不同的风险管理措施[1,2]。

（一）从风险认知角度分类

1977 年，风险学家 Starr[3] 从风险认知角度将风险分为四类，即真实风险、统计风险、预测风险、察觉风险。真实风险是指完全由未来环境发展所决定的风险，真实风险也就是

* 原文发表于《自然灾害学报》2013 年第 6 期。

作者简介：刘希林（1963—），男，博士，中山大学地理科学与规划学院教授、博士生导师，主要从事灾害地貌（泥石流）过程及评估和预测研究。尚志海，湛江师生学院地理系。

真实的不利事件后果；统计风险是指由现有数据认识得来的风险，统计风险即历史上不利事件后果的回归分析；预测风险是指通过对历史事件的研究，建立系统模型，从而进行预测的风险；察觉风险是指人们通过经验、观察、比较等感觉到的风险，察觉风险是人类凭直觉判断的风险。从风险认知角度进行分类，为风险分类的研究提供了有益的尝试。但有时风险并非单一的，可能涉及两个或以上的类别。比如自然灾害风险既有统计风险的成分，也有预测风险成分。

黄崇福[4]认为，风险认知分类本质上是由掌握信息的完备度决定的，因此将综合风险分为伪风险、概率风险、模糊风险、不确定风险四类。伪风险是指可以用系统模型和现有数据精确预测的与特定不利事件有关的未来情景；概率风险是指可以用概率模型和大量数据进行统计预测的与特定不利事件有关的未来情景；模糊风险是指可以用模糊逻辑和不完备信息近似推断的与特定不利事件有关的未来情景；不确定风险是指用现有方法不可能预测和推断的与某种不利事件有关的未来情景。这种分类的优点是将风险分类与研究方法结合起来，但某些风险的命名不容易被人理解，例如“伪风险”（容易理解为假风险，即相对于真实风险而言）的提法就不易被学界接受和认同；又如“不确定风险”的释义尚存疑义，因为所有风险都是一个与非利性、不确定性、复杂性有关的三维概念，也就是说所有风险都具有不确定性。

（二）从风险诱因角度分类

风险诱因分类较受学者们重视。Giddens[5]将风险划分为外部风险和人为制造的风险。外部风险是指来自外部的、传统的或自然固定性的风险；人为制造的风险是指由人们发展知识所带来的风险。道格拉斯在“风险社会与风险文化”一文中论述了这两种风险的分类，将其划分为三个基本类型[6]：①社会政治风险，包括社会结构酝酿的风险，这种风险往往起源于社会内部结构的不正常、不稳定以及不遵守制度和规范的人，通常还包括由于人类暴力和暴行所造成的风险，这种暴力和暴行起源于社会内部犯罪者的犯罪行为以及与社会外部的军事敌人所进行的战争；②经济风险，包括对经济发展构成的威胁和由于经济运作失误酿成的风险；③自然风险，包括对自然和人类社会造成的生态威胁和科学技术迅猛发展带来的副作用和负面效应酿成的风险。以上三种风险分类是最朴素的风险诱因分类，从人及其外部环境分类的思路，也影响了后来学者的进一步研究。

2005年，国际风险管理理事会（International Risk Government Council，IRGC）[7]根据风险诱因，将风险分为四类：简单风险，各种因果关系清楚，使用传统决策方法可以处理的风险；复杂风险，多个可能的诱因和观测到的特定结果之间因果关系的识别和定量相当困难的风险；不确定风险，由于人类知识的不完全并具有选择性，导致人们不能确认假定的诱因是否是真实的风险；模糊风险，人们对诱因存在众多分歧，其评估结果难以得到共识的风险。IRGC的风险分类在目前较有代表性。

李宁[2]等试图将诱因分类和信息分类两种方法加以结合，建立综合风险分类体系。这一体系包括物理性风险、化学性风险、生物性风险、自然风险、人的风险、管理类风险社会类风险和其他风险。这种分类体系比较庞大，其本质仍然是风险诱因。比如物理性风险的产生源于物理作用，化学性风险的产生源于化学作用，等等。此外，分类界限不够清晰，比如自然风险主要是指自然现象引起的风险，但是自然现象本身就包括物理、化学、生物等现象。同样，人的风险实际上也涉及管理类风险和社会类风险。

风险是一个复杂的系统，尤其是在风险产生过程中因果关系复杂。风险事件和风险结果可以表现为一因一果、一因多果，或多因一果、多因多果等关系[8]。因此，从风险诱因角度分类，容易陷入因果难辨的困境，导致同一级风险类别存在交叉、重合、包含的情况，尤其对自然灾害而言，原生灾害可以产生次生灾害，诱发灾害链，从而更加难以从风险诱因上完全区分清楚。

（三）从风险量化角度分类

定量风险分类方法是用数学语言进行风险描述的方法。李宁、张鹏、姚庆海等[9-11]对定量风险分类方法进行了有益探讨。基于人类对风险属性的认知得到判断矩阵，采用 Hayashi 数量化理论，得到不同类型风险的得分，绘制风险分类图。通过风险距离聚类，将不同风险通过阈值选取，分为不同的风险类别。因此，风险类型的数量可以通过调节阈值的大小来实现。

在李宁等[9]的主要研究成果中，对风险数量化分类研究较多，通过对 41 种风险构建 0-1 风险矩阵，并进行判断计算得到了风险分类图，后来进一步将风险类型扩大到 44 种，在阈值取 11 的情况下将风险分为三类：①简单风险：风险诱因简单，多为自然类或物理化学类风险；②复杂风险：风险诱因较多，多种诱因共同起作用；③不明确风险/模糊风险[10]。这一聚类风险结果与 IRGC 给出的风险类型相似，体现了 IRGC 风险分类概念模型的数量化。在此基础上，建立了综合灾害风险分类体系，按照风险诱因制定分类标准，多诱因风险取其主要诱因的主要方面，据此将风险分为 5 个一级类，31 个二级类（见表 1）[11]。

表 1　综合风险分类[11]

一级类	二级类
自然灾害风险	水旱灾害风险、气象灾害风险、地震灾害风险、地质灾害风险、海洋灾害风险、生物灾害风险、森林草原火灾风险、其他自然灾害风险
生产事故风险	工矿商贸等企业的各类安全事故风险、交通运输事故风险、公共设施和设备事故风险、环境污染风险、其他生产事故风险
公共卫生风险	传染病疫情风险、群体性不明原因疾病风险、食品安全风险、职业危害风险、动物疫情风险、医药安全风险、其他严重影响公众健康和生命安全的风险
社会安全风险	恐怖袭击事件类风险、经济安全事件类风险、涉外突发事件类风险、其他社会安全风险
复杂系统风险	能源风险、水资源风险、生态风险、粮食安全风险、气候变化风险、新技术风险、其他复杂系统风险

一方面，这种风险数量化方法为风险分类提供了新思路；另一方面，这种定量方法也可能导致风险分类结果的偏差。因为对风险属性只做“1”或“0”的判断，这种非此即彼的判断与人类对风险的认知存在差距。此外，风险分类结果是根据风险聚类中阈值大小确定的，但阈值取值的不确定性，可能导致为了迎合其他风险分类而给定阈值，从而不能真实客观地得出风险类型。这种风险数量化分类结果依然是以诱因为主的单一分类结果，与实际情况往往有差异，比如根据数量化分类，将自然灾害风险划在简单风险中，就值得商榷，因为自然灾害本身就是一个复杂系统[12]，自然灾害风险不可能是简单风险。

（四）从灾害类型角度分类

灾害分类是灾害学研究的基本问题，灾害分类也直接关系到灾害风险的分类，最常见的做法是在灾害种类后面加上“风险”二字，也就由灾害分类转变为灾害风险分类了。比如地震灾害风险、洪水灾害风险、泥石流灾害风险等，都是如此。

由于目前灾害分类还没有统一标准，不同学者提出不同的分类方案。李永善[13]认为灾害主要来源于“天、地、生”三个系统。因此，将灾害系统的一级灾害系列分为天文灾害系、地球灾害系、生物灾害系。天文灾害主要是由太阳活动触发的各种重大灾害；地球灾害又可分为气圈灾害系、水圈灾害系、岩石圈灾害系、混合灾害系；生物灾害是指地表动植物、微生物发展变化带来的各种灾害。这是早期比较宏观和经典的灾害分类体系。而后卜风贤[14]提出了灾型、灾类、灾种三级灾害分类体系，这是在前人基础上的进一步发展。灾型即“天、地、生”三系，灾类即亚系，灾种即最低一级的灾害名称。这一分类体系比较明确具体，也显示了成因上的联系。与此同时，以史培军[15]为代表的学者们借鉴国外对灾害系统的认识成果，提出灾害系统由孕灾环境、致灾因子、承灾体共同组成，并认为灾害系统的类型是由致灾因子决定的，由此提出了致灾因子的成因（动力）分类体系，即系、群、类、种，其中系包括自然灾害、人为灾害和环境灾害[12]，环境灾害的致灾因子既包括自然因子也包括人为因子。

2006年，国务院发布了《国家突发公共事件总体应急预案》，其中自然灾害主要包括水旱灾害、气象灾害、地震灾害、地质灾害、海洋灾害、生物灾害和森林草原火灾。此后，在自然灾害分类表述中，原国家科委国家计委国家经贸委自然灾害综合研究组将我国自然灾害分为七大类：气象灾害、海洋灾害、洪水灾害、地质灾害、地震灾害、农作物生物灾害、森林灾害[16]。这两种灾害分类都是根据灾害发生机制来划分的，比较简单明了，多为政府有关部门所采用。

上述灾害分类方法各有特点，但也有值得商榷的地方。比如灾害一级类型的划分，从孕灾环境和致灾因子两方面考虑，灾害只宜划分为自然灾害和人为灾害两大类。环境灾害既可以是自然（环境）灾害，也可以是人为（环境）灾害，可不必单列[17]。还有二级类型的划分，存在着相互包含或重合的问题。最后还有某些所谓灾害的归属问题，比如我们认为土壤盐渍化和水土流失就不应该归为灾害研究范畴，而应视为环境问题。目前，灾害种类的划分还没有统一标准，因而以灾害类型命名的灾害风险类型也复杂多样。

二、构建原则与方案

（一）分类原则与方法

分类学的基本要求是：将具有共同属性或特性的事物或现象归并在一起，把不同属性或特性的事物或现象区分开来。分类的基本方法有线分类法和面分类法两种。线分类法又称层次分类法，是将拟分类的事件集合总体，按选定的属性或特征逐次分成相应的若干个层级类目，如生物分类。面分类法又称平行分类法，是将拟分类的事件集合总体根据其本身的属性或特征，分成相互之间没有隶属关系的面，每一个面都包含一组类目。可以将每个面中的一种类目与另一面中的一种类目组合在一起，组成一个符合类目。

现有灾害风险分类多以线分类法为主[18]。由于自然灾害风险复杂，单一分类标准无法表达灾害风险的综合特征。因此，本文采用面分类法（即平行分类法）进行自然灾害风险的综合分类，并遵循以下分类原则：

（1）以灾害风险管理需求为导向。风险分类的目的是更好地认知风险和表征风险，从而更加有效地控制风险，由此，首先将自然灾害风险划分为可接受风险、可忍受风险、不可接受风险三类。

（2）以自然灾害种类为实体。分类的还需辨明灾害的种类，因为不同灾害种类会有不同的风险，无论何种风险都必须归属于某一具体的灾害种类。因此，分类中必须考虑到灾害种类这一实体。在此我们不强调灾害种类的全面性和层次性，主要结合我国自然灾害实际情况，重点突出其现实性和常见性，同时注意区分不同自然灾害种类的不相容性，避免自然灾害种类之间的交叉和重合。由此，本文列出我国常见的 16 种自然灾害。

（3）以灾害风险后果为特征。风险即不利事件的预期后果。无论何种灾害，风险分类的最终目的都是要表明风险的后果及其主要特征。由此，将自然灾害风险分为生命风险、经济风险、生态环境风险、社会安全风险四类。

（4）灾害风险的综合分类。灾害与风险必须结合在一起，同时风险管理和风险后果并联考虑，这样最终形成一个能表达自然灾害风险主要特征的综合分类体系。

（二）分类思路与方案

1. 以灾害风险管理需求为导向

自然灾害风险管理的目标是将风险控制在可接受水平，而公众感知是确定风险可接受水平的重要影响因素之一，但之后当公众感知到可能有灾害风险存在时，他们才会利用自己的判断经验去识别灾害风险的类型。因此，无论专家学者、普通公众，还是管理部门的风险意识，都要体现在风险管理过程当中，包括最初的风险分类，以及最后的风险处理。

所以，自然灾害风险必须与风险管理需求密切结合。

2004 年，IRGC 提出了综合风险管理框架的核心内容，主要包括五个部分：风险预评估、风险评估、风险管理、风险沟通、可接受水平判断。这一框架的特色之一是强调了风险沟通在风险管理中的地位，即只有社会都认可的风险管理才是有效的。因此，需要通过风险沟通加强政府、专家与民众之间的交流[19]。在风险管理中，专家意见往往被认为是客观的、科学的，容易被纳入风险管理决策之中，因为专家通过复杂模型的分析寻求的是风险的“最优解”；公众的意见可能被管理者看成是主观的、非科学的，往往容易被忽视，因为公众被认为主要是根据个人的需求来寻求风险的“满意解”。因此，评估风险时要把科学判断与公众认知适当平衡和整合，力图达到对灾害风险水平的共识[20]。

基于风险管理目标和风险沟通的需求，本文提出的自然灾害风险综合分类体系首先表明风险可接受程度：可接受风险、可忍受风险、不可接受风险。任何一种自然灾害风险都可以归属于这三者之一。风险可接受程度可以通过定性评估和定量计算加以区分，三者不存在交叉和重合。以灾害风险管理需求为导向，突出了灾害风险管理的应用性。

2. *以自然灾害种类为实体*

自然灾害种类是自然灾害系统组成的基本要素，是自然灾害风险研究的主要对象。自然灾害种类的划分看似简单，其实十分复杂。自然灾害是指那些主要受自然力操纵，且人对其无法控制的情况下发生的，并使人类社会遭受一定损害的事件[21]。例如地震灾害是自然灾害的一种，人工水库诱发地震也是自然灾害，因为水库诱发的地震与自然地震无异，且人类依然无法改变其影响。

自然灾害具有多种特性，其中群发性和关联性是其突出的特点。相应地，导致了灾害群和灾害链。因此有时较难简单地将某种灾害进行归类。例如，洪水通常被归为水文灾害，但洪水的发生可能与台风暴雨、风暴潮有关，也有可能与地震、滑坡、泥石流导致的溃坝有关。因此，洪水灾害与大气圈、水圈、岩石圈都有关联。自然灾害种类的划分主要反映各个灾种的基本属性，在此不必过分强调各灾种之间的逻辑关系和全面性，重点突出其实用性，以我国常见的自然灾害种类分列即可。由此，分别列出我国 16 种主要自然灾害，详见图 1。

3. *以灾害风险后果为特征*

目前学者们多从孕灾环境、致灾因子和承灾体三要素入手，将灾害分为自然（环境）灾害和人为（环境）灾害，但由于某些灾害既有自然原因也有人为原因，所以自然—人为灾害、人为—自然灾害、环境灾害等概念被提了出来，但这些概念并没有解决灾害分类上的混乱问题。各类灾害中唯一相同的要素，就是承灾体是相通的，都是人、财、物，因此从灾情（灾害损失）来看，各类灾害是具有可比性的。灾情即灾害产生的后果，主要包括人员伤亡、经济损失、生态环境破坏、社会安全事件等，而灾害风险是指潜在的生命、健康状况、生计、资产和服务系统的灾害损失[22]。因此，灾害风险后果是我们必须重点关注的灾害损失特征。

风险评估既要评估灾害发生概率，也要评估灾害发生后果。有研究表明[23]，除灾害

专家以外，普通公众甚至包括政府官员的注意力往往更集中于灾害后果，体现灾害后果的信息最能增加利益相关者的风险认知。由此进一步表明，风险后果能够反映自然灾害风险的本质特征，也是灾害风险评估和灾害风险分类的落脚点。生命风险用来表述灾害对人类生命的影响，生命损失在风险后果中是第一位的，也是利益相关者最为关注的。经济风险用来表述灾害对社会经济系统的影响。生态环境风险用来表述灾害对人类赖以生存的生态环境的影响，不同于传统生态风险的研究范畴，在此强调灾害与人类的关系，即生态系统是人类生存和发展的必要环境[24]。社会安全风险用来表述灾害可能造成的疫病流行、心理恐慌、社会冲突、秩序混乱、经济萧条、食品安全等风险。

三、自然灾害风险综合分类体系

采用平行分类法，结合风险管理需求、灾害种类和风险后果，根据综合分类的思路和方案，得出我国自然灾害风险的综合分类体系（见图 1）。

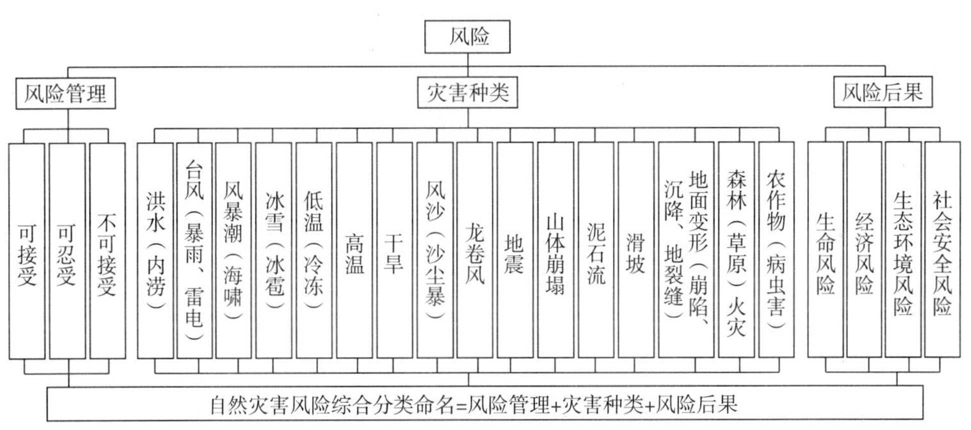

图 1　自然灾害风险综合分类图谱

按照可接受、可忍受和不可接受风险来分类我国自然灾害风险，是比较新颖和前瞻性的分类思想。照此分类，必须首先进行风险定量评估，再根据可接受风险标准确定风险可接受程度，然后才能进一步完成分类。虽然自然灾害可接受风险已研究多年，这项工作也取得一定成果[25]，但目前我国并未形成系统的自然灾害可接受风险标准和风险指南，要完成综合分类，还需要完善我国自然灾害可接受风险国家标准。

图 1 中的灾害种类并非一成不变，可以根据实际灾害种类灵活添加，分类图谱只是提供一种分类思路和方案，具体分类命名可根据实际灾情而定。总的来说，我国自然灾害主

要分为七大类，包括气象灾害、洪水灾害、地震灾害、地质灾害、海洋灾害、生物灾害、火灾。每一类又可分为若干种，比如地质灾害又可分为山体崩塌、滑坡、泥石流、地面塌陷、地裂缝、地面沉降六种。泥石流灾害还可进一步分出若干亚种，比如暴雨泥石流、冰川泥石流等。在此我们建议以灾种分类命名比较合适。

通常所称的自然灾害风险，是指由自然灾害导致的期望损失，但并未对人、财、物的单向损失加以区分。本文中的分类图谱采用先分析后综合的方法，将自然灾害风险分为生命风险、经济风险、生态环境风险、社会安全风险四类，再结合风险可接受程度和灾害种类加以综合，多侧面精细化刻画自然灾害的本质特征。生命风险和生态环境风险已有一些定量评估模型提出[25]，但并非适用各类自然灾害。经济风险定量评估的模型比较多，相对也比较成熟。社会安全风险的研究涉及较少，基本上还处于概念模型阶段。

由此，任何一种自然灾害风险在进行上述定量评估以后，都可以参照本文提出的分类图谱进行综合分类。举例说明，某泥石流流域发生了一场泥石流灾害，造成流域内 7 人死亡，20 万元直接经济损失。此前的泥石流风险定量评估表明，该流域一旦发生泥石流灾害将可能造成 1 ~2 人死亡，即预期的生命损失为 1 ~2 人。如果假定该泥石流流域的可接受生命风险为 2 人，可接受的直接经济损失为 20 万元。那么，该次泥石流灾害事件的综合风险类型就可确定为“不可接受泥石流灾害生命风险 + 可接受泥石流灾害经济风险”，属于有两种综合风险以上的复合风险。由此评估结果，可以启动灾害究责机制，查明生命损失的原因，分清责任，为相关处理提供依据。同理，可以不启动经济损失责任的调查，因为这样的经济损失在风险评估的预期之中，被认为是可以接受的水平。

四、讨论与结论

国内灾害风险分类的探讨以李宁教授研究团队为代表，自 2008 年以来，发表若干研究成果[2,8-11]，并编制了综合灾害风险分类行业标准初步送审稿，共分 5 个一级分类，31 个二级分类（见表 1），其中自然灾害风险大类中又分为水旱灾害风险、气象灾害风险、地震灾害风险、地质灾害风险、海洋灾害风险、生物灾害风险、森林草原火灾风险、其他自然灾害风险 8 个亚类。本文专门探讨自然灾害风险，并且“综合灾害风险分类”与“灾害风险综合分类”的立足点并不相同，后者主要以先分析后综合的方法，力图多侧面精细化刻画自然灾害风险的本质特征，并使其分类结果在风险管理中具有应用价值和实际意义。

基于平行分类法，本文提出了以灾害风险管理需求、自然灾害种类、灾害风险后果为组合的自然灾害风险综合分类体系，构建了我国主要自然灾害风险综合分类图谱，弥补了以风险诱因或致灾因子单一分类的不足，也克服了分类界限模糊、分类结果交叉重合的问题。本文中的自然灾害风险综合分类充分体现了 IRGC 的现代风险管理理念，特别考虑了不同群体的风险认知和共识，从而可以满足风险管理者的不同需求。此外，自然灾害风险综合分类将灾害与风险相结合，同时将风险管理与风险后果相结合，有利于不同灾害种类、不同风险后果和不同风险管理目标的综合减灾和实际应用。

一个好的自然灾害风险分类体系应该是概念明确、界限清晰，便于掌握和交流。因此，一方面，从自然灾害风险认知和风险沟通角度来看，简单的风险分类更容易被利益相关者理解，所以说，自然灾害风险分类绝非越复杂越好。但是，另一方面，如果只考虑风险的单一因素分类，并不能代表风险的综合特征，比如文中提到的“简单风险”（诱因简单的风险）就只考虑风险因素而没有与自然灾害特征相结合，所以自然灾害风险分类也并非越简单越好。本文提出的自然灾害风险综合分类图谱只是一种分类体系和命名方法，它的实际应用，必须建立在正确的风险定量评估基础之上。因此，无论是自然灾害的可接受风险及其国家标准的制定，还是生命、经济、环境、社会安全风险的货币化评估，都将任重而道远，还需要灾害界和风险届的学者共同努力。

参考文献

[1] Morgan M. G., Florig H. K., Dekay M. L., et al. Categorizing risk for risk ranking [J]. Risk Analysis, 2000, 20 (1): 49-58.

[2] 李宁，李春华，张鹏等. 综合风险分类体系建立的基本思路和框架 [J]. 自然灾害学报，2008, 17 (1): 27-32.

[3] Starr C. Risk and Risk Acceptance by Society. Palo Alto, CA: Electric Power Research Institute, 1977.

[4] 黄崇福. 综合风险评估的一个基本模式 [J]. 应用基础与工程科学学报，2008, 16 (3): 371-381.

[5] Giddens A. Runaway world: How Globalization is Reshaping our Lives [M]. London: Routledge, 2003.

[6] 道格拉斯. 风险社会与风险文化 [J]. 马克思主义与现实，2002 (4): 52-63.

[7] IRGC. White Paper on Risk Governance: Towards an Integrative Approach [EB/OL]. (2009-12-14) [2012-12-15]. www. irgc. org.

[8] 胡爱军，李宁，李春华等. 从系统动力学的视角看风险的本质与分类 [J]. 自然灾害学报，2008, 17 (1): 39-43.

[9] 李宁，张鹏，胡爱军等. 从风险认知到风险数量化分类 [J]. 地球科学进展，2009, 24 (1): 42-48.

[10] 张鹏，李宁，吴吉东等. 基于风险认知过程的综合风险分类方法研究 [J]. 安全与环境学报，2010, 10 (5): 221-226.

[11] 姚庆海，李宁，刘玉峰等. 综合风险防范：标准、模型与应用 [M]. 北京：科学出版社，2011.

[12] 史培军. 三论灾害研究的理论与实践 [J]. 自然灾害学报，2002, 11 (3): 1-9.

[13] 李永善．灾害系统与灾害学探讨［J］．灾害学，1996，11（1）：6－10.

[14] 卜凤贤．灾害分类体系研究［J］．灾害学，1996，11（1）：6－10.

[15] 史培军．再论灾害研究的理论与实践［J］．自然灾害学报，1996，5（4）：6－17.

[16] 国家科委国家计委国家经贸委自然灾害综合研究组．中国自然灾害综合研究的进展［M］．北京：气象出版社，2009.

[17] 尚志海，刘希林．试论环境灾害的基本概念与主要类型［J］．灾害学，2009，24（3）：11－15.

[18] 黄崇福．自然灾害风险分析与管理［M］．北京：科学出版社，2012.

[19] 林爱珺，吴转转．风险沟通研究述评［J］．现代传播：中国传媒大学学报，2011，176（3）：36－41.

[20] Pidgeon N. Risk assessment, risk values and the social science programme: why we do need risk perception research [J]. Reliability Engineering and System Safety, 1998, 59 (1): 5－15.

[21] 杨达源，闾国年．自然灾害学［M］．北京：测绘出版社，1993.

[22] International Strategy for Disaster Reduction. 2009 UNISDR Terminology on Disaster Risk Reduction [EB/OL]. (2009－6－1) [2012－12－15]. http: //www. unisdr. org/publications.

[23] 李华强，范春梅，贾建民等．突发性灾害中的公众风险感知与应急管理——以5·12汶川地震为例［J］．管理世界，2009，25（6）：52－60.

[24] 尚志海，刘希林．自然灾害生态环境风险及其评价——以汶川地震极重灾区次生泥石流灾害为例［J］．中国安全科学学报，2010，20（9）：3－8.

[25] 尚志海．泥石流灾害综合风险货币化评估及可接受风险研究［D］．广州：中山大学，2012.

Establishment of Integrated Classification of Natural Disaster Risk in China

Liu Xilin　Shang Zhihai

Abstract: Risk classification of natural disaster is the fundamental work for risk management. Based on previous studies, taking the disaster risk management needs as the guide, the natural disaster type as entities, and the consequences of disaster risk as the characteristics, this paper puts forward the framework of integrated classification of natural disaster risk in China. Using parallel classification, this paper proposes the pattern of integrated taxonomy of primary natural disaster risk in China. Form disaster risk management needs, Natural disaster risks are classified as acceptable risk, tolerable risk and unacceptable risk; from natural disaster types, natural disaster risk are classified into 16 main natural disasters in China; from disaster risk consequences, natural disaster risks are classified as life risk, economic risk, eco – environmental risk and social security risk. These three classifications of natural disaster risks are parallel, and after combined with each other, it can be used to describe the integrated classification system of natural disaster risk and to provide a class naming mode in China.

Key Words: Natural Disaster Risk; Integrated Classification; Risk Management

第二节

英文论文

Title: *Crisis Politics in Authoritarian Regimes: How Crises Catalyse Changes under the State – Society Interactive Framework*

Journal: *Journal of Contingencies and Crisis Management*

Author: Hin – yeung Chan

Date Displayed: 2013 – 12

Abstract: Most studies and research on crisis management and government crises focus on nations that are advanced and democratic. Through the institutionalized mechanism of voting, the public can respond to a government's handling of a crisis without destabilizing the democratic system of government. However, the consequences of crises, particularly governance crises, in authoritarian regimes have not been adequately addressed. Drawing upon different frameworks in the field, this paper proposes a heuristic crisis development ladder and a state – society interactive framework more relevant for studying crisis management in authoritarian nations such as China. By focusing on the catalytic effect of crisis that accelerates reforms and changes, this paper argues that critical crises are politically powerful and decisive in authoritarian systems, especially in the context of an increasingly proactive civil society. This paper illustrates the crisis provoking politics that influences decision – making under non – democratic rule.

文章名称：威权政体下的危机政治：国家社会互动的框架下危机引发的变革

期刊名称：《自然灾害回顾》

作　　者：钱亨杨

出版时间：2013 年 12 月

内容摘要：大多数研究及关于危机管理和政府危机的研究都将关注点集中在那些先进民主国家。虽然公民可以通过表决通过的这种制度化机制来对政府进行回应，但是他们对政府处理危机的回应不会动摇政府的民主制度。然而，危机特别是治理危机的后果，在专制政权中尚未得到充分的解决。在危机管理领域不同的框架图之下，本文提出了威权国家制度危机研究的一种启发式危机的发展阶梯模型和一个国家与社会的互动框架，比如中国。通过对危机加速改革和变化的催化效果的研究发现，在越来越积极的公民社会的前提下，本文认为关键的危机是具有政治影响力和决定性的威权政府系统政治危机。作者说明了在非民主统治下危机到危机政治的逻辑过程。

Title: *After a terrorist attack: Challenges for political and administrative leadership in Norway*

Journal: *Journal of Contingencies and Crisis Management*

Author: Triparna Vasavada

Date Displayed: 2013 -9

Abstract: This article addresses the challenges that the terrorist attacks on 22 July 2011 in Norway created for central government and, more particularly, for the political and police leadership. The emphasis is on "meaning making", focusing on how the leaders played out their reactions in the media and towards the public. When explaining the different aspects of crisis management, we draw on three organizational perspectives: emphasizing the importance of myths and symbols, formal organization and cultural - institutional traditions. The analysis is based on qualitative content analysis of central policy documents, parliamentary debates and documents, speeches made by central actors and mass media coverage in the year following the attacks. A main finding is that the response to the terrorist attacks is characterized by complex interactions between mutually influential factors, by dynamics between symbolic factors, on one hand; and structural and cultural influences, on the other.

文章名称：恐怖袭击之后：挪威政治和行政领导者的挑战

期刊名称：《意外事件和灾害管理》

作　　者：崔帕纳·瓦萨瓦达

出版时间：2013 年 9 月

内容摘要：本文介绍了 2011 年 7 月 22 日由在挪威的恐怖袭击引发的对中央政府，尤其是对政治和警察领导层所面临的挑战。我们关注的重点是“意义建构”，着眼于领导者如何在媒体和公众面前展示他们对灾害的反应。我们利用三个组织的观点：强调迷思和符号，正式的组织和文化—制度传统——解释了危机管理的不同方面。该分析是基于对中央政策文件、议会辩论和文件以及恐怖袭击一年内中心行为者和大众媒体的报道讲话的定性内容分析。一个主要发现是，对恐怖袭击反应的特点是相互影响因素之间复杂的相互作用的结果：一方面，是象征性的因素之间的动态影响；另一方面，是结构和文化的影响。

Title: *Sustaining networks in emergency management: a study of counties in the United States*

Journal: *Public Performance & Management Review*

Author: Naim Kapucu, Vener Garayev, Xiaohu Wang

Date Displayed: 2013

Abstract: The increasing scope and severity of disasters has led to the wide adoption of collaborative practices through networks in the field of emergency management. Networks are most effective when they can be sustained over time. This study develops a model of the factors that influence network sustainability in emergency management. Using data from a national survey of county emergency managers in the United States, the study finds that convergence of organizational goals, utilization of information and communication technology, and, most important, interorganizational trust are all significant influences on network sustainability in emergency management. The results indicate the significant role of trust – building among emergency managers in sustaining an emergency management network.

Keywords: Collaboration; Emergency management; Information and Communication Technology; Interorganizational Trust; Network Sustainability; Organizational Goal Convergence

文章名称：危机管理中的网络维持：对美国的县级政府研究

期刊名称：《公共绩效和公共管理评论》

作　　者：纳伊姆·卡普初，维纳·戛纳耶夫，王晓虎

出版时间：2013 年

内容摘要：随着灾害的范围不断扩大，严重性不断加深，应急管理领域的网络合作管理方式逐渐获得人们认可。在网络可以维持的一段时间内，网络方式应对灾害是最有效的。本文注重对应急管理网络的可持续发展的产生影响的因素模型的研究。对来自美国的县级紧急管理的一项全国调查的数据分析发现，组织目标一致性、信息和通信技术的运用，以及最重要的因素——组织间信任——显著影响应急管理网络的可持续性。结果表明在应急管理人员之间建立信任对维持应急管理网络具有显著作用。

关键词：合作；突发事件管理；信息和沟通技术；跨组织信任；网络持续性；网络目标统一性

Title: *Developing shared situational awareness for emergency management*

Journal: *Safety science*

Author: Hannes Seppänen, Jaana Mäkelä, Pekka Luokkala, Kirsi Virrantaus

Date Displayed: 2013 – 6

Abstract: The response efforts in emergency operation need to be fast and efficient. Actors from different fields have to cooperate in dynamic and complex environments and still in an efficient manner. In order to perform, the shared situation awareness of the response organization needs to be as good as possible. The purpose of our research was to identify the factors that affect the formation of shared situation awareness in search and rescue operations. The research is based on the theories of information, communication, and trust. The data collection was performed during a search and rescue exercise held in Finland in 2009 and included both observation and questionnaires. As a result we have defined the critical information needs for cooperation, a method for describing the communication, and the components of system trust. Emergency organizations can use the results in the development of their response activities.

Keywords: Critical Information; Emergency Management; Shared Situational Awareness; Search and Rescue; Social Contexts; System Trust

文章名称：突发事件应急管理的共享情景意识

期刊名称：《安全科学》

作　　者：汉斯·塞潘宁，亚纳·马科拉，佩卡·卢奥卡拉，奇尔希·凡偌陶斯

出版时间：2013 年 6 月

内容摘要：对危机情景的响应应该是很迅速、高效的。来自不同领域的行动者在动态和复杂的环境中，仍需要以有效的方式进行合作。为了更好地执行和响应，组织需要尽可能好地对情景有共享意识。我们研究的目的是确定影响搜索和救援行动情景的共享意识形成的因素。这项研究是以信息、沟通和信任理论为基础的。在 2009 年芬兰举行搜救演习期间，我们通过实际观察和问卷调查两种方式进行数据采集。在此，我们定义了合作需要的关键信息，用于描述通信的方法和决定系统信任的因素。应急组织可以在其响应活动的过程中使用本结果。

关键词：关键信息；危机管理；共享的情景意识；搜寻和救援；社会情景；系统信任

Title: *Safety leaders' perceptions of safety culture in a large Australasian construction organization*

Journal: *Safety science*

Author: Sarah E. Biggs, Tamara D. Banks, Jeremy D. Davey, James E. Freeman

Date Displayed: 2013 -2

Abstract: This paper reports safety leaders' perceptions of safety culture in one of Australasia's largest construction organizations. A modified Delphi method was used including two rounds of data collection. The first round involved 41 semi - structured interviews with safety leaders within the organization. The second round involved an online quantitative perception survey, with the same sample, aimed at confirming the key themes identified in the interviews. Participants included Senior Executives, Corporate Managers, Project Managers, Safety Managers and Site Supervisors. Interview data was analysed using qualitative thematic analysis, and the survey data was analysed using descriptive statistics. Leaders' definitions and descriptions of safety culture were primarily action - oriented and some confusion was evident due to the sometimes implicit nature of culture in organizations. Leadership was identified as a key factor for positive safety culture in the organization, and there was an emphasis on leaders demonstrating commitment to safety, and being visible to the project - based workforce. Barriers to safety culture improvement were also identified, including the subcontractor management issues, pace of change and reporting requirements. The survey data provided a quantitative confirmation of the interview themes, with some minor discrepancies. The findings highlight that safety culture is a complex construct, which is difficult to define, even for experts in the organisation. Findings on the key factors indicated consistency with the current literature; however the perceptions of barriers to safety culture offer a new understanding into how safety culture operates in practice.

Keywords: Safety Culture; Qualitative Research; Leaders' Perceptions; Construction Industry; Modified Delphi Method

文章名称：澳大利亚大型建筑组织中安全领导对安全文化的认知

期刊名称：《安全科学》

作　　者：莎拉·比格斯，塔玛拉·班克斯，杰瑞米·戴维，詹姆斯·弗里曼

出版时间：2013 年 2 月

内容摘要：本文描述了在澳大利亚最大的建筑企业中安全领导人安全文化的认知。文章使用了改进的德尔菲法，进行了两轮的数据收集。第一轮是对 41 位在组织安全领导者的半结构式访谈。第二轮是对相同的样本在线定量认知调查问卷，目的是确认在访谈中确定的关键主题。与会者包括高级管理人员、企业经理、项目经理、安全管理人员和现场监督员。文章采用定性主题分析方法对访谈资料进行分析，并使用描述性统计方法对调查数据进行分析。领导者对安全文化的定义和描述主要是以行动为导向，由于组织文化的含蓄

性，有时领导者对安全文化的理解有些显而易见的混乱。领导被确定为组织中的积极的安全文化的一个重要因素，领导要向员工展示安全承诺，并保证承诺被该项目中的劳动者清晰可见。根据分析安全文化改善的壁垒也确定下来，包括分包商管理问题、变革的步伐以及报告要求等因素。调查数据对采访主题进行了定量上的确认，结果显示和定性分析有一些小的差异。研究结果强调，安全文化是一个复杂的结构，甚至在组织方面的专家也难以界定。研究结果表明与当前文献的关键因素有一致性；但是，本文对安全文化的障碍的观点为安全文化如何在实践中操作提供了一个新的认识。

关键词：安全文化；定性研究；领导视角；制造业工厂；改进的德尔菲法

Title: *Perceptions of Flood Hazard Adjustments an Application of the Protective Action Decision Model*

Journal: *Environment and Behavior*

Author: Teun Terpstra, Michael K. Lindell

Date Displayed: 2013 -11

Abstract: Although research indicates that adoption of flood preparations among Europeans is low, only a few studies have attempted to explain citizens' preparedness behavior. This article applies the Protective Action Decision Model (PADM) to explain flood preparedness intentions in the Netherlands. Survey data (N = 1, 115) showed that hazard - related attributes (e. g. , perceived efficacy in protecting persons) were positively correlated, but failed to show that resource - related attributes (e. g. , perceived costs) were negatively correlated with preparedness intentions. Although respondents rated the hazard - related attributes as more important than the resource - related attributes, moderated regression failed to detect practically meaningful interaction effects. Risk perception was also positively correlated with preparedness intentions but explained less variance than did the hazard - related attributes. Among the demographic characteristics, only female gender was consistently correlated with higher risk perception and the hazard - related attributes. Finally, risk area was correlated with perceived flood likelihood and consequences as well as the hazard - related attributes. Implications are discussed.

Keywords: Flood; Preparedness; Hazard Adjustment Attributes; Risk Perception

文章名称：对洪水灾害的公民认知对保护行为决策模型的调整

期刊名称：《环境与行为》

作　　者：托恩·特普斯特拉，米迦勒·林德尔

出版时间：2013 年 11 月

内容摘要：虽然有研究表明欧洲人对洪水的准备不足，但是只有少数研究试图解释公民的备灾行为。文章使用了保护行为决策模型（PADM）来解释荷兰人民的防洪准备意图。调查数据（N = 1115）显示，与灾害有关的特性（例如，人们所感知到保护功效）呈正相关，但说明资源相关的属性（例如，感知到的成本）与防备意图呈负相关却没有得到证实。尽管受访者认为危险性相关的属性比资源相关的属性更重要，但调节回归没有监测出实际意义上二者的交互作用。风险认知也和准备程度呈现正相关关系，但没有和危害相关属性的解释力度强。人口特征中，女性性别是唯一一贯具有较高的风险认知和危害相关的属性认知的人群。最后，讨论风险区域与感知洪水的可能性和后果以及危害相关的属性相关。然后对本文结论的应用进行了讨论。

关键词：洪水；准备；灾害调整属性；风险感知

Title：*Disaster studies*

Journal：*Current Sociology*

Author：Michael Lindell

Date Displayed：2013 – 9

Abstract：Disaster studies address the social and behavioral aspects of sudden onset collective stress situations typically referred to as mass emergencies or disasters. These situations can be created by natural hazards，technological accidents，violent intergroup conflicts，shortages of vital resources，and other major hazards to life，health，property，well – being，and everyday routines. Disaster studies address the impacts of these events on all social units ranging from individuals and households to nation – states. All aspects of the life history of such events，both actual and threatened，are examined in terms of the ways in which populations at risk conduct hazard and vulnerability analyses as well as plan and implement mitigation，preparedness，response，and recovery actions.

Keywords：Crisis；Convergence；Disaster Emergency；Improvisation Mitigation Preparedness；Recovery；Response；Vulnerability

文章名称：灾害研究

期刊名称：《现代社会学》

作　　者：米迦勒·林德尔

出版时间：2013 年 9 月

内容摘要：灾难研究通常重点强调在群体性突发事件或灾害中的社会方面和行为方面的问题。自然灾害、技术事故、暴力冲突、重要资源短缺等其他严重危害人的生命、健康、财产、福利和日常规则的事务引发灾害情景。灾难研究着手于所有有关的社会单位，包括个人、家庭、民族国家等在这些事件中所遭受的影响。危机事件的各个方面都需要分析，包括在处于风险中人们对风险的抵抗行为，人群的脆弱性分析以及规划和实施减灾、备灾、救灾和恢复等行动的分析。

关键词：危机；集合；灾难突发情况；即兴应对减灾准备；恢复；响应；脆弱性

Title: *Probabilistic cost - benefit analysis of disaster risk management in a development context*

Journal: *Disasters*

Author: Daniel Kull, Reinhard Mechler, Stefan Hochrainer - Stigler

Date Displayed: 2013 - 7

Abstract: Limited studies have shown that disaster risk management (DRM) can be cost - efficient in a development context. Cost - Benefit Analysis (CBA) is an evaluation tool to analyse economic efficiency. This research introduces quantitative, stochastic CBA frameworks and applies them in case studies of flood and drought risk reduction in India and Pakistan, while also incorporating projected climate change impacts. DRM interventions are shown to be economically efficient, with integrated approaches more cost - effective and robust than singular interventions. The paper highlights that CBA can be a useful tool if certain issues are considered properly, including: complexities in estimating risk; data dependency of results; negative effects of interventions; and distributional aspects. The design and process of CBA must take into account specific objectives, available information, resources, and the perceptions and needs of stakeholders as transparently as possible. Intervention design and uncertainties should be qualified through dialogue, indicating that process is as important as numerical results.

Keywords: Climate Change; Cost - benefit Analysis; Development; Disaster Risk Management; India; Pakistan

文章名称: 在变化的环境中对危机风险管理的支出—收益的概率分析

期刊名称:《灾害》

作　　者: 丹尼尔·库尔，莱因哈德·梅希勒，斯蒂芬·斯蒂格勒

出版时间: 2013 年 7 月

内容摘要: 对变化环境中的灾害风险管理（DRM）的成本效益分析的相关研究较少。成本效益分析（CBA）是分析经济效率的评估工具。本研究引入定量的随机 CBA 框架，将气候变化的影响也纳入进来，在印度和巴基斯坦的水灾和旱灾减灾风险中应用此框架进行分析。结果证明，DRM 干预是经济高效的，和单种干预措施的效果相比，使用综合的方法更具成本效益。文章强调如果估计风险的复杂性、结果的数据依赖性、干预的负面影响和分配等问题得到适当考虑，CBA 是一个有用的工具。CBA 的设计过程中必须尽可能透明地考虑到具体的目标、现有信息和资源、观念和利益相关者。干预设计和不确定性应通过过程加以限定，这表明过程和数值结果一样重要。

关键词: 气候变幻；成本—收益分析；发展；灾害风险管理；印度；巴基斯坦

Title: *Developing a tool to measure and compare organizations' resilience*

Journal: *Natural hazards review*

Author: Amy V. Lee, John Vargo, Erica Seville

Date Displayed: 2013 –2

Abstract: Organizational and community resilience are interrelated and interdependent. As a result, organizational resilience is a critical component of communities' ability to plan for, respond to, and recover from emergencies and crises. Organizational resilience can also be a source of competitiveness and a driver of cultural adaptive capacity. To invest in resilience, organizations need to understand their resilience strengths and weaknesses and must be able to evaluate the effectiveness of resilience strategies. This paper develops a survey tool that organizations can use to identify their strengths and weaknesses and to develop and evaluate the effectiveness of their resilience strategies and investments.

Keywords: Organizational Resilience; Measuring Resilience; New Zealand; Planning; Adaptive Capacity

文章名称：测量和比较组织抗灾力的工具开发

期刊名称：《自然灾害回顾》

作　　者：艾米·李，约翰·瓦戈，埃里卡·塞维尔

出版时间：2013 年 2 月

内容摘要：组织和社区的抗灾力是相互联系、相互依存的。在突发事件和危机情景下，组织的抗灾力是未来社区规划、应对和恢复能力的重要组成部分。组织的抗灾力是竞争力的来源，也是文化适应能力的驱动力。想要投资于抗灾力，组织需要了解他们抗灾力的优势和劣势，并且必须能够评估抗灾力战略的有效性。本文开发了一个调查工具，企业可以用它来识别自己的长处和弱点，并制定和评价自身抗灾力战略和投资有效性的策略。

关键词：组织抗灾力；测量抗灾力；新西兰；计划；适应能力

Title: *Resilience and disaster risk reduction: An etymological journey*

Journal: *Natural Hazards and Earth System Science*

Author: Alexander David

Date Displayed: 2013 - 2

Abstract: This paper examines the development over historical time of the meaning and uses of the term resilience. The objective is to deepen our understanding of how the term came to be adopted in disaster risk reduction and resolve some of the conflicts and controversies that have arisen when it has been used. The paper traces the development of resilience through the sciences, humanities, and legal and political spheres. It considers how mechanics passed the word to ecology and psychology, and how from there it was adopted by social research and sustainability science. As other authors have noted, as a concept, resilience involves some potentially serious conflicts or contradictions, for example between stability and dynamism, or between dynamic equilibrium (homeostasis) and evolution. Moreover, although the resilience concept works quite well within the confines of general systems theory, in situations in which a systems formulation inhibits rather than fosters explanation, a different interpretation of the term is warranted. This may be the case for disaster risk reduction, which involves transformation rather than preservation of the "state of the system". The article concludes that the modern conception of resilience derives benefit from a rich history of meanings and applications, but that it is dangerous - or at least potentially disappointing - to read to much into the term as a model and a paradigm.

文章名称：抗灾力和减灾：词源学的探讨

期刊名称：《自然灾害与地球系统科学》

作　　者：戴维・亚力山大

出版时间：2013 年 2 月

内容摘要：本文探讨了抗灾力这一术语的历史发展和使用。我们的目标是加深这个词被使用到减少灾害风险过程的理解，并解决一些在使用时出现的矛盾和争议。本文通过科学、人文科学、法律和政治领域的发展追溯抗灾力的使用。这个过程基本可以描述为力学将这个词传递给生态领域和心理领域，以及从心态和生理领域传递到社会研究和可持续性科学领域的过程。正如其他作者所指出的，作为一个概念，抗灾力涉及一些潜在的理解冲突或矛盾，例如稳定性和动态性之间或动态的平衡与改革之间的张力。此外，尽管抗灾力概念在一般系统理论的范围内使用得相当不错，但是其在系统产生抑制而不是促进解释的情况中，术语的不同解释就是必要的。这个词的含义是降低灾害风险，这是一个涉及改革的过程，而不是仅仅保存“系统状态”。文章的结论是，现代抗灾力的观念有丰富的应用历史，但如果对这个词进行过度解读，并将其作为一种模式和范式则是危险的。

Title: *From knowledge to action Bridging gaps in disaster risk reduction*

Journal: *Progress in Human Geography*

Author: Gaillard, J. C. , Jessica Mercer

Date Displayed: 2013 – 11

Abstract: A large amount of studies have been produced on disaster – related issues over the last century of research, yet there continues to be gaps in translating knowledge into action. This paper discusses the battlefield of knowledge and action for disaster risk reduction (DRR), outlining the need for a more integrative process consisting of bottom – up and top – down actions, local and scientific knowledge, and a vast array of stakeholders. The challenges in addressing the need for an integrated process are outlined alongside a potential road map for bridging gaps in DRR. The final section addresses issues to be overcome in order to implement the aforementioned road map. Future ways to bridge gaps in DRR between bottom – up and top – down actions, and local and scientific knowledge are proposed.

文章名称：在灾害减灾领域知识和行动之间的差距

期刊名称：《人文地理学研究进展》

作　　者：凯拉德·吉恩·克里斯托夫，杰西卡·默瑟

出版时间：2013 年 11 月

内容摘要：在 20 世纪大量的和灾害有关的研究已经产生，但是把知识转化为行动的差距仍然存在。本文探讨了知识和行动减少灾害风险的实际领域（DRR），概述了由自下而上和自上而下行动结合的必要性，地方和科学知识结合的必要性，以及众多利益相关者更加一体化的必要性。文章阐述了面临的挑战，同时也就描述出了潜在的减少灾害风险弥合知识和行动之间差距的路线图。最后一节强调了实现前述的路线图所必须要克服的问题，作者展示了如何弥补自下而上和自上而下的行动的差距，以及地方和科学知识之间的差距的未来的路线。

Title: *Review of recent developments in OR/MS research in disaster operations management*

Journal: *European Journal of Operational Research*

Author: Gina Galindo. , Rajan Batta

Date Displayed: 2013 - 10

Abstract: Potential consequences of disasters involve overwhelming economic losses, large affected populations and serious environmental damages. Given these devastating effects, there is an increasing interest in developing measures in order to diminish the possible impact of disasters, which gave rise to the field of disaster operations management (DOM). In this paper we review recent OR/MS research in DOM. Our work is a continuation of a previous review from Altay and Green (2006). Our purpose is to evaluate how OR/MS research in DOM has evolved in the last years and to what extent the gaps identified by Altay and Green (2006) have been covered. Our findings show no drastic changes or developments in the field of OR/MS in DOM since the publication of Altay and Green (2006). Additionally to our comparative analysis, we present an original evaluation about the most common assumptions in recent OR/MS literature in DOM. Based on our findings we provide future research directions in order to make improvements in the areas where lack of research is detected.

Keywords: Disaster Operations Management; Operations Research; Management Science

文章名称：在灾害操作化管理中 OR/MS 研究的文献回顾

期刊名称：《欧洲运筹学杂志》

作　　者：吉娜·加林多，拉詹·巴塔

出版时间：2013 年 10 月

内容摘要：灾害可能造成的后果涉及重大的经济损失，对民众的影响和严重的环境破坏。鉴于这些毁灭性的影响，人们对以减少灾害影响的灾难运营管理（DOM）领域的研究越来越感兴趣。本文审查了最近 OR / MS（提高系统控制最有解的科学方法、技术和工具）在 DOM 的研究，我们的工作是对从阿勒泰和格林（2006）所发表评论的延续。我们的目的是评估过去几年对 DOM 领域 OR / MS 研究的演变以及由阿勒泰和格林（2006 年）确定的研究差距的弥补程度。我们的调查结果显示，在 DOM 的 OR/MS 领域，自阿勒泰和格林于 2006 年出版著作之后，现在仍没有出现剧烈变化和发展。另外，通过我们的比较分析，我们提出在最近 OR / MS 在 DOM 有关文献中最常见的原始假设，并且根据调查结果，我们提出了需要研究的主题并提供了未来的研究方向。

关键词：灾难操作管理；操作研究；管理科学

Title: *Practical extraction of disaster – relevant information from social media*

Journal: *In Proceedings of the 22nd international conference on World Wide Web companion*

Author: Muhammad Imran; Shady Elbassuoni; Carlos Castillo; Fernando Diaz; Patrick Meier

Date Displayed: 2013 – 5

Abstract: During times of disasters online users generate a significant amount of data, some of which are extremely valuable for relief efforts. In this paper, we study the nature of social – media content generated during two different natural disasters. We also train a model based on conditional random fields to extract valuable information from such content. We evaluate our techniques over our two datasets through a set of carefully designed experiments. We also test our methods over a non – disaster dataset to show that our extraction model is useful for extracting information from socially – generated content in general.

Keywords: Social Media; Information Filtering; Information Extraction

文章名称：从社交媒体进行与灾害相关的实用信息提取

期刊名称：《在第二十二届国际万维网伙伴大会上的会议》

作　　者：穆罕默德·伊姆兰；纱迪·爱波索尼；卡洛斯·卡斯蒂略；费南德·迪阿斯；帕特里克·迈耶

出版时间：2013 年 5 月

内容摘要：在灾害发生时在线用户生成的与灾害有关的海量数据中的一些信息对救灾工作开展来说极其宝贵。在本文中，我们基于条件随机域模型，研究了两个不同的自然灾害产生的社交媒体内容的性质，提取这些内容中有价值的信息。并通过一组精心设计的实验，评估两个数据集技术的有效性。最后，我们通过对非灾难数据集的分析来测试此分析方法，结果显示本文的从一般社会生成内容信息的提取模式非常有用。

关键词：社交网络；信息过滤；信息提取

Title: *Disaster - resilient networking: a new vision based on movable and deployable resource units*

Journal: *Network, IEEE*

Author: Toshikazu Sakano; Zubair Md. Fadlullah; Thuan Ngo; Hiroki Nishiyama; Masataka Nakazawa; Fumiyuki Adachietc

Date Displayed: July/August 2013

Abstract: During the great east Japan earthquake on March 11, 2011, a lot of ICT resources - telecom switching offices, optical fiber links, and so forth - were completely or partially damaged due to the tremor and the resultant tsunami. As a consequence, the demand for ICT services explosively increased, mainly because the people of the affected areas were trying desperately to communicate with the outside world that led to a phenomenal rise in the network traffic. In the Nippon Telegraph and Telephone (NTT) East Corporation alone, 385 telephone offices stopped operating immediately following the earthquake because of power outages and disruption of facilities. Approximately 1. 5 million users were cut off from using fixed - line telephone service. The demand for fixed - line and mobile telephone services jumped up to 10 - 50 times the usual. This gave rise to serious traffic congestion, and the emergency ICT networks and services could not deal with this issue sufficiently. This article proposes a network architecture that is resilient even through devastating disasters by effectively exploiting specially designed movable and deployable resource units, which we refer to as MDRUs. An MDRU having the ability to accommodate communication and information processing functions can be rapidly transported or moved to the disaster zone, and can be deployed within a reasonably short time to establish the network at the disaster site and launch ICT services. The concept and configuration of the network architecture based on the MDRU and its features are described in this article. Some preliminary simulation results are also reported to evaluate the performance of our adopted MDRU - based disaster resilient network.

文章名称：灾害抗灾力网络：一个动态的和展开的资源单位视角

期刊名称：《网络 IEEE》

作　　者：骥一阪野；祖拜尔·阿布杜拉；顺天·恩戈；博树西山；正隆中沢；文之安达等

出版时间：2013 年 7/8 月

内容摘要：2011 年 3 月 11 日，日本大地震期间，很多 ICT 资源——电信交换局、光纤链路等——因地震颤动和海啸被完全破坏或部分断裂。受灾地区的人们拼命想同外界沟通导致网络流量显著增加，信息和通信技术服务的需求爆发。仅仅在日本电报电话公司（NTT）东公司，就有 385 个电话办公室因为地震导致的停电和设施破坏停止运行。大约有 150 万固网电话用户服务被切断。固定电话和移动电话服务的需求跃升至平时的 10 ~

50 倍，这引起了严重的电话线路拥堵，紧急 ICT 网络提供的服务量无法应对这个问题。但是，通过有效利用专门设计的可移动的和可部署的资源单位 MDRUs，本文提出了一种甚至在毁灭性的灾难中都可以使用的网络架构。MDRU 的通信和信息处理功能，可快速将信息传递和输出灾区，并能在短时间内部署建立灾害现场网络并推出 ICT 服务。本文描述了基于 MDRU 的网络体系结构的概念和配置，并展示了一些初步的模拟结果用以评价 MDRU 抗灾网络的性能。

Title: *A comparative institutional analysis of the Fukushima nuclear disaster*: *Lessons and policy implications*

Journal: *Energy Policy*

Author: Masahiko Aoki; Geoffrey Rothwell

Date Displayed: 2013 – 2

Abstract: This paper analyzes the causes, responses, and consequences of the Fukushima nuclear power plant accident (March 2011) by comparing these with Three Mile Island (March 1979) and Chernobyl (April 1986). We identify three generic modes of organizational coordination: modular, vertical, and horizontal. By relying on comparative institutional analysis, we compare the modes' performance characteristics in terms of short – term and long – term coordination, preparedness for shocks, and responsiveness to shocks. We derive general lessons, including the identification of three shortcomings of integrated Japanese electric utilities: ①decision instability that can lead to system failure after a large shock, ②poor incentives to innovate, and ③the lack of defense – in – depth strategies for accidents. Our suggested policy response is to introduce an independent Nuclear Safety Commission, and an Independent System Operator to coordinate buyers and sellers on publicly owned transmission grids. Without an independent safety regulator, or a very well established "safety culture", profit – maximizing behavior by an entrenched electricity monopoly will not necessarily lead to a social optimum with regard to nuclear power plant safety. All countries considering continued operation or expansion of their nuclear power industries must strive to establish independent, competent, and respected safety regulators, or prepare for nuclear power plant accidents.

Keywords: Nuclear Power; Electricity Regulation; Comparitive Institutional Analysis

文章名称：福岛核泄漏的比较制度分析：教训和政策启示

期刊名称：《能源政策》

作　　者：青木昌彦；杰佛瑞·洛斯韦尔

出版时间：2013 年 2 月

内容摘要：本文分析了福岛核电站事故的原因、响应过程和福岛核电站事故造成的后果（2011 年 3 月），并与三哩岛（1979 年 3 月）和切尔诺贝利（1986 年 4 月）进行了案例比较。我们确定了组织协调的三种惯用模式：模块化、协调垂直方向协调和水平方向协调。我们分析了三种制度模式的短期和长期的协调情况、备灾情况和响应阶段反应特征等，依托比较制度分析，我们得出了一般性的经验教训。我们认识到了日本电力事业的三点不足：①决策的不稳定可导致在意外事故发生时的系统故障；②创新激励不足；③缺乏深入的国防战略安排。我们提供的对策是引入一个独立的核安全委员会和独立系统运营商来协调公用输电网买家和卖家的关系。没有独立的安全监管机构和非常完善的"安全文化"，追求利润最大化的电力供应垄断企业行为必然导致核电厂非最优安全状态。所有考虑继续扩张和运营核电产业的国家都必须努力建立独立、高效、被认可的安全监管机构，或者随时对核电站事故做好充分准备。

关键词：核电；电业规章；比较制度分析

Title: *Unraveling the complexities of disaster management: A framework for critical social infrastructure to promote population health and resilience*

Journal: *Social Science & Medicine*

Author: Tracey L. O ' Sullivana; Craig E. Kuziemskyb; Darene Toal – Sullivana; Wayne Corneil

Date Displayed: 2013 – 9

Abstract: Complexity is a useful frame of reference for disaster management and understanding population health. An important means to unraveling the complexities of disaster management is to recognize the interdependencies between health care and broader social systems and how they intersect to promote health and resilience before, during and after a crisis. While recent literature has expanded our understanding of the complexity of disasters at the macro level, few studies have examined empirically how dynamic elements of critical social infrastructure at the micro level influence community capacity. The purpose of this study was to explore empirically the complexity of disasters, to determine levers for action where interventions can be used to facilitate collaborative action and promote health among high risk populations. A second purpose was to build a framework for critical social infrastructure and develop a model to identify potential points of intervention to promote population health and resilience. A community – based participatory research design was used in nine focus group consultations (n = 143) held in five communities in Canada, between October 2010 and March 2011, using the Structured Interview Matrix facilitation technique. The findings underscore the importance of interconnectedness of hard and soft systems at the micro level, with culture providing the backdrop for the social fabric of each community. Open coding drawing upon the tenets of complexity theory was used to develop four core themes that provide structure for the framework that evolved; they relate to dynamic context, situational awareness and connectedness, flexible planning, and collaboration, which are needed to foster adaptive responses to disasters. Seven action recommendations are presented, to promote community resilience and population health.

Keywords: Collaboration; Awareness; Emergency Management; Pandemic; Resilience; Community Engagement; Canada

文章名称：阐释灾害管理的复杂性：一个提升公众健康和抗灾力的关键的社会基础设施分析框架

期刊名称：《社会科学与医学》

作　　者：特蕾西·奥沙利文；克雷格·库兹梅克；戴仑·托儿沙利文；韦恩·科尔内伊

出版时间：2013 年 9 月

内容摘要：复杂性是进行灾害管理和理解公众健康有用的框架。解开灾害管理的复杂性方法就是要认识到医疗保健和更广泛的社会制度的交互性，以及制度和公众健康在危机之前、危机期间和危机之后对于提升公众状态和抗灾力的关系。虽然最近的文献扩大了我们在宏观层面对于灾害复杂性的认识，很少有研究在微观层面实证性的检验关键的社会基础设施动态因素对促进社会合作行为和提升高风险人群健康的影响。文章的第二个目的是要搭建重要社会基础设施的框架，并建立一个模型，以确定潜在的促进人口健康和抗灾力的干预点。2010 年 10 月和 2011 年 3 月，我们采用结构化访谈矩阵技术在加拿大五个社区进行了一个基于社区的参与性研究设计，九个焦点小组进行小组磋商（N = 143）。在特定的文化背景和社会结构下，研究结果强调了微观层面上软件系统和硬件系统相互关联的重要性。在复杂性理论的指导下，我们采用开放式编码，开发了发展框架结构，并确定了对灾害适应性反应的四大核心主题，涉及动态环境、情景感知和联通、灵活的规划以及协作。最后，给出了促进社区抗灾力和人口健康的七项操作建议。

关键词：合作；意识；危机管理；普遍；抗灾力；社区卷入；加拿大

Title: *CrisisTracker*: *Crowd sourced social media curation for disaster awareness*

Journal: *IBM Journal of Research and Development*

Author: Rogstadius, J.; Vukovic, M.; Teixeira, C. A.; Kostakos, V.; Karapanos, E.; Laredo, J. A.

Date Displayed: September/ October 2013

Abstract: Victims, volunteers and relief organizations are increasingly using social media to report and act on large - scale events, as witnessed in the extensive coverage of the 2010 - 2012 Arab Spring uprisings and 2011 Japanese tsunami and nuclear disasters. Twitter[R] feeds consist of short messages, often in a nonstandard local language, requiring novel techniques to extract relevant situation awareness data. Existing approaches to mining social media are aimed at searching for specific information, or identifying aggregate trends, rather than providing narratives. We present Crisis Tracker, an online system that in real time efficiently captures distributed situation awareness reports based on social media activity during large - scale events, such as natural disasters. CrisisTracker automatically tracks sets of keywords on Twitter and constructs stories by clustering related tweets on the basis of their lexical similarity. It integrates crowdsourcing techniques, enabling users to verify and analyze stories. We report our experiences from an 8 - day CrisisTracker pilot deployment during 2012 focused on the Syrian civil war, which processed, on average, 446,000 tweets daily and reduced them to consumable stories through analytics and crowdsourcing. We discuss the effectiveness of CrisisTracker based on the usage and feedback from 48 domain experts and volunteer curators.

Keywords: Collaboration Awareness; Emergency Management; Pandemic; Resilience; Community Engagement; Canada

文章名称：灾害跟踪：众包型社交管理和灾害意识

期刊名称：《IBM 研究与发展杂志》

作　　者：罗各斯塔盾；瓦科维奇；特谢拉；考斯塔克斯；卡拉怕诺斯；拉雷多

出版时间：2013 年 9/ 10 月

内容摘要：受害者、志愿者和救援组织越来越多地利用社交媒体来报道大事件，如对 2010 ~2012 年阿拉伯之春起义和 2011 年日本海啸、核灾难的广泛报道。Twitter（一种社交网络）的信息都是短消息，使用的往往是非标准的当地语言，我们需要新技术来提取相关的情景意识数据。现有挖掘社交媒体方法的目的是寻找特定信息或识别总体趋势，而不是单纯叙述故事。基于大型社会活动中社交媒体的活动情况，我们危机跟踪方法用实时的联机系统能有效捕捉分散于情景中的意识情况并做出分析报告，如自然灾害的认识报告。在词汇相似度的基础上，危机跟踪自动跟踪 Twitter 上关键字组汇聚相关推文来构建故事。它使用户能够验证和分析故事，这就集成了众包技术。我们在此报告我们的经验，我们主要的关注点在于 2012 年叙利亚内战，经过 8 天的 CrisisTracker 实验，通过推文分析和众包技术平均每日处理 446000 推文来构建事实发展。最后，我们从 48 个领域专家和志愿者的使用和反馈来判断 CrisisTracker 的有效性。

关键词：协作意识；应急管理；流行病；弹性；社区参与；加拿大

Title: *A localized disaster – resilience index to assess coastal communities based on an analytic hierarchy process (AHP)*

Journal: *International Journal of Disaster Risk Reduction*

Author: Pedcris M. Orencio; Masahiko Fujii

Date Displayed: 2013 – 3

Abstract: The increased number of natural hazards due to climate variability has resulted in numerous disasters in developing countries. In the Philippines, these are expected to be more common in coastal areas. The common approach to mitigate disasters in this area is to enhance the inherent capabilities of local communities to reduce the effects. Thus, this study proposed an index for a disaster – resilient coastal community at the local level. The composites of the index were determined through a process of prioritizing national – level components of a risk – management and vulnerability – reduction system. The process followed a Delphi technique, wherein 20 decision makers in Baler, Aurora, the Philippines identified criteria and elements that can be used to reduce the vulnerability of coastal communities using paired comparisons for the Analytic Hierarchy Process (AHP). The results showed that the environmental and natural resource management, sustainable livelihood, social protection, and planning regimes were very important and represented≥70% of the overall weights of criteria subjected to comparisons. These criteria and their elements represented the local – level outcome indicators of the composite index for a disaster – resilient coastal community, which was measured using a weighted linear average (WLC) approach to both outcome and process indicators. The index could be used by local governments as a tool to facilitate meaningful disaster – risk reduction and management.

Keywords: Disaster – resilience Index; Resilience Components; Coastal Communities; Analytic Hierarchy Process (AHP); Delphi Technique

文章名称: 以层次分析法确立沿海社区的地方灾害抗灾力指标

期刊名称:《国际减灾杂志》

作　　者: 派德克瑞斯·奥伦西奥；彦藤井裕久

出版时间: 2013 年 3 月

内容摘要: 由于气候变化，越来越多的自然灾害在发展中国家发生。在菲律宾的沿海区域更为普遍。减轻此区域灾害常见的方法是提高当地社区的抗灾力，以减少灾害的影响。因此，本研究在地方层面提出了海岸社区的灾害抗灾力指数。该指数的组成指标由国家层面的风险管理和脆弱性消除系统过程决定。这个过程遵循了德尔菲法，其中，菲律宾在巴来尔和奥罗拉的 20 名决策者，使用层次分析法（AHP）配对比较确定了减少沿海社区的脆弱性因素。结果表明，环境和自然资源管理、可持续发展、社会保护以及社会规划制度非常重要，这些指标占据了整个指标整体权重的 70% 以上。他们以权重的线性平均法评估灾害过程和结果的指标，这些指标和内容代表了地方层面的沿海社区的灾害抗灾力内容，可以作为地方政府风险和减灾的管理工具使用。

关键词: 灾害抗灾力指数；抗灾力组成成分；沿海社区；层次分析；德尔菲法

Title: *The SISMA prototype system: integrating Geophysical Modeling and Earth Observation for time – dependent seismic hazard assessment*

Journal: *Natural hazards*

Author: Panza, G. F. ; Peresan, A. ; Magrin, A. ; Vaccari, F. ; Sabadini, R. ; Crippa, B. ; Cannizzaro, L

Date Displayed: 2013 – 11

Abstract: An innovative approach to seismic hazard assessment is illustrated that, based on the available knowledge of the physical properties of the Earth structure and of seismic sources, on geodetic observations, as well as on the geophysical forward modeling, allows for a time – dependent definition of the seismic input. According to the proposed approach, a fully formalized system integrating Earth Observation data and new advanced methods in seismological and geophysical data analysis is currently under development in the framework of the Pilot Project SISMA, funded by the Italian Space Agency. The synergic use of geodetic Earth Observation data (EO) and Geophysical Forward Modeling deformation maps at the national scale complements the space – and time – dependent information provided by real – time monitoring of seismic flow (performed by means of the earthquake prediction algorithms CN and M8S) and permits the identification and routine updating of alerted areas. At the local spatial scale (tens of km) of the seismogenic nodes identified by pattern – recognition analysis, both GNSS (Global Navigation Satellite System) and SAR (Synthetic Aperture Radar) techniques, coupled with expressly developed models for interseismic phase, allow us to retrieve the deformation style and stress evolution within the seismogenic areas. The displacement fields obtained from EO data provide the input for the geophysical modeling, which eventually permits to indicate whether a specific fault is in a "critical state". The scenarios of expected ground motion (shakemaps) associated with the alerted areas are then defined by means of full waveforms modeling, based on the possibility to compute synthetic seismograms by the modal summation technique (neo – deterministic hazard assessment). In this way, a set of deterministic scenarios of ground motion, which refer to the time interval when a strong event is likely to occur within the alerted area, can be defined both at national and at local scale. The considered integrated approach opens new routes in understanding the dynamics of fault zones as well as in modeling the expected ground motion. The SISMA system, in fact, provides tools for establishing warning criteria based on deterministic and rigorous forward geophysical models and hence allows for a well – controlled real – time prospective testing and validation of the proposed methodology over the Italian territory. The proposed approach complements the traditional probabilistic approach for seismic hazard estimates, since it supplies routinely updated information useful in assigning priorities for timely mitigation actions and hence it is particularly relevant to Civil Defense purposes.

Keywords: Seismic Hazard; Earth Observation; Earthquake Prediction; Ground Shaking

Scenarios; Seismic Input

文章名称： 空间信号监测示例系统：结合地球物理模型和地球观测对地震灾害的时序评估

期刊名称： 自然灾害

作　　者： 朱利亚诺·派瑞森；颇热森；马格林；瓦卡里；萨巴蒂尼；柯丽帕；坎尼扎罗

出版时间： 2013 年 11 月

内容摘要： 一个对地震灾害的创新评估方式表明，现有的技术手段可以测量地球的物理特征和地震源特征。在大地测量学的观测之下，和地球物理模型技术结合，可以计算地震带来的以时间为维度的地壳变化情况。根据以上方法，一个结合了地球观测数据和地震学和地球物理技术的数据分析在空间信号监测项目之下展开。这个项目由意大利航天局给予资金支持。地球观测数据和地球物理模型的联合应用在国家层面上补充了由地震仪器监测到的实时的时间和空间信息，使得确定地震的发生变为可能，同时也能及时地警告相关地区。在地方层面，识别分析——包括全球航行卫星系统和雷达合成系统技术——结合地震观测技术，可以让我们更加确定地震的变换类型和地震力量的释放过程。通过这些数据的输入，可以让我们观测某个区域是否处于地震爆发的临近状态。用这种方法，地壳运动的一系列决定性因素被描画出来，据此可以在地区层面或者国家层面给予相应警示。这些方法结合起来可以告诉人们地震断裂带的情况，模拟运动过程。空间信号检测系统，结合现实警报标准和地球物理学，可以在意大利的领土范围内完成可控的、实时的地震测试。用这种方式提供的实时地震数据契合民防的目的，从而可以帮助有关部门完成地震的评估。

关键词： 地震灾害；地球观测；地震预测；地壳颤动情景；地震输入

第三章　公共危机管理学科 2013 年图书精选

第一节

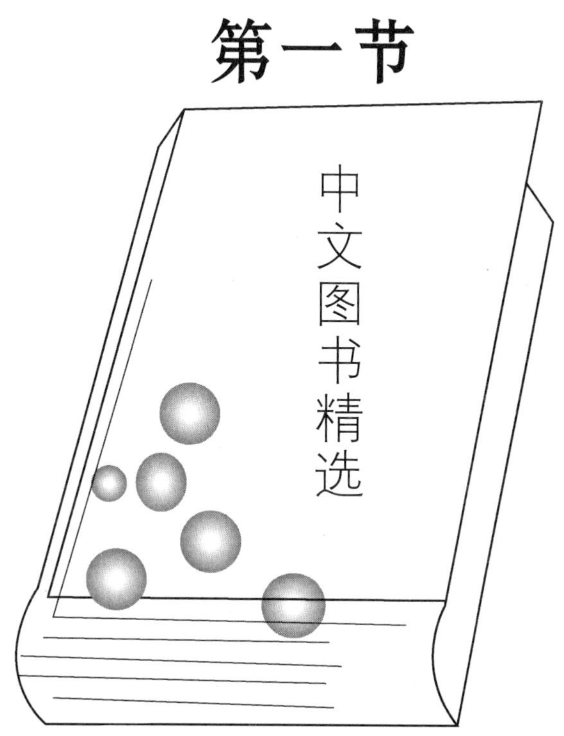

书名：公共危机管理与社会风险评价
作者：肖群鹰、朱正威著
出版社：社会科学文献出版社
出版时间：2013 年

内容提要：本书是一部系统研究公共安全评价（“公共危机管理评价”与“社会风险评价”的统称）的专著，尝试确立了公共危机管理学中“评价”这一学科分支的理论与方法体系。整体包括两部分：第一部分（第一至第四章），分析归纳了公共安全评价的伦理、概念、谱系、模型、理论、机制等要素，探索确立统一的理论体系与框架；第二部分（第五至第九章），采取分类分层研究方法，研究了风险指数评价、风险预警评价、风险诊断评价、灾难需求快速评估、危机管理绩效评估等公共安全评价系统的重要分支，对其评价机理、模型工具和实践应用做了深入思考。

本书的研究目的在于总结归纳已有的研究和实践成果，从理论、方法、工具和实践应用多个维度剖析和展示公共安全评价，促使公共安全评价理论与技术进一步体系化。总体上，奉行著书实用的观点，尽力围绕和贴近中国社会的实际，立足于服务政府危机管理，并试图构建公共安全评价体系，丰富和促进本领域的研究。

整体思路按照从外部剖析到自身透视、从理论研究到工具集成、从模型介绍到工具应用解释的顺序实施，展示出本书的研究逻辑与思路。研究支撑由三个部分组成：一是基于国内外研究及最新进展，二是基于中国的危机管理系统构成，三是基于对中国近年来重大社会安全问题与公共危机事件的分析。

书名：中国公共冲突的起因、升级与治理
作者：许尧著
出版社：南开大学出版社
出版时间：2013 年

内容提要：公共冲突管理的研究，目前在国内还属于一个比较新的领域。对冲突管理的研究，主要是在企业管理、贸易、司法和国际关系等领域展开，而对公共领域的冲突管理还研究较少。

在公共管理领域，提到公共冲突管理，人们首先会想到公共危机管理。这二者是交叉的：一方面，公共危机既包括由公共冲突引发的危机，也包括由自然灾害、事故灾难、公共卫生事件所引发的危机。在这个意义上，公共冲突管理的涉及范围要窄于公共危机管理。另一方面，公共冲突所引发的危机，只是公共冲突升级过程中的一个极端阶段，公共冲突管理不仅涉及公共冲突危机阶段的管理，还涉及公共冲突其他阶段的管理，特别是对公共冲突的常规管理。在这个意义上，公共冲突管理所涉及的时段又要宽于公共危机管理。

将公共冲突管理与公共危机管理区别开来，具有重要的学术意义和实践意义。首先，从管理学的角度来说，如果将所有的公共冲突管理都混同于公共危机管理，就会对所有的公共冲突都采用应急管理的方式。由此造成两个重要的负面效应：其一是应急有余而常规管理不足，其二是过度压制反倒促使冲突升级。其次，从中国公共冲突的现状来说，市场经济体制是以社会各阶层利益的更高程度分化为前提的，阶层利益分化意味着更多的社会矛盾，在面对公共事项时会出现更多的公共冲突。在这种体制下，公共冲突不再是一种难得一见的偶然事件，而会成为伴随每一个公共事项所产生的常规性状况。因此，习惯于公共冲突的惊涛骇浪，学会在公共冲突的波涛起伏中冲浪，是当代中国公共管理者必须面对的挑战。再次，从对公共冲突的管理角度来说，在比以往更加同质化的社会结构和高度行政化的社会体制中，对公共冲突的管理更多采用的是行政化的方式，即通过上下级的命令关系来强制性地解决冲突事项。但市场经济社会不仅是一个利益更加多元化的社会，而且是一个更加平权化的社会，个人和群体的不同利益受到法律的平等保护。在这种情况下，原先的行政化方式在公共冲突管理中日益暴露出其局限性，如何采用更加平权的方式来化解公共冲突，成为每一个公共管理者必须面对的挑战。最后，从公共冲突管理的理念和方式来说，与公共危机管理有所不同，公共冲突管理更强调深层的稳定，而不只是表层的平静；更强调长远的效果，而不只是当下的结果；更强调冲突的转化，而不只是争议的解决；更强调双方的满意感，而不只是解决问题的效率；更强调“疏”，而不只是“堵”；

更强调利用公共冲突的正面效应，而不只是抑制其负面效应。这些理念和方法对于建立有效的公共冲突管理机制、转变应对公共冲突的被动局面，具有重要的启发意义。

公共冲突管理是一个更强调实践性的学科。其研究不仅要进行一定的理论分析，更重要的是要从公共冲突管理的实际过程中进行归纳，用各种公共冲突管理的实验来验证各种具体的假设。南开的研究团队多年来集中精力对中国公共冲突管理问题开展了研究，先后出版、发表了教材《公共冲突管理》、专著《中国公共冲突化解的机制、策略与方法》和几十篇学术论文。同时，一批博士和硕士研究生围绕“公共冲突管理”的主题撰写了学位论文。本套研究丛书就是希望将公共冲突管理研究方面的优秀博士论文资助出版，促进对这一领域更深入的研究。

我们生活在一个多元化的时代，公共冲突已经成为一种社会常态现象。我们不仅要尽快适应这种生活环境，而且要学会更有效地管理公共冲突，利用其正面效应，转化其负面效应，促进社会在这种新的环境中和谐发展。希望有更多的学者关注公共冲突管理领域的研究，也期盼有更多的研究者加入到公共冲突管理的研究工作中来。

书名：《公共安全管理研究：非常规突发事件及其应对》
作者：王宏伟著
出版社：人民出版社
出版时间：2013 年

内容提要：公共安全管理与应急管理可以被认为是内涵与外延大致相同的两个概念，因为应急管理的最终目标是确保公共安全，现代应急管理活动也不局限于事后的响应与恢复。进入后工业化社会以后，人类所面对的风险大都具有不确定性、复合性与复杂性。它们所引致的突发事件是非常规性的。非常规突发事件对公众的生命、健康与财产安全构成特别严重的威胁。应对非常规突发事件必须打破常规，以非常规的管理手段应对非常规的事件。唯有如此，才能确保公共安全。

自 2003 年“非典”以来，我国各级政府大力推动应急管理体系建设，取得了不容否定的巨大成就，我国政府认真总结经验和教训，不断完善应急管理体制、机制，防灾减灾能力大幅度提升。

但是我国应急管理还存在着一个问题：以常规突发事件应对为擅长，而不是以非常规突发事件应对为导向。我国现有的应急体制与机制更适合应对经常发生、可预测、有规律可循的常规突发事件，不太适合应对不常发生、无法预测、无规律可循的非常规突发事件。

非常规突发事件的发生具有极强的扩散性。但是，我国现有的应急管理体系建设多以城市为背景展开，脆弱性较强的农村，特别是山区农村应急能力薄弱。在广大农村，公共安全教育、应急组织与制度建设比应急技术更重要。例如，农村灾害预警不能依靠我国广为开展的高技术应急信息、平台建设，而必须依靠鸣锣、吹哨、高音喇叭、奔走相告等“土办法”。

我国应急管理的发展与演进深受安全生产管理模式的影响。在工业化时代，企业安全生产管理所面对的是经常发生、有规律可循、机理简单的内部事故。这种安全生产管理模式被平移到应急管理之中，就体现出明显的缺憾：遵循既定模式与程序以简单应对复杂、以确定性消弭不确定性。这在后工业化时代非常规突发事件的应对中是难以行得通的。

与常规突发事件相比，非常规突发事件发生的概率相对较低，但其影响范围广、破坏力大。由于全球化、工业化、城市化的发展，现代社会日益耦合成复杂的系统，非常规突发事件发生的概率增大。这是今天公共安全与应急管理的重中之重。

政府设立的应急服务组织具有官僚色彩，按照规范、标准、程序运行，适合应对常规突发事件。但是，非常规突发事件的应对需要应急系统具有较高的情境意识、适应与扩张能力，动态采集、分析信息，调动、整合全社会资源，进行灵活的分散化决策。因此，以官僚模式应对非常规突发事件难以奏效。

应对非常规突发事件必须广泛开展“治理型”动员，政府、企业与社会力量之间形成以应急为导向的准备网络。这个网络具有一定的扩张与吸纳能力，可以在突发事件发生后接受自发型志愿者的广泛参与。

由于非常规突发事件具有不可预测性，以威胁假设为基础的应急规划难以充分发挥作用；相反，弹性塑造却能够增强社会系统抵御风险并从突发事件中恢复的能力。非常规突发事件的应对不能以不变应万变，而是应该以变应变、以动制动。

书名：《非常规突发事件的集群决策》
作者： 谢科范等著
出版社： 知识产权出版社
出版时间： 2013 年

内容提要： 研究非常规突发事件应对的集群决策行为，并在此基础上凝练非常规突发事件应对的集群决策法则，对提高突发事件的科学、集成、快速和有效应对能力，有重要的实践意义。由于非常规突发事件应对的集群决策行为目前国内外研究尚不足，关于集群决策法则的研究更鲜见，再加上这一论题有丰富的理论拓展空间，因而对非常规突发事件集群决策行为的研究具有重要的理论意义。

本书是国家自然科学基金重大研究计划培育项目"非常规突发事件应对的集群决策行为与法则研究"（项目编号：90924010）的部分研究成果，主要涉及非常规突发事件的判别，非常规突发事件应对集群决策的框架、原理、数学模型与法则；还有关于动车组事故、地铁施工事故、液氨泄漏等方面的大量案例分析。课题的部分中间成果已在国内外相应的刊物上发表，或进入了一部分课题组成员的学位论文中；部分内容收入本书，本书对这些内容进行了改进和深化。

本书在课题中间研究成果的基础上，新增了以下创新点：①提出了非常规突发事件判断的二角形模型；②剖析了预测应对和情景应对的信息特征，并提出了预测应对与情景应对的韧合策略；③提出了突发事件决策团队风险偏好的单向影响效应；④提出了非常规突发事件个体决策心理行为的四因素分析范式；⑤识别了企业风险、危险、危机、突发事件与非常规突发事件之间的关系；⑥提出了非常规突发事件应急预案的"224"框架。

书名：《应急资源调度决策与建模优化》
作者：杨继君著
出版社：中国社会科学出版社
出版时间：2013 年

内容提要：目前，人类面临像南方大雪灾、“5·12”汶川大地震等这类不可预测、规模巨大的非常规突发事件明显比以往更加频繁，其造成的灾害范围越来越广，后果越来越严重。可以说，在突发事件频发的今天，如何合理利用有限的应急资源，有计划有组织地进行一系列规划预防和应急救援，提高应对突发事件快速反应和抗风险的能力，并为灾区提供更加快捷的紧急救援服务，成为摆在各国政府面前一个亟待解决的现实问题。做好突发事件的应急管理工作是各国政府面临的一项艰巨任务，同时也是各国政府义不容辞的责任。

应急资源调度问题是应急管理工作中的核心问题。它是在突发事件发生后，应急决策者如何快速决策制定相应的应急资源调度方案并实施救援，以便有效控制事态的发展，使突发事件造成的生命和财产损失最小化。本书以博弈论、运筹学和经济学作为工具，从宏观和微观两个层面对应急资源调度行为进行描述，建立问题描述的博弈模型并提出相关的求解算法，提供应急资源快速高效调度的最佳方案，为应急决策者在突发事件爆发后应急资源的调度提供决策支持。本书的主要研究工作包括以下几个方面：

（1）首先详细分析了突发事件的机理特征和应急管理体系的运行机制，明确了应急资源调度在应急管理工作中的重要地位即应急管理的核心问题就是突发事件发生后如何快速高效调度应急资源的问题。为了实现对应急资源的快速高效调度，对应急调度机制进行了详细分析。

（2）从宏观层面上深入研究了突发事件应急管理中应急决策者与突发事件间的实质关系及其特点。在此基础之上，在动态博弈的框架下提出了一种简单而有效的应急资源调度策略模型——序贯博弈决策模型，通过有限次序贯博弈获取未来应急资源的需求信息，形成应急资源调度的最优方案。另外，由于应急资源调度决策是在特殊环境下的特殊决策问题，应急决策的正确与否关系到整个救灾工作的成败，故提出了政府领导一把手到位救灾机制的思想并进行了具体说明。

（3）针对突发事件发生后一般会造成多个灾点的实际情况，对各个灾点进行合理的资源调配是一个复杂而现实的问题，尤其在应急资源有限的情况下。从微观层面上通过分析各灾点对应急资源具有争夺的特性，在对模型做一系列假设的前提下，构建了基于非合作博弈的多灾点应急资源调配模型并给出了相关求解算法。

（4）在确定各灾点所需资源的前提下，如何使用不同的运输方式协调调度应急资源成为需要研究的主要内容。鉴于应急资源在应急资源中心、资源中转站和需求中心之间的调运，设计了应急资源流转过程模型。应急资源中心的每种资源从起点运送到灾点往往需要使用多种运输方式如航空运输、公路运输和水路运输等，由此构建了多模式分层网络模型。在此基础上，考虑到多种运输方式的联合调度问题而设计了基于多模式分层网络的应急资源合作博弈调度模型和算法；针对经典核心法对该模型求解的不足，提出了改进的核心法。

（5）针对领导应急决策失误现象频频发生的状况，在对领导集体决策的特点进行分析的前提下，以博弈论为分析工具，构建了基于合作博弈的领导应急决策模型和求解算法，进而对模型进行应用分析。在此基础上，从博弈机制和决策者（局中人）两个方面分别对造成应急决策失误的深层次原因进行剖析，由此提出相关对策建议。

本书的创新之处主要在于对应急资源调度问题采用了一种新的分析方法并且进行了较为系统的研究，丰富了应急管理的理论和方法，为应急资源调度方案的制定提供了新的决策工具。

书名：《冲突与治理：中国群体性事件考察分析》
作者：王赐江著
出版社：人民出版社
出版时间：2013 年

内容提要：毋庸讳言，中国的群体性事件正呈现出“易发”“多发”态势。2008 年 12 月 15 日，中国社会科学院发布的《2009 年中国社会形势分析与预测》透露：全国群体性事件在 2005 年一度下降，但从 2006 年又开始上升，2006 年全国发生各类群体性事件 6 万余起，2007 年上升到 8 万余起。“2008 年的形势仍不容乐观”“2009 年上访和群体性事件仍然呈现数量增多的态势”。

从整体上来看，中国群体性事件呈现出发生起数、参与人数“双增多”的态势。从 1993 ~ 2003 年这 10 年间，群体性事件数量急剧上升，年均增长 17%，由 1994 年的 1 万起增加到 2003 年的 6 万起，增长 5 倍。规模不断扩大，参与群体性事件人数年均增长 12%，由 73 万多人增加到 307 万多人；其中，百人以上的群体性事件由 1400 起增加到 7000 起，增长 4 倍。

从理论上来看，由于政治制度、经济水平、社会发展和文化传统等方面的差异，中国在社会转型期日渐增多的群体性事件需要本土化的理论诠释。面对形式多样的群体性事件，单纯运用或原样照搬西方“风险社会”“社会冲突”“危机管理”和“集体行动”等理论，已无法获得科学认知，也难以有效指导政府管控实践，更不能据此采取有针对性和前瞻性的治理措施。随着社会形势的发展变化，国内对群体性事件的研究结论也需要进一步深化，对层出不穷并呈现出新特征、新趋向的群体性事件，如何在掌握大量第一手材料的基础上进行细致入微的剖析，从中总结出具有普遍意义的演变规律和处置策略，以达到“依托个别、指导一般”的目的，已成为迫切需要解决的理论命题。

本书将以“解剖麻雀”的方式，在深入调查后掌握的第一手材料基础上，对贵州“瓮安事件”的演变过程和深层原因进行详细阐述，借助西方“集体行动”等理论资源予以关照，试图厘清其发生机制并提出新的解释框架。在对中国典型群体性事件的比较分析和归纳提炼基础上，进行新的类型化尝试，揭示其发展规律和趋势，并在多个维度探寻破解之道。

书名：《基于脆弱性视角的灾害管理整合研究》
作者：陶鹏著
出版社：社会科学文献出版社
出版时间：2013 年

内容提要：长期以来，风险、危机、灾害研究分属不同学科，话语、视阈以及研究方法的差异导致对灾害认知的混乱并出现研究分歧。学科交叉性造成对于三个概念的认知与判断皆具有连续性特征。以灾害概念为例，在社会科学范围内，"事件—功能导向""脆弱性导向""社会建构主义导向""不确定性导向""权利资源分配导向"已成为灾害认知与研究的主流范式。对灾害"盲人摸象"似的碎片化认知与研究阻滞了灾害社会科学研究的开展，而以整合研究为基本范式的灾害社会科学发展趋势已初步形成。其中，以美国特拉华大学灾害研究中心为代表的学科整合和以波恩为代表的概念整合成为国外灾害社会科学整合研究发展趋势的代表，而"风险—危机"转化理论则是基于中国问题与本土话语的灾害认识与整合研究范式。

本书立足于整合式的灾害社会科学研究，聚焦灾害社会科学研究话语的构建，通过对灾害动力学进行社会科学阐释，实现灾害管理实践与灾害管理的社会科学基础理论的融通，并推动出台灾害管理政策。于是将研究问题分为两大部分：灾害社会科学的整合性话语体系应当如何构建？如何从灾害认知、话语以及政策层面来提升灾害管理体系？灾害研究的学科交叉属性造就了灾害研究方法的多样性。就灾害社会科学而言，调查研究、历史学方法以及定性研究等被广泛应用于灾害的社会科学研究之中。

书中采取质性灾害研究方法，通过文献分析归纳出基本概念与理论脉络，并演绎出一套新话语与假设体系，进而通过比较研究、数据分析、逻辑推导等分析手段来检验相关命题。采取质性研究方法的原因是：其一，本研究为灾害社会科学整合研究范式，作为一项跨学科的基础理论研究，需要对社会科学视阈下针对灾害问题的理论、议题以及研究传统进行梳理分析；其二，对于尚未形成话语体系的学科而言，建构一套基于灾害脆弱性视角的、本土化的整合话语体系至关重要，通过对基础概念及其概念关系进行逻辑归纳与演绎以弥合概念分歧与知识差距；其三，中观层面的研究取向，可以将灾害社会科学研究层次拓展到组织与社区层面，从而使得研究的比较意义与适用性得以呈现；其四，作为基础理论研究，在归纳大量已有实证与理论研究的基础之上，采取新的叙事视角转变原有认知体系，并提升出灾害社会科学领域的相关理论命题，有助于灾害社会科学领域的方法论、测量技术以及研究理论的有效融合。

书名：《环境污染与农民环境抗争——基于苏北 N 村事件的分析》

作者：朱海忠著

出版社：社会科学文献出版社

出版时间：2013 年

内容提要：工业生产造成环境污染会不会引发周边村民的集体抗争？近年来，浙江省东阳市、新昌县、长兴县，山西省大同市，云南省丽江市等地曾经发生过的严重环境冲突对这一问题给予了肯定的回答。然而，另一些地区却呈现出了不同的状况，例如，淮河流域的某些“癌症高发村”并没有出现类似的集体性环境抗争事件；国外的案例如巴西库巴陶地区，该地区的工业排污使当地居民的健康受到严重损害，患无脑畸形疾病的婴儿很多，但库巴陶居民很长时间内没有任何反对污染的行动。造成不同行动方式的原因可能有很多，或许是经济利益的诱惑，或许是权力机制运作的结果。本书认为对于污染危险的认知差异也是其中一个重要原因：受害者不知道确切的污染源、无法弄清污染与疾病之间的因果关系，他们即使抗争，其抗争也会因为没有具体的抗争对象而徒劳无果。

国内对于农民在环境抗争中的认知问题的研究很少，仅有的研究例如陈阿江、程鹏立和景军。尽管广东省韶关市北坝村村民对外源性污染和癌症高发极度担忧和敏感，但村民对“癌症—污染”关系的认知受外部影响较大，处于“清楚知道”和“完全不知道”的连续谱中间。甘肃省永靖县大川村村民在与近旁一家化肥厂 30 多年的环境抗争中经历了一个“认知的革命”过程，体现为农民对法律、生计、道德和权益等问题的深思熟虑。

本书以 2008 年苏北 N 村铅中毒事件为个案，讨论这一特定情境中村民对于污染危险认知的发生及其演变机制。分析在认知的连续谱中间的量变，还是经历“认知的革命”的质变，这两项研究所讨论的都是农民在较长时间内对一般性污染认知的特点。这种特定类型的环境污染，从事件爆发到事态平息往往只有几个月，不可能给村民提供“深思熟虑”的时间；另外，在同一时段内群体性血铅含量的反常使健康与生命安全问题凸显，这就使铅中毒事件不同于一般性的污染伤害事件。研究铅中毒事件中村民的污染危险认知特点不仅可以深化相关问题的研究，而且有助于防范同类事件的重演。

书名：《公共危机应急救援力量体系研究——顶层设计、实践探索与政策建议》

作者：杨隽等著

出版社：中国人民公安大学出版社

出版时间：2013 年

内容提要：随着公共危机管理研究的持续深入，对公共危机管理主体——应急救援力量的关注度会逐渐增强，与之相关的专题论文与深度研究会不断增多，研究视野和认知层次也会随着研究方法的多元应用而逐步深化和走向成熟。因此，当前公共危机应急救援力量研究需要通过丰富学科多样性来打开视野，通过推动相关学科的对话与交融来加强横向发展，不断以先进理念和创新思路来引领这一领域研究，使之不断前进。这不仅是应急救援力量研究领域的发展趋势，也是杨隽、董希琳主编的《公共危机应急救援力量体系研究——顶层设计、实践探索与政策建议》研究的努力方向，以期对此问题的研究有新的总结、发现与提高。

本书在研究方法上综合运用理论思辨、实证研究、历史比较和经济价值分析等多种方法，并在实地调研的基础上，对我国当前应急救援力量体系建设模式进行研究，提出构建公共危机应急救援力量体系的基本思路与方法。第一章回顾了公共危机应急救援力量体系建设的历史与现状，分析了中国公共危机应急救援力量体系的建设历史并结合现状以及当前世界主要国家在这方面的建设情况进行分析，说明了公共危机应急救援力量体系存在的意义。而后分为六个部分进行详细分析，依次为法律体系建设、预案体系建设、管理体系建设、运行体系建设、结构体系建设和保障体系建设。对这六个部分通过问题、内容结合案例进行分解剖析并给出相关对策和建议。

书名：《日本危机管理体制研究》
作者：王德迅著
出版社：中国社会科学出版社
出版时间：2013 年

内容提要：本书对日本自然灾害危机管理、事故灾害危机管理、健康危机管理、环境危机管理、企业危机管理、经济危机管理、社会危机管理、涉外危机管理等进行了实证分析和研究。

《日本危机管理体制研究》首先对危机、危机管理进行了概念界定，而后对危机管理理论的演进过程进行梳理，并详细说明日本的地理位置与人口、行政体系、行政区域管理进行背景铺垫，并延伸至日本的灾害管理体系。在第三章中对日本目前的危机管理体制进行概述，其中包括日本危机管理体制的形成过程、特点及现状，还分析了日本的危机管理法律体系并联系日本独有的内阁官房的决策机制，从而说明日本对于紧急事态的措施处理及应对机制。本书综合分析了日本危机管理体制的基本结构和运行状况，分别考察了日本自然灾害、事故灾害，健康、环境、企业、经济、社会、涉外等领域危机管理机制的运行情况，对多种多样的紧急事态结合案例进行分类阐述：自然灾害其中包括近年发生的主要自然灾害的防灾法律体系等诸如地震、雪灾、巨灾、防灾活动与社会参与，对于事故灾害包括海上灾害、核能灾害、火灾、危险物品管理等。在此基础上，以案例分析的方式研究了日本在应对“3·11”地震、福知山线脱轨事故、驻秘鲁大使馆人质事件、“纳霍德卡”号油轮溢油事故、校园欺凌问题等典型危机事件过程中的经验和教训。此外还附有日本新版本的《灾害对策基本法》。

书名：《应急资源协同管理——面向地震灾害的研究》
作者：邓富民等著
出版社：经济管理出版社
出版时间：2013 年

内容提要：地震灾害给人民的生命财产造成了巨大的损失，同时也给应急救灾物资的采购和调运工作提出了严峻的考验。由于地震灾害的突发性和对通信、交通设施的极大破坏性，赈灾的应急物资难于实现其时间和空间上的有效响应。地震发生后，对医疗物资、车辆、救灾机械设备等救灾应急物资的需求量特别大，且要求其运输周期短、质量好等，应急物资的综合协同管理水平直接关系到应急系统对地震灾害的响应能力，从而避免灾难扩大化，尽量减少损失。研究面向地震灾害的应急物资协同管理，对于应急物资管理决策的快速准确响应，具有一定的理论研究与实践应用价值。

本书从救援组织机构管理、应急医疗物资管理、应急救援设备管理、应急资源协同管理和应急法律法规五个方面展开研究。第一部分中，第一章对地震应急组织机构进行概述，包括对组织机构分类及作用进行说明，以及对地震应急组织指挥体系的概述。第二章阐明了地震应急组织机构管理，其中包括医院、志愿者两个部分，结合其现状以及案例进行分析并引出第三章应急医疗物资分类，分三节：第一节为医疗物资的分类研究，第二节为震后医疗物资供给特征分析，第三节为应急医疗物资需求特征和供需匹配实证分析。第四章对应急医疗物资管理体系、采购优化、调度优化、应急预案展开了现状以及经验详述。第五章为应急救援设备概述，包括设备分类、作用等。第六章对应急救援设备管理的系统、模式、安全管理、质量管理等进行评价并提出了改善意见。

而第二部分从第七章对地震灾害应急预案制定到第八章地震灾害应急保障机制再至第九章地震灾害应急响应机制引出第十章面向地震灾害协同决策，提出第十一章的面向地震灾害的协同管理机制。在末章列举了应急相关的法律法规进行本书收尾。

书名：《危机管理：突发公共卫生事件应急处置问题与策略》
作者：孙梅著
出版社：复旦大学出版社
出版时间：2013 年

内容提要：突发公共卫生事件应急处置工作虽然在 2003 年后有了长足进展，但诸多问题依然存在。故本书的构架重点研究方向为我国突发公共卫生事件应急处置工作的现状怎样？究竟存在哪些问题？这些问题的重要性、严重性如何？现实状况如何？解决的策略又是什么？

本书在第一章引言中重点介绍了突发公共卫生事件应急处置的相关概念，以及危机管理理论在突发公共卫生事件应急处置中的应用。第二章介绍了我国突发公共卫生事件应急处置的法律体系与组织体系。第三章系统梳理了近十年来我国突发公共卫生事件应急处置的相关政策。第四章至第七章，主要聚焦疾病防御控制机构突发公共卫生事件应急处置工作存在的问题与策略。其中，第四章基于文献检索与评阅，厘清了我国突发公共卫生事件应急处置存在的问题。第五章运用文献分析法，从问题的重要性、严重性及可解决性的综合排序，确定了我国突发公共卫生事件应急处置的关键问题。第六章运用我国省市县各级样本疾病预防控制机构的现实数据，定量论证了我国突发公共卫生事件应急处置存在的问题。第七章分析并总结了我国突发公共卫生事件应急处置能力提升的策略。第八章介绍了美国、英国等发达国家及印度等与我国类似的发展中国家的突发公共卫生事件应急处置体系，能够给我国提供一些借鉴。

书名：《应急管理译丛：不同理论视角下的危机心理干预》
作者：希尔达·洛克伦著
译者：曾红
出版社：知识产权出版社
出版时间：2013 年

内容提要：我国目前的应急管理和灾难救援体系中，危机心理干预无论是在实践的运用上，还是在理论的研究上，都还处在一个起步的阶段。在实践中，没有形成完善的体系和良好的运行机制；在理论上，对灾难心理及其干预、救援的研究也相对缺乏，基本的理论研究工作几乎还是一片空白。

本书以心理学基本理论为背景，从心理学各流派出发，探讨关于危机的基本思想及相应的治疗方法。一个流派自成一章，每章中又以实例说明不同理论流派在处理实际危机时的做法，理论深刻又不乏具体操作技术，在应急管理体系构建与研究方面具有重大意义。书中所涉流派包括精神分析、发展理论、行为、认知的方法以及强调系统、环境影响的系统论、激进主义和构建主义。此外，还专辟第九章介绍了创伤后应激障碍的发生原理、诊断及治疗。本书介绍了心理学各个基本流派关于危机干预的理论和实践操作技术，可从中了解到心理危机干预的不同理论和思想，并可根据自身的情况选择不同的方法展开应用。

书名：《政府突发事件风险评估研究与实践》
作者： 邹积亮著
出版社： 国家行政学院出版社
出版时间： 2013 年

内容提要： 风险管理是突发事件预防及应急准备阶段的工作重点，风险管理流程中风险评估环节是极为重要、较为复杂的步骤。我国的风险评估工作尚处于起步阶段，尽管不同行业、不同领域、不同地方都开展了风险评估工作，但我国尚未出台风险评估标准化的操作流程与方法，突发事件风险评估工作缺少制度性设计。为推进中国风险评估工作，中德应急管理合作项目在广东省深圳市、河源市和重庆市开展了风险评估试点工作。

本书根据中德应急管理合作项目公共风险分析试点情况，汇集整理了德国突发事件风险评估方法与实践，将德国自 2009 年以来在全国范围内围绕《公民保护中风险分析的方法》所开展的风险评估研究与实践工作加以介绍。同时，将德国风险分析方法本土化，重点介绍了重庆市九龙坡区开展风险评估试点工作的主要做法，包括一些风险评估工作实例。最后，针对开展风险评估项目试点过程中所遇到的一些难点问题，提出了中国在未来开展风险评估工作中所需要解决的一些关键问题。

书名：《危机管理蓝皮书：中国危机管理报告（2013）》
作者：文学国、范文青主编
出版社：社会科学文献出版社
出版时间：2013 年

内容提要：本报告由五个部分组成，分别是总报告、政府危机管理、企业危机管理、突发事故与公共管理、域外借鉴。其中，总报告盘点了 2011～2012 年我国国内发生的重大突发性危机事件，总结了过去两年我国各类危机事件的发生特点，并就不断健全完善突发事件应急管理体制提出了若干合理化建议。政府危机管理部分主要选取了群体性事件、环境危机、城市生命线危机以及“7·23”动车追尾危机作为研究对象，对危机本身及其处理情况进行了细致的分析和评估。企业危机管理部分主要关注了康菲溢油事件和广百集团危机，深刻地总结了其在处理过程中的经验教训。突发事故与公共管理部分全面地研讨了故宫博物院“十重门”事件、湄公河劫船事件、出口食品安全危机事件、我国远洋石油运输危机以及我国民间借贷危机等，以及在危机处理过程中的得失和教益。域外借鉴部分介绍了俄罗斯国家危机管理机制和日本横滨城市危机管理机制，以获取国外危机管理体制实践的宝贵经验与注意要点。

本书所采用的资料覆盖面广，选题突出重点、热点，同时涉及领域具有广泛性和多样性，对过去两年以来我国主要危机事件及其管理进行了一个全景展示，为进一步改善我国危机管理体制、不断提高我国危机管理水平提出了建议与方向。

第二节

英文图书精选

书名：《作为危机管理者的欧盟：管理模式和前景》
The European Union as crisis manager: patterns and prospects

作者： Arjen Boin，Magnus Ekengren，Mark Rhinard

出版社： Cambridge University Press

出版时间： 2013 年 8 月 8 日

内容提要： 欧盟越来越多地被要求来管理内部和欧盟以外的危机。从恐怖袭击到金融危机，从自然灾害到国际冲突，现在危机的特征决定了跨越地域和职能界限进行合作的必要性。此类危机的管理为什么需要欧盟，欧盟有什么特殊能力？为什么需要这些能力？欧盟为什么会有这些能力？欧盟如何工作，欧盟的能力是否可以有效应对危机？本书提供了对欧盟危机管理的一个全面描述。本书广泛地定义了危机的概念并在政策部门和机构等几个方面审视了欧盟的能力。作者描述了欧盟用于内部和外部危机管理的能力全集，并且以制度的视角解释这些不同能力的发展过程和制度化过程。本书高度的可读性使得欧盟的合作领域变得更加重要并且可被其他读者检验。

书名：《批判恐怖主义研究：研究方法的介绍》

Critical terrorism studies：an introduction to research methods.

作者： Jacob L. Stump，Priya Dixit

出版社： Routledge

出版时间： 2013 年 5 月 2 日

内容提要： 这是一本介绍批判恐怖主义研究方法的书。虽然现在批判反恐研究中心（CTS）不断的贡献在于研究恐怖主义实践案例和概念等方面，但是人们对如何系统地开展这方面的研究一直很少关注。批判恐怖主义研究通过三个关键主题填补了这种差距：第一，恐怖主义研究和国际关系反恐研究中心（IR）的学术地位的确立；第二，从批评方法的理论化和方法论方面来看恐怖主义的研究；第三，对这些研究方法的实证展开。

在参考了一系列相关材料后，本书回顾了一系列基于非变量研究方法论的方法。接着本书提供了一些经验例证，以说明这些方法已经可以由学生、教师和有研究生身份的研究人员利用以批判和严谨地对恐怖主义例证进行研究。这本教科书对恐怖主义研究、社会学、批判安全研究的学生以及一般研究者将大有裨益。

书名：《英国和美国打击恐怖主义：制度、规范和过去的阴影》
Countering terrorism in Britain and France: Institutions, norms and the shadow of the past.

作者：Frank Foley

出版社：Cambridge University Press

出版时间：2013 年 3 月 14 日

内容提要：虽然 2001 年 9 月 11 日的随后几年中，英国和法国都面临着来自伊斯兰恐怖主义的类似威胁，他们却经常以不同于对方的方式回应挑战。对这两个领先的自由民主国家的反恐政策和行为第一次深入的比较分析这一开创性的工作由本书完成。本书挑战了一个普遍持有的观点，即一个国家的反恐政策的性质取决于它面临威胁的类型，作者弗利认为，这样的说法无法解释为何法国创立更具侵入性的警察和情报行动，创造一部更严厉的反恐法律制度来打击伊斯兰恐怖主义，但是英国却没有。为了解释这一现象，借鉴制度主义和建构主义的理论，作者开发了新的理论框架把反恐置于组织的、制度的和更广泛的社会背景下。本书将反恐政策的中心议题介绍给了学生和国际关系与安全研究专家。

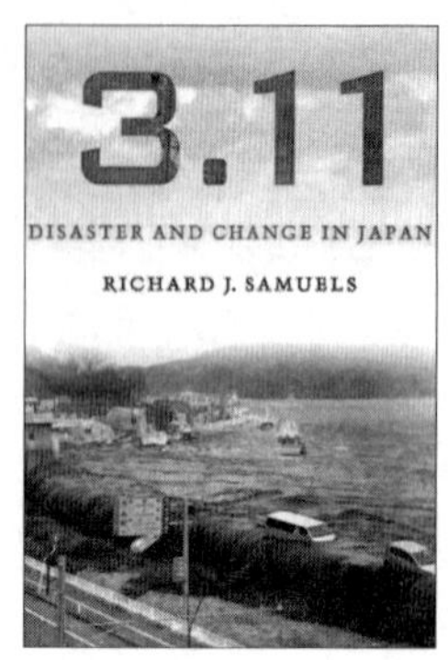

书名：《日本的危机和改革》
Disaster and change in Japan
作者： Richard J. Samuels
出版社： Cornell University Press
出版时间： 2013 年 3 月 19 日

内容提要： 2011 年 3 月 11 日，在日本不足 50 英里的东部海岸发生 9.0 级海底地震冲击。这是日本历史上最强烈的地震，地震引发的灾难性海啸海浪达到了 130 英尺的高度，直接导致福岛第一核电厂前所未有的多反应器崩溃。这三重灾难夺走了近 20000 个生命，摧毁了整个城镇，最终日本将耗资数十亿美元对被毁坏的城镇进行重建。理查德·塞缪尔斯首次提出了 3·11 灾难对日本政府和社会广泛影响的学术评估。2011 年 3 月发生的事件和 20 年的社会和经济不振，以及国家和地方层面相当大的政治和行政功能障碍，正在引起国家深刻的自我反省。在政治的悲剧中日本改革家也看到了希望：日本有机会改造自己。塞缪尔斯探讨日本地震后三个关键领域的行动：国家安全、能源政策和地方治理。行动表明，对于一些改革者，3·11 是对日本彻底改革其优先事项和政治进程的警告。对于一部分群体来说，这是一次千年一遇的灾难，他们警告说，虽然国家政策还有待改进，但是彻底的变革可能会适得其反。还有一些人宣称，灾难表明日本有必要回到理想化的过去，重建那些被现代化和全球化丢失的过去。塞缪尔斯记载这些观点之间的辩论，经过分析得出政治企业家三个有力调动普通民众支持的主题：领导力、社区和脆弱性。在此，我们可以评判用大灾难推动议程的改革者的成败，并通过对比日本、中国和美国经历过的地震灾难和其影响，来判断日本此次经历的 3·11 地震对政治和政策的影响。

书名：《灾害抗灾力：跨领域的视角》

Disaster resiliency：Interdisciplinary perspectives

作 者： Naim Kapucu，C hristopher V. Hawkins，Fernando I. Rivera

出版社： Routledge

出版时间： 2013 年 5 月 2 日

内容提要： 近些年自然灾难的频繁发生让抗灾力成为研究热点。2005 年卡特里娜飓风和 2011 年日本海啸等自然灾害强调了社区备灾和可持续发展的重要性。这些灾害将不可避免地继续发生，但通过对抗灾力的理解以及研究可能影响抗灾力的因素，社区可以最大限度地减少脆弱性，并提高对灾害的应变能力。

在本书中，编辑纳伊姆、克里斯多夫·霍金斯和费尔南多·里韦拉收集学者的一系列令人印象深刻的关于灾难抗灾力的话题，表示本话题急需人们再三思考。以前关于抗灾力的研究主要集中在案例研究的范围内，但是本书提供了更系统的抗灾力的实证评估，并且深入研究探索新的领域，包括移动房屋公园的脆弱性、资产地图的重要性以及农村和城市地区资产分布的差异。本书采用多种统计技术，审视公共管理、公共政策、社区规划和发展等方面，用比较的方法从个人角度、文化角度、社会经济地位和社会网络等角度分析对个人抗灾力的影响，文章所得经验可以在美国甚至世界各地使用。得出的分析结果将有助于社区应对自然灾害的备灾、响应和恢复各个阶段的战略。

结合抗灾力的概念，编辑和其他编著者将应急规划、管理和政策以及学生学习的资源进行了整合，整合内容包括影响社区抗灾力的因素、政策以及政府用以增强社区在灾害面前的抗灾力和可持续发展能力的行为等。

书名：《生态系统在降低灾害风险中的作用》
The role of ecosystems in disaster risk reduction

作者： Fabrice G. Renaud，Karen Sudmeier - Rieux，Marisol Estrella

出版社： United Nations University Press

出版时间： 2013 年

内容提要： 由于全球环境变化加剧，在世界范围内灾害发生的趋势在不断增加，急需新的方法来减轻灾害，减少灾害暴露降低脆弱性。但是，有关减灾我们所面对的是艰难的选择。例如，我们应该继续建设堤坝以保护人民免受洪水和沿海灾害（虽然建设堤坝往往取得的是有限的成功，因为堤坝有阈值，超过阈值仍然会发生洪水，而且可能因为环境破坏带来其他方面不可预测的影响），或者我们应该考虑基于生态系统的替代方案。

作为屡试不爽的解决方案，生态系统管理正在被重新审视。因为其“双赢”和“无后悔”的号召非常迎合不断增加的灾难应对、气候变化风险和可持续发展的偏好。通过减轻危害、减少接触、降低脆弱性并提高社区暴露的应变能力来降低风险，现在生态系统方法和其他元素已经并列成为灾害风险的重点影响元素之一。

基于生态系统的办法来减少灾害风险（DRR）的作用是缓慢的，但是仍然有一些成功的案例存在。有多种原因导致这种方法不被重视：第一，环境和灾害管理的部门通常相互独立工作，生态系统管理很少被视为减少灾害风险解决方案组合的一部分；第二，和工程解决方案相比，其对 DRR 的贡献被高度低估，因此没有给予相应的预算分配；第三，决策者和生态研究者之间缺乏互动，导致生态系统减少灾害风险方面的作用信息不能明确到达决策者手中，甚至决策者有时候会接收到相互矛盾的科学信息。

这本书的目的是为生态系统管理和减少灾害风险这样多学科领域的专家提供知识和实践的概述。投稿者是来自世界各地的科学和灾害管理界的专业人士，他们代表了一个国家的有关这一主题最先进的知识、实践和观点。这本书将作为一个基础，以鼓励科学家、从业者、决策者和发展规划者进行更多的讨论并推动进一步的发展。

书名：《危机沟通的理论化》

Theorizing crisis communication

作者： Timothy L. Sellnow，Matthew W. Seeger

出版社： John Wiley & Sons

出版时间： 2013 年 1 月 9 日

内容提要： 危机沟通在发展、管理自然和人为的灾难方面有重要作用，其中有很多理论框架来解释沟通的作用。《危机沟通理论化》这本书是对已经建立的理论框架的全面回顾和批判。本书是将各种危机传播理论化方法汇集在一本书中的第一次尝试。作者从不同的角度总结前人的理论，比如风险管理、伦理、大众传播、社交媒体、应急响应、危机结果，以及预警系统的理论，并提出清楚的例子说明理论在危机传播研究中如何应用。通过对多学科——包括社会学、心理学、应用人类学、公共卫生、公共关系学、政治学、组织研究和刑事司法等方面的总结，最后得出一套理论框架。本书为准备、管理、响应、解决等过程的全面了解提供了一个重要的工具，有助于帮助人们了解这些破坏性事件的意义。

书名：《日本灾害管理：3·11 地震的是如何应对的？》
Japan's Disaster Governance：How was the 3.11 Crisis Managed?

作者： Itoko Suzuki，Yuko Kaneko

出版社： Springer Science & Business Media

出版时间： 2013 年 1 月 9 日

内容提要： 自然灾害往往是多方面的，并且总是造成严重的损害。本地发生的灾难可能发展为全国乃至全球的危机。当今世界迫切需要一个新的知识和技术的系统来减缓和应对灾难。现在知识系统的中央机构是政府的备灾、应急和危机管理系统，该系统的能力正在成为公共管理、管理和治理的一个越来越重要的因素。今天，灾害应该是由地方、国家和全球治理进行周全的管理，通过备灾、防灾、减灾然后到救济、恢复和重新建设的各个阶段。在这些阶段中，政府起着最重要的作用。

这本书通过对 2011 年 3 月 11 日日本 9 级东日本大地震引发巨大的海啸和对福岛核电站事故为例，分析日本的灾难治理的情况，展示了由灾害导致的灾区的社会和经济损失。案例考察了日本的灾难管理能力和它的危机管理系统对该国自“二战”结束后遇到的最具毁灭性的灾难的反应能力。日本的公共管理和治理系统也在此灾难中经过了检验，现在存在的挑战是目前正在进行的恢复和重建工作需要更加负责和透明。

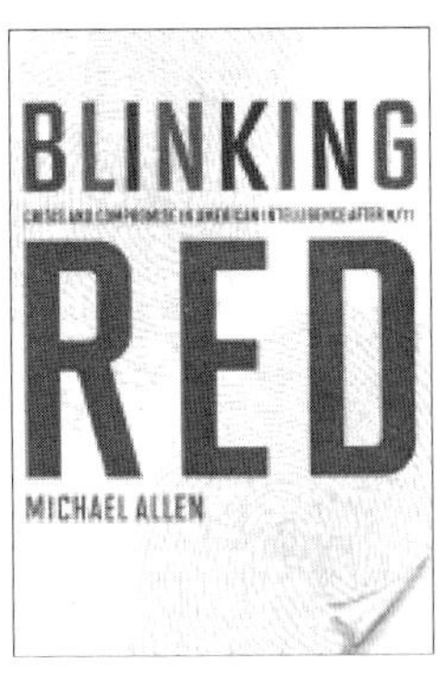

书名：《闪烁的红：9·11 后美国情报机构建立的危机和妥协》

Blinking Red：Crisis and Compromise in American Intelligence after 9/11

作者：Michael Allen

出版社：Elsevier

出版时间：2013 年 1 月 9 日

内容提要：9 月 11 日袭击后，"9·11" 委员会认为，美国需要一个强有力的领导者、一个间谍组织首脑，对分散的情报官僚机构进行整合，成为一个单独的系统来打击美国面临的国际恐怖分子。在 2004 年的总统选举当中，不到五个月的时间内，国会和总统重组了第二次世界大战国家安全的基础设施机构，成立了国家情报总监（DNI）和国家反恐中心（NCTC）办公室。

《闪烁的红》这本书描绘了在"9·11"情报失误和遗漏、伊拉克大规模杀伤性武器失踪后，官僚机构复杂的奋战历史，解释了 NSC 和国会如何塑造美国对"9·11"袭击的反应。迈克尔·艾伦声称，对 DNI 和 NCTC 创造过程的案例描述是权力政治和机构改革的案例研究。通过将情报界改革过程中的立法事务和政治角力曝光，艾伦帮助我们理解为什么这些制度变革的成效仍然是一个问题。

书名：《灾害响应中的社交媒体：有经验的设计师建立的广泛参与》

Social media in disaster response：How experience architects can build for participation

作者： Liza Potts

出版社： Routledge

出版时间： 2013 年 10 月 30 日

内容提要： 在灾害响应阶段，社会化媒体的研究重点是新兴的社交网络工具如何为研究者和实践者提供新的机遇以解决参与文化中灾难沟通和信息设计的问题。然而，第一，研究者和实践者这两个群体目前均缺乏跟踪参与者的跨系统网络研究的工具包；第二，网站的设计不仅仅是为了个人沟通，而是为了跨领域沟通，不管是实践者还是研究者都对网站设计知之甚少。鉴于我们目前生活在动荡的政治和生态环境中，对于研究者或者实践者来说，了解人们在灾害期间实际应用的通信方式是很重要的。

灾害应急中的社交媒体解决了这个问题，通过社会技术我们现在可以对网络提供的大量的、和发生地相对应的话语进行分析，从而提供可用的研究结果。而且，这种技术不管是对自然危机还是对人为危机的情况都适用。这是社交网络应用的转化，通过技术手段将参与者提供的危机时刻的关键信息转化为研究结果。这本书为研究者提供了方法、工具，以及研究和分析这些通信系统的例证。同时，本书还提供了了解设计方法和与具体信息从业者的沟通渠道，以协助读者进行通信系统和结构的设计。

第四章　公共危机管理学科 2013 年大事记

第一节　国际风险治理理事会 2013 学术峰会

【召开时间及地点】

2013 年 1 月 9 ~ 11 日北京

【主办单位】

科技部、国务院参事室、国际风险治理理事会

国际风险治理理事会（简称 IRGC）是 2003 年在瑞士政府提议下发起的国际性非营利组织，主要由世界各国的政府官员、科学家以及相关领域的专业人士组成，旨在为风险评估建立一个国际性的、理性的交流平台，形成协商机制，对科技发展与风险管理进行研究。自成立以来，国际风险治理理事会基于实证研究，开发了一系列应对新型风险和复杂风险的方法和工具。所涉风险多为系统性的、跨国界的乃至全球性的风险，需要各方的协作治理。通过该次会议，促进风险评估和风险管理策略的制定，以实现协作式风险治理。

【会议概况】

2013 年 1 月 9 日下午，由科技部、国务院参事室、国际风险治理理事会共同主办，清华大学公共管理学院承办的“国际风险治理理事会 2013 学术峰会”在清华大学召开。本次会议的主题是从“危机管理”到“风险治理”，旨在探讨风险治理前沿问题，交流风险治理研究成果，加强与中国风险治理相关学者与机构的联系，推动中国科研机构在相关领域的研究。会上，清华大学公共管理学院风险治理研究中心（国际风险治理理事会学

术网络中国中心）同时宣告成立。

本次会议从1月9~11日，分为综合国际研讨会和专题研讨会。开幕式由国务院参事、国际风险治理理事会理事刘燕华主持，科技部副部长王伟中、国务院参事室副主任方宁、国际风险治理理事会主席、瑞士洛桑理工大学副校长兼教务长菲利佩·吉雷、清华大学副校长姜胜耀等领导、专家先后发言。清华大学公共管理学院院长、清华大学公共管理学院风险治理研究中心执行主任薛澜教授介绍了该中心的使命、组织架构和运行方式。中心旨在推进相关学术研究与交流，增进公众对健康、环境、安全以及经济风险的理解，提出风险治理之道，并聚焦中国的现状，将重点放在地方风险治理与全球风险治理的相互作用。国务院参事石定环、张洪涛、徐锭明、施祖麟，国务院参事室特约研究员雷武科等出席开幕式。

为期三天的会议，共举办了四场专题研讨会和一次全体会议。会议主要围绕风险认知和风险文化、生物技术创新与适应性治理、食品安全治理、国家风险评估和国家风险管理等议题展开讨论。在本次会议上，风险认知、沟通和管理领域的国内、国际知名专家会聚一堂共同探讨风险治理的先进理念和工具，并促进与会者在政策制定、规制框架、制度安排等方面的合作研究。

第二节　减轻灾害风险全球平台第四次会议

【召开时间及地点】

2013年5月19~23日日内瓦

【主办单位】

联合国国际减灾战略署

【会议概况】

联合国国际减灾战略署主办的“减轻灾害风险全球平台第四次会议”的主题是“投资今天，共筑更加安全的明天：有复原力的人、有复原力的星球”，意在通过国际社会的协同努力，减少自然灾害给人类带来的损失。

“减轻灾害风险全球平台大会”是防灾减灾领域最高级别的全球性会议，成立于2007年，每两年举办一次，旨在加强跨部门之间的信息交流与合作，实现减少灾害风险的全球目标。今年会议特点之一是规模大，共有来自 160 多个国家的政府代表团出席；第二个特点是参会者来自不同领域，除政府代表外，还有民间组织、社区、科学和学术机构、私营企业代表等。

大会上播放的一个视频短片展现了自然灾害给人类造成严重损失。根据联合国减灾战略署发布的报告，进入 21 世纪以来的 13 年间，自然灾害造成的经济损失达 2.7 万亿美元，全球有 29 亿人受到不同程度的影响。印度洋海啸、日本大地震、汶川地震、海地地震、桑迪飓风等，自然灾害频繁发生，而且程度也更加猛烈。出席本次会议的联合国常务副秘书长埃里亚松认为，我们目前处在一个灾害频发的时代，“我们生活在一个灾害频发的时代。它们因气候变化而变得更加严重，更为不幸的是，还有一些人为因素导致的严重灾害。我本人 1999 年在孟加拉亲眼看到，灾害发生之后的 45 分钟内，造成 19 万人溺水而死，我们还看到最近发生在日本的灾难，在美国东海岸俄克拉荷马的灾难。自然灾害不仅发生得更加频繁，而且也更加猛烈。所以，我们应当承担起我们的责任”。

为了应对自然灾害，国际社会做出了积极努力。2000 年，联合国成立了国际减灾战略署；2005 年，联合国大会通过了 2005 ~2015 年兵库行动框架，要求加强国家和社区的抗灾能力，将灾害风险纳入国家政策与计划当中；2007 年又建立了“减轻灾害风险全球平台大会”，2013 年是第四次会议。本次会议期间，将举行多场高层对话会、地区磋商会和专题论坛等，就减灾防灾的经验和实践进行交流。其中专题论坛的议题非常广泛，如科技在减灾中的作用、灾害对妇女儿童的影响、灾后重建与管理，等等。埃里亚松认为，减灾与经济和可持续发展直接相关。他说：“这不仅仅是一个改善生活的问题，还与经济的可持续发展有关。因此我们必须在减灾方面进行投资，这是最重要的。通过投资减灾，我们可以为更好的发展奠定基础。因此我认为，减灾必须列入发展议程之中，因为受灾害影响的往往是穷人和弱势人群。”

中国民政部副部长姜力率团出席了这次会议。姜力在大会陈述发言中介绍了中国自上次会议以来在防灾减灾方面做出的努力，以及上个月四川芦山县地震发生后的应对和救援情况。她说，中国政府始终坚持综合减灾、主动减灾和灾害风险管理的理念，将减轻灾害风险纳入国家和地方可持续发展战略，推进国家减灾平台建设，进一步提升了国家综合防灾减灾能力。中国政府愿意与国际社会共同做出努力，特别是加强在自然灾害监测预警、信息共享、紧急救援、科学研究与技术应用、人员培训等领域的合作。

第三节 2013 年“全国政府应急管理培训基地协作联席会”暨“应急管理国际合作研讨会”

【召开时间及地点】

2013 年 7 月 3～5 日宁夏回族自治区

【主办单位】

国家行政学院

【会议概况】

7 月 3～5 日，由国家行政学院应急管理培训中心、中欧应急管理学院和宁夏行政学院共同举办的首届“全国政府应急管理培训基地协作联席会”暨“应急管理国际合作研讨会”在宁夏银川举行。

近年来，不少国家和地区都根据形势发展需要，不断加强应急管理人才的培养。为了使学员增强风险意识和危机意识，明确应急管理的责任，深入了解我国应急管理体制、机制、法制及预案的知识和内容，明确各级政府应急管理工作的中心和要求，在本次联席会中分四个主题进行广泛而深入的交流与研讨。

来自政府部门、科研院校、国际合作组织、企业、非政府组织的 130 多位海内外代表参加了本次会议。此次会议围绕“应急管理培训基地建设”“应急管理培训与科研”“应急管理实践经验”“应急管理国际合作”四个分主题进行了广泛而深入的交流和研讨。同时，会议展示了国家行政学院承担的中美、中德、中欧应急管理合作项目的部分成果。国务院应急办、国家行政学院应急管理培训中心、宁夏回族自治区应急办、德国国际合作机构和法国民事保护局等机构代表出席开幕式并致辞，国家行政学院应急管理培训中心负责人主持开幕式并做大会总结。

第四节　第八届国际应急管理论坛暨中国（双法）应急管理专业委员会第九届年会

【会议简介】

应急管理作为一门多学科交叉的综合性科学，在解决各类频繁发生的突发性灾难事件中发挥着极为重要的指导作用，为各级政府、企事业单位正确处置各类灾难事件提供了科学方法和决策依据。本次论坛针对我国近期发生的航空器恐怖威胁案件、校园投毒案及有关我国海上运输通道非传统安全等问题，邀请国内外知名专家学者就有关应急管理政策、应急管理基础理论、应急管理模型与方法、应急管理相关技术与应用等进行广泛而深入的讨论。

在多年成功举办应急管理国际研讨会的基础上，中国优选法统筹法与经济数学研究会应急管理专业委员会、中国科学院大学、中国科学院科技政策与管理科学研究所、华中科技大学、大连海事大学、中央财经大学、四川大学、河南理工大学、电子科技大学等相关研究机构于 2013 年 10 月 18 ~ 20 日在大连联合举办“第八届国际应急管理论坛暨中国（双法）应急管理专业委员会第九届年会”。

【召开时间及地点】

2013 年 10 月 18 ~ 20 日大连

【主办单位】

中国科学院大学
中国优选法统筹法与经济数学研究会应急管理专业委员会
中国科学院科技政策与管理科学研究所
华中科技大学
中央财经大学
大连海事大学

【会议概况】

2013 年 10 月 18 日晚上，在大连海事培训中心公寓会议室召开应急管理专业委员会第九届年会预备会议。

10 月 19 日上午，在大连海事大学校史展馆万邦文锦报告厅，召开了大会开幕式。中国科学院大学黄钧教授主持大会，大连海事大学校长和原主任计雷教授分别致辞，全体嘉宾及参会人员合影留念。此后，刘铁民、焦建彬、吕靖分别做了大会主题报告，包括《重大事故频发凸显公共安全系统脆弱性》《大型疏散场景下的集群行为分析》和《保障我国海运通道安全研究》。王蓉介绍了四川行政学院应急管理培训情况。

下午，五位专家做了大会主题报告。朱建明介绍了《应急设施选址中的若干问题研究》，王军汇报了《水上应急资源配置优化问题研究》，李加莲探讨了《应急演练中响应执行效果的评估方法研究》，王旭坪阐述了《大规模灾害中基于聚类的医疗物资联合配送优化》，韩喜双汇报《城市关键基础设施保护规划问题研究》。

晚上在大连海事大学交通运输管理学院会议室召开了中国优选法统筹法与经济数学研究会应急管理专业委员会会议。由黄钧教授主持会议，总结了专业委员会一年来的工作，组织与会人员商议修改章程，增选了常务委员和学术、组织、普及工作委员会副主任，安排了下一届会议的相关事宜。

10 月 20 日上午，在大连海事大学远航楼进行分组讨论和论文评审。李睿宣读了论文“基于遗传算法的应急服务设施点布局优化研究”，罗帆、田军、杨文国担任评委，对各位学者宣读的论文进行了中肯的评价，提出了修改建议。

第五节　2013 应急管理（西安）高层论坛暨国际应急管理学会中国委员会第四届年会

【会议简介】

本届年会以“加强基层基础建设、科学应对突发事件”为主题，以“从汶川到芦山”这五年来的灾难应对为背景，以多部门协调联动为重点，针对自然灾害、事故灾难、公共卫生和社会安全等突发事件的监测、预警、应对处置和服务能力做了交流探讨。

【召开时间及地点】

2013 年 10 月 24 ~ 25 日西安陕西宾馆

【主办单位】

TIEMS 中国委员会
陕西省应急管理学会
陕西省应急管理办公室

【会议概况】

2013 年 10 月 24 日，“2013 应急管理（西安）高层论坛暨国际应急管理学会中国委员会第四届年会”在西安召开。国务院参事、国务院应急管理专家组组长、国家减灾委专家委副主任、TIEMS 中国委员会主席闪淳昌，陕西省委常委、省委政法委书记安东，国务院应急办副主任严鹏程等致辞。

闪淳昌表示，我国应急管理工作任重道远，无论是应急管理顶层设计、各地遇到的实际问题，还是公共安全理论研究、应急管理实践的科学总结等，都需要不断开拓创新。

安东在致辞时说，陕西省委、省政府高度重视应急管理工作，从 2005 年开始，陕西应急管理各项工作稳步推进，制定了《实施〈中华人民共和国突发事件应对法〉办法》，使我省应急管理工作步入了法制化轨道。目前，全省已基本形成横向到边、纵向到底的预案体系，各级共编制预案 12 万余件。希望与会代表传授经验做法，多提宝贵意见，为有效应对各类突发事件和灾害事故、切实维护社会和谐稳定发挥力量。

本届年会针对自然灾害、事故灾难、公共卫生事件和社会安全事件等突发事件的监测、预警和应对处置等，邀请国内 200 多位应急领域的专家学者分享经验。

本届年会执行主席桂维民表示，陕西应急管理工作在重视源头治理、推进法制建设、坚持规划引领、注重体制建设、提升应急能力、夯实基层工作、重视理论研究等方面特色突出，在全国颇有影响，本次会议将为提升陕西乃至全国基层应急管理能力发挥积极作用。

第六节 第二届中欧应急管理高层工作坊

【会议简介】

根据中国政府和欧盟委员会签署的中欧应急管理国际合作项目，国家行政学院和欧盟项目举办了中欧应急管理高层工作坊，作为中欧应急管理的重要对话体制，对于双方加强应急管理体制有重要的合作意义。"第二届中欧应急管理高层工作坊"由国家行政学院应急管理培训中心（中欧应急管理学院）与中欧应急管理合作项目欧方项目联合体合作举办，依托中欧应急管理合作项目，为关注中国应急管理发展的国内外高层官员提供的专门交流平台。意在为政府高层决策者提供高质量的对话空间，以加强欧盟成员国和中国政府在应急管理各相关领域的实质性合作。

【召开时间及地点】

2013 年 11 月 13 日 ~15 日北京

【主办单位】

国家行政学院应急管理培训中心

【会议概况】

"第二届中欧应急管理高层工作坊"于 2013 年 11 月 13 日 ~15 日在国家行政学院应急管理培训中心（中欧应急管理学院）举行。专门负责国际合作、人道主义援助和危机应对欧盟委员格奥尔基耶娃女士专程出席开幕式，并发表专题演讲。

克里斯塔莉娜·格奥尔基耶娃女士在开幕式上发表了主题为"加强合作、共同应对危机"的演讲。她指出，由于气候变化导致现今世界发生越来越多的灾难，而这些灾难比以往任何历史时期都具有更强的破坏力，对人民的生命财产造成了极其严重的危害。尽管欧盟各国在应对严重自然灾害方面已经建立起防护机制并且积累下来一定的经验，但由于灾害发生的频率与强度都在不断上升，根据已有的机制与经验是不够充分的。而中国在灾难管理方面有着丰富且宝贵的经验，因此建立中国与欧盟之间的应急管理合作交流平台就灾害应对方面进行经验分享与探索具有十分重要的意义。她强调只有通过各国间加强合作，相互学习，共同努力，才能更好满足未来的需要。演讲中，格奥尔基耶娃女士还提出了两点建议：一是关于灾难应对方面做好日常的准备和预防工作，二是提高地方政府在灾难应对方面的重大责任与义务的认识。

国家行政学院应急管理培训中心（中欧应急管理学院）主任乔仁毅主持了开幕式，格奥尔基耶娃委员的内阁成员、欧盟驻华代表团团长艾德和大使，中欧项目欧方执行联合体代表，法国、意大利、芬兰等国公民保护与危机应对机构负责人，国务院应急办、国务院新闻办、商务部、民政部、卫生部、安监总局、地震局、公安部消防局等国家部委代表，中欧项目有关试点地区代表，以及各省级政府应急办的负责同志等约 100 名嘉宾出席了开幕式。

11 月 13～15 日，中欧双方代表围绕“中欧危机管理和响应机制比较研究”“欧洲民事保护机制新立法”“巨灾应对国家层面协调”“重大灾难地方层面协调”以及“危机沟通”的主题展开交流讨论。在为期三天的工作坊中，中欧双方应急管理高层管理人齐聚一堂，共同分享在应急管理领域的各国实践经验，并以法国森林火灾、意大利地震和 2013 年四川芦山地震为案例，共同探讨国家响应、地方响应和各部门协同合作。15 日下午，中欧双方工作坊代表赴国家减灾中心现场参观交流。

法国国家公民保护与危机应对总局局长让·伯奈特在闭幕致辞中指出，中国自然灾害和事故灾难频发，要加强危机管理的应对，保护人民生命和财产安全。这次工作坊让中欧双方在应急管理主题下找到更多共同点，提升双方在操作和战略层面的管理，从而更好地保护人民免受自然灾难、人为灾难和技术灾难的冲击。中欧高层工作坊圆满闭幕，为中欧双边加深理解和信任，开启应急管理的合作新里程奠定了坚实的基础，同时也促进了中国地方政府与欧盟各国之间的合作交流，为面对共同的困难和挑战团结一致，坦诚对话，深入切磋。

第七节　第三届“中国应急管理 50 人论坛”

【会议简介】

2013 年 12 月 24 日由清华大学公共管理学院应急管理研究基地和北京城市系统工程研究中心承办的第三届“中国应急管理 50 人论坛”在北京召开。本届论坛的主题是“国家安全的体制构建”，来自国务院应急管理办公室、公安部、卫生部、国家地震局、国家安全生产应急救援指挥中心、北京市应急办、中国科学院、中国安全生产科学研究院、国防大学、国家行政学院、清华大学、北京师范大学、天津大学、上海交通大学、北京市科学技术研究院等 30 余家单位的 50 余名在应急管理理论研究与实践领域的专家学者参加了本届论坛。

【召开时间及地点】

2013 年 12 月 24 日北京

【承办单位】

清华大学公共管理学院应急管理研究基地
北京城市系统工程研究中心

【会议概况】

论坛分“国家安全的已有经验启示”和“国家安全的未来体系构建”两个单元，国务院参事、国务院应急管理专家组组长闪淳昌致开幕词，上半场由北京市科学技术研究院院长丁辉主持，专家们从战略模式、军队经验、指挥标准化、科技创新等方面进行了深入探讨；下半场由清华大学公共管理学院院长薛澜教授主持，专家们从公共安全体系、国家安全委员会的法律地位、公共安全的治理结构变革和公共安全危机的情景构建诸角度展开了思想交锋。

薛澜教授和闪淳昌教授分别做了两个单元的开篇发言。国防大学危机管理研究中心赵子聿主任、公安部第三研究所胡传平所长、清华大学公共管理学院于安教授、中国政策科学研究会国家安全政策委员会李湛军高级研究员、中国科学院科技政策与管理科学研究所陈锐研究员、上海交通大学国际与公共事务学院刘霞教授、国家行政学院应急管理培训中心钟开斌副教授、中国安全生产科学研究院王永明高工等也分别做了专题发言。

与会专家对会议取得的成果给予充分肯定，认为本届论坛实现了不同学科、不同领域和不同部门的融合，使健全公共安全体系的思路更加开阔，认识更加深入，并一致建议能够进一步从顶层设计、制度建设、资源整合等诸方面形成政策建议，为国家决策提供依据。

“中国应急管理 50 人论坛”是由 50 名应急管理领域的专家学者组成的学术交流与政策研讨平台，旨在凝聚本领域理论与实践专家的智慧，促进不同学科在应急管理理论研究中的交叉融合，同时聚焦中国应急管理实际问题，加强与决策部门沟通，推动应急管理相关研究和实践，为中国防灾减灾与和谐发展贡献智慧。论坛由国务院应急管理专家组组长闪淳昌教授、清华大学公共管理学院院长薛澜教授和北京市科学技术研究院院长丁辉研究员共同发起，自 2011 年以来已成功举办了三届，在应急管理领域产生了积极的反响。

第五章　公共危机管理学科2013年文献检索

第一节　中文期刊索引

[1] 黄英君．社会风险管理：框架、风险评估与工具运用［J］．管理世界，2013（9）：176－177.

[2]“非传统安全视角下的城市信息安全研究”课题组，严立新，尹晨．行为经济学理论在危机管理中的应用研究［J］．管理世界，2013（11）：180－181.

[3] 徐彪．公共危机事件后的政府信任修复［J］．中国行政管理，2013（2）：31－35.

[4] 曹蓉，刘奕．应急管理心理干预的政府角色探析［J］．中国行政管理，2013（2）：36－39.

[5] 许尧．群体性事件中主观因素对冲突升级的影响分析［J］．中国行政管理，2013（11）：26－29.

[6] 李伟权．政府应急管理中网络舆论受众逆反心理预警机制研究［J］．中国行政管理，2013（11）：12－17.

[7] 董泽宇．论突发事件预警体系的行动导向［J］．中国行政管理，2013（2）：40－43.

[8] 朱正威，赵欣欣，蔡李．“脆弱性－能力”综合视角下的区域公共安全机理研究——以广东省为例［J］．中国行政管理，2013（4）：113－118.

[9] 唐庆鹏，钱再见．公共危机治理中的政策工具：型构、选择及应用［J］．中国行政管理，2013（5）：108－112.

[10] 李艳霞．政治信任生成的心理机制与实践悖论［J］．中国行政管理，2013（5）：104－107.

[11] 钟开斌．信息与应急决策：一个解释框架［J］．中国行政管理，2013（8）：106－111.

[12] 张成福，边晓慧. 重建政府信任 [J]. 中国行政管理，2013 (9)：7-14.

[13] 唐玮，姜传胜，佘廉. 提高突发事件应急预案有效性的关键问题分析 [J]. 中国行政管理，2013 (9)：51-54.

[14] 王亮，王应明. 基于前景理论的动态参考点应急决策方法研究 [J]. 中国管理科学，2013 (S1)：132-140.

[15] 刘长石，寇纲. 面向非常规突发事件的应对任务网络优化 [J]. 中国管理科学，2013 (S1)：148-152.

[16] 吴凤平，程铁军. 基于改进的灰色定权聚类分析的突发事件分级研究 [J]. 中国管理科学，2013 (S1)：110-113.

[17] 吴忠和，陈宏，赵千. 非对称信息下闭环供应链回购契约应对突发事件策略研究 [J]. 中国管理科学，2013 (06)：97-106.

[18] 余湄，何泓谷. 我国外汇储备的风险管理问题研究 [J]. 中国管理科学，2013 (S1)：231-236.

[19] 宋巧娜，曹细玉，宋璐君. 双契约下闭环供应链应对突发事件的协调性研究 [J]. 中国管理科学，2013 (S2)：420-425.

[20] 黄辉庆，邹凯，李丹丹. 基于模糊多属性决策的城市应急管理信息化绩效测评研究 [J]. 中国管理科学，2013 (S1)：159-164.

[21] 刘德海. 环境污染群体性突发事件的协同演化机制——基于信息传播和权利博弈的视角 [J]. 公共管理学报，2013 (4)：102-142.

[22] 孔静静，韩传峰. 应急组织合作的结构逻辑及运行机制——以 2008 年汶川地震应对为例 [J]. 公共管理学报，2013 (4)：88-142.

[23] 康伟，陈波. 公共危机管理领域中的社会网络分析——现状、问题与研究方向 [J]. 公共管理学报，2013 (4)：114-143.

[24] 钟伟军. 公共舆论危机中的地方政府微博回应与网络沟通——基于深圳“5·26 飙车事件”的个案分析 [J]. 公共管理学报，2013 (1)：31-139.

[25] 张海波. 中国应急预案体系：结构与功能 [J]. 公共管理学报，2013 (2)：1-137.

[26] 赖诗攀. 问责、惯性与公开：基于 97 个公共危机事件的地方政府行为研究 [J]. 公共管理学报，2013 (2)：18-138.

[27] 刘米娜，杜俊荣. 转型期中国城市居民政府信任研究——基于社会资本视角的实证分析 [J]. 公共管理学报，2013 (2)：64-140.

[28] 汪峰，魏玖长，赵定涛. 综合危机应对模式构建与组织声誉修复——基于两个案例的研究 [J]. 公共管理学报，2013 (3)：63-140.

[29] 刘丹，王红卫，祁超，王剑. 基于多主体的应急决策组织建模 [J]. 公共管理学报，2013 (4)：78-141.

[30] 张鲁民，贾焰，周斌，赵金辉，洪锋. 一种基于情感符号的在线突发事件检测

方法［J］．计算机学报，2013（8）：1659－1667.

［31］陈宇琳，李强，张辉，刘奕．基于风险社会视角的城市安全规划思考［J］．城市发展研究，2013（12）：99－104.

［32］董玉芝．突发公共事件中科技新闻网络传播效应思考——以2013年3月爆发的H7N9禽流感为例［J］．新闻大学，2013（5）：140－144.

［33］马子博．政务微博应对网络舆情危机失灵的原因及改进策略分析［J］．中国出版，2013（17）：31－35.

［34］李良荣，郑雯，张盛．网络群体性事件爆发机理："传播属性"与"事件属性"双重建模研究——基于195个案例的定性比较分析（QCA）［J］．现代传播（中国传媒大学学报），2013（2）：25－34.

［35］王灿发，李婷婷．群体性事件中微博舆论领袖意见的形成、扩散模式及引导策略探讨——以2012年"宁波PX事件"为例［J］．现代传播（中国传媒大学学报），2013（3）：148－149.

［36］王平，谢耘耕．突发公共事件网络舆情的形成及演变机制研究［J］．现代传播（中国传媒大学学报），2013（3）：63－69.

［37］李春雷，姜红辉．群体性事件中媒体对底层群体的社会政治心理影响研究——基于"乌坎事件"的实地调研［J］．现代传播（中国传媒大学学报），2013（7）：37－42.

［38］薛澜，刘冰．应急管理体系新挑战及其顶层设计［J］．国家行政学院学报，2013（1）：10－14＋129.

［39］刘中起，龚维斌．群体事件中的集体认同生成及其干预路径［J］．国家行政学院学报，2013（1）：26－30.

［40］陶鹏，薛澜．论我国政府与社会组织应急管理合作伙伴关系的建构［J］．国家行政学院学报，2013（3）：14－18.

［41］常健，田岚洁．公共领域冲突管理的制度建设［J］．国家行政学院学报，2013（5）：61－67.

［42］王宏伟．反思我国应急预案工作的六大误区［J］．北京行政学院学报，2013（4）：46－51.

［43］陈朋，王宏伟．农村社会组织与农村公共危机管理［J］．重庆社会科学，2013（4）：18－23.

［44］童星，陶鹏．论我国应急管理机制的创新——基于源头治理、动态管理、应急处置相结合的理念［J］．江海学刊，2013（2）：111－117.

［45］张小明．基于脆弱性分析的公共危机预防体系研究［J］．北京行政学院学报，2013（4）：52－57.

［46］汤志伟，杜斐．群体性事件演化轨迹的定性模拟研究［J］．社会科学研究，2013（4）：51－54.

［47］面向重大需求夯实理论基础推动集成创新——国家自然科学基金重大研究计划项目“非常规突发事件应急管理研究”综述［J］．中国应急管理，2013（12）：6－8.

［48］平战一体—融合发展——北京市海淀区创新推进应急管理体系建设［J］．中国应急管理，2013（10）：30－35.

［49］中国地方政府应急管理实践创新［J］．中国应急管理，2013（5）：18－19.

［50］深入推进全国应急预案体系建设的重要举措——专家解读《突发事件应急预案管理办法》［J］．中国减灾，2013（23）：4－5.

［51］准确预警群测群防安全疏散——云南省普洱市江城县成功避让“7·1”大型山洪泥石流灾害的经验与启示［J］．中国应急管理，2013（11）：40－44.

［52］李桂娥．应急管理中政府信息公开相关法律问题研究［J］．经营管理者，2013（10）：253－254.

［53］安志放．论组织学习与政府危机管理动态能力的提升［J］．辽宁行政学院学报，2013（10）：7－8＋11.

［54］安志放．论公共危机事件网络舆情的应对策略［J］．吉林工商学院学报，2013（2）：59－62.

［55］白维军．民族地区社会风险与公共危机：内涵、逻辑、治理［J］．内蒙古社会科学（汉文版），2013（4）：11－15.

［56］鲍芳修，方雷．省级政府间应急管理协作的进展与制度创新［J］．领导科学，2013（5）：16－20.

［57］鲍芳修．地方政府应急管理中的跨域合作：基于组织间网络的分析框架［J］．甘肃理论学刊，2013（4）：130－135.

［58］毕宏音．重大突发公共事件中的新媒体传播［J］．重庆社会科学，2013（4）：50－57.

［59］蔡旭．政务微博应对突发公共事件的三个关键——以厦门BRT公交车爆炸案为例［J］．甘肃理论学刊，2013（6）：94－97.

［60］曹海峰．个体与组织要素的双重构建——突发事件应急管理的一个决策框架［J］．领导科学，2013（26）：19－21.

［61］曹海峰．重大突发事件应急管理联动机制建设路径探析［J］．中州学刊，2013（12）：14－18.

［62］曹利强．食品安全突发事件全面应急管理体系构建思路研究［J］．河南工业大学学报（社会科学版），2013（2）：1－4.

［63］曹学艳，宋彦宁，刘海涛，李仕明．基于最小二乘法的突发事件网络舆情演化规律研究［J］．图书情报工作，2013（24）：101－105.

［64］曹英．农村群体性事件中“草根精英”的生成、组织与动员机制［J］．中国人民公安大学学报（社会科学版），2013（1）：134－141.

［65］曹雨倩．浅析公共危机管理机制［J］．学理论，2013（18）：17－18.

[66] 曾大军，曹志冬．突发事件态势感知与决策支持的大数据解决方案［J］．中国应急管理，2013（11）：15－23.

[67] 曾丽娅，曹月林．群体性事件政府应急管理探析［J］．学理论，2013（24）：23－24.

[68] 曾维希，孔波，李媛．网络群体性事件内在逻辑的 ERI 模型分析［J］．重庆大学学报（社会科学版），2013（1）：137－141.

[69] 陈福集，黄江玲．基于演化博弈的网络舆情传播的羊群效应研究［J］．情报杂志，2013（10）：1－5.

[70] 陈福集，黄江玲．我国网络舆情演变文献研究综述［J］．情报杂志，2013（7）：54－58＋92.

[71] 陈福集，叶萌，郑小雪．面向网络舆情的政府知识需求分析［J］．理论导刊，2013（10）：37－39.

[72] 陈福集，叶萌．系统动力学视角下政府回应网络舆情的能力提升研究［J］．情报杂志，2013（11）：121－127.

[73] 陈福集，叶萌．政府网络舆情信息的需求分析［J］．情报杂志，2013（9）：52－56.

[74] 陈海平，郝艳华，吴群红，刘静，董雪，王晓东．突发公共卫生事件影响综合评价指标体系构建［J］．中国公共卫生，2013（5）：628－631.

[75] 陈洁．论公共危机给政府危机管理带来的挑战与机遇［J］．商，2013（9）：145.

[76] 陈钧．刍议新媒体时代下政府对公共危机的传播和处理［J］．经营管理者，2013（32）：281.

[77] 陈美．公共危机信息的跨域治理［J］．情报理论与实践，2013（9）：43－47.

[78] 陈瑞．网络群体性事件中地方政府治理的应对策略研究［J］．辽宁行政学院学报，2013（6）：20－25.

[79] 陈涛，林杰．基于搜索引擎关注度的网络舆情时空演化比较分析——以谷歌趋势和百度指数比较为例［J］．情报杂志，2013（3）：7－16.

[80] 陈先才，王文谦．两岸非政府组织参与公共危机管理的比较研究——以汶川地震和台湾“9·21”地震为例［J］．福建行政学院学报，2013（1）：24－30.

[81] 陈小芳，葛晓滨．网络舆情应对与引导路径选择［J］．电子商务，2013（12）：37－38.

[82] 陈小玲，杨洪能．政府公共危机管理过程中的信息沟通机制建设研究［J］．凯里学院学报，2013（5）：120－122.

[83] 陈媛．卫生网络舆情监测及应对策略探析［J］．卫生软科学，2013（11）：698－699.

[84] 陈韵竹．先进公共危机管理体制借鉴与启示［J］．中国管理信息化，2013

(8): 92 -94.

[85] 程波，陈泳珊．应急管理中的救援物资调度问题 [J]．中国管理信息化，2013 (18): 94 -96.

[86] 程波辉，梁艳．论公共危机管理视阈下的慈善组织形象塑造 [J]．甘肃理论学刊，2013 (4): 136 -140.

[87] 楚丽霞．关于公共安全危机治理的伦理思考 [J]．理论月刊，2013 (9): 106 -108.

[88] 崔爽，王春光，卢绍君．群体性事件的心理危机预警干预与综合防控 [J]．领导科学，2013 (5): 57 -58.

[89] 崔越．社会转型期我国地方政府信任危机的成因及应对思路 [J]．领导科学，2013 (26): 28 -30.

[90] 戴伟．基于微博传播机制的网络危机应对 [J]．社科纵横，2013 (8): 53 -55.

[91] 戴毅斌，林兴发，余诗毅．大学生网络舆情危机管理——以湖北工业大学为例 [J]．学理论，2013 (26): 324 -325.

[92] 党建宁．新媒体时代公共危机中政府形象塑造的新模式 [J]．新西部 (理论版)，2013 (Z2): 100 -101.

[93] 丁柏铨，严敏．新媒体语境中公共危机事件舆论与政府形象 [J]．南京政治学院学报，2013 (5): 96 -98.

[94] 丁义浩，王铄．当前高校网络舆情工作中存在的问题及对策 [J]．东北大学学报 (社会科学版)，2013 (4): 424 -428.

[95] 董琳．法治背景下网络群体性事件防治研究 [J]．理论与改革，2013 (1): 167 -169.

[96] 董永亮，方付建，王国华．多主体参与下突发事件网络舆情演变研究——以方舟子遇袭事件为例 [J]．电子政务，2013 (7): 58 -65.

[97] 董幼鸿．“邻避冲突”理论及其对邻避型群体性事件治理的启示 [J]．上海行政学院学报，2013 (2): 21 -30.

[98] 董原，关辉国，刘纹希．公共危机管理中树立政府形象的路径选择 [J]．西北民族大学学报 (哲学社会科学版)，2013 (5): 181 -188.

[99] 董泽宇．推进应急管理建设 -保障特大型城市运行安全——访上海市应急办及应急委部分成员单位负责人 [J]．中国应急管理，2013 (9): 43 -51.

[100] 杜芸．基层政府应对群体性事件与网络舆情引导 [J]．经营管理者，2013 (29): 267.

[101] 杜智涛，谢新洲．利用灰色预测与模式识别方法构建网络舆情预测与预警模型 [J]．图书情报工作，2013 (15): 27 -33.

[102] 范丁元．论 NGO 参与公共危机管理的困境和优化路径 [J]．山东行政学院学报，2013 (3): 21 -23.

［103］范铁中．社会转型期农村群体性事件的原因分析及处置路径［J］．湖北社会科学，2013（2）：28－30.

［104］范颖，张凌光．发挥新闻媒体应对公共安全突发事件的舆论导向作用［J］．学理论，2013（15）：203－204.

［105］方丹辉，王战平，杜杨芳，柳瑶．网上公共危机的形成机理及防范体系研究［J］．图书情报工作，2013（9）：103－106.

［106］方东华，张祥浩．网络群体性事件的政府治理研究［J］．求索，2013（5）：193－195.

［107］方金友．社会转型期网络舆情治理路径探究［J］．学术界，2013（7）：147－310.

［108］高祥荣．“桑迪”过程中美国政府公共危机应对措施述评［J］．安徽行政学院学报，2013（2）：11－15.

［109］高杨．突发公共事件治理中的政府公信力建设——以辽宁省本溪市停水事件为例［J］．改革与开放，2013（12）：105.

［110］龚琬岚，饶文文．重视风险管理—应对综合危机——风险管理与危机应对视角下的余姚水灾事件启示［J］．中国减灾，2013（22）：26－28.

［111］郭其云，夏一雪．公共危机应急救援力量体系建设问题初探［J］．中国应急救援，2013（2）：42－44.

［112］郭艳平．社会资本视角下的公共危机治理［J］．辽宁行政学院学报，2013（7）：18－21.

［113］郭子平．日、美、中自然灾害类公共危机治理的经验与启示［J］．湖北社会科学，2013（2）：31－33.

［114］韩尚稳，吴东民．民间组织参与公共危机治理的机制完善［J］．理论学习，2013（9）：27－30.

［115］韩尚稳，吴东民．社会资本视角下的民间组织参与公共危机治理机制探析［J］．党政干部学刊，2013（8）：60－63.

［116］郝其宏．网络群体性事件类型辨析［J］．电子政务，2013（5）：51－57.

［117］郝其宏．网络群体性事件研究的进路［J］．改革与开放，2013（4）：113－114.

［118］何军．网络舆情引导中存在的问题与对策分析［J］．学理论，2013（22）：53－54.

［119］何希耕．风险管理视角下的高校廉政风险防控机制建设研究［J］．内蒙古师范大学学报（教育科学版），2013（7）：60－63.

［120］何志武．论公共危机背景下民族地区政府形象塑造［J］．湖北社会科学，2013（9）：25－27.

［121］洪巍，吴林海，王建华，吴治海．食品安全网络舆情网民参与行为模型研

究——基于12个省、48个城市的调研数据［J］. 情报杂志，2013（12）：18－25.

［122］侯保龙. 论公共危机治理中公民参与机制的建构［J］. 陕西行政学院学报，2013（2）：42－44.

［123］胡建华. 政务微博：公共危机管理的新平台［J］. 江西理工大学学报，2013（6）：10－13.

［124］胡新桥. 媒体在公共危机处理过程中的社会责任分析［J］. 新闻传播，2013（2）：84.

［125］胡钟月. 自然灾害救助中政府与NGO的合作机制研究［J］. 经营管理者，2013（21）：300.

［126］黄开腾. 论农村群体性事件和基层政府公共治理机制创新——基于广东省乌坎事件的思考［J］. 云南行政学院学报，2013（3）：129－132.

［127］黄心华. 公共事件中政府话语危机的政治学分析［J］. 云南行政学院学报，2013（6）：74－77.

［128］蹇攀峰，延江波. 微博环境下高校网络舆情监控及引导探究［J］. 经济研究导刊，2013（28）：239－240.

［129］姜胜洪. 环保维权群体性事件中值得注意的问题——以四川什邡事件为例［J］. 社科纵横，2013（2）：41－44.

［130］姜胜洪. 突发公共事件中网络谣言的形成、传播与应对——以天津蓟县“6·30”大火为例［J］. 社科纵横，2013（1）：83－87.

［131］焦占广，王世卿. 近年来国内关于群体性事件预防问题的研究述评［J］. 云南行政学院学报，2013（4）：128－131.

［132］靳松，庄亚明. 基于H7N9的突发事件信息传播网络簇结构特性研究［J］. 情报杂志，2013（12）：12－17.

［133］鞠鹏飞. 威海市政府应急指挥信息系统建设的实践与思考［J］. 中国应急管理，2013（12）：52－56.

［134］巨乃岐，宋海龙. 加快提升科学管理突发事件网络舆情的质量水平［J］. 中国管理信息化，2013（13）：80－81.

［135］康璇. 浅析公共危机管理和政府形象塑造［J］. 商，2013（17）：19－20.

［136］雷挺，何跃. 突发公共事件中微博传播特征的实证分析——以新浪微博温州“7·23”动车事故为例［J］. 郑州航空工业管理学院学报，2013（2）：93－98.

［137］雷挺. 公共危机中政府与新闻媒体的信息博弈关系分析［J］. 经营管理者，2013（1）：136－121.

［138］雷晓康，白丰硕. 我国公共卫生危机应急体系建设的回顾［J］. 延安大学学报（社会科学版），2013（6）：79－81.

［139］雷晓艳. 风险社会视域下的网络群体性事件：概念、成因及应对［J］. 北京工业大学学报（社会科学版），2013（4）：9－15.

［140］黎万和，李克龙．社会稳定视角下突发公共事件信息公开研究［J］．湖南社会科学，2013（3）：92－94.

［141］李保臣，李德江．生活满意感、政府满意度与群体性事件的关系探讨［J］．中南民族大学学报（人文社会科学版），2013（2）：90－95.

［142］李碧媛．国外高校突发事件应急管理的经验与启示［J］．中国管理信息化，2013（17）：105－106.

［143］李超．我国政府信任危机现状及成因分析［J］．理论观察，2013（11）：30－31.

［144］李丹阳．大数据时代的中国应急管理体制改革［J］．华南师范大学学报（社会科学版），2013（6）：106－111.

［145］李恩文．2013 上海防控 H7N9 禽流感事件应急预警机制研究［J］．东南大学学报（哲学社会科学版），2013（S2）：38－40.

［146］李凡．网络舆情对当代民办大学生的影响与审视——以广东培正学院为例［J］．改革与开放，2013（22）：44－45.

［147］李芳．公共危机管理中的制度创新研究［J］．云南行政学院学报，2013（3）：122－124.

［148］李凤菲．由温州动车事故谈危机信息管理［J］．改革与开放，2013（18）：76－77.

［149］李纲，陈璟浩．从中文问答社区信息内容透视公众针对突发事件的信息需求——基于问题胶囊事件的实验研究［J］．图书情报工作，2013（15）：108－115.

［150］李湖生．非常规突发事件应急准备体系的构成及其评估理论与方法研究［J］．中国应急管理，2013（8）：13－21.

［151］李军芳．我国公共危机管理视角下政府形象塑造研究综述［J］．天水师范学院学报，2013（3）：118－122.

［152］李敏．恶性袭医事件中医院公共危机管理的新思考——以 2012 年连续发生的袭医事件为例［J］．理论月刊，2013（8）：108－112.

［153］李鸣．网络舆情文化治理研究［J］．湖北社会科学，2013（12）：214－217.

［154］李其原．群体性事件分析及其柔性解决的对策研究［J］．经济研究导刊，2013（3）：265－267.

［155］李莎，刘雅囡，姜楠．基于食品安全网络舆情下的公众恐慌行为研究［J］．电子商务，2013（7）：1－4.

［156］李文姣．网络群体性事件的发展趋势：基于社会问题视角的研究［J］．领导科学，2013（5）：36－38.

［157］李文杰，化存才，何伟全，张芳．网络舆情事件的灰色预测模型及案例分析［J］．情报科学，2013（12）：51－56.

［158］李文砚．高校网络舆情的产生、监控缺陷与实践［J］．长江大学学报（社会

科学版)，2013 (11)：208 - 210.

[159] 李小敏，胡象明. 趋势与对策：公共危机及其管理的混沌哲学解析 [J]. 求索，2013 (8)：80 - 83.

[160] 李晓雨. 群体性事件的成因及处置对策分析——以什邡事件和启东事件为例 [J]. 阜阳师范学院学报（社会科学版)，2013 (2)：107 - 109.

[161] 李彦. 突发公共卫生事件中政府信息公开的必要性与对策建议 [J]. 福建省社会主义学院学报，2013 (1)：94 - 96.

[162] 李一行. 突发公共事件预警的法律机制研究——以地震预警为例 [J]. 湖北社会科学，2013 (5)：141 - 143.

[163] 李勇，陈刚，田晶晶. 网络突发舆论事件的传播特征与应急管理对策研究 [J]. 重庆大学学报（社会科学版)，2013 (3)：138 - 142.

[164] 李云端. 政府应急管理：提高应急预案的有效性 [J]. 辽宁行政学院学报，2013 (11)：14 - 16.

[165] 李喆. 基于公共财政视角的我国应急管理研究 [J]. 经济研究导刊，2013 (23)：256 - 257.

[166] 李震. 新形势下我国非政府组织参与公共危机管理的探析 [J]. 长春理工大学学报（社会科学版)，2013 (6)：52 - 55.

[167] 梁飞. 简论我国政府危机管理中的几个问题 [J]. 学理论，2013 (35)：13 - 14.

[168] 梁瑶，谢冯浩. 浅谈政府应对网络公共舆论危机的策略 [J]. 江西青年职业学院学报，2013 (4)：71 - 73.

[169] 廖胜平. 公共安全与危机管理中的认识及行为简论——以群体性事件为视角 [J]. 中共贵州省委党校学报，2013 (2)：70 - 73.

[170] 林萍，黄卫东，洪小娟. 全媒体时代我国食品安全网络舆情构成要素研究 [J]. 现代情报，2013 (11)：12 - 16.

[171] 林萍，黄卫东. 基于 LDA 模型的网络舆情事件话题演化分析 [J]. 情报杂志，2013 (12)：26 - 30.

[172] 林如薇，张芳. 群体性事件中利益调处失衡的救济 [J]. 经济研究导刊，2013 (14)：271 - 272.

[173] 刘鸿斌，邓春. 互联网时代网络舆情导控问题浅析 [J]. 湖北经济学院学报（人文社会科学版)，2013 (9)：54 - 55.

[174] 刘继，李磊. 基于微博用户转发行为的舆情信息传播模式分析 [J]. 情报杂志，2013 (7)：63 - 77.

[175] 刘家明. 论我国公共危机教育的平台系统建设 [J]. 嘉应学院学报，2013 (4)：64 - 68.

[176] 刘健. 论现代城市危机管理的问题与治理 [J]. 经济研究导刊，2013 (24)：

235 – 237.

［177］刘金荣．基于 SNA 的突发事件微博谣言传播研究［J］．情报杂志，2013（7）：78 – 82.

［178］刘晋．“社会风险—公共危机”演化逻辑下的应急管理研究［J］．社会主义研究，2013（6）：100 – 104.

［179］刘泾．电子党务应急管理信息服务功能创新研究［J］．情报科学，2013（12）：130 – 135.

［180］刘可文，杨涵雯．新媒体背景下突发公共事件中政府信息公开的动力机制论析——以“7·23 温州动车事故”为例［J］．贵州师范大学学报（社会科学版），2013（4）：16 – 20.

［181］刘澜波．高校网络舆情信息管理研究［J］．学理论，2013（29）：322 – 323.

［182］刘丽丽．基于 Logistic 曲线的突发事件网络舆情引导管控研究［J］．情报探索，2013（7）：44 – 47.

［183］刘乃源．整合式公共安全管理体系的参与途径与模式构建［J］．湖北社会科学，2013（10）：39 – 42.

［184］刘绍飞．论我国群体性事件的发生机理及其应对措施［J］．学理论，2013（28）：79 – 80.

［185］刘雯，高峰，洪凌子．基于情感分析的灾害网络舆情研究——以雅安地震为例［J］．图书情报工作，2013（20）：104 – 110.

［186］刘晓丽．群体性事件中的网络动员与政府应对策略［J］．中共天津市委党校学报，2013（2）：61 – 86.

［187］刘晓亮，蒋薇．环境维权群体性事件的博弈路径及对策分析［J］．华东理工大学学报（社会科学版），2013（1）：89 – 95.

［188］刘孝友，余茂辉．“群体性事件”内涵探析［J］．辽宁行政学院学报，2013（2）：5 – 8.

［189］刘艳，秦锐．健全和完善我国公共危机管理预警机制［J］．经济研究参考，2013（29）：57 – 60.

［190］刘再春．公共危机信息公开问题研究［J］．四川行政学院学报，2013（6）：22 – 25.

［191］刘泽照，张厚鼎．地方政府网络舆情回应行为研究——以人民网为例［J］．情报杂志，2013（10）：13 – 17.

［192］龙献忠，蒲文芳．危机管理中政府与第三部门组织的互动［J］．江西社会科学，2013（7）：186 – 190.

［193］楼艺婵．网络舆情处置的长效策略［J］．中国管理信息化，2013（9）：92 – 93.

［194］卢文刚，梁玉婵．和谐校园视阈下高校突发社会安全事件预警管理研究——基于广东高校的分析［J］．人力资源管理，2013（7）：182 – 186.

［195］路月玲．浅论新媒体在突发公共事件中的传播效用［J］．长春理工大学学报（社会科学版），2013（7）：20－25.

［196］罗昊．网络问政：网络舆情管理的主动模式［J］．情报杂志，2013（8）：35－38.

［197］吕晋．关于转型社会时期政府公共危机事件处理研究［J］．改革与开放，2013（14）：48.

［198］马骁霏，仲秋雁，曲毅，王宁，王延章．基于情景的突发事件链构建方法［J］．情报杂志，2013（8）：149－155.

［199］马小茹，张全省．陕西农村重大群体性事件源头及预防处置策略［J］．西北农林科技大学学报（社会科学版），2013（1）：16－21.

［200］孟卫东，佟林杰．“邻避冲突”引发群体性事件的演化机理与应对策略研究［J］．吉林师范大学学报（人文社会科学版），2013（4）：68－70.

［201］孟晓敏．我国公共危机管理模式创新——基于混沌理论视角［J］．改革与开放，2013（15）：55－58.

［202］孟亚明，李江璐，熊兴国．地方政府应对重大突发公共事件的解决机制［J］．山东社会科学，2013（9）：156－159.

［203］苗捷．勿将群体性事件“妖魔化”——浅谈对我国群体性事件的辩证认识［J］．学理论，2013（6）：54－55.

［204］聂丽君，周家明．公共危机管理与公共政策的互动及其优化［J］．广西经济管理干部学院学报，2013（2）：27－31＋96.

［205］宁鹏，宋元林．突发公共卫生事件网络舆论引导模式的构建及其运用［J］．湖北第二师范学院学报，2013（4）：27－42.

［206］潘俊杰．坚持以人为本—形成整体合力——浙江省应急管理专家组组长陈荣谈应急文化建设［J］．中国应急管理，2013（5）：46－49.

［207］庞楷，张宗军．风险沟通在公共危机管理中的作用与价值——来自典型案例的启示［J］．甘肃社会科学，2013（6）：237－240.

［208］庞司珈．公共危机管理中的思想政治教育探究［J］．辽宁工业大学学报（社会科学版），2013（2）：75－78.

［209］庞祯敬，雷雯．社会转型时期我国群体性事件的体制性思考［J］．学理论，2013（6）：11－14.

［210］彭辉安．整体性治理：我国公共危机治理的新走向［J］．福建行政学院学报，2013（2）：36－41.

［211］彭纪文，赵宇．整体性治理：非常规突发事件应急管理的新模式［J］．领导科学，2013（35）：17－18.

［212］彭劭莉．突发事件网络舆情引导研究综述［J］．电子政务，2013（4）：38－44.

[213] 彭萧，甘卓群．公共危机预警动力机制探略［J］．北京科技大学学报（社会科学版），2013（5）：95－99.

[214] 平健，韩传峰，于振宇．基于熵理论的政府应急管理组织信息传递能力评价［J］．软科学，2013（10）：126－130.

[215] 钱豪毅．完善社会体系建设构建和谐社会——论应急管理工作的重要性［J］.经营管理者，2013（25）：297.

[216] 邱晓虹．公共危机信息管理体系构建与运行机制研究［J］．经营管理者，2013（21）：308.

[217] 曲淑华，刘旸．群体性事件网络舆情应对策略研究［J］．长春工业大学学报（社会科学版），2013（3）：146－148.

[218] 曲伟强．公共危机管理中审计应对机制研究［J］．山东行政学院学报，2013（4）：36－39.

[219] 汝绪华，汪怀君．突发公共事件治理中的政府执行力与舆论话语权——以湖南永州唐慧事件为例［J］．四川大学学报（哲学社会科学版），2013（1）：132－138.

[220] 汝绪华．微博意见领袖场域下突发公共事件治理的政府失灵研究［J］．河南大学学报（社会科学版），2013（5）：92－98.

[221] 阮博．危机情态下公共政策执行的困境及其破解［J］．东北大学学报（社会科学版），2013（2）：165－170.

[222] 王骚，李如霞．政府常态管理与应急管理的比较分析［J］．中共天津市委党校学报，2013（4）：46－87.

[223] 沙勇忠，李文娟．国外公共危机信息管理研究述评［J］．国外社会科学，2013（2）：123－132.

[224] 尚哲，刘杰．简述领导者应对公共危机策略［J］．学理论，2013（23）：19－20.

[225] 沈晓霞，廖锦亮．公共危机处理中的政府能力透视［J］．长春理工大学学报（社会科学版），2013（2）：9－44.

[226] 史波．移动互联网环境下公共危机信息传播行为的影响因素研究［J］．情报杂志，2013（6）：14－18.

[227] 宋绍成，高俊峰．基于知识管理的城市公共危机动态控制策略研究——以吉林市为例［J］．情报科学，2013（10）：52－56.

[228] 孙晨．公共危机管理中的网络角色双重性研究［J］．经营管理者，2013（28）：288.

[229] 孙国永．微博网络舆情应对研究［J］．情报探索，2013（9）：29－32.

[230] 孙帅，周毅．2008～2012 年国内突发事件网络舆情管理研究综述［J］．电子政务，2013（5）：2－14.

[231] 孙赟．网络群体性事件的信息化应对［J］．中共太原市委党校学报，2013

(1)：51－52.

［232］孙壮珍．突发事件与公共政策议程设置［J］．西南科技大学学报（哲学社会科学版），2013（3）：15－19.

［233］谭庆州．公共危机中政府新闻发言人人格魅力探析［J］．管理观察，2013（23）：122－125.

［234］谭爽，胡象明．我国邻避项目社会风险防控现状与对策［J］．中国应急管理，2013（7）：54－58.

［235］汤璟颖．公共危机管理中的社会参与［J］．经营管理者，2013（3）：59.

［236］汤志伟，闫瀚楠．公共危机情境下网络空间群体信息选择偏好的实证研究［J］．情报杂志，2013（6）：19－23.

［237］唐爱芳．当前公共突发事件中的政府危机处理主要存在问题探析［J］．经济研究导刊，2013（35）：282－284.

［238］陶明达，夏锡梅，王美红，金翠梅．公共心理危机背景下“志愿失灵”现象消弭——汶川心理援助志愿者心态调查［J］．中共青岛市委党校．青岛行政学院学报，2013（1）：73－78.

［239］田美君．浅谈我国政府应急管理能力建设［J］．中国应急救援，2013（2）：45－46.

［240］田婉婧，周新楠．政府公共危机协作管理的对策研究［J］．经营管理者，2013（4）：18.

［241］汪大海，柳亦博．突发群体性事件预防及应急处置机制研究——基于复杂社会网络理论的视角［J］．山东行政学院学报，2013（4）：20－24.

［242］王宝国，张家乐．我国边疆地区公共危机管理的状况与对策——对内蒙古公众的调研分析［J］．山西高等学校社会科学学报，2013（11）：38－44.

［243］王冰冰，夏志杰，于丽萍．非常规突发事件中在线社会网络用户信息共享动机研究［J］．情报杂志，2013（9）：128－162.

［244］王栋．高校网络舆情视域下的思想政治教育创新研究［J］．改革与开放，2013（15）：68－69.

［245］王法硕．中国政务微博研究综述［J］．电子政务，2013（9）：27－34.

［246］王革，庄晓惠．完善我国公共危机管理法律体系研究［J］．天津师范大学学报（社会科学版），2013（3）：63－67.

［247］王国华，冯伟，王雅蕾．基于网络舆情分类的舆情应对研究［J］．情报杂志，2013（5）：1－4.

［248］王国勤．结构、制度与文化：群体性事件的动力［J］．中共天津市委党校学报，2013（1）：42－47.

［249］王宏波，吴雪芹．群体性事件舆论传播极化现象评析［J］．西安交通大学学报（社会科学版），2013（1）：65－70.

［250］王洪亮，周海炜．突发自然灾害事件微博舆情蔓延规律与控制研究［J］．情报杂志，2013（9）：23－28.

［251］王慧．论公民参与下的政府危机管理［J］．辽宁行政学院学报，2013（7）：10－11.

［252］王慧军．公共危机中地方政府的媒体沟通与官方言论公信力［J］．领导科学论坛（理论），2013（2）：15－16.

［253］王利娟．群体性事件产生的社会机制探析［J］．长春师范学院学报，2013（1）：4－7.

［254］王璐．公共突发事件中的应急信息管理研究［J］．商，2013（9）：131－132.

［255］王青玲，罗杭春．公共危机教育中的思想政治教育内容探析［J］．学理论，2013（9）：305－306.

［256］王庆明．建立环渤海地区应急管理协调联动机制的对策［J］．中共济南市委党校学报，2013（1）：81－84.

［257］王沙骋．突发事件网络舆论的情报对策研究［J］．情报杂志，2013（12）：7－11.

［258］王天娇．浅析组织危机管理中的信息沟通——以法约尔跳板为理论视角［J］．理论界，2013（8）：165－167.

［259］王希茜．对法约尔“管理五要素”的认识——初探商业银行风险管理职能［J］．新西部（理论版），2013（11）：166－171.

［260］王堰民．浅谈政府应对网络谣言的机制构建［J］．管理观察，2013（26）：3－5.

［261］王一如．全媒体环境下政府处置突发公共事件对意见领袖的引导之策［J］．领导科学，2013（17）：46－48.

［262］魏海岩，王亚楠，梁佳麒．中国危机传播管理法规体系的现状与问题［J］．中国党政干部论坛，2013（11）：91－93.

［263］温淑春．完善网络舆情应对机制－提高群体性事件化解能力［J］．社科纵横，2013（12）：44－46.

［264］翁铁慧．网络群体性事件与政府执政能力提升［J］．中共中央党校学报，2013（1）：57－62.

［265］吴媚．论群体性突发事件政府危机公共传播——以 10.17 泸州群体事件为例［J］．湖南大众传媒职业技术学院学报，2013（3）：34－37.

［266］吴雪芹，王宏波．农民群体性事件动态演化过程分析［J］．西北农林科技大学学报（社会科学版），2013（1）：28－33.

［267］席琳，崔燕．论网络舆情对群体性事件的影响及其治理［J］．长春师范学院学报，2013（1）：8－9.

［268］夏晓红，张兰，刘正金．城市突发公共卫生事件应急管理探讨［J］．经济研

究导刊，2013（36）：214－216.

［269］夏志杰，吴忠，栾东庆．基于社会化媒体的突发事件应急信息共享研究综述［J］．情报杂志，2013（10）：122－126.

［270］夏志强，罗旭．非常态下的政府公共服务机制建构［J］．理论导刊，2013（10）：18－20.

［271］向立文，陈敏．应急信息管理中政府的媒体战略研究［J］．情报杂志，2013（12）：160－164.

［272］向立文，欧阳华．政府应急管理中信息孤岛问题及对策研究［J］．现代情报，2013（10）：3－17.

［273］向良云，居水木，刘霞．重大群体性事件演化影响因素的相关关系研究——基于结构方程模型的分析［J］．情报杂志，2013（9）：16－22.

［274］向良云．重大群体性事件：基于公共安全“风险—危机”视角的解读［J］．南京工业大学学报（社会科学版），2013（1）：27－34.

［275］肖静．转型期我国社会群体性事件的多源流分析［J］．学理论，2013（6）：56－57.

［276］肖维宇，高世磊．从应急到预控——非常规突发事件中我国政府治理能力新探［J］．经营管理者，2013（10）：58.

［277］谢立仁，陈俊美，张明亲．突发性抢购行为的影响因素研究［J］．西安工业大学学报，2013（7）：572－576.

［278］谢立仁，陈俊美，张明亲．公共危机下突发性抢购的易发群体识别研究［J］．西安工业大学学报，2013（5）：403－407.

［279］谢天勇，袁政．从消解到建构——突发公共事件中微博客对传播距离的应用［J］．淮北师范大学学报（哲学社会科学版），2013（1）：28－30.

［280］辛立艳，毕强，王雨．政府危机决策中信息沟通机制研究［J］．情报理论与实践，2013（11）：96－100.

［281］熊佳．网络舆情对高校思想政治教育工作的影响分析及研究［J］．学理论，2013（15）：390－391.

［282］徐迪．基于群体性突发事件的网络舆情预警研究文献计量分析［J］．图书情报工作，2013（S2）：224－227.

［283］徐迪．网络舆情研判指标体系与理论模型建构研究［J］．现代情报，2013（10）：6－11.

［284］徐健一．高校突发事件预防与应急管理研究［J］．长春师范学院学报，2013（7）：135－136.

［285］徐金超．农村群体性事件的成因与对策［J］．社科纵横，2013（5）：52－54.

［286］徐厌平，邵梦洁．公共治理视域下中国网络舆情危机及应对研究［J］．求索，2013（11）：250－252.

［287］徐跃飞．网络舆情下公安机关应对公共危机事件策略［J］．湖南社会科学，2013（3）：73－75.

［288］许国平．铁路公共危机应对机制研究——以“七月危机”事件为例［J］．湖北科技学院学报，2013（10）：45－47.

［289］许鸿伟．公共危机管理中的媒体策略［J］．企业改革与管理，2013（2）：13－14.

［290］许敏．网络群体性事件研究：路径、视角与方法［J］．甘肃社会科学，2013（4）：61－64.

［291］薛泉．对公共危机管理若干重要问题的思考［J］．理论导刊，2013（4）：28－32.

［292］闫万鸿．基于问卷的群体性事件的概念、动因及对策分析［J］．辽宁行政学院学报，2013（3）：7－10.

［293］严丽榕，王薇．区域公共危机视域中的府际合作治理机制文献综述［J］．学理论，2013（30）：12－14.

［294］颜陈．地方政府如何走出“中国式危机公关”误区［J］．领导科学，2013（7）：8－9.

［295］晏辉．论精神公共性危机及其重建［J］．苏州大学学报（哲学社会科学版），2013（2）：21－30.

［296］杨从杰，曹双．情景分析方法在突发事件应急决策中的应用［J］．现代情报，2013（11）：29－32.

［297］杨继君，徐辰华，韩传峰．基于信息流的非常规群体性事件中主体决策模型及对策研究［J］．情报杂志，2013（4）：58－62.

［298］杨建华，兰月新．基于数学建模的我国网络舆情文献研究［J］．现代情报，2013（10）：109－114.

［299］杨杰．我国城市公共安全风险管理存在的问题及对策研究［J］．学理论，2013（22）：51－52.

［300］杨静．网络群体性事件频发背景下的政府公信力建设［J］．中共福建省委党校学报，2013（5）：44－48.

［301］杨静慧．巴基斯坦应对公共危机的困境与国际经验借鉴——基于政府协调能力的视角［J］．领导科学，2013（5）：53－56.

［302］杨娟娟，杨兰蓉，曾润喜，张韦．公共安全事件中政务微博网络舆情传播规律研究：——基于“上海发布”的实证［J］．情报杂志，2013（9）：11－28.

［303］杨军．我国公共危机协同治理对策研究［J］．甘肃理论学刊，2013（4）：125－129.

［304］杨柳．自媒体在公共危机管理中的作用探析［J］．贵阳市委党校学报，2013（5）：44－48.

[305] 姚乐野，林曦，蔡娜．知识管理在政府应急管理中的应用研究［J］．四川大学学报（哲学社会科学版），2013（3）：39－46.

[306] 姚晓群．浅析公共危机事件发生后信息传播的真实性对个人以及社会的影响［J］．青海师范大学学报（自然科学版），2013（3）：93－96.

[307] 叶春森，汪传雷，梁雯．面向应急决策行为的知识管理能力研究［J］．情报理论与实践，2013（12）：35－38.

[308] 叶春涛．突发公共危机事件处置中地方政府与媒体的角色扮演［J］．社科纵横，2013（11）：62－66.

[309] 殷向阳．网络环境下高校群体性事件的防控策略分析［J］．社科纵横（新理论版），2013（1）：163－164.

[310] 应松年．《公共服务视野下的公共危机法治》述评［J］．湖南农业大学学报（社会科学版），2013（6）：92.

[311] 于建嵘．自媒体时代公众参与的困境与破解路径——以2012年重大群体性事件为例［J］．上海大学学报（社会科学版），2013（4）：1－8.

[312] 余茜．政府回应性视域中环境群体性事件成因及对策［J］．陕西行政学院学报，2013（2）：53－59.

[313] 袁国栋．政府公共危机管理比较研究——以卡特里娜和桑迪飓风为例［J］．北京航空航天大学学报（社会科学版），2013（2）：19－32.

[314] 袁宏永，李鑫，苏国锋，黄全义．我国应急平台体系建设［J］．中国减灾，2013（17）：20.

[315] 张备．突发事件应对与管理法治化若干思考［J］．经营管理者，2013（12）：51－52.

[316] 张承伟，戴文超，李建伟，王石影，王延章．基于知识元的突发事件情景库研究［J］．情报杂志，2013（8）：135－164.

[317] 张春贵．群体性事件中的新媒体作用透视［J］．中共中央党校学报，2013（1）：67－70.

[318] 张恩韶，赵丽娟．治道变革视野中的网络舆论危机［J］．电子政务，2013（10）：35－40.

[319] 张盖．论公共卫生安全危机的应对——以“黄浦江死猪事件”为例［J］．广西政法管理干部学院学报，2013（4）：26－29.

[320] 张积军．围绕中心－服务大局－努力推动应急管理工作再上新水平［J］．中国应急管理，2013（7）：44－49.

[321] 张洁，宋元林．事故灾难类突发公共事件网络舆论引导模式的构建及运用［J］．重庆理工大学学报（社会科学），2013（3）：72－75.

[322] 张津民．多中心治理视角下网络舆情管理的策略探析［J］．长春理工大学学报（社会科学版），2013（10）：28－30.

［323］张俊．突发公共事件中政府的媒体应对［J］．中国应急救援，2013（4）：13－16.

［324］张磊．分权与集权：应急管理统一领导需调节的三种关系［J］．行政管理改革，2013（8）：57－60.

［325］张鹏翼．基于网络舆情的数字鸿沟与数字融入问题研究——以“新生代”农民工为例［J］．情报杂志，2013（11）：95－100.

［326］张文娟，郝艳华，吴群红，李球杰，韩松翰．突发公共事件公众应急能力评价的概念框架探讨［J］．中国公共卫生管理，2013（5）：578－580.

［327］张文省，何志江．政府公共危机应急管理的现状与建议［J］．管理工程师，2013（2）：15－17.

［328］张仙．政府在公共危机事件中的网络舆情引导研究［J］．经营管理者，2013（10）：68.

［329］张小明，麻名更．突发事件应急管理科技支撑体系建设［J］．行政管理改革，2013（5）：57－63.

［330］张小明，麻名更．论科技在突发事件应急管理中的支撑作用［J］．中国应急管理，2013（1）：50－53.

［331］张小明．论突发事件网络舆情的综合治理：体制建设与制度保障［J］．上海行政学院学报，2013（5）：81－87.

［332］张小明．公共危机事后恢复重建的内容与措施研究［J］．北京科技大学学报（社会科学版），2013（2）：114－120.

［333］张彦华．风险社会中传媒协助治理群体性事件的思考——基于相对剥夺理论的视角［J］．宁夏大学学报（人文社会科学版），2013（1）：149－154.

［334］张一楠．浅谈网络舆情危机应对策略［J］．辽宁行政学院学报，2013（12）：21－23.

［335］张英菊，全传军．基于项目管理方法的突发事件应急管理驱动机制研究［J］．理论与改革，2013（3）：115－117.

［336］张莹丹．以社会资本的方式治理公共危机：理论和途径分析［J］．经济研究参考，2013（65）：88－91.

［337］张颖．突发群体性事件应急管理策略［J］．经营管理者，2013（9）：80.

［338］张玉磊．整体性治理：当前我国公共危机治理的模式选择［J］．中共浙江省委党校学报，2013（5）：105－110.

［339］张玉亮，路瑶．国外突发事件网络舆情信息流导控模式及其对中国的借鉴［J］．湖北社会科学，2013（7）：41－45.

［340］张玉亮．突发事件网络舆情研究：回顾、检视及反思［J］．情报杂志，2013（2）：11－29.

［341］张元．新媒体时代政府危机中信息管理的困境与对策［J］．学理论，2013

(10): 64.

[342] 张玥，罗萍，刘千里. 基于信息生命周期理论的网络舆情监测研究 [J]. 情报科学，2013 (11): 22-25.

[343] 章领. 网络公共危机诱因、演化机理及预警机制研究 [J]. 阜阳师范学院学报（社会科学版），2013 (5): 110-115.

[344] 赵东华. 突发公共事件中谣言的应对之策 [J]. 西部广播电视，2013 (13): 119-120.

[345] 赵晋. 提高政府危机管理能力构建和谐社会 [J]. 山西师范大学学报（自然科学版），2013 (S1): 186-188.

[346] 赵军锋，金太军. 论非政府组织参与危机管理的演化逻辑——基于治理网络的视角 [J]. 学术界，2013 (8): 44-52+308.

[347] 赵军锋，金太军. 论公共危机中谣言的生存逻辑——一个关于谣言的分析框架 [J]. 江苏社会科学，2013 (1): 130-135.

[348] 赵力维. 从群体性事件探讨互联网舆情的应对 [J]. 辽宁行政学院学报，2013 (6): 11-13.

[349] 赵平. 公共危机管理的理论与实践研究 [J]. 人民论坛，2013 (23): 56-57.

[350] 赵清文. 公共危机管理理念下的政府公信力建设 [J]. 理论月刊，2013 (12): 122-125.

[351] 赵昕. 社会转型期群体性事件的成因与预防 [J]. 成都大学学报（社会科学版），2013 (1): 9-11.

[352] 赵秀玲. 农村群体性事件的认知误区及其超越 [J]. 社会科学辑刊，2013 (3): 56-61.

[353] 赵雪松，薛岩松. 制定公共危机应对政策的影响因素及对策分析 [J]. 东南大学学报（哲学社会科学版），2013 (S2): 35-37.

[354] 赵宇，周海兵. 系统科学视域下非常规突发事件内涵、特征与分类研究[J]. 领导科学，2013 (17): 16-19.

[355] 郑洁. 突发公共事件的财政应急管理机制研究 [J]. 财经问题研究，2013 (4): 77-82.

[356] 郑文捷. 网络环境下的政府信息公开建设——以突发公共事件信息公开为例 [J]. 图书馆理论与实践，2013 (4): 18-19+97.

[357] 郑雯. 危机的"三重罪"与全方位应对——读《应急管理与危机公关——突发事件处置、媒体舆情应对和信任危机管理》[J]. 中国减灾，2013 (12): 46-49.

[358] 郑昱，李纾. 突发公共事件后中国民众的后继风险决策——国家自然科学基金特优项目 (70671099) 回溯 [J]. 管理学报，2013 (1): 44-48.

[359] 仲逸智. 公共危机治理中的公民积极参与——基于公民主体角色与责任的研

究［J］. 河南社会科学，2013（12）：54－56.

［360］周定平. 论突发事件网络舆情的引导与规制［J］. 中南林业科技大学学报（社会科学版），2013（1）：74－78.

［361］周广亮. 基于自然灾害的应急资源一体化配置研究［J］. 河南社会科学，2013（9）：59－61.

［362］周建元. 高校应对学生突发事件网络舆情的技术途径假想［J］. 佳木斯教育学院学报，2013（7）：196.

［363］周江，王波. 政府应对公共突发事件时的信息甄别与处理研究［J］. 中共四川省委省级机关党校学报，2013（2）：66－69.

［364］周敏. 中国公共危机管理中的公众参与研究［J］. 商，2013（18）：392.

［365］周松青. 试论网络群体性事件中个人信息的滥用与救济［J］. 北京社会科学，2013（1）：11－16.

［366］周晓丽，党秀云. 西方国家的社会治理：机制、理念及其启示［J］. 南京社会科学，2013（10）：75－81.

［367］周月波. 论群体性事件的政治影响力［J］. 学理论，2013（6）：15－16.

［368］朱毅华，郭诗云，张超群. 网络舆情研究中的仿真方法应用综述［J］. 情报杂志，2013（10）：29－35.

［369］朱毅华，张超群，郑德俊，谭涛. 基于信息生态学视角的网络舆情管理研究［J］. 情报理论与实践，2013（11）：90－95.

第二节　英文期刊索引

［1］Lindell，M. K. Disaster studies［J］. Current Sociology，2013（61）：797－825.

［2］Galindo，G.，Batta，R. Review of recent developments in OR/MS research in disaster operations management［J］. European Journal of Operational Research，2013，230（2）：201－211.

［3］Alexander，D. E. Resilience and disaster risk reduction：an etymological journey［J］. Natural Hazards and Earth System Science，2013，13（11）：2707－2716.

［4］Orencio，P. M.，Fujii，M. A localized disaster－resilience index to assess coastal communities based on an analytic hierarchy process（AHP）［J］. International Journal of Disaster Risk Reduction，2013（3）：62－75.

［5］O' Sullivan，T. L.，Kuziemsky，C. E.，Toal－Sullivan，D.，Corneil，W. Unraveling the complexities of disaster management：A framework for critical social infrastructure to promote population health and resilience［J］. Social Science & Medicine，2013（93）：238－

246.

[6] Gaillard, J. C., Mercer, J. From knowledge to action Bridging gaps in disaster risk reduction. Progress in Human Geography [J]. 2013 (37): 93 – 114.

[7] Lonigan, C. J., Purpura, D. J., Wilson, S. B., Walker, P. M., Clancy – Menchetti, J. Evaluating the components of an emergent literacy intervention for preschool children at risk for reading difficulties [J]. Journal of experimental child psychology, 2013, 114 (1): 111 – 130.

[8] Aldrich, D. P., Crook, K. Taking the high ground: FEMA trailer siting after hurricane katrina [J]. Public Administration Review, 2013, 73 (4): 613 – 622.

[9] Aoki, M., Rothwell, G. A comparative institutional analysis of the Fukushima nuclear disaster: Lessons and policy implications [J]. Energy Policy, 2013 (53): 240 – 247.

[10] Chan, H. Y. Crisis Politics in Authoritarian Regimes: How Crises Catalyse Changes under the State – Society Interactive Framework [J]. Journal of Contingencies and Crisis Management, 2013 (21): 200 – 210.

[11] Kull, D., Mechler, R., Hochrainer – Stigler, S. Probabilistic cost – benefit analysis of disaster risk management in a development context [J]. Disasters, 2013 (37): 374 – 400.

[12] Le Coze, J. C. What have we learned about learning from accidents? Post – disasters reflections [J]. Safety science, 2013, 51 (1): 441 – 453.

[13] Terpstra, T., Lindell, M. K. (2013). Citizens' perceptions of flood hazard adjustments an application of the protective action decision model [J]. Environment and Behavior, 2013 (45): 993 – 1018.

[14] Seppänen, H., Mäkelä, J., Luokkala, P., Virrantaus, K. Developing shared situational awareness for emergency management [J]. Safety science, 2013 (55): 1 – 9.

[15] Kapucu, N., Garayev, V., Wang, X. Sustaining networks in emergency management: a study of counties in the United States [J]. Public Performance & Management Review, 2013 (37): 104 – 133.

[16] Vasavada, T. Managing disaster networks in India [J]. Public Management Review, 2013, 15 (3): 363 – 382.

[17] Biggs, S. E., Banks, T. D., Davey, J. D., Freeman, J. E. Safety leaders' perceptions of safety culture in a large Australasian construction organization [J]. Safety science, 2013 (52): 3 – 12.

[18] Griffin, M. A., Hu, X. How leaders differentially motivate safety compliance and safety participation: the role of monitoring, inspiring, and learning [J]. Safety science, 2013 (60): 196 – 202.

[19] Conchie, S. M., Moon, S., Duncan, M. Supervisors' engagement in safety leader-

ship: Factors that help and hinder [J]. Safety science, 2013 (51): 109 - 117.

[20] Panza, G. F., Peresan, A., Magrin, A., Vaccari, F., Sabadini, R., Crippa, B., … Cannizzaro, L. The SISMA prototype system: integrating Geophysical Modeling and Earth Observation for time - dependent seismic hazard assessment [J]. Natural hazards, 2013 (69): 1179 - 1198.

[21] Plough, A., Fielding, J. E., Chandra, A., Williams, M., Eisenman, D., Wells, K. B., … & Magaña, A. Building community disaster resilience: perspectives from a large urban county department of public health [J]. American journal of public health, 2013 (103): 1190 - 1197.

[22] Christensen, T., Lægreid, P., Rykkja, L. H. After a terrorist attack: Challenges for political and administrative leadership in Norway [J]. Journal of Contingencies and Crisis Management, 2013 (21): 167 - 177.

[23] Imran, M., Elbassuoni, S., Castillo, C., Diaz, F., Meier, P. Practical extraction of disaster - relevant information from social media. In Proceedings of the 22nd international conference on World Wide Web companion, 2013, 1021 - 1024.

[24] Rogstadius, J., Vukovic, M., Teixeira, C. A., Kostakos, V., Karapanos, E., Laredo, J. A. CrisisTracker: Crowdsourced social media curation for disaster awareness [J]. IBM Journal of Research and Development, 2013 (57): 1 - 4.

[25] MartíN - Campillo, A., Crowcroft, J., Yoneki, E., Martí, R. Evaluating opportunistic networks in disaster scenarios [J]. Journal of Network and Computer Applications, 2013 (36): 870 - 880.

[26] Habib, M. F., Tornatore, M., Dikbiyik, F., Mukherjee, B. Disaster survivability in optical communication networks [J]. Computer Communications, 2013 (36): 630 - 644.

[27] Sakano, T., Fadlullah, Z. M., Ngo, T., Nishiyama, H., Nakazawa, M., Adachi, F., … Kurihara, S. Disaster - resilient networking: a new vision based on movable and deployable resource units [J]. Network, IEEE, 2013 (27): 40 - 46.

[28] Molesworth, B. R., Burgess, M. Improving intelligibility at a safety critical point: In flight cabin safety [J]. Safety science, 2013 (51): 11 - 16.

[29] Orencio, P. M., Fujii, M. A localized disaster - resilience index to assess coastal communities based on an analytic hierarchy process (AHP) [J]. International Journal of Disaster Risk Reduction, 2013 (3): 62 - 75.

[30] Lee, A. V., Vargo, J., Seville, E. Developing a tool to measure and compare organizations' resilience [J]. Natural hazards review, 2013 (14): 29 - 41.

后 记

一部著作的完成需要许多人的默默贡献，闪耀着的是集体的智慧，其中铭刻着许多艰辛的付出，凝结着许多辛勤的劳动和汗水。

本书在编写过程中，借鉴和参考了大量的文献和作品，从中得到了不少启悟，也汲取了其中的智慧菁华，谨向各位专家、学者表示崇高的敬意——因为有了大家的努力，才有了本书的诞生。凡被本书选用的材料，我们都将按相关规定向原作者支付稿费，但因为有的作者通信地址不详或者变更，尚未取得联系。敬请您见到本书后及时函告您的详细信息，我们会尽快办理相关事宜。

由于编写时间仓促以及编者水平有限，书中不足之处在所难免，诚请广大读者指正，特驰惠意。